ZUIGAORENMINJIANCHAYUAN
XINWENFABUHUI SHILU

最高人民检察院新闻发布会实录

(2020)

最高人民检察院新闻办公室 ◎ 编

中国检察出版社

图书在版编目（CIP）数据

最高人民检察院新闻发布会实录.2020/最高人民检察院新闻办公室编.—北京：中国检察出版社，2021.2
ISBN 978-7-5102-2395-2

Ⅰ.①最… Ⅱ.①最 Ⅲ.①中华人民共和国最高人民检察院－新闻公报－2020 Ⅳ.①D926.31

中国版本图书馆CIP数据核字（2021）第030646号

最高人民检察院新闻发布会实录（2020）
最高人民检察院新闻办公室 编

出版发行：	中国检察出版社
社　　址：	北京市石景山区香山南路109号（100144）
网　　址：	中国检察出版社（www.zgjccbs.com）
编辑电话：	（010）86423704
发行电话：	（010）86423726　86423727　86423728
	（010）86423730　86423732
经　　销：	新华书店
印　　刷：	北京宝昌彩色印刷有限公司
开　　本：	710 mm×960mm　16开
印　　张：	32　插页4
字　　数：	445千字
版　　次：	2021年2月第一版　2021年2月第一次印刷
书　　号：	ISBN 978-7-5102-2395-2
定　　价：	130.00元

检察版图书，版权所有，侵权必究
如遇图书印装质量问题本社负责调换

1. 助力长江经济带绿色发展　守护"一江碧水、两岸青山"

——最高人民检察院发布《绿色发展·协作保障　服务保障长江经济带发展检察白皮书（2019）》/ 001

主题发布 / 002

现场答问 / 007

发布会文件 / 022

部分新闻链接 / 040

2. 依法惩治恶意欠薪　切实维护农民工合法权益

——最高人民检察院通报检察机关打击拒不支付劳动报酬犯罪工作情况 / 041

主题发布 / 042

现场答问 / 052

典型案例 / 063

部分新闻链接 / 072

3. 落实乡村振兴战略　彰显涉农检察力量
——最高人民检察院发布第十六批指导性案例 / 073

主题发布 / 074

现场答问 / 082

指导性案例 / 092

部分新闻链接 / 119

4. 严厉打击网络犯罪　共同防控网络风险
——最高人民检察院发布第十八批指导性案例 / 120

主题发布 / 121

现场答问 / 131

指导性案例 / 139

部分新闻链接 / 162

5. 依法严惩利用未成年人实施黑恶势力犯罪
——最高人民检察院发布"两高两部"《关于依法严惩利用未成年人实施黑恶势力犯罪的意见》/ 163

主题发布 / 164

现场答问 / 171

发布会文件 / 180

典型案例 / 186

部分新闻链接 / 193

6. 狠抓"三个规定"落实 筑牢廉洁司法"防火墙"
——最高人民检察院通报全国检察机关落实"三个规定"工作情况 / 194

主题发布 / 195

现场答问 / 206

典型案例 / 217

部分新闻链接 / 225

7. 检察机关群众信访件件有回复
——最高人民检察院介绍检察机关建立"群众信访件件有回复"工作制度及全国检察机关贯彻落实情况 / 226

主题发布 / 227

现场答问 / 231

部分新闻链接 / 245

8. 加强刑罚变更执行监督 促进双赢多赢共赢
——最高人民检察院发布第十九批指导性案例 / 246

主题发布 / 247

现场答问 / 255

指导性案例 / 267

部分新闻链接 / 281

9. 提升职务犯罪检察品质　为反腐败斗争贡献检察力量

——最高人民检察院发布第二十批指导性案例 / 282

主题发布 / 283

现场答问 / 293

指导性案例 / 302

部分新闻链接 / 318

10. 加强民事检察监督　精准服务民企发展

——最高人民检察院发布第二十一批指导性案例 / 319

主题发布 / 320

现场答问 / 327

指导性案例 / 334

部分新闻链接 / 348

11. 入职查询　让孩子上学更放心

——最高人民检察院发布《关于建立教职员工准入查询性侵违法犯罪信息制度的意见》/ 349

主题发布 / 350

现场答问 / 359

发布会文件 / 370

典型案例 / 374

部分新闻链接 / 383

12. 检察听证　让公平正义可触可感可信

——最高人民检察院发布《人民检察院审查案件听证工作规定》/ 384

主题发布 / 385

现场答问 / 394

发布会文件 / 404

典型案例 / 409

部分新闻链接 / 420

13. 依法从严打击证券违法犯罪　维护金融市场秩序

——最高人民检察院与证监会介绍惩治证券期货违法犯罪工作情况 / 421

主题发布 / 422

现场答问 / 429

典型案例 / 438

部分新闻链接 / 471

14. 依法惩治恶意欠薪　让劳动者劳有所得

——最高人民检察院通报检察机关2020年依法惩治拒不支付劳动报酬犯罪工作情况 / 472

主题发布 / 473

现场答问 / 482

典型案例 / 494

部分新闻链接 / 504

助力长江经济带绿色发展
守护"一江碧水、两岸青山"

——最高人民检察院发布《绿色发展·协作保障 服务保障长江经济带发展检察白皮书（2019）》

发布时间： 2020 年 1 月 14 日 10:00

发布内容： 通报检察机关服务保障长江经济带发展工作情况，发布《绿色发展·协作保障 服务保障长江经济带发展检察白皮书（2019）》

发布地点： 最高人民检察院

主 持 人： 肖　玮　最高人民检察院新闻办副主任、新闻发言人

出席嘉宾： 张雪樵　最高人民检察院副检察长
　　　　　　胡卫列　最高人民检察院检察委员会委员、第八检察厅厅长
　　　　　　张晓津　最高人民检察院第一检察厅副厅长
　　　　　　盛勇强　上海市人民检察院常务副检察长
　　　　　　陈晶莹　全国人大代表、华东政法大学副校长
　　　　　　郭　庆　四川省古蔺县人民检察院检察长

主题发布

肖 玮

各位记者朋友,大家上午好!欢迎参加最高人民检察院2020年的首场新闻发布会。今天发布会的主题是"助力长江经济带绿色发展,守护'一江碧水、两岸青山'"。

今天我们邀请到出席发布会的嘉宾是:最高人民检察院副检察长张雪樵、最高检检委会委员、第八检察厅厅长胡卫列、第一检察厅副厅长张晓津、上海市人民检察院常务副检察长盛勇强、全国人大代表、华东政法大学副校长陈晶莹、四川省古蔺县人民检察院检察长郭庆。

今天的发布会,既是最高检2020年召开的首场新闻发布会,也是首次邀请全国人大代表出席发布会与记者互动交流,也将首次发布最高检白皮书。

今天发布会共有两项议程:一是通报检察机关服务保障长江经济带发展工作情况,发布《绿色发展·协作保障 服务保障长江经济带发展检察白皮书(2019)》;二是回答记者提问。

长江是中华民族的母亲河。2016年1月,习近平总书记在重庆主持召开推动长江经济带发展座谈会,明确提出要把修复长江生态环境摆在压倒性位置,共抓大保护,不搞大开发。推动长江经济带发展是党中央作出的重大决策,是关系国家发展全局的重大战略,对实现"两个一百年"奋斗目标、实现中华民族伟大复兴的中国梦具有重要意义。为长江经济带发展提供司法保障,是检察机关义不容辞的政治责任和法律职责。

四年来，全国检察机关坚持以办案为中心，依法为长江经济带高质量发展提供更加有力的司法保障。继2018年、2019年两次召开服务保障长江经济带发展检察论坛后，今天我们召开新闻发布会，发布《绿色发展·协作保障 服务保障长江经济带发展检察白皮书（2019）》。

现在进行第一项议程，请张雪樵副检察长向大家作发布说明。

张雪樵

各位记者朋友，大家上午好！今天，《绿色发展·协作保障 服务保障长江经济带发展检察白皮书（2019）》（以下简称《白皮书》）正式发布。下面，我向大家简要通报一下相关情况。

一、发布《白皮书》的主要背景

推动长江经济带发展是以习近平同志为核心的党中央作出的重大决策，关系国家发展全局。最高检把服务长江经济带发展作为服务大局的一项龙头工作来抓，先后召开"武汉会议"和第一届、第二届服务保障长江经济带发展检察论坛，提出"十项检察举措"，出台《关于办理长江流域生态环境资源案件加强协作配合的意见》，推动建立"上管一段"等流域治理检察机制，围绕生态保护这个重点，加大办案力度，形成了执法司法合力。

2019年，长江经济带11省市检察机关积极贯彻落实习近平生态文明思想和习近平总书记在深入推动长江经济带发展座谈会上的重要讲话精神，主动服务党和国家中心工作大局，按照最高检工作部署，聚焦长江流域生态环境保护突出问题，主动监督、智慧履职、铁面司法，形成长江经济带"检察一盘棋"集聚效应，用实实在在的行动为服务保障长江经济带高质量发展提供坚强的检察司法保障。

服务保障长江经济带发展检察论坛（以下简称长江检察论坛）是

最高检党组贯彻落实中央决策部署的一个重要平台。2019年11月20日，以"加强跨区域协作、助力一江两岸同步治理"为主题的第二届长江检察论坛在上海召开，其中一项重要成果就是《白皮书》，会议进行了充分讨论、修改完善。目前已经完成全年数据更新正式发布。

二、发布《白皮书》的主要考虑

张军检察长强调，学习贯彻党的十九届四中全会精神，是全国检察机关当前和今后一个时期的重大政治任务，要在坚持和完善中国特色社会主义制度、推进国家治理体系和治理能力现代化中体现检察担当。如何以高度的政治自觉、法治自觉和检察自觉，为推动长江经济带发展提供更精准、优质的检察产品，是我们肩负的重大时代使命。最高检举办长江检察论坛，就是为了搭建一个常态化的协作平台，指导长江沿线11省市检察机关共同分析研究工作中遇到的新情况、新问题，解决服务长江经济带发展的理论和实践难题，进一步找准服务保障长江经济带发展的立足点、着力点、关键点，坚持问题导向，努力担当作为，一年接着一年干，一年更比一年好。

今天发布的《白皮书》，不仅是对我们检察机关服务保障长江经济带工作进行的阶段性总结，更是为了让我们清醒地看到，长江生态环境保护形势依然严峻，我们在服务保障实践中还有不少问题和短板，与党中央要求、与人民群众期待还有差距。我们也希望通过每年发布《白皮书》，对服务保障长江经济带发展检察工作进行全面及时的梳理审视，进一步查问题、找根源、谋对策，在习近平新时代中国特色社会主义思想指引下，不断提升专业化治理能力和水平，实现长江经济带检察工作创新发展，为长江经济带发展国家战略实施做出新的更大贡献。

三、《白皮书》的主要内容

《白皮书》的主要内容，包括以下四个部分。

第一部分，主要介绍检察机关坚持以办案为中心，加大生态环境司法保护力度。一是依法严惩各类破坏长江流域生态环境资源刑事犯罪。2019年，长江经济带11省市检察机关对破坏环境资源犯罪案件批准逮捕4336件7084人，同比分别增长44.39%和43.05%；提起公诉12504件22310人，同比分别增长15.78%和20.26%。受理监督立案819件，要求公安机关说明不立案理由722件，公安机关主动立案592件814人，监督公安机关立案51件65人。紧密结合扫黑除恶专项斗争，办理了长江首起非法采砂涉黑命案等有影响案件，形成打击生态环境领域违法犯罪高压态势。二是以维护公益为核心，推动解决危害长江生态环境"老大难"问题。2019年，长江经济带11省市检察机关共立案环境资源领域公益诉讼案件30212件，办理诉前程序26271件，其中发出民事诉前公告1823件，向相关环境资源主管部门发出诉前检察建议督促依法履职24448件；对破坏环境资源的单位或个人单独提起民事公益诉讼案件190件，提起刑事附带民事公益诉讼案件1391件；对不依法履职的环境资源主管部门提起行政公益诉讼案件160件。充分发挥公益诉讼检察对生态环境保护的特殊作用，持续聚焦水、土壤污染防治等领域的重点、难点问题，强化水资源保护、水污染防治和水生物多样性保护；通过办理有影响、有震动的公益诉讼案件，推动解决危害长江生态环境顽疾。三是践行恢复性司法理念，推进生态环境修复与生产发展转型。推行"专业化法律监督＋恢复性司法实践＋社会化综合治理"生态检察模式，将服务保障长江经济带发展与"三大攻坚战"同部署、同推进。2019年，通过办案共督促修复被污染、破坏违法占用的林地、耕地、湿地、草原11.44万亩，消除污染隐患、治理恢复被污染水源地131.2万亩，整治造成污染环境企业、养殖场等3426个。

第二部分，主要介绍检察机关服务保障长江经济带发展形成的聚合效应。具体体现在：一是上下一体推动，通过强化督促指导，完善办案机制，推动解决司法鉴定难等办案难题，自觉担起服务保障长江经济带发展的政治责任。二是开展专项行动，以点带面推进生态环境问题集中整治。各级检察机关结合本地实际情况，坚持问题导向，以开展符合地域特色的专项行动为抓手，深化、细化、实化监督，对发现的问题建立台账、拉条挂账、整改销号，优先解决既能够解决又有震慑的问题，助推长江生态环境资源领域问题集中整治。三是强化协同联动，秉持全局和系统思维，跨省域检察保护"形成一盘棋"、跨地域检察联动"拧成一股绳"、跨系统执法司法"同使一股劲"，构建检察协作新格局。四是做实智慧借助，通过加强专项业务培训、打造专业化团队、创新检察技术应用等方式，不断提升服务保障长江经济带发展的专业能力水平。五是注重宣传发动，鼓励公众和社会各界参与长江经济带生态环境综合治理。包括：结合办理代表委员建议提案推动立法研究；结合检察办案开展普法教育；结合履职需求加强与环保社会组织、大型电商企业、国际同行的沟通交流。

第三部分，对标人民群众新需求新期待，梳理分析检察机关服务保障长江经济带发展工作中存在的短板和不足。具体包括：一是省际协作多停留在工作联络层面。二是检察机关生态环境保护职能相对分散，整体性不足。三是推进铁路运输检察跨区域集中管辖机制改革的实践积累不够。四是跨区域检察办案的机制性障碍还没有得到有效解决。

第四部分，主要是回应需求、精准提供检察机关服务保障长江经济带发展的检察产品。强调要围绕落实党中央部署要求，以高度的政治自觉、法治自觉、检察自觉，进一步找准服务保障长江经济带发展的立足点、着力点、关键点。进一步加强长江经济带检察协作，在长江流域治理格局中发挥检察机关的独特作用，与助力打好三大攻坚战、扫黑除恶、服务优化营商环境、落实恢复性司法理念等方面结合起来，推进全形态治理、全链条治理、全流域治理，实现惩治犯罪与修复生态、纠正违法与源头治理、维护公益与促进发展相统一。

肖 玮

谢谢张雪樵副检察长。刚才大家可能注意到，在发布材料上有一个二维码，这是检察机关服务保障长江经济带发展第二批典型案例，已在2019年第二届服务保障长江经济带发展检察论坛上发布，大家可以通过扫描继续关注。下面进行第二项议程，请各位记者朋友提问。

现场答问

中央广播电视总台央视新闻频道记者

2019年11月,韩正副总理在安徽马鞍山市主持召开了长江经济带生态环境突出问题整改现场会暨推动长江经济带发展领导小组全体会议。请问检察机关就贯彻此次会议要求是如何部署落实的?

张雪樵

去年11月,韩正副总理在安徽马鞍山主持召开推动长江经济带发展领导小组全体会议,重点研究长江经济带生态环境突出问题整改工作。为落实好此次会议精神,检察机关开展了以下几方面工作:

一是召开第二届服务保障长江经济带发展检察论坛。11月20日至21日,最高检在上海召开了以"加强跨区域协作、助力一江两岸同步治理"为主题的第二届论坛,最高检党组书记、检察长张军同志专门作出批示,党组副书记、副检察长邱学强同志出席并讲话。论坛的参加范围拓展到整个长江流域,并邀请了黄河流域、粤港澳大湾区等地检察机关代表参加,涵盖了22个省区市,让各地检察机关更充分地交流探讨,更广泛地共享服务大局的工作经验。在论坛上发布了第二批检察机关服务保障长江经济带发展典型案例。

二是按照韩正副总理马鞍山会议讲话中关于远近结合、标本兼治,保护长江生物多样性的要求,指导地方检察机关对长江非法捕捞、非法采砂等案件的违法行为人加大惩处力度,提起刑事公诉的同时，对其造成的生态损害依法提起民事公益诉讼，要求其修复或者赔偿生态损失，加大违法成本和震慑力度。

三是在全国检察机关公益诉讼工作会议上作出具体部署。最高检12月9日在广东召开全国检察机关公益诉讼检察工作会议。把传达马鞍山会议精神作为此次工作会议的一项重要内容，要求长江经济带各省份检察机关紧紧围绕长江经济带发展，聚焦黑臭水体、固体废物和尾矿污染，探索全流域、跨区划环境治理，服务打好污染防治攻坚战，服务保障长江经济带发展。

四是围绕长江警示片中的问题开展相关工作。2019年各地针对2018年长江警示片的问题线索共立案公益诉讼案件63件，发出行政诉前检察建议62件，提起民事公益诉讼3件。近日，生态环境部又将2019年长江警示片的案件线索移送最高检，我们将继续密切关注跟进，在办案中注重与行政机关形成合力，探索检察公益诉讼与生态环境损害赔偿制度衔接等，共同推动解决一批重点难点问题。

人民日报记者

上海作为两届服务保障长江经济带发展检察论坛的承办方，请问在服务保障长江经济带发展上形成了哪些机制？发挥了什么样的作用？下一步有何打算？

盛勇强

上海地处长江龙头、长三角中心，是"一带一路"、长江经济带、长三角一体化发展等多项国家战略的交汇点，在长江经济带发展中肩负着特殊使命、承担着重大责任。在最高人民检察院的领导和上海市委的支持下，上海市院承办了两届服务保障长江经济带发展检察论坛。两届论坛认真贯彻落实习近平同志在推动长江经济带发展座谈会上的重要讲话精神，紧紧围绕服务长江经济带高质量发展特别是长江生态环境和自然资源保护，更新了理念，研究了问题，出台了《关于长江经济带检察机关办理长江流域生态环境资源案件加强协作配合的意见》，还发布了检察机关服务保障长江经济带发展典型案例，通过办案促进了生态保护和修复。

从机制推进的情况来看，上海检察机关与沿长江流域10省检察机关在最高人民检察院的带领下，深入学习贯彻习近平同志"共抓大保护，不搞大开发"的重要指示精神，打出了一套生态保障的检察"组合拳"。

一是强化了区域检察协作。上海市院牵头设立长三角区域检察协作办公室，统筹长三角一体化、长江下游检察协作事宜。建立沪苏浙皖长三角生态环境检察协作机制，牵头开展环太湖流域生态环境保护检察协作三年行动。

二是探索了跨区域管辖机制。注重发挥铁检分院和基层院集中管辖环境资源类案件，以及地方基层院属地监督的积极性，探索将区域内的大气、水域污染公益诉讼案件交由铁路运输检察院集中管辖。办理了高铁沿线安全和跨境转运"洋垃圾"民事公益诉讼案等一些有影响的案件。

三是完善了多部门协调联动机制。与法院、水利部长江委、长江航运公安部门等普遍建立了工作协调会商机制，特别是针对在界河、界湖的水污染治理中"上下游不同行、左右岸不同步"等治理难题，上海崇明区院创新"河（湖）长＋检察长"协作机制，在长江流域得到了普遍推广。

四是落实到跨区划具体办案上。建立了公众参与机制、协同办案机制，依托异地公益诉讼快速检测实验室进行线索排摸、勘验取证，以及委托异地检察机关进行调查核实。尤其是对跨省际公益保护线索，最高检实行指定管辖。

党的十九届四中全会对长江生态保护和系统治理提出了新的更高要求，我们将紧紧围绕中央和最高检的决策部署，一是要牢牢抓住办案这个中心，突出打击破坏长江环境资源犯罪案件，突出办理涉及违法排污、跨省倾倒固废危废、化工污染治理等公益诉讼案件。二是要积极探索长江流域跨区划司法管辖体制改革，推动铁路运输检察院集中办理涉及长江流域生态环境保护与绿色发展的各类案件，探索建立刑事、民事、行政联系更加紧密的公益诉讼检察模式。三是要推动各省同一区域流域基层检察院联动办案，以区域协作"尖刀队"汇聚成流域协作"大部队"。四是要加强配套工作保障，在信息化辅助、专家资源、鉴定评估资源共享、理论研究上给予更多保障，为守护好中华民族的母亲河、助力长江经济带高质量发展贡献检察力量！

中央广播电视总台央广记者

陈晶莹代表，您去年全国"两会"谈到司法部门如何为长三角一体化发展保驾护航时曾建议，适时建立跨行政区划的法院和检察院，实现跨省际特殊案件的管辖。《关于长江经济带检察机关办理长江流域生态环境资源案件加强协作配合的意见》出台后，各地就跨区划管辖做了不少探索，您能否谈谈建立特殊案件跨省际办理机制的必要性、可能性？相比去年您是否有新的观点和建议？

陈晶莹

首先我想从以下三个维度谈一下在长三角地区建立特殊案件跨省际办理机制的重要性和必要性。

一是服务保障长三角一体化发展是司法机关的重要使命。推进生态环境共同保护，共建绿色美丽长三角，既是推进长三角一体化发展的战略任务，也是保障长三角高质量发展的重要基础和关键，更是关乎中华民族永续发展的大事，所以司法机关必须发挥办案职能，为长江经济带发展、美丽中国建设保驾护航。

二是保障法检依法独立行使审判权、检察权的现实需要。《长江三角洲区域一体化发展规划纲要》要求严厉打击危险废物非法跨界转移、倾倒等违法犯罪活动。但鉴于大气、水等环境污染案件具有跨流域的特性，对此类案件的打击治理需要跨行政区划整体推进，需要破除可能存在的地方保护问题。因此，在长三角区域有必要探索设立跨行政区划法院、检察院，建立特殊案件跨省际办理机制，破解地方保护主义，更加符合治理规律，也有助于提升司法公信力。

三是推进国家治理体系和治理能力现代化的必然要求。实践中，对特殊案件的司法资源有待优化配置，各地法检在证据采集、事实认定、评估鉴定标准、法律适用和司法官的自由裁量权的把握上并不统一，可能造成类案不同判等情况，有必要在一体化发展区域进行优化，实现对跨省际特殊案件的办理，进而提高司法治理效能。

我再谈一下建立特殊案件跨省际办理机制的可能性、可行性，可以从以下几个方面去考虑。一是随着司法改革的深入推进，特别是跨行政区划法院、检察院改革继续深化落实，从省级行政区划内的"小跨"发展到省际间的"大跨"，势在必行。二是铁路法院和铁路检察院在办理跨区划案件方面有一定的工作基础和经验积累。比如上海市检察院第三分院，近年来大量探索致力于跨行政区划的办案实践，将跨区域的大气、水域污染公益诉讼案件，交由铁路检察院集中管辖，除了上海铁检分院以外，其他的四个基层铁检院也高度重视，互相配合，成绩显著。三是长三角一体化发展需要提供一体化的司法保护，也为相关工作提供了平台，总结类案办理经验，形成统一的办案模式和规范。四是正在制定的"长江保护法"等专门立法，可以为跨行政区划法检改革提供新的制度供给和保障。五是检察公益诉讼制度的定位和功能设计在实践中不断发展完善，可以跨行政区划法院、检察院为主来办理特定的公益诉讼案件。

我再谈一下建立特殊案件跨省际办理机制的建议：一是从程序上争取人大授权，在原有铁路法院和铁路检察院的基础上建立跨行政区划（跨省）的法院、检察院，实现跨省际特殊案件的集中管辖。二是在长三角建立起特殊案件相对统一的诉讼体系，梳理明确与最高法院巡回法庭、海事法院等司法机构的关系。

法治日报记者

刚才我们了解到2019年检察机关服务保障长江经济带发展的工作情况。黄河同为中华民族"母亲河"，黄河流域生态保护和高质量发展也是重大国家战略，请问检察机关在黄河大保护中是否会复制推广长江大保护的相关经验？

助力长江经济带绿色发展 守护"一江碧水、两岸青山"

胡卫列

2019年9月,习近平总书记在视察调研河南时,专门召开座谈会,将黄河流域生态保护和高质量发展确定为重大国家战略。今年1月3日,习近平总书记又主持召开中央财经委员会第六次会议,对黄河流域生态保护和高质量发展战略作出部署。

此前,最高检与水利部于2018年底联合部署了"携手清四乱保护母亲河"的"黄河清四乱"专项活动,形成了"河长+检察长"等经验做法。大江大河的保护既有特性,又有共性。最高检在第二届服务保障长江经济带发展检察论坛上明确提出,要推广长江经济带检察协作机制的成功经验,进一步提高政治站位,将"黄河清四乱"成果提炼上升为服务黄河流域生态保护和高质量战略一系列具体举措,并已指导河南省检察院等着手开展了相关准备工作。

2020年,我们将深入学习领会中央关于黄河战略的各项要求,准确把握服务保障黄河流域生态保护和高质量发展的检察责任,围绕黄河安全、生态、高质量发展和文化保护四大重点着力在以下三个方面下功夫见实效:一是拓宽领域范围。将检察机关监督的重点从"清四乱"拓展到黄河流域生态环境治理与保护、河道和滩区综合治理、高质量发展和文化传承保护等工作,健全黄河流域跨区划检察监督机制,共同抓好大保护,协同推进大治理。二是全面充分发挥检察监督职能。全面推进刑事、民事、行政、公益诉讼"四大检察"共同发力,以司法办案为中心,助力黄河流域生态保护和高质量发展,助力国家治理体系和治理能力现代化水平。三是深化"河长+检察长"依法治河新模式的探索推广。将检察机关与流域机构、河长办之间沟通协作机制推广到全流域,进一步加强与生态环境、自然资源、林业草原、农业农村等行政机关的协作,有效提升黄河流域生态保护和高质量发展法治化水平。

黄河是中华民族的母亲河,孕育了辉煌灿烂的中华文明,在我国政治、经济、文化发展进程中处于极其重要的地位,我们将努力在服务黄河生态保护与高质量发展战略中,强化担当作为,努力为建设美丽黄河、幸福黄河贡献检察力量。谢谢!

中国环境报记者

2019年,检察机关在打击长江流域生态环境违法犯罪方面都做了哪些工作?成效如何?

张晓津

服务保障长江经济带发展,是检察机关义不容辞的政治责任和法律职责,也是重大的时代使命。服务保障长江经济带发展是一项系统工程,惩治犯罪是这项系统工程的重要组成部分。经济发展离不开生态环境的支撑,为保护母亲河,检察机关始终坚持"严"字当头,以"零容忍"态度坚决惩治破坏环境资源犯罪,加强法律监督,形成法律震慑,取得较好成效。

一是坚决惩治破坏生态环境的刑事犯罪。2019年,长江经济带

11省市检察机关对破坏环境资源犯罪案件批准逮捕4336件7084人，同比分别增长44.39%和43.05%；提起公诉12504件22310人，同比分别增长15.78%和20.26%。应当说增幅比较大，充分体现了检察机关对长江经济带环境资源犯罪从严惩治的力度。长江经济带11省市结合地方实际，创造性开展特色小专项活动，如云南部署开展为期两年半的"金沙江流域（云南段）生态环境和资源保护专项监督行动"，湖北部署"雷霆行动""打击破坏水产资源和非法采砂"专项行动。

二是落实挂牌督办制度，强化对重大案件的督导督查。2019年，最高检第一检察厅挂牌督办的45件长江经济带重大污染环境刑事案件已办结32件。针对习近平总书记在"深入推动长江经济带发展座谈会"上提到的"固体危废品跨区域违法倾倒呈多发态势"的"新问题"，最高检联合公安部、生态环境部挂牌督办、集中力量重点办理了长江安徽段跨省倾倒固废案、浙江嘉兴创达公司污染环境案等一批重大典型破坏环境资源刑事犯罪案件，取得了较好效果。长江经济带11省市检察机关也单独或联合省公安、环保等部门对本地破坏环境资源刑事犯罪重大案件挂牌督办。

三是结合扫黑除恶专项斗争，严厉惩治非法码头、非法采砂等违法行为背后的黑恶势力犯罪。湖北省检察机关依法办理长江首起非法采砂涉黑命案，打掉一个长期通过暴力、威胁手段垄断非法采砂业务，造成1人死亡、1人轻伤的14人黑社会性质组织。江西省检察机关在办理涉长江流域黑恶势力犯罪案件中，深挖案件背后"保护伞"线索，移送纪委监委查处3名"保护伞"。

四是加强对行政执法机关移送涉嫌犯罪案件和公安机关立案工作的监督。长江经济带11省市检察机关建议移送涉嫌破坏环境资源类犯罪案件2992件3516人，行政执法机关已移送2759件3253人。监督公安机关立案侦查涉嫌破坏环境资源类案件819件，要求说明不立案理由722件，公安机关主动立案592件814人，监督公安机关立案51件65人。

五是完善行政执法与刑事司法衔接机制。破坏环境资源犯罪涉及面广、社会影响大，跨部门的协作联动直接关系到案件办理效果。上海、湖北、安徽、贵州等多省市检察机关与公安、环保、水利、交通等部门加强配合协作，通过举行联席会议、签署协作文件、建立合作机制，有效解决了立案标准不统一、证据标准不健全、衔接机制不顺畅等问题，不仅形成了打击犯罪的合力，还促进了"两法衔接"工作规范开展。

六是结合办理环境资源刑事案件，开展生态恢复检察工作。长江经济带11省市检察机关刑检部门联合公益诉讼部门，在依法惩治犯罪的同时，把保护和修复生态作为最终目的，积极督促犯罪嫌疑人和责任人修复生态环境。江西省检察机关在办理一起非法占用农用地案中，通过适用认罪认罚从宽制度督促犯罪嫌疑人与当地镇政府签订生态修复协议并缴纳生态修复费123万元。上海市检察机关办理的一起污染环境案首创先行缴纳保证金的赔付方式，通过适用认罪认罚从宽制度督促行为人签订生态修复协议，并缴纳保证金400万元，破解诉前难以完成环境修复的难题。

检察日报记者

最近，最高人民检察院发布第二批"服务保障长江经济带发展典型案例"，能否请办理典型案例的检察官给我们讲讲办案背后的故事。

郭 庆

谢谢您的提问。我来向您介绍一下我院办理的四川、贵州跨省协作保护赤水河生态环境行政公益诉讼案的相关情况。

赤水河是长江上游的重要支流，是我们四川省古蔺县和贵州省习水县的界河，也是两岸人民赖以生存的母亲河。由于跨省河流的流域性，导致工作中会出现管辖区分不明、信息共享不畅、取证效果不佳、执法标准不统一等问题。

为了加强对长江支流生态屏障的保护，着力破解"上下游不同行、左右岸不同步"的治理难题。2018年6月，我院与贵州省习水县人民检察院建立了赤水河流域生态环境保护跨省检察协作机制。开展了案件线索互移、信息资源共享、调查取证协作等工作，并通过案件会商、召开联席会等形式统一了沿河两岸执法标准。目前，我们两地检察机关依据该协作机制已相互移送案件线索6件，立案3件。

下面，我就其中的一件也就是被评为典型案例的这件案例做一下具体介绍。2019年3月19日，我院收到贵州省习水县人民检察院移送的一件某酒厂向赤水河非法排污的案件线索。我院随即展开调查，查明了位于赤水河畔的某酒厂因污水净化处理设施不完善，污水收集中转设备维修不及时出现渗漏等原因，导致部分生产及生活污水流入赤水河的事实。我院及时向负有监管职责的古蔺县生态环境局发出诉前检察建议，要求对该违法排污行为依法履行监管职责。该局收到检察建议后，当天就到现场进行了核查，并积极督促企业整改。同时，工作中我们了解到，该酒厂系民营企业，有工人200余人，且吸纳了当地及周边乡镇40余名精准扶贫贫困户务工。

古蔺县是国定贫困县，我们在服务打好污染防治攻坚战的同时，也特别注重服务民营经济、保障脱贫攻坚，我院积极与县生态环境局沟通，共同到企业开展环保和法治宣传，与企业座谈研究整改措施，确保企业在不停产、不停业的情况下及时高效地整改问题。

企业感受到了我们的执法温度，也积极自觉地抓紧整改，新建了污水收集池、冷却水池等设施，对存在渗漏的污水处理设备进行了维修。经过整改，不仅解决了排污、渗漏等问题，而且企业由过去平均每天转运两车污水至污水处理厂处理变为每周只需转运一车，节省了一大笔污水处理费用。企业表示，通过检察机关的办案和宣传，他们的环保意识、法治意识增强了，生产成本降低了，真正实现了"双赢、多赢、共赢"的办案效果。

行政机关就企业五个方面的整改情况给我院作出了书面回复，我们及时将办案情况向贵州省习水县人民检察院作了反馈，并于2019年5月，邀请习水县检察院的检察官一起到案发地联合开展了"公益诉讼回头看"，确认已经整改到位。

今后，我们将坚持以办案为中心，进一步强化跨区域检察协作，提高服务长江经济带发展的能力水平。

上海卫视记者

最高检2019年在上海召开了"加强跨区域协作、助力一江两岸同步治理"为主题的第二届长江经济带检察论坛，请问检察机关开展跨区域办案的主要做法有哪些？相比传统办案方式有什么优势？

张雪樵

今天发布的《白皮书》其中有一个关键词就是"跨区域"。因为长江大保护是一个大流域的治理,而大流域的治理必然会碰到一个系统性、协同性方面的问题,就是"上下游不同行,左右岸不同步"。检察机关怎么发挥检察一体化的制度优势来解决大河大流域治理的协同性和系统性问题?一方面,最高人民检察院统一部署,实现全国检察"一盘棋"。另一方面,通过开展法律监督,包括刑事检察部门的立案监督和公益诉讼检察部门督促行政机关依法履职,带动不同行政区划的行政机关开展同步执法、联动执法,发挥中国特色社会主义检察制度的显著优势,推动国家治理体系和治理能力的现代化。

为此,最高人民检察院在《关于长江经济带检察机关办理长江流域生态环境资源案件加强协作配合的意见》中要求建立跨省案件办理的司法协作机制、生态环境修复跨省协同工作机制等。

刚才我们提到重庆、四川、云南、贵州西南地区四省市建立了协作机制。除此之外,在长江上游、中游、下游省际检察机关之间都建立了相应的协作机制,其中上海、江苏、浙江、安徽四地检察机关围绕联防联治协同发力,筑牢环太湖领域生态环境保护的司法屏障,建立相应的联席会议等工作机制。浙江省杭州市与安徽省黄山市也建立了相应的协同工作机制。

2019年12月9日,我们在广州召开的全国公益诉讼检察工作会议上,也要求全国检察机关特别是在界山界河相应的检察机关,包括省级院、分州市院和县区基层检察院也要建立不同层面的工作协作机制,整体来推动长江流域的大保护。

刚才,全国人大代表、华东政法大学副校长陈晶莹也提了建议,希望我们在跨区划检察改革中有新的动作。最高检在《关于长江经济带检察机关办理长江流域生态环境资源案件加强协作配合的意见》中提到,要深化长江经济带的铁路运输检察体制改革,探索建立集中管辖跨省生态环境资源行政公益诉讼案件办理机制。

检察公益诉讼分为民事和行政公益诉讼两类，在行政公益诉讼中，我们经常碰到起诉难的问题。地方检察机关在对本区域行政机关提起行政公益诉讼时还是有所顾忌，不可避免地会碰到一些干扰或者干预。

相比较而言，铁路检察机关本身是一个跨行政区划体制下的检察机关，我们通过调研，包括在"黄河清四乱"专项行动中，铁检机关办理的行政公益诉讼案件，起诉对象涵盖了县级人民政府，甚至是市级人民政府，这方面占比远远高于地方检察机关，这就是跨区域检察机关办理公益诉讼案件的独特优势。因为被告层级高了，处理问题的能力、调动解决问题的行政资源当然也就多了，问题解决也更快，影响力也更广。

所以，我们在长江大保护中也要积极探索推进铁路运输检察体制改革，落实相关的跨区域检察改革，加大办理跨区域行政公益诉讼案件，发挥跨区域检察体制改革的优势。

近几年，全国铁路检察机关办理了一批铁路安全运输领域的公益诉讼案件，同时也在跨区域改革上采取了新的工作举措。比如重庆市人民检察院下发通知，授权重庆铁路运输检察院办理长江流域重庆境内发生的跨区域生态环境和资源保护的行政公益诉讼案件以及不适宜由地方检察机关办理的行政公益诉讼案件，试点取得了良好效果。依托铁路运输检察院办理长江流域跨区划环境资源保护类行政公益诉讼案件是跨行政区划检察院改革的一次有益探索，有利于发挥派出检察院专门体制力量优势、排除地方干扰、强化流域专业保护。在前期探索的经验基础上，重庆市院拟定了《重庆市两江地区人民检察院设立方案》，拟依托重庆铁路运输检察院现有机构建制，设立重庆市两江地区人民检察院，作为重庆市院的派出机构，专门办理长江上游重庆段生态环境公益诉讼案件。该方案经重庆市深改委审议通过后，最高检于 2020 年 1 月 11 日作出批复，同意重庆市设立重庆市两江地区人民检察院。

肖 玮

因为时间关系,提问就到这里。

深入推进长江经济带发展,既是一场攻坚战,也是一场持久战。我们要认真贯彻落实习近平总书记系列重要讲话精神,进一步提高服务长江经济带发展的能力水平,在坚持和完善中国特色社会主义制度,推进国家治理体系和治理能力现代化中更好、更实地贡献检察智慧,让长江经济带更加绿意盎然,让中华民族的母亲河永葆生机活力。

今天的发布会到此结束。谢谢大家。

发布会文件

绿色发展·协作保障
服务保障长江经济带发展检察白皮书（2019）

前 言

长江经济带横跨我国东中西三大区域，人口和生产总值均超过全国的40%，既是我国经济重心，也是重要的生态宝库。推动长江经济带发展是党中央作出的重大决策，是关系国家发展全局的重大战略，对实现"两个一百年"奋斗目标、实现中华民族伟大复兴的中国梦具有重要意义。

党的十八大以来，习近平总书记先后对长江经济带发展作出"共抓大保护，不搞大开发""用最严格制度最严密法治保护生态环境，打好污染防治攻坚战""把修复长江生态环境摆在压倒性位置"等重要指示，为实施长江经济带发展战略指明了前进方向、提供了根本遵循。

党的十九届四中全会审议通过的《中共中央关于坚持和完善中国特色社会主义制度、推进国家治理体系和治理能力现代化若干重大问题的决定》（以下简称《决定》），明确了"加强长江、黄河等大江大河生态保护和系统治理""健全生态环境监测和评价制度，完善生态环境公益诉讼制度，落实生态补偿和生态环境损害赔偿制度，实行生态环境损害责任终身追究制"等重大任务，对推动长江经济带发展提出了新的更高要求。

2019年，长江经济带11省市检察机关积极贯彻落实习近平生态文明思想和习近平总书记在深入推动长江经济带发展座谈会上的重要讲话精神，主动服务党和国家工作大局，按照最高人民检察院（以下简称最高检）服务保障长江经济带工作部署，聚焦长江流域生态环境保护突出问题，以首届服务保障长江经济带发展检察论坛成果《关于长江经济带检察机关办理长江流域生态环境资源案件加强协作配合的意见》（以下简称《意见》）为指引，主动监督、智慧履职、铁面司法，为服务保障长江经济带高质量发展提供坚强的检察司法保障。

2020年，检察机关将认真贯彻落实《2020年推动长江经济带发展工作要点》，全面协调充分发挥"四大检察"职能，继续深化"10项检察举措"，进一步优化检察协作机制，不断提升司法保障能力，为把长江经济带建设成为"黄金经济带"作出新的更大贡献。

一、坚持以办案为中心，加大生态环境司法保护力度

（一）依法严惩各类破坏长江流域生态环境资源刑事犯罪。2019年，长江经济带11省市检察机关对破坏环境资源犯罪案件批准逮捕4336件7084人，同比分别增长44.39%和43.05%；提起公诉12504件22310人，同比分别增长15.78%和20.26%。其中，非法采矿罪占12.58%，污染环境罪占6.88%，非法收购、运输、出售珍贵、濒危野生动物、珍贵、濒危野生动物制品罪占6.29%，非法占用农用地罪占11.46%，滥伐林木罪占22.15%，非法捕捞水产品罪占18.17%，上述6个罪名案件数占总案件数的77.53%。深化破坏环境资源犯罪专项立案监督，重点针对长江流域工业废水偷排、危险化学品泄露、固体垃圾倾倒以及非法捕捞、非法采砂、非法占用沿江滩涂等违法犯罪，坚决纠正有案不立、有罪不究、以罚代刑、降格处理等问题，共受理监督立案819件，要求公安机关说明不立案理由722件，公安机关主动立案592件814

人，监督公安机关立案51件65人。紧密结合扫黑除恶专项斗争，严惩非法码头、非法采砂等违法行为背后的黑恶势力犯罪，坚决肃清源头，形成打击生态环境领域违法犯罪高压态势。江苏省泰州市人民检察院与靖江市人民检察院一体化办理王某某等61人捕捞、贩卖、收购长江鳗鱼案，对犯罪行为进行全链条式打击，并要求承担生态资源损害赔偿责任，中央电视台对该案庭审进行全程直播。浙江省杭州市余杭区人民检察院办理百仗溪环境污染刑事附带民事公益诉讼案，积极引导侦查机关赴江苏、安徽两省侦查取证，对涉案16名被告人提起公诉的同时，对洪某某等20个民事侵权主体依法提起刑事附带民事公益诉讼，判决被告承担生态环境损害赔偿共计380万元用于生态修复。湖北省荆州市人民检察院注重串并案研判，提前介入引导侦查，深挖长江首起非法采砂涉黑命案，打掉一个在洪湖燕窝段水域长期通过暴力、威胁手段垄断非法采砂业务，造成1死2轻伤的14人黑社会性质组织，最终组织领导者被告人张某被核准死缓，其余13名成员分别被判处三至十三年有期徒刑。湖南省检察机关将公益诉讼检察工作融入扫黑除恶专项斗争中，在办理公安部督办的"7·24"团伙涉黑涉恶系列案时，对其在长江流域非法采砂提起刑事附带民事公益诉讼或民事公益诉讼，向损害公益的黑恶势力依法索赔。

（二）以维护公益为核心，推动解决危害长江生态环境"老大难"问题。2019年，长江经济带11省市检察机关共立案环境资源领域公益诉讼案件30212件，办理诉前程序26271件，其中发出民事诉前公告1823件，向相关环境资源主管部门发出诉前检察建议督促依法履职24448件；对破坏环境资源的单位或个人单独提起民事公益诉讼案件190件，提起刑事附带民事公益诉讼案件1391件；对不依法履职的环境资源主管部门提起行政公益诉讼案件160件。充分发挥公益诉讼检察对生态环境保护的特殊作用，持续聚焦水、土壤污染防治等重点、难点，着力解决水资源保护、水污染防治和水生物多样性保护问题；通过办理有影响、有震动的公益诉讼案件，推动解决危害长江生态环境顽疾。江苏省扬州市、广陵区两级检察机关通过办理中央第四环保督察组交办线索、省检察院与省生态环境厅联合挂牌督办的长江环境保护公益诉讼案，督促拆除非法占用长江湿地逾十年、占地超过4.8万平方米的船厂，使被违法占用的113亩湿地重新与长江相连。江西省南昌市检察机关通过开展赣江岸线非法码头取缔、环境整治清理监督工作，向水务、交通、生态环境、城管委等相关职能部门及当地镇政府发出督促整改检察建议15件，30余座非法码头被取缔拆除。四川省宜宾市检察机关与生态环境局等部门联合开展长江珍稀特有鱼类国家级自然保护区核心区、缓冲区段餐饮趸船取缔、拆除及整治工作，发出诉前检察建议32件，清理趸船30艘，消除长江行洪安全隐患。

（三）践行恢复性司法理念，推进生态环境修复与生产发展转型。积极践行恢复性司法理念，落实宽严相济刑事政策，将适用认罪认罚从宽制度与推动生态环境修复相结合，推行"专业化法律监督＋恢复性司法实践＋社会化综合治理"生态检察模式，将服务保障长江经济带发展与服务保障打好三大攻坚战同部署、共推进。2019年，通过办案共督促修复被污染、破坏违法占用的林地、耕地、湿地、草原11.44万亩，消除污染隐患、治理恢复被污染水源地131.2万亩，整治造成污染环境企业、养殖场等3426个。上海市检察机关办理的卞某某等4人污染环境案首创先行缴纳保证金的赔付方式，通过适用认罪认罚从宽制度督促行为人签订生态修复协议，并缴纳保证金400万元，破解诉前难以完成环境修复的难题。江苏省泰州市检察机关在办理某污水处理公司非法堆放危险废物污染环境案中，督促政府启动生态环境损害赔偿程序，推动涉案公司处置修复费用1.3亿余元全部支付到位，长江边污泥暂存区全部整改恢复到位。江西省检察机关在办理一起非法占用农用地案中，通过适用认罪认罚从宽制度督促犯罪嫌疑人与当地镇政府签订生态修复协议并缴纳生态修复费123万元。湖北省宣恩县人民检察院在督促县环境资源保护局、地方海事处就龙洞水库生态环境保护依法履职案中，与相关行政机关协调，帮助、引导从事渡船旅游的船舶经营者转型发展生态农家乐旅游、生态养殖，或者从事水库生态清洁员，解决后续生计问题，使他们从环境污染者变为环境保护者。重庆市检察机关在长江沿岸的万州、合川分别建立林业、渔业修复司法示范基地，与法院、渔业、林业等部门建立协作机制，在基地开展"以案释法""现场庭审""集中放流"等活动，充分发挥教育、宣传和修复作用，两年来通过办案督促治理被污染损毁耕地、林地、湿地等3400亩，治理被污染水域3万余亩，清理固体废物、生活垃圾等5.4万余吨。贵州省安顺市紫云苗族布依族自治县人民检察院对母猪笼水源地污染线索依法立案监督，在保护生态环境的同时，争取当地党委和上级检察机关支持，保障水源地200余户贫困户750余人的饮水安全，助力打赢脱贫攻坚战。

二、立足检察监督职能，增强服务保障的聚合效应

（一）上下一体推动，自觉担当服务保障长江经济带发展的政治责任。一是强化督促指导。为配合统筹推进水污染治理、扎实推进生态环境污染治理"4+1工程"（"4+1"工程，在2018年5月25日推动长江经济带发展领导小组办公室会议上提出，具体指沿江城镇污水垃圾、化工污染、船舶污染、农业面源污染以及尾矿库治理），最高检张军检察长、张雪樵

副检察长分别带队赴安徽、江西等地,现场督导案件,促进问题整改到位。最高检挂牌督办舒某等20人组织、领导黑社会性质组织、非法采矿案等9件涉及长江经济带发展的案件(刑事案件6件、公益诉讼案件3件);与生态环境部沟通、对接,梳理一批需要检察机关履行公益诉讼检察职能、助力解决的案件线索,印发《关于发挥公益诉讼检察职能助推长江经济带生态环境警示片相关问题整改的通知》,要求长江经济带各省级检察机关主动加强与本省(市)推动长江经济带发展领导小组牵头部门的沟通联系,了解掌握相关问题清单整改情况以及自查发现的新问题。对尚未整改到位且存在执法司法困难,需要检察机关通过公益诉讼检察职能助力推动解决的,依法立案办理;对存在虚假整改、反弹回潮等问题的跟进监督。各地共立案公益诉讼案件63件,发出行政诉前检察建议62件,提起民事公益诉讼3件。在办案中注重与行政机关形成合力,探索检察公益诉讼与生态环境损害赔偿制度衔接等,共同推动解决了一批重点难点问题。二是完善办案机制。最高检针对长江生态环境污染犯罪案件办理中的难点问题,主动加强与最高人民法院、公安部、司法部、生态环境部等沟通,联合印发《长江经济带生态环境行政执法与刑事司法衔接工作办法》《关于办理环境污染刑事案件有关问题座谈会纪要》,强化"两法衔接"、统一执法司法尺度、加大对环境污染犯罪惩治力度;出台《关于长江经济带检察机关办理长江流域生态环境资源案件加强协作配合的意见》,明确跨省案件统一管辖和线索移送等五个方面20条具体措施;发布两批检察机关服务保障长江经济带发展典型案例,指导各地检察机关认真落实服务长江经济带发展"10项检察举措",加强跨区域司法协作。三是推动解决办案难题。为解决生态环境和资源保护领域案件鉴定难、费用高的问题,最高检商司法部给予大力支持，增加环境资源领域专业鉴定机构，部署推出第一批共58家检察公益诉讼中不预收鉴定费的鉴定机构，还与中国科学院成立生态环境鉴定联合实验室，指导市级检察院建设快速检测实验室。江苏省、浙江省检察机关与省生态环境部门挂牌成立环保联合实验室。江苏省苏州市、江阴市及安徽省、四川省部分地区检察机关开展公益诉讼快速检验检测实验室试点工作，着力解决生态环境领域证据灭失快、检测耗时长的难题。各地检察机关落实最高检部署要求，积极争取地方党委、人大、政府支持，出台加强检察机关公益诉讼工作的决定或者意见，为检察机关加强生态环境资源领域公益保护、更好服务长江经济带发展提供有力保障。

（二）开展专项行动，以点带面推进生态环境问题集中整治。各级检察机关结合本地实际情况，坚持问题导向，以开展符合地域特色的专项行动为抓手，深化、细化、实化监督，对发现的问题建立台账、拉条挂账、整改销号，优先解决既能够解决又有震慑的问题，助推长江生态环境资源领域问题集中整治。安徽省检察机关结合"三河一园一区"重要生态资源，在全省开展"守护绿色江淮美好家园"专项检察活动，分别在长江、淮河、巢湖、大黄山国家公园、大别山绿色示范区等流域或区域开展有特色的子专项活动，有针对性地加强对重点生态功能区、敏感区、脆弱区的司法保护，共督促复垦耕地428亩，治理恢复被污染水源99处，关停和整治污染企业89家，回收和清理生产类固体废物13.24万吨。江西省检察机关开展"五河一湖一江"及饮用水源地公益诉讼保护专项行动，督促治理饮用水水源保护区168个，清理污染和非法占用河道62.7公里，整治、关停非法排污口23个，督促关停和整治违法排放污染物企业36家，拆除养殖网箱

643个、面积2.6万多平方米。湖北省检察机关开展"长江流域生态保护公益诉讼专项行动",立案公益诉讼案件2621件,办理诉前程序案件2463件,起诉197件,督促恢复治理被污染水域8万余亩,关停、整治违法养殖场500余家,清理被非法占用的长江干支流河道117.6公里,清除长江干支流岸线固体废物45.6万吨,恢复被破坏林地1700余亩。湖南省检察机关办理了最高检挂牌督办的洞庭湖下塞湖非法矮围破坏生态环境公益诉讼系列案,夏某某等涉黑人员在洞庭湖非法捕捞、非法采砂被追究刑事责任后,益阳市人民检察院向益阳市中级人民法院提起民事公益诉讼2件,请求生态环境损害赔偿4000多万元,并在此基础上推进"守护一湖四水"专项检察监督工作以及江河湖塘非法围堰专项清理活动。云南省检察机关开展"金沙江流域(云南段)生态环境和资源保护专项监督行动",把九大高原湖泊保护治理纳入其中;同时,以2020年世界生物多样性公约第15次缔约方大会为契机,积极探索生物多样性公益诉讼保护"云南方案"。贵州省检察机关在"守护多彩贵州·严打环境犯罪(2018—2020)"执法专项行动基础上,以赤水河、乌江、清水江等长江支流流域为重点,集中打击整治长江流域污染环境违法犯罪。

(三)强化协同联动,构建检察协作新格局。一是跨省域检察保护"形成一盘棋"。重庆、四川、云南、贵州四省市检察机关建立赤水河、乌江流域跨区域生态环境保护检察协作机制,并与西藏、青海六地检察机关会签《关于建立长江上游生态环境保护跨区域检察协作机制的意见》,共担上游保护责任;云南省分别与贵州、四川两省联合开展三级检察院、河长办赤水河、泸沽湖联合巡河(湖)调研活动;江西、湖北、湖南三省检察机关签署《关于加强新时代区域检察协作服务和保障长江经济带高质量发展的意见》,将长江流域跨区域公益诉讼和刑事检察协作作为重要内容部署，同频共振保护"一江水"；上海、江苏、浙江、安徽四地检察机关围绕"联防联治协同发力，筑牢环太湖流域生态环境保护司法屏障"主题召开联席会议，出台加强环太湖流域生态环境保护检察协作三年行动方案，推进长三角生态环境保护检察协作深度融合。二是跨地域检察联动"拧成一股绳"。上海市青浦区、江苏省苏州市吴江区、浙江省嘉善市三地检察机关共同签署《太浦河流域生态资源检察公益诉讼协作机制》，并跨界协作开展"同护一江水、共建两岸绿"联合行动，依托苏州市检察机关公益诉讼快速检测实验室和巡回工作站共同对太浦河流域跨界污染情况进行公益诉讼线索排摸、勘验取证和初步调查工作，发现公益诉讼线索2件，成案1件；浙江省杭州市与安徽省黄山市检察机关建立新安江流域生态环境和资源保护公益诉讼工作协作机制；湖北省十堰市与河南省南阳市、陕西省商洛市、安康市三地检察机关就南水北调中线工程水源区生态环境保护建立合作机制；四川省建立了岷江、沱江、嘉陵江、金沙江、赤水河、贡嘎山、华蓥山、瓦屋山等山川河流保护的跨区域协作机制。三是跨系统执法司法"同使一股劲"。各地检察机关自觉将检察职能融入本地党委、政府关于长江经济带高质量发展的各项部署中，变检察监督为共建共享。上海市检察机关发挥磋商主导作用，与生态环境部门共同推动矽比科公司润滑油漏出污染黄浦江上游饮用水水源二级保护区有关修复工作，损害赔偿协议履行到位。安徽省皖江五市检察机关主动与地方公安、生态环境、渔政、水务等部门建立联席会议、信息共享、提前介入、线索移送等协作配合工作机制，增强行政执法与检察监督合力，更好协调解决长江生态环境资源保护领域案件办理中出现的问题。江西省人民检察院与省监察委员会联合出台《关于加强公益诉讼工作协作配合的实施意见》，畅通机制、形成合力。湖北省检察机关通过办理公益诉讼案件向监察机关移送职务犯罪8件。贵州省人民检察院会同省河长办在乌江支流清水河开展"两长"护河大巡查活动，带动市县两级检察院同步开展声势浩大的"两长"巡河行动，推动建立长效工作机制。

（四）做实智慧借助，不断提升专业能力水平。一是加强专项业务培训。最高检与生态环境部联合举办2019年全国环境污染犯罪案件行政执法与刑事司法衔接工作培训班、生态环境公益诉讼培训班，与生态环境部、自然资源部、国家林草局、欧洲环保协会联合举办生物多样性保护和固废污染防治公益诉讼培训班，帮助提升检察办案专业化水平。最高检积极协商有关专业机构举办无人机驾驶员资格示范培训、环境勘验采样和现场检测技术骨干培训。二是加强办案团队专业化建设。最高检与生态环境部互派干部挂职交流，让具有专业知识的行政执法人员作为检察官助理参与公益诉讼案件办理。各地检察机关以专业化办案分工，积累专业化办案经验，提升专业化办案水平。上海市、重庆市检察机关择优组建环资案件、公益诉讼专业团队，建立专家智库；江苏省南京市栖霞区人民检察院、重庆市人民检察院第二分院等建立长江生态检察官制度。湖南省资兴市人民检察院成立东江湖生态保护检察局，推行"四检合一"检察官办案组，对案件进行全面审查和"一案三查"，最大化保护生态环境资源。上海、浙江、安徽、湖南等地检察机关与科研院校合作成立公益诉讼研究中心，为办理涉环境资源保护案件提供专业支持。三是创新检察技术应用。各地检察机关将卫星遥感、大数据分析、无人机取证、移动指挥车等智能化取证设备和指挥系统应用于检察办案调查核实中，实现远程调查、远程指挥和即时信息存储，提升取证效能。江苏省苏州市吴江区人民检察院在办理"黎里镇人民政府围湖造地案"中,借助卫星云图比对技术为案件办理打下扎实证据基础,推动黎里镇政府收到检察建议后一个月内编制完成调整方案、三个月内完成工程招标,并根据工程量设定完成期限,稳步推动整改工作,有效回应了群众多年反馈未果的诉求。安徽省检察机关积极探索智慧检察公益新模式,推进研发智慧公益诉讼平台,运用互联网、大数据、人工智能等信息化手段收集案件线索,辅助案件办理。

(五)注重宣传发动,鼓励公众参与。一是结合办理代表委员建议提案推动立法研究。在办理"关于建立特殊案件跨省际办理机制,促进长三角一体化发展的建议"等"两会"代表委员建议提案中,最高检统一邀请全国人大代表、政协委员参加检察工作座谈会和实地办案,赴长江经济带检察机关视察调研公益诉讼检察等工作,反映工作情况和实际困难,听取代表委员意见建议,共同推动长江保护法立法研究,完善公益诉讼检察制度。二是结合检察办案开展普法教育。综合运用"两微一端"、专题片、微电影等,及时发布社会关注度高、法律适用准、政策把握好、办案效果佳的典型案例,传递长江保护检察"好声音",实现办理一案、教育一片、治理一方的良好效果。湖北省人民检察院在习近平总书记在武汉主持召开深入推动长江经济带发展座谈会并发表重要讲话一周年之际,召开长江保护公益诉讼专项行动新闻发布会,制作相关宣传片,推出典型案例,受到广泛关注。贵州省人民检察院拍摄生态环境保护题材的院线电影《我是检察官》,生动讲述检察机关保护清水江流域森林资源故事,诠释检察官守护绿水青山的为民情怀,入选中央政法委70年70部优秀政法题材影视作品;该院还与下级院共建660平方米生态环境保护警示教育基地,融室内数字化与多媒体互动于一身,集生态环境法治宣传、警示教育和工作成果展示于一体,为提高干部群众生态环保意识提供全新教育阵地。三是结合履职需求加强与环保社会组织、大型电商企业、国际同行的沟通交流。最高检围绕环境保护中检察机关与环保组织如何发挥各自优势、加强合作以及如何共同推动环保领域社会协同和公众参与,与中华环保基金会、自然之友、山水自然中心等社会组织加强交流,分享经验、收获理解、凝聚共识;就大型民营企业社会责任承担、新技术在生态环境资源保护、生物多样性保护等公益保护领域应用等话题,与华为、腾讯、京东等领军企业深入沟通;在云南省成功举办"生物多样性司法保护"国际研讨会。赴江苏省、贵州省开展预防性公益诉讼中外比较研究。向来访的美国司法部环境与自然资源局,英国、巴西、越南等检察同仁,美国佛蒙特法学院以及欧洲环保协会邀请的气候变化、野生动物保护领域国际知名专家,介绍中国环境治理成绩、分享环境公益保护的"中国智慧"和"中国方案"。

三、对标人民群众新需求新期待,检察机关服务保障长江经济带发展任重道远

(一)省际协作多停留在工作联络层面。长江经济带横跨9省2市,对大量跨生态系统、环境空间的违法案件,依法打击、有效预防、生态修复,都需要加强区域间的执法司法协作。流域省市建立跨区域检察协作机制,为检察机关在保护长江生态环境检察工作中统一思想认识、统一司法尺度、统一开展行动提供了基础和保障。但是就目前的跨区域协作机制运行情况而言,总体上还多停留在日常工作联络层面,跨区域案件移送的实例还比较少。各省市在谋划部署年度重点工作、专项行动方面的交流协作还不够深入,存在信息共享不及时、联动办案不紧密等问题。长江全流域的统一专项行动尚未部署开展。

（二）检察机关生态环境保护职能相对分散，整体性不足。在"四大检察""十大业务"布局中，探索开展生态检察工作主要以刑事检察、公益诉讼检察为主导，民事检察、行政检察为补充的格局。从目前运行情况看，刑事检察、公益诉讼检察工作衔接配合有待深化、优化。特别是对于刑事附带民事公益诉讼，分别由刑事检察官、公益诉讼检察官负责刑事公诉、公益诉讼，在法院对环境资源类案件集中管辖的背景下明显影响司法质效。如何有效整合刑事检察、公益诉讼检察职能，强化长江生态检察保护的整体性、协调性，需要进一步研究。

（三）推进铁路运输检察跨区域集中管辖机制改革的实践积累不够。最高检在《意见》中提出要深化长江经济带铁路运输检察体制改革，建立集中管辖跨省生态环境资源行政公益诉讼案件机制。这项改革的推进落实，涉及铁路运输检察体制并轨的宏观考量，也涉及管辖范围设定、与案件发生地检察机关的工作协调等配套制度设计，既需要进一步细化制度机制，更需要在实践中积累经验。

（四）跨区域检察办案的机制性障碍还没有得到有效解决。跨区域司法"大数据"共享、分析和应用机制尚未有效建立，对跨省市犯罪的空间分布和转移态势进行细致分析、联合发布数据分析报告、形成共管共治合力等机制尚不健全；跨省域环境资源刑事案件的侦查中，检察机关如何加强省际工作协作，及时协调、支持侦查机关跨省取证，还需要进一步细化措施。跨区域民事公益诉讼案件，往往因为污染成因复杂，污染行为与损害结果之间因果关系不易确定、具体责任难以划分，加之生态环境资源损害行为地和结果发生地的办案诉求不同，影响协作配合密切程度。此外，流域省际间司法鉴定标准不统一，跨省管辖案件修复赔偿款由谁履行检察监督、如何妥善安置等，需要明确规则、完善机制、统一规范。

四、回应新时代发展需求，精准提供服务保障长江经济带发展的检察产品

检察机关要深入学习贯彻党的十九届四中全会精神，站在融入、推进国家治理体系和治理能力现代化的高度，进一步增强服务长江经济带发展的责任感使命感。要深刻认识到，长江经济带发展的"压舱石"和"引擎"作用只能强化、不能减弱，"走出一条生态优先、绿色发展的新路子"仍然任重道远。要以高度的政治自觉、法治自觉、检察自觉，聚焦重点、精准发力，在长江流域治理格局中发挥检察机关的独特作用，与助力打好三大攻坚战结合起来，与扫黑除恶专项斗争行动结合起来，与服务优化营商环境结合起来，与落实恢复性司法理念结合起来，推进全形态治理、全链条治理、全流域治理，实现惩治犯罪与修复生态、纠正违法与源头治理、维护公益与促进发展相统一。

（一）围绕落实党中央部署要求，进一步找准服务保障长江经济带发展的立足点、着力点、关键点。检察机关服务长江经济带发展，主要责任是立足检察职能提供良好法治环境。要主动融入、找准定位，充分发挥多元职能，运用多元方式，把服务和保障工作做实、做深、做精。

——牢牢抓住办案这个立足点。加大办案督导和指导力度，上级检察院要采取挂牌督办、上提办理、指定管辖等形式，集中力量办理一批社会影响大、具有典型意义的重大案件。按照指导性案例的标准认真办理，努力办成精品案、示范案。通过办案，切实增加企业违法成本，提升政府治理效能。长江经济带各省级检察院每月向最高检报送办理涉长江生态环境的案件情况。

——牢牢抓住长江生态保护这个着力点。紧密结合扫黑除恶专项斗争，突出打击非法码头、非法采砂等违法行为背后的刑事犯罪。加强对破坏长江生态环境刑事案件的立案、侦查和审判监督。加强对涉生态环境民事行政审判和调解执行活动的监督。突出办理涉及违法排污、跨省倾倒固体废物等公益诉讼案件。坚持恢复性司法理念，在依法办案的同时，积极督促修复生态环境。

——牢牢抓住服务民营经济发展这个关键点。扎实推进涉民营企业案件立案监督和羁押必要性审查专项活动，认真开展涉民营企业刑事诉讼"挂案"及刑事申诉积案专项清理工作，对涉民营企业家案件做到每案必审，坚决监督纠正以刑事手段插手民营企业经营纠纷、超期羁押、"疑罪从挂"等突出问题。挂牌督办一批涉及民营企业的重大典型案件，通过督办个案，指导办理类案，真正通过办案落实对民营经济的平等保护。

（二）认真落实"一条长江、共同保护"，进一步加强长江经济带检察协作。要实现从单一分散合作向系统整体合作转变，从依靠地缘联系合作向依靠制度合作转变，从临时随机合作向常态规范合作转变。

——处理好整体与局部的关系。要把协作配合落实到办理跨行政区划案件中，用实实在在的案件检验、巩固协作机制。深入学习贯彻习近平总书记在黄河流域生态保护和高质量发展座谈会上的重要讲话精神，由最高检牵头，并发挥沿黄河9省区检察机关的积极性主动性，协同中央有关部门和地方党委政府，借鉴长江经济带检察协作机制及其成效，在总结黄河"清四乱"专项行动经验成果的基础上，建立黄河流域生态保护和高质量发展检察协作机制。

——处理好内部协作与外部配合的关系。统筹发挥刑事、民事、行政、公益诉讼"四大检察"职能作用，进一步规范和完善线索移送、调查取证等工作。适应刑事附带民事公益诉讼必须公告的新要求，坚持在刑事侦查阶段提前介入，在批捕阶段制发诉前公告，会同公安机关完成民事公益诉讼所需证据包括必要的司法鉴定等取证工作。探索建立生态修复补偿与认罪认罚从宽衔接机制。完善公益诉讼线索举报奖励、检察建议整改成效第三方评估等机制。主动争取党委领导、人大监督和政府支持，积极参与由党委牵头的长江经济带生态环境资源保护协调工作机制。定期召开公检法联席会议，促进统一司法尺度。依托"两法衔接"工作机制，主动加强与生态环境、国土、航运、海事等单位的常态化沟通，形成保护长江的执法司法合力。

——处理好巩固与提升的关系。积极、稳妥拓展公益诉讼案件范围。最高检将结合各地公益保护重点需求、办案力量等实际情况，在每个省区市指定若干市级检察院和基层检察院，专业化办理某一类新领域公益诉讼案件。对于指定管辖、交办、转办的案件，最高检将配套办案经费，为办案单位提供司法鉴定等资金支持。办案单位要由检察长或者分管副检察长作为主办检察官，带领检察官办案组重点办理，办成精品，办出影响力。沿江检察机关要结合长江大保护工作实际，探索开展危化、尾矿、交通等安全生产领域公益诉讼检察工作，切实加强化工污染治理、尾矿整治、综合交通运输体系安全生产等司法保障。

（三）凝聚共识，协同推进长江经济带生态保护和高质量发展。深入践行"双赢多赢共赢""诉前实现保护公益目的是最佳司法状态""持续跟进监督"等理念，充分运用政治智慧、法律智慧、监督智慧，协同各方力量，坚持"专业化法律监督+恢复性司法实践+社会化综合治理"，以法治思维和法治方式，为推动长江经济带发展提供司法保障。

——建立健全"河（湖）长+检察长"协作机制。加强检察机关与河（湖）长制办公室的工作衔接，针对在界河、界湖的水污染治理中"上下游不同行、左右岸不同步"等治理难题，统一河湖执法司法标准和尺度，充分发挥检察一体化机制优势，统筹协调、督促相关地方政府、职能部门依法行政、履职尽责，共同保护好长江流域生态环境。

——加强执法司法信息技术保障。依托正在建设的长江发展网信息平台，推动构建长江流域执法司法协同指挥体系。重点完善生态环境行政执法与刑事司法衔接机制，实现案情通报、案件移交、联合办案、区域协作、案件咨询等无缝衔接。建立长江经济带生态环境等领域的专家名录、鉴定评估机构以及其他专业机构名录，实现专家资源、鉴定评估资源共享共用。跨省际的行政公益诉讼案件多尝试使用专家意见或者行政机关出具的检测报告等作为监督的依据和证据。推广运用便携式污染检测设备、无人机航拍、卫星遥感等科技手段提升调查取证质效。

——加强生物多样性司法保护。以生物多样性恢复作为检验长江大生态环境保护成效的标尺，更新生物多样性保护理念，指导长江流域检察机关加大生物多样性保护工作力度。组织专门力量，联合有关高校科研机构和公益组织，加大对生物多样性保护相关国际、国内法律及执法司法实务的比较研究，形成生态多样性保护检察指南。加强专项业务培训。总结分享"生物多样性司法保护"国际研讨会、生物多样性保护和固废污染防治公益诉讼培训班的成果，加强在执法司法实践中的转化应用。注重收集、汇总、宣传生物多样性保护典型案例。为中国承办2020年《生物多样性公约》缔约方大会提供检察智慧和检察贡献。

——加强普法宣传教育。改进"四大检察""十大业务"的宣传方式方法。更多组织人大代表、政协委员实地调研考察。加强对新出台法律法规、司法解释的宣讲解读。加强青少年普法工作,推行法治副校长讲课现场直播。创作公益诉讼检察影视作品。

部分新闻链接

1. 新华社 2020 年 1 月 14 日报道《高检首个白皮书：2019 年长江经济带 11 省市检察机关对破坏环境资源犯罪提起公诉 2 万多人》

2. 中央广播电视总台央视 2020 年 1 月 15 日报道《最高检发布保障长江经济带发展白皮书》

3. 中央广播电视总台央广 2020 年 1 月 14 日报道《最高检：2019 年长江经济带 11 省市对破坏环境资源犯罪案件批准逮捕 7084 人》

4. 光明日报 2020 年 1 月 15 日报道《最高检发布白皮书助力长江经济带绿色发展》

5. 中国环境报 2020 年 1 月 16 日报道《为了长江，11 省市检察机关去年批捕 7000 余人！》

6. 法治日报 2020 年 1 月 15 日报道《最高检发布服务保障长江经济带发展检察白皮书（2019）》

依法惩治恶意欠薪　切实维护农民工合法权益
——最高人民检察院通报检察机关打击拒不支付劳动报酬犯罪工作情况

发布时间：2020 年 1 月 16 日 10:00

发布内容：通报检察机关打击拒不支付劳动报酬犯罪的相关情况，发布典型案例

发布地点：最高人民检察院

主 持 人：王松苗　最高人民检察院办公厅（新闻办）主任、新闻发言人

出席嘉宾：苗生明　最高人民检察院第一检察厅厅长
　　　　　张晓津　最高人民检察院第一检察厅副厅长
　　　　　齐世萍　甘肃省人民检察院第一检察部主任
　　　　　张正林　安徽省芜湖市芜湖县人民检察院副检察长

主题发布

王松苗

各位记者朋友,上午好!欢迎参加最高人民检察院新闻发布会。今天发布会的主题是"依法惩治恶意欠薪,切实维护农民工合法权益"。

今天出席发布会的嘉宾是:最高人民检察院第一检察厅厅长苗生明、副厅长张晓津;甘肃省人民检察院第一检察部主任齐世萍;安徽省芜湖市芜湖县人民检察院副检察长张正林。

明天就是腊月二十三,北方的"小年"。可能记者朋友和我们一样"乡心新岁切",都在梦回故乡、归心似箭。很多农民工朋友的家人也在倚门而望,等待亲人归来。"欠债不过年,过年不欠债"是不让辛苦一年的农民工朋友扫兴而归,让农民工告别"忧酬烦薪",既是社会的良心,文化的传统,也是法治的责任。

2019年11月7日,国务院下发通知,要求从11月15日起,全面开展"根治欠薪冬季攻坚行动"。各地各部门都在努力行动,春节临近,欠薪清零正在进入"倒计时"。作为法律监督机关的人民检察院自然也不能缺位。

我们今天召开的这个发布会,是最高人民检察院首次以"惩治欠薪"为主题召开的新闻发布会,也是最高人民检察院首次发布年度保护弱势群体办案数据。共有三项议程:一是通报检察机关2019年打击拒不支付劳动报酬犯罪工作情况;二是发布6个典型案例;三是回答记者提问。

习近平总书记一直都尊重劳动、关心劳动者。大家都记得,在

2019年的新年贺词中,总书记饱含深情的话语:"这个时候,快递小哥、环卫工人、出租车司机以及千千万万的劳动者,还在辛勤工作,我们要感谢这些美好生活的创造者、守护者。"被总书记惦念的"快递小哥""出租车司机"群体中,很多都是农民工朋友。作为我国城市化进程中重要的劳动者,广大农民工朋友已成为我国产业工人的主体,是国家现代化建设的重要力量。

劳动创造价值,有劳就该有得。不让辛苦一年的农民工朋友权益受损,法治不能缺位。总书记强调,"全面建成小康社会离不开农民工的辛勤劳动和奉献,全社会都要关心关爱农民工,要坚决杜绝拖欠、克扣农民工工资现象,切实保障农民工合法权益。"农民工获得劳动报酬的最基本权益,理应成为司法保护的重点。

我国《宪法》明确规定,国家通过各种途径,创造劳动就业条件,加强劳动保护,改善劳动条件,并在发展生产的基础上,提高劳动报酬和福利待遇。2019年12月30日,国务院公布《保障农民工工资支付条例》(自2020年5月1日起施行),要求对拖欠农民工工资涉嫌构成拒不支付劳动报酬罪的,及时移送司法机关追究刑事责任。落实宪法法律法规规定、保障农民工合法权益,始终是检察机关义不容辞的责任。

2019年以来,全国各级检察机关以习近平新时代中国特色社会主义思想为指导,认真贯彻落实党中央关于根治欠薪问题的重要指示精神,带着对劳动者的尊重与情怀,充分发挥检察职能作用,重拳打击拒不支付劳动报酬犯罪,将依法惩治欠薪作为践行司法为民宗旨、维护党和政府形象、服务保障"三大攻坚战"的实际行动,努力做好惩治欠薪的各项工作。

现在进行第一项议程,请苗生明厅长向大家通报检察机关2019年打击拒不支付劳动报酬犯罪工作情况。

苗生明

各位记者朋友,大家上午好! 劳动报酬是劳动者特别是农民工的血汗钱、活命钱,新春佳节将至,带着一年的辛苦钱平平安安回家过年是每位打工兄弟的最大愿望。依法惩治拒不支付劳动报酬犯罪,有效解决并根治欠薪问题,让农民工不"忧薪",关乎民生民利,关乎社会稳定,关乎家庭幸福。

党的十九届四中全会提出,健全劳动关系协调机制,构建和谐劳动关系,促进广大劳动者实现体面劳动、全面发展。习近平总书记强调:"全面建成小康社会离不开农民工的辛勤劳动和奉献,全社会都要关心关爱农民工,要坚决杜绝拖欠、克扣农民工工资现象,切实保障农民工合法权益。"

近年来,全国检察机关以习近平新时代中国特色社会主义思想和党的十九大精神为指导,认真贯彻落实党中央、国务院关于根治欠薪问题的重要指示精神,将打击拒不支付劳动报酬犯罪、维护农民工合法权益,作为检察机关服务大局、为民司法的一项重点工作谋划、部署和推动。检察机关将打击"恶意欠薪"等拒不支付劳动报酬犯罪作为服务保障"三大攻坚战"的重要举措之一,促进脱贫攻坚工作,切实维护农民工合法权益,确保岁末年初社会大局持续稳定,助力农民工放心回家过年。

一、依法打击拒不支付劳动报酬犯罪,充分发挥刑罚震慑作用

2019年,全国检察机关办理拒不支付劳动报酬案件数量与上年相比呈上升态势,共批准逮捕拒不支付劳动报酬犯罪案件1599人,同比上升10.6%;受理审查起诉3555件4012人,同比分别上升10.9%、11.6%;依法起诉2396件2609人,追诉漏罪、漏犯80人;监督公安机关立案203件(已立案136件);检察环节为农民工追缴工资2.5

亿元。

2019年11月，最高人民检察院专门下发通知，要求全国各级检察机关加大对拒不支付劳动报酬犯罪的办案力度，通过提前介入侦查、引导取证、重大案件联合挂牌督办等方式，提高案件办理质量和效率，特别是效率；对于欠薪数额巨大且情节恶劣，经刑事立案追缴仍不履行支付义务的案件，依法快捕快诉，严厉打击恶意欠薪行为，有效发挥法律的惩治和震慑功能，及时保障农民工合法权益。

二、多措并举，着力防范化解社会稳定风险

各地检察机关把"根治欠薪"作为服务保障民生的着力点和切入点，抓早抓小、一以贯之，多措并举打好"组合拳"。

一是聚焦群众关注。各地检察机关将打击拒不支付劳动报酬犯罪、维护农民工合法权益作为一项重要政治任务，保民生、促发展。四川、陕西等地检察机关成立根治拖欠农民工工资领导小组，建立拒不支付劳动报酬犯罪案件台账，总结根治欠薪的经验和做法。贵州省检察机关制定《关于进一步加强拒不支付劳动报酬犯罪案件办理衔接和督办工作的实施意见》；四川省检察机关积极开展2019年度根治欠薪冬季攻坚行动。

二是开展专项活动。天津、安徽等地检察机关在开展打击侵害农民工合法权益犯罪活动中，将打击恶意欠薪与服务保障脱贫攻坚战、扫黑除恶专项斗争、服务保障民营经济健康发展等专项工作统筹推进。天津市检察机关制定《关于加强农民工讨薪讨债纠纷案件监督的通知》，开展农民工讨薪讨债纠纷案件专项监督活动，建立与行政执法机关的信息共享、案情通报、案件移送制度。安徽省检察机关紧盯过年、过节等特殊时间节点，紧盯厂矿、工地等用工多的领域，常态化开展集中打击整治，依法批捕拒不支付劳动报酬犯罪嫌疑人73人，起诉182人，为农民工追讨工资近6000万元。

三是强化立案监督。全国各级检察机关借助"两法衔接"信息共享平台，及时发现案件监督线索，强化立案监督，防止以罚代刑、放纵犯罪。检察机关与公安机关、人社部门建立健全信息共享、全程跟踪等制度,完善案件移送标准和程序。吉林、宁夏等地检察机关与公安机关、行政执法机关联合打造"互联网+传统检察业务"的新模式,利用"两微一端"网络新媒体发力立案监督、诉讼监督,促使犯罪嫌疑人或被告人支付劳动报酬。湖北省检察机关监督公安机关立案25件,监督行政机关移送线索11件。山西省检察机关畅通监督渠道,关注相关新闻报道及网络舆情,深挖监督线索,监督立案10件10人,发出纠正违法通知书9份、检察建议2份。

四是延伸检察职能。北京市检察机关加入"北京市解决企业工资拖欠问题协调小组",依托多方平台深入开展"十进百家、千人普法"活动,加强与地方企业密切配合,促进普法常态化、制度化。江苏省检察机关成立专业化办案组,专业办理拒不支付劳动报酬案件,依法批准逮捕拒不支付劳动报酬犯罪嫌疑人59人,提起公诉111件148人,为农民工追讨工资283万元。广西检察机关妥善处理中国—东盟自贸区相关经营、建设企业因资金周转等经营问题涉嫌拒不支付劳动报酬犯罪的情况,依法批准逮捕拒不支付劳动报酬犯罪嫌疑人33人,提起公诉24件24人,为农民工追讨工资177.6万元。江西等地检察机关建立走访帮扶企业长效机制,成立非公企业维权办公室,在工业园区设立检察联系点,帮助促进企业做好党风廉政建设和犯罪预防工作。

三、正确把握宽严相济刑事政策,积极服务和保障非公有制经济健康发展

各地检察机关以办案参与治理,正确把握宽严相济的刑事政策,既有力打击欠薪违法犯罪,又注重对民营企业合法权益的保护,有效服务和保障了非公有制经济健康发展。在根治欠薪工作中做给农民工"雪中送炭"的"护薪"人、为民营企业"寻找出路"的"救企"人。

一是依法慎用逮捕强制措施,注重对民营企业合法权益的保护。加大羁押必要性审查力度,最大限度降低对企业正常生产经营活动的不利影响。2019年,全国检察机关共不予逮捕拒不支付劳动报酬犯罪案件1115人,不起诉917件1073人,同比分别上升26.8%、25.5%,

不起诉率29.1%。甘肃省检察机关在侵害贫困农民工权益犯罪专项立案监督活动中，建议人社部门移送犯罪线索60件，监督公安机关立案53件。所涉案件均依法适用非羁押强制措施，为2791名农民工追回欠薪2235万元，得到省委、省政府肯定，更是得到了广大农民工朋友的欢迎。

二是善用认罪认罚从宽与刑事和解制度，实现双赢多赢共赢。努力做到打击刑事犯罪、维护农民工合法权益、服务保障非公有制经济健康发展"三同步"。加强政策宣教，引导双方沟通，督促犯罪嫌疑人及时履行支付报酬义务，通过扣押查封财产、协调工程发包方等案外人垫付等方式多途径维护农民工权益，化解社会矛盾。2019年，全国检察机关受理审查起诉拒不支付劳动报酬犯罪案件中，适用认罪认罚从宽制度办理1504件1627人；促成刑事和解171件197人。安徽省检察机关对欠薪主体履行义务完毕且获得被害人谅解的38名犯罪嫌疑人，依法适用认罪认罚从宽制度。其中，对28名已支付完毕劳动者劳动报酬的犯罪嫌疑人依法作出不起诉处理。重庆市开州区检察院办理的廖某拒不支付劳动报酬一案，犯罪嫌疑人廖某因经营不善，拖欠131名工人工资54.7万余元，检察机关办案中多方协调，释法说理，促成廖某家属积极筹集资金代其支付了劳动者报酬，并与欠薪工人达成了刑事和解。

三是提升检察建议刚性，加大行政监督力度。各地检察机关在办理案件过程中强化对行业和用工单位的监督，发现问题及时以检察建议的方式督促用工方及早治理。海南、广东等省检察机关建议各级人社部门或者政府其他有关部门，在向欠薪单位发出限期整改指令书、行政处理决定书等责令支付劳动报酬文书的同时，应抄送或将情况通知同级公安机关和检察机关，以及时跟进了解支付情况和相关立案、侦查情况，对于应当立案而未立案的，依法履行法律监督职责，通知公安机关立案。

四、完善制度机制，形成工作合力

积极构建齐抓共管的工作格局，建立健全与公安、法院、人社等部门共同参与的综合治理机制,实现根治欠薪效果最大化。

一是强化检察机关内部协作。各地检察机关加强部门之间的横向协作,刑事检察部门与控申、民行、公益诉讼等部门建立情况通报制度,共同研究工作中遇到的实际问题,为充分保障农民工合法权益,稳、准、狠打击此类犯罪,提供强有力司法保障。甘肃省检察机关充分发挥检察机关精准扶贫工作队、派驻乡镇检察室职能优势,加强内设部门协调配合,全面深入发现涉案线索。

二是强化系统外部协作。各级检察机关加强与公安机关协作配合,提前介入,引导公安机关侦查取证。加强与法院沟通交流,通过建立联席会议制度等,确保法律的统一实施。加强与行政执法部门沟通,及时将办案中发现的行政监管不到位、管理漏洞等问题反馈给行业主管部门,促进加大行政监管力度。上海、天津等地检察机关通过联合下发规范性文件,建立会商制度,加强与劳动保障、住建等职能部门联系协作,形成打击侵害农民工合法权益犯罪的合力。

春节将至,欠薪"清零"已进入倒计时,让农民工拿到工资安稳过年是人民群众幸福感的来源和保障,是社会稳定、春节祥和的基础。我们要当好农民工的"护薪人",追欠止损,让农民工血汗钱安全落袋。

下一步,检察机关将根据中央的指示精神,将解决拖欠农民工工资问题作为当前和今后一个时期的重大的政治任务和民生工作,健全完善劳动保障监察执法与刑事司法衔接制度,增强打击合力,及时有效惩处恶意欠薪行为;进一步加强同公安、人社等部门的协作配合,完善"两法衔接"工作机制,推动信息平台建设和运行,做到有案必查、有罪必惩、依法治欠,提高依法治理欠薪的实效性;在注重打击恶意欠薪犯罪的同时,注重对民营企业合法权益的保护,努力实现双赢多赢共赢。

王松苗

谢谢苗生明厅长。下面进行第二项议程。发布"检察机关打击拒不支付劳动报酬犯罪典型案例"。这6件案例已经作为"新闻发布会材料（二）"印发给大家。为了便于大家更好地了解掌握这些案例，现在请张晓津副厅长简要介绍典型案例有关情况。

张晓津

各位记者朋友，大家上午好。2019年，全国检察机关坚决贯彻落实党中央关于"根治欠薪"的重大决策部署，充分履行检察职能，紧紧围绕案件办理工作，突出打击拒不支付劳动报酬犯罪，全方位保护农民工合法权益，护航民营企业发展，集中办理了一批法律效果好、社会影响大的案件。

我们从各地报送的案例中筛选出追缴数额较大、被欠薪人员较多、注重运用不捕不诉及认罪认罚从宽制度、注重对民营企业的保护、办案效果较好的6个典型案例，这些案例比较直观地反映了检察机关在参与根治欠薪方面所做的努力，也从不同侧面展现检察机关在促进国家治理体系和治理能力现代化方面所做的积极探索。从保障民营企业发展出发，我们对所选案例涉及的当事人姓名及企业名称作了技术处理。

案例一是安徽陈某某拒不支付劳动报酬案。2016年底，被告人陈某某拖欠200多名农民工工资共计446万余元，经政府部门责令支付仍未支付。案件立案侦查后，检察机关主动介入、引导侦查取证，对犯罪嫌疑人释法说理，积极适用认罪认罚从宽制度，进行羁押必要性审查，及时变更了强制措施，案件提起公诉前，被告人已将拖欠工资全部还清，2019年5月，陈某某被法院判处缓刑。

案例二是上海吴某拒不支付劳动报酬案。2017年，被告人吴某因经营不善拖欠部分员工工资91.9万元，经政府部门责令支付仍未支付。检察机关受案后，积极联系吴某家属，阐明法律规定，促成吴某履行支付欠薪的义务。在审查逮捕阶段，吴某支付了部分拖欠款，到了审查起诉阶段，又支付了剩余报酬，并取得了被害人的谅解，员工拿回了被拖欠2年多的工资，2019年11月检察机关作出不起诉决定。

案例三是甘肃王某、陈某拒不支付劳动报酬案。王某与陈某于2018年拖欠42名员工工资共计27万余元。经政府部门责令支付仍未支付。检察机关启动"两法衔接"机制督促人社部门向公安机关移送案件，案件移送检察机关后，考虑到二人同时担任其他公司负责人，本着既要维护法律尊严，又要保护民营企业的发展，在追回所欠工资27万余元后，2019年12月对二人依法作出不起诉决定。

案例四是河南黄某、谭某拒不支付劳动报酬案。黄某、谭某于2015年拖欠两个施工队工人全年工资134万余元，经政府部门责令支付仍未支付。检察机关审查逮捕时发现黄某、谭某已将拖欠的工人工资全部结清，因其犯罪情节轻微、无社会危险性，对其作出不批准逮捕决定。2019年8月，检察机关对二人作出不起诉决定。

案例五是辽宁蒲某、唐某拒不支付劳动报酬案。2018年，蒲某、唐某拖欠125名工人工资共314万余元。经政府部门责令支付仍未支付。案件移送检察机关起诉时，考虑到恰逢国庆期间，没有对该案"一诉了之"，而是及时释法说理，打通犯罪嫌疑人心结，促使二人全部结清拖欠的工人工资。2019年9月，检察机关提出单处罚金的量刑建议，法院予以采纳。

案例六是四川孙某某拒不支付劳动报酬案。2018年6月，被告人孙某某拖欠102名工人工资共计291万余元，经政府部门责令支付仍未支付。检察机关受理本案后，多次与相关行政部门召开联席会议分析案情，并充分做好以案释法工作。一方面积极与被告人沟通，移送审查起诉后一个月内，孙某某、刘某某（另案处理）将全部拖欠款结清；另一方面，检察机关认真审查，提出了判处缓刑的量刑建议，最终法院予以采纳。

王松苗

谢谢张晓津副厅长。接下来进行第三项议程，请各位记者朋友提问。

现场答问

中央广播电视总台央视新闻频道记者

年关将近,经常有农民工反映在讨薪时遇到了执法部门"慢作为、不作为"现象。对此,检察机关如何发挥监督作用,通过哪些手段来督促执法部门依法履职,效果怎样?

苗生明

在办案中我们也注意到这一问题,作为检察机关主要是充分借助"两法衔接"的信息共享平台,通过案件办理及时发现监督线索,强化立案监督,及时发现和处置恶意欠薪犯罪线索,建议移送,从而积极参与农民工追讨欠薪,有效化解了社会矛盾,维护了社会稳定。

大部分检察机关与公安机关、人社部门都建立了信息共享、案情通报、案件移送、全程跟踪等制度,完善案件移送的标准和程序,促进了劳动保障监察领域行政执法与刑事司法的无缝对接,为农民工讨薪维权提供一站式服务,努力确保农民工讨薪有门、维权有路、权益得保。

除了刚刚通报稿中提到的甘肃、山西、湖北等省份外,其他地方检察机关在督促执法部门依法履职方面也有一些较有效的做法,比如浙江省检察机关借助"两法衔接"平台,构建多方主体参与的案件衔接机制,邀请相关部门参与薪酬问题调解,保障欠薪款有效追回;新疆自治区检察院与区人社厅联合签署了《新疆维吾尔自治区涉嫌拒不支付劳动报酬犯罪案件查处衔接工作规定》，从制度层面对行刑衔接工作作出细致规定。2019年，全国检察机关监督行政机关移送案件线索104件，共监督公安机关立案203件，有力打击和震慑了恶意欠薪犯罪，保障了农民工的合法权益。

人民日报记者

辛苦一年，拿到钱顺利回家，是农民工群体的心头大事。在依法打击拖欠薪资犯罪方面，检察机关是如何有效参与社会治理，加强与相关部门的协作，保障农民工合法权益的？

张晓津

最高人民检察院作为国务院根治拖欠农民工工资工作领导小组的成员单位，与人力资源和社会保障部、最高人民法院、公安部等部门通力协作，认真履行职责，健全制度机制，采取有效措施，积极构建监察执法与刑事司法的"直通车"，有效推动涉嫌拒不支付劳动报酬犯罪案件及时进入司法程序。一年来，及时依法查办了一批有社会影响的典型案件，有效打击和震慑了恶意欠薪犯罪行为。

一是构建司法办案快速通道。加强与公安机关联系配合，通过提前介入、引导取证，提高侦查质量，科学制定处理方案。加强与法院的沟通协调，通过联席会议制度、列席审判委员会，确保法律统一、正确实施。

二是搭建"两法衔接"共享平台。持续推进刑事司法与行政执法衔接工作，依托"两法衔接"信息共享平台，与行政执法部门共享关键数据、移送案件线索、深化法律监督，及时将检察机关在办案中发现的行政监管不到位、监管漏洞等问题，反馈给行政执法机关和行业主管部门，建章立制、断源堵漏，促进依法治欠，为预防和打击犯罪提供保障。

三是提升普法宣教工作水平。针对欠薪企业不守法、农民工维权意识不强等问题，检察机关与相关部门一道，按照"谁执法谁普法"的要求，通过"两微一端""微信公众号"等形式宣传打击欠薪典型案例，以案释法，建立检察干警联系走访帮扶企业长效机制等，不断增强用人单位自觉守法和职工依法维权意识，促进企业守法经营。

农民日报记者

恶意欠薪往往会涉及民营企业，我们看到，刚刚发布的芜湖县检察院办理的陈某某拒不支付劳动报酬案中就涉及民营企业保护的问题，请问检察院在办理拒不支付劳动报酬案时，如何实现维护农民工权益和护航民营企业双赢共赢多赢的效果？

张正林

在该案的办理中，我们主要做了以下三方面工作：一是案发后，及时介入侦查，了解案情，引导公安机关固定涉案证据。从维护被拖欠工资的农民工合法权益、防范该案可能引发

的社会稳定风险考虑,依法对陈某某作出了批捕决定。同时会同公安机关,联合做好对陈某某的释法说理工作,督促陈某某履行支付义务,使其拖欠的446万元农民工工资及时结清。二是在其家属先期支付200万元农民工工资应急周转金后,我院及时启动对该案的羁押必要性审查,变更刑事强制措施,让其有能力筹齐剩余款项。三是与政府部门积极协作,联系陈某某的发包方,说明案件原由,促成陈某某继续承建项目,最大限度减少案件办理给发包企业带来的影响,让该工程项目顺利推进。本案办理得到各方面广泛认可,社会效果和法律效果都很好。

苗生明

"根治欠薪"目的是为了充分维护农民工合法权益,最大限度追欠止损,而不是搞垮一个企业,引发新的矛盾。全国各级检察机关认真落实中央及高检院关于服务保障民营经济健康发展的决策部署,按照高检院"对涉嫌犯罪的民营企业负责人能不捕的不捕,能不诉的不诉,能判缓刑的就提出判缓刑的建议"的精神,一方面坚持以事实为依据,以法律为准绳,依法治欠、铁腕治欠;另一方面在打击恶意欠薪犯罪的同时,也注重对民营企业合法权益的保护。

一是慎用逮捕措施。根据案情实际情况,积极开展羁押必要性审查工作。坚决防止构罪即捕,一捕了之,加强督促犯罪嫌疑人履行支付报酬义务的工作,通过扣押查封财产、主动联系犯罪嫌疑人亲属退赃、协调工程发包方垫付等方式多途径维护农民工权益。对主观恶性较小,已付清农民工工资的犯罪嫌疑人,依法不予逮捕或及时变更强制措施。

二是用好不起诉和量刑建议。在办案中,尽可能帮助涉案企业挽回和减少经济损失,提振民营企业安全预期和投资经营信心,维护民营企业正常生产活动。对积极履行支付义务、情节轻微、确有悔罪表现,在提起公诉前支付劳动报酬,危害结果减轻或者消除,被损坏的法律关系得到修复的，要体现政策，依法作出不起诉处理，予以起诉的，尽量提出判处缓刑的量刑建议。

工人日报记者

实践中，拒不支付劳动报酬罪立案并最终被判处刑罚的案件相比其他犯罪而言比例较低，请问苗厅长，您能说说其中的原因吗？

苗生明

从打击恶意欠薪的五年统计数据来看，有24.3%的犯罪嫌疑人被检察机关作出不起诉处理，远远高于同期全部刑事案件的不起诉率，究其原因，主要是基于法律出罪规定以及宽严相济的刑事政策。

拒不支付劳动报酬罪的涉案人员是否最终被判处刑罚不是打击拒不支付劳动报酬犯罪的唯一法律后果，我国刑法第276条之一第三款规定："拒不支付劳动报酬行为，尚未造成严重后果，在提起公诉前支付劳动者的劳动报酬，并依法承担相应赔偿责任的，可以减轻或者免除处罚。"

对于多数欠薪主体履行义务完毕，获得被害人谅解的案件，检察机关从保护民营经济健康发展的角度出发，积极适用认罪认罚从宽制度，依法从宽处理，可诉可不诉的不诉。而对那些有能力支付而拒不支付，顽抗到底的犯罪嫌疑人，检察机关要坚决予以打击，从严处罚。

法制网记者

甘肃作为脱贫攻坚的主战场,是劳务输出大省,在保障农民工合法权益、助力脱贫攻坚方面,检察机关采取了哪些举措,取得了怎样的成效?

齐世萍

脱贫攻坚是甘肃省第一民生工程,是最为艰巨繁重的任务。2019年以来,甘肃省检察机关立足脱贫攻坚实际和本省作为劳务输出大省的实际,部署开展了"侵害农民工权益犯罪专项立案监督活动",积极参与社会综合治理,努力实现检察工作与脱贫攻坚的有机结合、深度融合。

一是甘肃检察机关紧紧围绕全省"一号工程",充分运用司法手段保障脱贫攻坚。在2017、2018年连续两年开展"侵害贫困农民工权益犯罪立案监督专项活动"的基础上,2019年继续将其作为全省检察机关的"六项重点工作"之一进行安排部署,按照"边部署、边挂牌、边收割"的工作思路,联合省人社厅对82起欠薪案件挂牌督办,并确保所有案件清零。全年共监督立案53件,起诉拒不支付劳动报酬犯罪133人。

二是加强与人社、公安等部门的沟通协调,形成打击合力。将打击欠薪犯罪与追讨欠薪同谋划、同部署、同开展。强化提前介入,确保应当立案的依法立案,规范侦办,依法快捕快诉,有力打击和震慑了恶意欠薪犯罪。充分发挥各诉讼环节职能,保障拖欠贫困农民工工资报酬优先、及时、足额支付,2019年全年,与人社、公安、法院等部门联合共帮助2791名农民工追回欠薪2235.69万元,劳动权益、劳动成果得到有效维护。

三是将督导作为推动工作的重要抓手,甘肃省检察院派出7个督导组,赴全省各地开展压茬式全覆盖督导。将侵害农民工权益犯罪立案监督作为做优刑事检察工作"百日大提升"活动重点工作之一,建立领导包片、网上巡查、精准约谈、定期通报等机制,督促各地检察机关加大立案监督和提前介入力度,确保督办案件逐案清零,确保拖欠农民工工资问题得到依法妥善解决,确保每一个建档立卡户不因劳动报酬被拒付无法脱贫或返贫,是我们的重要任务。

另外,我们还充分发挥检察机关精准扶贫工作队、派驻乡镇检察室职能优势,有效融入全省"根治欠薪"工作大局,结合办案深入开展法治宣传,助力打赢精准脱贫攻坚战。

新华社记者

对于拒不支付劳动报酬犯罪,一方面强调严厉打击,另一方面又在实践中适用认罪认罚从宽制度,检察机关在办案中是如何处理二者之间关系的?

张正林

根据修改后刑诉法的规定，只要犯罪嫌疑人或被告人认罪认罚的，均可适用认罪认罚从宽制度。在办理陈某某拒不支付劳动报酬案中，我们在前期提前介入、固定证据、追缴欠薪、督促完工等工作的基础上，通过释法说理，积极适用认罪认罚从宽制度，推动了案件的顺利办理。

在审查初期，陈某某对办案人员有一定的抵触情绪，对其是否构罪提出疑问。我们在全面掌握证据的基础上，通过多方面释法说理，使其熟悉法律规定，消除认识误区，对自身行为性质有了正确认识。办案中，我们依法履行认罪认罚告知程序，送达适用认罪认罚制度告知书，释明适用该制度可能导致的法律后果，以及认罪认罚从宽的幅度。在陈某某主动提出愿意适用该制度后，我们依法听取了其和辩护人的意见，据此提出有期徒刑缓刑并处罚金的量刑建议，陈某某对此予以认可，并在辩护人的见证下自愿签署了认罪认罚具结书，法院依法采纳了量刑建议。2019年，芜湖县检察院在适用认罪认罚制度比例、认罪认罚量刑建议采纳率等方面均位居芜湖市前列，取得了较好效果。

张晓津

认罪认罚从宽制度的魅力在于，对于真诚悔罪、主动减轻、弥补犯罪后果的犯罪嫌疑人可以依法从宽处罚，以弥合被犯罪破坏的社会关系，消除社会矛盾。

2018年10月刑诉法修改，确立了认罪认罚从宽制度，经过一年的努力，全国检察机关认罪认罚从宽适用率有了大幅提升，2019年12月单月全国检察机关适用认罪认罚从宽制度比例已经超过70%。在保障案件办理质效的同时，极大地节约了司法资源，减少了社会对抗，诉讼当事人各方权益得到应有保障，社会矛盾得到有效化解，认罪认罚从宽的制度优势得到初步体现，也为该类案件办理打下了坚实的制度基础。

2019年，全国检察机关适用认罪认罚从宽制度办理拒不支付劳动报酬犯罪案件1504件1627人，占该类案件总数的40.6%。打击恶意欠薪犯罪是"根治欠薪"的手段而不是目的，"根治欠薪"的目的是为了帮农民工追回辛苦钱、血汗钱。对于欠薪主体履行义务完毕，获得被害人谅解的案件，积极适用认罪认罚从宽制度，既能帮助农民工追欠挽损，又能有效化解社会矛盾，也为从宽处理涉案民营企业主提供了制度支撑。因此，对于拒不支付劳动报酬案件积极依法适用认罪认罚从宽制度，帮助农民工讨回劳动报酬具有重要意义。

检察日报记者

2011年，拒不支付劳动报酬罪写入《刑法修正案（八）》后，该罪适用情况怎么样，是否有力打击震慑了恶意欠薪犯罪，近几年打击恶意欠薪的情况怎样？

张晓津

检察机关立足检察职能，狠抓执法办案，依法打击拒不支付劳动报酬犯罪，近五年来，全国各级检察机关共受理审查起诉拒不支付劳动报酬犯罪案件14939件16850人；依法批准逮捕6714件6884人（其中2015年1161件1199人；2016年1278件1314人，人数同比增长9.6%；2017年1304件1326人，人数同比增长0.9%；2018年1405

件1446人，人数同比增长9%）；起诉10155件11122人，（其中2015年1507件1688人；2016年1946件2135人，人数同比增长26.5%；2017年2137件2329人，人数同比增长9.1%；2018年2169件2361人，人数同比增长1.4%）；不起诉3021件3562人，占全部拒不支付劳动报酬犯罪的24.3%。从数据看出，检察机关打击恶意欠薪犯罪的数量逐年提升，力度不断加大，应该说，有效发挥了刑罚的惩治和震慑功能。

王松苗

因为时间关系，提问就到这里，特别感谢四位嘉宾的精彩发布和详尽解读。从今天发布内容我们可以看出，全国检察机关在铁腕打击欠薪犯罪行为方面体现为四个"不"：一是不缺席也不包打天下。保护农民工的合法劳动报酬权，不让农民工"忧酬烦薪"需要法律监督机关"该出手时就出手"，打好组合拳。这个工作目前涉及刑、民、行三大检察职能，将来也可能有公益诉讼。但检察机关不会包打天下，必须立足自身职能，切实做到"到位不越位"。二是不手软也不搞"一刀切"。对恶意欠薪必须坚决打击，决不手软，切实发挥法律的惩治和震慑功能，及时保障农民工的合法权益。同时，也坚持宽严相济的刑事司法政策，运用认罪认罚从宽制度，对"拖欠工资的可能入罪，及时支付的可以从宽"，要让这样的理念深入人心，去年捕和诉都是有升有降，刚才几位嘉宾都进行了回答。下一步，在打击犯罪、维护农民工权益、保护非公经济发展的三个同步中，检察机关要做到讲法讲情理，努力实现双赢多赢共赢的"共治效应"。

今天的最高检新闻发布会，也是农历己亥年最高检组织召开的最后一场发布会。在庚子鼠年春节即将到来之际，回望来路，我们深深感到：过去一年，"四大检察""十大业务"初露峥嵘，"法不能向不法让步""是黑恶犯罪一个不放过，不是黑恶犯罪一个不凑数""将心比心对待群众信访"逐渐成为社会正气歌、法治交响乐。

这一切都离不开记者朋友们的大力支持！感谢记者朋友们不辞劳苦和我们辗转奔波全国30余次、20多个省份检察工作一线，曾在寒风中采访过塞北的小煤窑，冒着酷暑赴沿海采访过污水入海小区，为探查"一号检察建议"落实真相连续走访三省12所乡村中小学……每一次"急行军"都得到大家理解支持，每一次"遭遇战"都得到了大家的鼎力相助。

正是大家的守望相助，检察好声音才越来越清晰响亮地传遍祖国各地。展望未来，恳请记者朋友们一如既往敞开胸襟，用生花妙笔、珍贵镜头更好展现新时代检察工作的新面貌、新气象，带着温度写，写出温度来。鼠年预祝大家有数不尽的好作品，数不尽的好运程，新春快乐、阖家幸福、万事如意！

今天的发布会到此结束。鼠年见！谢谢大家。

典型案例

检察机关打击拒不支付劳动报酬犯罪典型案例

1. 陈某某拒不支付劳动报酬案

【基本案情】

2016年底，被告人陈某某承建安徽省芜湖县湾沚镇某工程。期间，被告人陈某某以专用农民工工资名义申领工程款1900万余元，但擅自挤兑部分农民工工资，导致拖欠200多名工人工资共计446万余元。2019年1月31日，芜湖县人力资源和社会保障局向陈某某送达《劳动保障监察责令改正决定书》，要求其在2019年2月2日支付拖欠的工人工资。被告人陈某某在规定时间内仍未支付，芜湖县人力资源和社会保障局将该案移送芜湖县公安局予以立案。经芜湖县公安局提请批准逮捕，同年2月15日，芜湖县人民检察院作出批准逮捕决定。芜湖县公安局于2019年3月28日移送芜湖县人民检察院审查起诉。审查起诉期间，陈某某如实供述犯罪事实，芜湖县人民检察院依法对陈某某适用了认罪认罚从宽制度，并督促其在提起公诉前将拖欠的工人工资全部还清。在其付清拖欠工人工资后，检察机关积极开展羁押必要性审查变更逮捕措施。经提起公诉，芜湖县人民法院于2019年5月7日判决被告人陈某某犯拒不支付劳动报酬罪，判处有期徒刑一年六个月，缓刑二年，并处罚金人民币2万元。

【典型意义】

1.引导侦查，及时锁定证据。芜湖县人民检察院提前介入侦查，引导侦查取证，及时锁定证据，为督促被告人及时履行支付劳动报酬义务打下证据基础,做到严惩与宽待相结合。

2. 释法说理,适用认罪认罚从宽制度。芜湖县人民检察院在办理陈某某案时,发现陈某某对办案部门有一定抵触情绪,并表达了不满和疑问。检察官在办理案件过程中,注重释法说理,阐释相关法律制度,有针对性地做好有关工作。一是从法律认识角度对其进行释法说理。向其阐释其行为已构成犯罪,告知其还清农民工工资在量刑时可以酌情从轻处罚。二是以真诚态度取得被告人的信任。承办检察官以平和、坦诚的态度与其交流,详细告知了认罪认罚可以从宽的相关制度等,在其表示自愿认罪认罚后,决定启动认罪认罚从宽制度。

3. 护航民营经济,努力实现"三个效果"有机统一。芜湖县人民检察院不仅促使陈某某认罪认罚配合司法机关工作,还注重保护民营企业和民营企业家,积极促成其履行支付义务,在陈某某还清农民工工资后,积极启动羁押必要性审查,变更了逮捕措施,并主动联系发包方,使其继续承建原工程,最大限度地减少民营企业经济损失,保护民营企业的合法权益。

4. 促进"两法衔接"机制构建。芜湖县人民检察院在本案办结后继续加强与县人力资源和社会保障局的沟通配合,要求及时通报,定期了解相关投诉处理情况,并就"两法衔接"工作机制达成共识。芜湖县人社局拟向公安局移送的涉嫌拒不支付劳动报酬犯罪的案件,应提前将《劳动保障涉嫌犯罪案件移送书》及相关材料抄送芜湖县人民检察院,经审查同意后向行政机关发出《建议移送涉嫌犯罪案件函》,保证行政执法与刑事司法工作的有序、顺利衔接。

2. 吴某拒不支付劳动报酬案

【基本案情】

被不起诉人吴某注册并实际经营管理上海某房地产投资顾问有限公司。2017年起，吴某因经营不善开始拖欠郁某某、冯某某等部分员工的劳动报酬91.9万元。2019年5月9日、16日，上海市嘉定区劳动监察部门两次通知吴某前往该部门配合调查，吴某均未配合。2019年7月4日，嘉定区人力资源和社会保障局向该公司制发《责令改正通知书》，责令该公司四日内支付拖欠的劳动者劳动报酬，吴某在期限内仍未支付。上海市公安局嘉定分局于同年8月15日将吴某抓获，吴某到案后如实供述了上述事实。同年9月19日，上海市公安局嘉定分局立案侦查并移送审查逮捕，在审查逮捕阶段，嘉定区人民检察院通过多次沟通、说理，说服吴某支付了一半欠薪45万元，发现其经营中还有大量应收账款未收回，考虑其需亲自联系收取账款，检察机关对吴某作出不予逮捕决定。10月14日，上海市公安局嘉定分局以吴某涉嫌拒不支付劳动报酬罪移送嘉定区人民检察院审查起诉。检察机关经审查发现，吴某以逃匿等方法逃避支付劳动者的劳动报酬，数额较大，经政府有关部门责令仍不支付，但尚未造成严重后果，在提起公诉前已全部支付拖欠的劳动报酬，并依法承担相应赔偿责任，取得谅解。11月29日，检察机关根据相关规定，决定对吴某不起诉。

【典型意义】

1. 及时提前介入，加强工作配合。嘉定区人民检察院提前介入，并与嘉定区公安分局、人力资源和社会保障部门召开联席会议，分析研判该案查办中的争议和难点，同时引导公安机关对证据予以补强，明确取证重点。

2. 用好不捕措施，助力追讨欠薪挽回损失。检察机关主动联系吴某家属，阐明主动缴付欠薪可以减轻或者免予刑事处罚的法律规定，积极促成吴某履行支付欠薪的义务。在审查逮捕阶段，吴某通过亲属向员工支付了45万元即一半欠薪，并向员工承诺支付剩余报酬的期限。为了便于吴某收回应收的欠款，检察机关没有"一捕了之"，而是未予羁押让其能够追回欠款，同时督促吴某落实还款计划，同步告知被害人追讨工作进展。审查起诉阶段，吴某如约支付剩余欠薪并取得了被害人谅解，取得了良好的社会效果。

3. 落实宽严相济刑事政策，积极适用认罪认罚从宽制度。审查逮捕阶段检察机关告知犯罪嫌疑人认罪认罚、积极履行支付欠薪义务可获从宽处理的政策，促使吴某积极还款。在吴某全部履行支付义务，自愿认罪认罚，得到被害人谅解的情况下，结合案件社会危害程度不大等情形，依法从宽对其作出不起诉决定。

3. 王某、陈某拒不支付劳动报酬案

【基本案情】

2018年3月，王某、陈某商议共同接手经营甘肃某汽车销售服务有限公司4S店，王某任法定代表人，陈某系公司股东。同年6月21日因无力支付房租、员工工资等费用歇业，共拖欠任某某等42名员工3个月工资27万余元。同年8月3日，42名员工向甘肃省兰州市西固区劳动保障监察大队投诉。监察大队受理后，多次向王、陈二人电话、短信告知，始终无法取得联系，遂向公司送达《劳动保障监察限期整改指令书》要求限期整改。指令书到期后，王某、陈某仍未支付拖欠工资，也未到劳动监察大队说明情况。该案于2019年9月3日被甘肃省检察院挂牌督办后，兰州市西固区人民检察院及时派员了解情况，建议区人社局以涉嫌拒不支付劳动报酬罪移送公安机关立案侦查。公安机关立案侦查后，对王某采取刑事拘留措施，经兰州市西固区人民检察院与公安机关通力协作，追回拖欠工资27万余元，并全部发放到位。案件移送审查起诉后，因王、陈二人认罪态度好，拖欠工资发放及时，未造成严重后果，劳资双方达成谅解，检察机关依据认罪认罚从宽制度，于2019年12月13日对王某、陈某作出不起诉决定。

【典型意义】

1. 督促案件线索移交，积极服务脱贫攻坚。检察机关发挥法律监督职能，与劳动监察部门、公安机关加强沟通协调，及时派员核实案件材料，经审查认为公司负责人涉嫌拒不支付劳动报酬犯罪后，立即启动两法衔接工作机制，督促劳动监察部门向企业发出限期支付薪酬令，同时监督公安机关立案侦查，并派员提前介入，围绕欠薪追缴工作引导侦查。最终，王、陈二人及时到案，主动全额退还所欠工资，避免了多个家庭因欠薪问题返贫致贫。

2. 慎用逮捕措施，保障民营企业发展。王某、陈某作为公司法定代表人和股东，两人名下还有其他公司，为最大限度减少办案对民营企业正常生产经营活动造成的影响，西固区人民检察院在督促企业及时支付欠薪的同时，对涉案企业负责人审慎采取逮捕措施，及时建议公安机关将王某强制措施由拘留变更为取保候审，避免了因办案导致企业"关门"现象的发生，既维护了务工人员合法权益，又保证了民营企业正常经营，实现了双赢多赢。

3. 综合评估"三个效果"，促进社会和谐稳定。该案涉及的42名员工系农村进城务工人员，处理不及时有可能导致劳企矛盾上升。检察机关没有简单地将涉案人员"一捕了之"或"一诉了之"，而是充分发挥监督职能，督促行政执法机关及时移交线索、立案侦查,加大力度追缴欠薪。在王某、陈某及时支付欠薪、取得42名员工书面谅解后,综合考量本案政治效果、社会效果、法律效果,启动认罪认罚从宽程序,作出不起诉决定。

4. 黄某、谭某拒不支付劳动报酬案

【基本案情】

2015年1月,谭某以四川某建筑工程公司的名义签订了一城中村改造项目合同,并任命黄某为该城中村改造项目负责人。2015年,该公司拖欠陈某某、何某某两个施工队工人全年工资134万余元,经河南省新蔡县人力资源和社会保障局责令支付仍拒不支付。该案报新蔡县公安局立案侦查后,两人于2018年10月将拖欠的工人工资全部结清。2019年2月22日,公安机关提请批准逮捕。新蔡县人民检察院经审查发现,黄某、谭某已将拖欠的工人工资全部结清,于是以犯罪情节轻微、无社会危险性对其作出不批准逮捕决定。新蔡县公安局于2019年4月8日向新蔡县人民检察院移送审查起诉。2019年8月,新蔡县人民检察院对犯罪嫌疑人黄某、谭某作出不起诉决定。

【典型意义】

1. 依法审慎适用刑事强制措施。检察机关依法对涉嫌犯罪的民营企业负责人谭某作出不批准逮捕决定。做到既严把事实关、证据关、程序关和法律适用关,又充分考虑保护民营企业发展的需要,认真落实对逮捕必要性的审查,防止"构罪即捕""一捕了之"。

2. 准确把握法律政策界限,审慎处理企业经营不规范问题。鉴于犯罪嫌疑人谭某、黄某犯罪情节轻微,在提起公诉前已付清拖欠工人的工资,拒不支付劳动报酬的行为并未造成严重后果，新蔡县人民检察院贯彻宽严相济的刑事政策，对民营企业涉罪案件根据具体情况区别对待，依法不起诉，不轻易动用刑罚手段，为民营经济发展保驾护航。

5. 蒲某、唐某拒不支付劳动报酬案

【基本案情】

蒲某、唐某通过工程转包方式承揽了辽宁省大连经济技术开发区某工业园工程。到 2018 年 11 月份，二人未能及时支付工人工资，导致拖欠 125 人工资共 314 万余元。大连金普新区人力资源和社会保障局于 2018 年 11 月 7 日下达限期整改指令书，责令犯罪嫌疑人蒲某、唐某十日之内支付工人工资。犯罪嫌疑人蒲某、唐某仍未在规定时间内支付工人工资。同年 12 月 19 日，大连金普新区人力资源和社会保障局将唐某、蒲某拒不支付劳动报酬犯罪案件移送公安机关。公安机关于同年 12 月 21 日对此案立案侦查，于 2019 年 9 月 3 日移送大连经济技术开发区人民检察院审查起诉。检察机关在审查起诉过程中主动对二人释法说理，讲清认罪认罚可以从宽处理，打开了二人心结。后检察机关对唐某、蒲某适用了认罪认罚从宽制度，2019 年 9 月 9 日，蒲某、唐某将拖欠的农民工工资结清，取得农民工谅解。检察机关向法院提起公诉时，提出了单处罚金的量刑建议，法院采纳了检察机关的量刑建议，分别单处二人罚金人民币 2 万元。

【典型意义】

1. 善用释法说理，防范化解社会风险。案件移送审查起诉后，被拖欠工资的农民工来到检察机关，情绪非常激动。办案人耐心接待被害人并稳定被害人情绪，没有对该案"一诉了之"。随后找到两名犯罪嫌疑人了解原由，当得知是因为上线发包方拖欠工程款后，办案人对二人进行释法说理，告知上线拖欠其工程款和其拖欠农民工工资是两个问题,以此为由拒不支付农民工工资,会被追究刑事责任。由此,打开蒲某、唐某心结,促成问题解决。

2. 宽严相济,准确适用认罪认罚从宽制度。在审查起诉过程中,检察机关充分解释认罪认罚从宽制度,促使犯罪嫌疑人自愿认罪悔罪,并积极筹措资金,及时、足额支付了农民工工资。检察机关从追缴欠薪和保障民营经济发展的角度,提出了单处罚金的量刑建议,法院采纳了该量刑建议,二人感受到了司法关怀,表示以后要诚信经营。

6. 孙某某拒不支付劳动报酬案

【基本案情】

2017年1月,被告人孙某某、刘某某(另案处理)以重庆某建筑工程咨询有限公司等三家公司名义分别中标某工程劳务分包、材料供应、设备租赁项目。2017年至2018年,孙某某先后将部分工程发包、转包给他人。截至2018年6月底,孙某某、刘某某未及时支付工人工资,共拖欠102人工资共计291万余元,该工程全面停工。2018年8月至9月,四川省马边县人社局分别向上述三公司送达劳动保障监察期限改正指令书,责令孙某某、刘某某限期支付工人工资,但孙、刘二人仍未按时支付拖欠的工人工资。2018年11月,马边县公安局以拒不支付劳动报酬罪立案侦查,侦查终结后于2019年2月移送检察机关审查起诉。检察机关受理该案后,在退回补充侦查和审查起诉期间,充分做好释法说理工作,积极与被告人孙某某沟通,正确适用认罪认罚从宽处理制度,促使孙某某及刘某某于2019年2月至3月陆续支付拖欠的工人工资,共计291万余元,稳定了农民工情绪,中标工程得以恢复施工。检察机关于2019年9月8日依法提起公诉，建议判处缓刑。法院采纳检察机关量刑建议，依法判决被告人孙某某有期徒刑一年，缓刑二年，并处罚金2万元。

【典型意义】

该案曾在马边县造成较大影响，影响社会稳定和脱贫攻坚工作。检察机关提前介入，积极引导侦查取证，主动发挥职能作用，助力矛盾化解。一是与公安局、人力资源和社会保障等部门多次召开联席会议分析案情，为受害群众提供法律政策支持。二是积极做好释法说理工作。检察机关与被告人孙某某、刘某某积极沟通，充分告知认罪认罚从宽制度的相关规定，提出缓刑的量刑建议，促使二人充分认识到自身行为危害性及后果，在一个月内将拖欠的工人工资结清。检察机关充分发挥检察职能、助力化解社会矛盾。

部分新闻链接

1. 新华社 2020 年 1 月 16 日报道《让农民工不再忧"酬"烦"薪"！检察环节去年为农民工追缴工资 2.5 亿元》

2. 中央广播电视总台央视 2020 年 1 月 16 日报道《全面小康之年　如何让"欠薪""清零"？》

3. 光明日报 2020 年 1 月 16 日报道《检察机关 2019 年为农民工追缴工资 2.5 亿元》

4. 经济日报 2020 年 1 月 17 日报道《最高检：去年批捕恶意欠薪犯罪案件 1599 人》

5. 中国日报 2020 年 1 月 17 日报道《最高检召开新闻发布会首次发布年度保护弱势群体办案数据》

6. 农民日报 2020 年 1 月 17 日报道《最高检：让农民工"血汗钱"安全落袋》

7. 法治日报 2020 年 1 月 17 日报道《依法惩治恶意欠薪　让农民工不"忧薪"——最高检发布典型案例并答记者问》

落实乡村振兴战略　彰显涉农检察力量
——最高人民检察院发布第十六批指导性案例

发布时间：2020 年 3 月 5 日 10:00

发布内容：通报检察机关开展涉农检察工作的主要情况，发布第十六批指导性案例

发布地点：最高人民检察院

主 持 人：肖　玮　最高人民检察院新闻办副主任、新闻发言人

出席嘉宾：万　春　最高人民检察院检察委员会副部级专职委员
　　　　　　苗生明　最高人民检察院第一检察厅厅长
　　　　　　胡卫列　最高人民检察院第八检察厅厅长
　　　　　　高景峰　最高人民检察院法律政策研究室主任

主题发布

肖 玮

各位记者朋友,大家上午好!欢迎参加最高人民检察院新闻发布会。新冠肺炎疫情发生以来,各位记者朋友冲锋在疫情防控新闻报道一线,深入宣传解读党中央决策部署,充分报道各地区各部门疫情防控工作进展,大家辛苦了!因为疫情防控需要,今天只有部分记者朋友来到发布会现场,更多记者朋友以网络在线方式采访报道。

当前,疫情防控形势持续向好,生产生活秩序加快恢复。疫情防控和经济社会发展各项工作正在统筹推进,各地春耕生产正在有序展开。3月2日,中央应对新冠肺炎疫情工作领导小组印发《当前春耕生产工作指南》,就统筹抓好新冠肺炎疫情防控和春季农业生产,推动各地分区分级恢复春耕生产秩序作出安排。今天的发布会与农业生产有关,主题是"落实乡村振兴战略,彰显涉农检察力量"。

出席发布会的嘉宾是:最高人民检察院检察委员会副部级专职委员万春、第一检察厅苗生明厅长、第八检察厅胡卫列厅长、法律政策研究室高景峰主任。发布会共有三项议程:一是通报检察机关开展涉农检察工作主要情况,二是发布第十六批指导性案例;三是回答记者提问。

现在进行第一项议程,请万春专委向大家通报检察机关开展涉农检察工作主要情况。

万 春

各位记者朋友，大家好。当前，全国疫情防控形势积极向好的态势正在拓展，经济社会发展加快恢复。2月23日，习近平总书记在"统筹推进新冠肺炎疫情防控和经济社会发展工作部署会议"上的重要讲话指出：要"不失时机抓好春季农业生产"。2月25日，习近平总书记对全国春季农业生产工作作出重要指示强调："在严格落实分区分级差异化疫情防控措施的同时，全力组织春耕生产，确保不误农时，保障夏粮丰收。"

一、基本工作情况及成效

为落实习近平总书记重要指示要求，服务全国春季农业生产，今天，最高人民检察院公开发布以涉农检察工作为主题的第十六批指导性案例。下面，我结合指导性案例，对检察机关开展涉农检察工作情况作一介绍。近年来，按照最高检党组部署要求，各级检察机关始终把涉农检察工作摆在突出位置，充分运用刑事、民事、行政、公益诉讼四大检察职能，精准服务保障新时代乡村振兴战略实施，不断满足人民群众特别是广大农民对民主、法治、公平、正义、安全、环境等方面内涵更丰富、更高水平的需求，做了大量工作。

一是积极服务保障平安乡村建设。农村安全与稳定是农民群众对美好生活的基本期盼，也是做好"三农"工作的基础。各级检察机关始终把依法打击犯罪、维护农村社会治安稳定放在推动农村社会治理首位，积极参与平安乡村建设，严惩危害农村生产生活秩序、侵害农民人身财产权益的各类犯罪，特别是打掉了一批人民群众深恶痛绝的黑恶势力犯罪集团，守护一方百姓安宁。2018年1月至2019年12月，全国检察机关起诉涉及扶贫领域黑恶势力犯罪145件1463人，起诉涉及侵害农村留守儿童犯罪4258件5412人、侵害进城务工农民犯罪 24675 件 37162 人，维护农村基层政权安全和社会秩序稳定，切实维护进城务工人员和留守老人、儿童、妇女合法权益。

二是依法惩治打击生产、销售伪劣农资产品类犯罪。2019 年，最高检会同最高法、公安部、农业农村部等六部门联合开展了"全国农资打假专项治理行动"，并下发了《关于进一步做好农资打假工作的意见》，指导各级检察机关运用检察职能，依法打击农资领域犯罪。2018 年 1 月至 2019 年 12 月，全国检察机关共起诉生产、销售伪劣农药、兽药、化肥、种子等坑害农民利益犯罪案件 110 件 208 人。

三是突出加强农村生态环境司法保护。各级检察机关牢固树立和践行"绿水青山就是金山银山"的理念，运用检察力量守护生态红线，贯彻落实退耕还林还草政策，推动以绿色发展理念引领乡村振兴。非法占用农用地案是近年来农村生态环境保护领域高发多发类案件。2018 年 1 月至 2019 年 12 月，检察机关对非法占用农用地罪提起公诉 10897 件 13824 人。检察机关注重运用公益诉讼检察职能加强对农村生态环境的保护。对在履行职责中发现行政机关在农村生态保护中违法行使职权或者不行使职权，或者有关单位、个人非法破坏生态环境、损害公共利益的，综合运用检察建议、提起诉讼等方式保护受损公益，推动完善农村地区生态环境监管体系，确保农村环境突出问题综合治理取得实效。2019 年，全国检察机关办理行政公益诉讼生态环境领域案件 50263 件，办理民事公益诉讼生态环境领域案件 2870 件，挽回、复垦被非法改变用途和占用的耕地 2.98 万余亩，挽回各级集体林地中生态公益林 1.35 万余亩，督促恢复被非法开垦和占用的草原 9300 余亩。

四是依法办理发生在农民群众身边的职务犯罪。各级检察机关坚决贯彻党中央部署要求，依法惩治侵吞国有资产、村集体财产职务犯罪。依法起诉支农惠农财政补贴中的腐败犯罪和扶贫领域腐败犯罪，以及农村"两委"组成人员职务犯罪。2018 年 1 月至 2019 年 12 月，全国检察机关起诉农村基层组织人员职务犯罪 6579 人，起诉破坏选举、行贿、涉黑社会性质组织犯罪等把持基层政权类犯罪 835 件 8602

人，起诉涉及侵吞、私分扶贫资金犯罪 1249 件 2037 人。确保各项强农惠农富农政策在执行中不缩水不走样，让农民群众真正共享发展成果。

五是积极参与打好农村脱贫攻坚战。在脱贫攻坚进入攻城拔寨、全面收官的关键阶段，检察机关以更加有力的举措，更加精细的工作积极参与精准扶贫。2019 年，最高检与国务院扶贫办联合下发《关于检察机关国家司法救助支持脱贫攻坚实施的意见》，将因案致贫返贫的刑事被害人或其近亲属纳入司法救助范围，主动帮助解决生活急迫困难。2018 年 1 月至 2019 年 12 月，全国检察机关对扶贫对象发放救助金 1.2 亿余元，救助扶贫对象 10214 人，着力防范因案致贫、因案返贫。

二、下一步工作目标

下一步，各级检察机关要认真学习贯彻党的十九届四中全会精神，根据 2020 年中共中央、国务院《关于抓好"三农"领域重点工作确保如期实现全面小康的意见》的要求，也就是中央"一号文件"，更加主动融入乡村共建共治共享社会治理新格局。

一要以更高水平司法护航乡村振兴战略实施。持续深化检察机关服务保障实施乡村振兴战略的各项工作，精准服务保障现代农业发展、乡村生态文明建设、文明和谐平安乡村建设、促进乡村治理体系和治理能力现代化。2020 年中央"一号文件"特别提到了加强农村基层医疗卫生服务的问题。这次新冠肺炎疫情防控阻击战，让大家看到，加强包括农村基层在内的医疗卫生服务建设是多么重要！今后，各级检察机关将积极履行检察职能，在推进农村基层医疗卫生服务建设，特别是服务保障农村重大疾病和传染病防控方面，发挥更大作用。

二要持续加大涉农检察工作力度。民生的关注点就是检察工作的着力点。要持续聚焦广大农民群众所思所盼，紧盯农村工程建设、农业生产资料、环境资源和食品药品安全等领域，全面履行"四大检察"职能，切实维护农村秩序、农业发展和农民权益，保持对涉农犯罪打击的高压态势。全力打好扫黑除恶专项斗争，依法惩治把持或侵害基层政权组织的"问题村官",破坏影响基层选举、以暴力威胁或其他不法手段欺压百姓、为害一方的农村黑恶痞霸势力,全力维护基层政权稳固。紧扣农村人居环境重点领域开展公益诉讼,让违法者为损害乡村公益买单,守护美好农村生态环境。以农村和城乡接合部、农资经营集散地、种养殖生产基地、菜篮子产品主产区为重点地区,以涉及假冒伪劣种子、农药、肥料、兽药、饲料和饲料添加剂、农机等犯罪为重点领域,加大对伪劣农资犯罪活动打击力度。

三要着眼政治效果、法律效果和社会效果相统一,加大涉农案件办理力度。检察机关办理涉农案件,要增强防范化解风险意识。当农户遭受生产损失时,应结合农业生产具有时令性的特点,引导侦查人员及时全面收集固定证据,防止作物收割、复播影响生产损失的认定。对涉案款物、违法所得及其孳息,要加强审查甄别,及时督促采取查封、扣押、冻结措施或者依法追缴,防止损失扩大。对于涉众型犯罪案件,要通过公开听证等方式听取多方意见,加强释法说理,积极适用认罪认罚从宽制度,最大限度地帮助受害群众挽回损失,促进农村社会和谐。

四要积极主动地参与乡村治理。要立足司法办案,分析研判乡村治理漏洞,及时提出检察建议,促进基层行政部门和村"两委"建章立制,完善乡村治理体系。落实"谁执法、谁普法"的普法责任制要求,结合涉农案件办理,加强以案释法,增强全社会保障"三农"的法治意识。依托12309检察民生服务热线,建立健全民意表达、群众诉求维护机制,积极回应农民司法需求。持续推进特困刑事被害人救助工作,突出关爱农村特困户、低保户等生活困难群体,彰显司法人文关怀。

肖玮

谢谢万专委。现在进行第二项议程,发布以涉农检察工作为主题的第十六批指导性案例。因案例已经作为发布会材料印发给大家,就不一一宣读了。现在请高景峰主任通报第十六批指导性案例主要情况。

高景峰

各位记者朋友好！为进一步推进检察机关加强涉农检察工作，服务实施乡村振兴战略，经最高人民检察院第十三届检察委员会第二十八次会议审议通过，最高检发布以涉农检察工作为主题的第十六批指导性案例，包括刘强非法占用农用地案等四件案例。下面，我简要介绍一下四件案例相关情况、要旨及指导意义等。

一、刘强非法占用农用地案

该案要旨是：行为人违反土地管理法规，在耕地上建设"大棚房""生态园""休闲农庄"等，非法占用耕地数量较大，造成耕地等农用地大量毁坏的，应当以非法占用农用地罪追究实际建设者、经营者的刑事责任。

近年来，随着传统农业向产业化、规模化的现代农业转变，以温室大棚为代表的设施农业快速发展。一些地区出现了假借发展设施农业之名，擅自或者变相改变农业用途，在耕地甚至永久基本农田上建设"大棚房""生态园""休闲农庄"等现象，造成土地资源被大量非法占用和毁坏，严重侵害农民权益和农业农村的可持续发展，在社会上造成恶劣影响。2018年，自然资源部和农业农村部在全国开展了"大棚房"问题专项整治行动，推进落实永久基本农田保护制度和最严格的耕地保护政策。该案告诉我们：十分珍惜、合理利用土地和切实保护耕地是我国的基本国策。在永久基本农田或者其他农用地上建设"大棚房"予以出租出售，违反《土地管理法》，属于破坏耕地或者非法占地的违法行为，情节严重者应予追究刑事责任。

二、王敏生产、销售伪劣种子案

该案要旨是：以同一科属中的此品种种子冒充彼品种种子，属于刑法上的"假种子"。行为人对假种子进行小包装分装销售，使农业生产遭受较大损失的，应当以生产、销售伪劣种子罪追究刑事责任。

该案基本案情是：隆平高科江西宜春地区区域经理王敏应他人之约订购种子，其在明知隆平高科不生产"T优705"稻种的情况下，印制该种子包装袋，并将"陵两优711"稻种冒充"T优705"稻种予以销售，导致200余户农户4000余亩农田绝收，造成直接经济损失460余万元。后被以生产、销售伪劣种子罪判处有期徒刑七年，并处罚金人民币十五万元。

该案指导意义在于两个方面：一是以此种子冒充彼种子应认定为假种子。二是对伪劣种子造成的损失，可由专业人员根据现场勘查情况结合亩产产量、市场行情等因素予以综合计算。

三、南京百分百公司等生产、销售伪劣农药案

该案要旨是：一是未取得农药登记证的企业或者个人，借用他人农药登记证、生产许可证、质量标准证等许可证明文件生产、销售农药，使生产遭受较大损失的，以生产、销售伪劣农药罪追究刑事责任。二是对于使用伪劣农药造成的农业生产损失，可采取田间试验的方法确定受损原因，并以农作物绝收折损面积、受害地区前三年该类农作物的平均亩产量和平均销售价格为基准，综合计算认定损失金额。

根据我国法律规定，农药生产销售应具备"农药三证"。实践中，一些企业通过非法转让或者购买等手段非法获取"农药三证"生产不合格农药，不仅极大扰乱了农药市场，影响知名企业声誉，而且易造成农业减产，危害农民利益。该案生动警示，违法违规借证生产农药者，可能触及刑律，受到刑事追究。

四、湖北省天门市人民检察院诉拖市镇政府不依法履行职责行政公益诉讼案

该案要旨是：一级政府对本行政区域的环境质量保护负有法定职

责。政府在履行农村环境综合整治职责中违法行使职权或者不作为，损害社会公共利益的，检察机关可以发出检察建议督促其依法履职。对于行政机关作出的整改回复，检察机关应当跟进调查；对于无正当理由未整改到位的，可以依法提起行政公益诉讼。

该案办理时，检察机关在诉前程序中，通过调查核实，查清了拖市镇政府作为基层人民政府，对本行政区域负有环境保护职责，应当对自身违法行使职权造成环境污染的行为予以纠正，并及时治理污染。检察机关针对其违法行为发出检察建议，但并未取得理想效果，后提起行政公益诉讼。诉讼过程中，天门市人民检察院通过系列证据证明了拖市镇政府行政行为的违法性，其诉讼请求得到支持。

值得说明的是，该案办理取得"双赢多赢共赢"的良好法律监督效果。该案判决后，拖市镇政府积极履职，组织清运原垃圾填埋场覆土下的各类垃圾1000余立方，并进行了无害处理。案件办理后，天门市人民检察院摸排发现全市乡镇垃圾填埋场普遍存在环境污染风险问题。经调查分析后，向天门市委、市政府报送《关于建议进一步加强对全市乡镇垃圾填埋场进行整治的报告》，提出了将乡镇垃圾填埋场整治工作纳入天门市污染防治工作总体规划、进行清挖转运以及覆土植绿等建议。天门市委、市政府高度重视，相关职能部门迅速组织力量，对全市乡镇27个非正规垃圾填埋场、堆放点进行了专项重点督查，整治恢复土地近8.5万平方米。

肖玮

现在进行第三项议程，回答记者提问。今天我们首次启用"最高检网上新闻发布会"专用微信群与记者朋友互动。现场和在线的记者朋友都可以提问。请各位记者朋友提问。

现场答问

中央广播电视总台央视新闻频道记者

请问第十六批指导性案例是在什么背景下发布的,对推进"三农"工作具有什么样的意义?

万 春

为贯彻落实党中央要求,在全面建成小康社会关键时期更好推进检察机关服务保障"三农"工作,最高人民检察院围绕涉农检察工作主题发布第十六批指导性案例,具有三个方面意义。

一是彰显检察机关服务保障党和国家工作大局的决心和作为。2020年中央"一号文件"强调指出:做好2020年"三农"工作,要对标对表全面建成小康社会目标,强化举措、狠抓落实,集中力量打赢脱贫攻坚战和补上全面小康"三农"领域突出短板两大重点任务。各级检察机关按照"讲政治、顾大局、谋发展、重自强"工作思路要求,认真做好涉农检察工作,对于服务保障经济社会发展大局稳定发挥了应有的职能作用。围绕涉农检察主题制发指导性案例,有利于推动各级检察机关深刻领会中央关于新时期"三农"工作的部署要求,进一步把服务"三农"工作作为服务大局、保障民生的重要内容,找准切入点和着力点,更加重视做好涉农检察工作,积极参与乡村基层治理和法治建设,努力为农业农村改革发展和乡村振兴战略实施提供有力法治保障。

二是积极推进检察工作深入发展。涉农检察工作,涉及刑事、民事、行政、公益诉讼"四大检察"各个领域。围绕涉农检察工作发布指导性案例,目的是更好地发挥指导性案例的示范、引领作用,推进各级人民检察院进一步认识当前涉农检察工作的重点难点,充分运用各项法律监督职能,依法打击扰乱农村生产生活秩序、危害农民生命财产安全的各类坑农害农犯罪;积极参与美丽乡村建设,综合运用督促履职、公益诉讼等方式,促进完善农村地区生态环境保护体系,推动检察工作在新形势下进一步取得新成绩。

三是促进法律适用疑难问题的解决。当前涉农检察工作中,非法侵占耕地、假农药、假种子等传统犯罪仍呈多发态势,农村人居环境改善涉公益诉讼等新类型案件不断出现,其中涉及的一些法律适用疑难复杂问题,亟需统一认识。

最高人民检察院面向全国开展了案例征集,对推荐的案例逐案调阅卷宗、核实关键问题,深入挖掘在证据运用、事实认定、法律适用、政策把握等方面具有疑难性、创新性、典型性的案例,并征求了最高人民法院、自然资源部、农业农村部,法学专家和地方各级人民检察院意见,全面总结分析涉农案件中的法、理、情因素,针对涉农案件办理中的疑难复杂问题提炼出案件办理的规则和经验,为今后办理类似案件提供具体参考示范。

农民日报记者

作为媒体记者,我们很关注涉农主题指导性案例对老百姓有哪些普法教育作用,请您谈谈这方面情况?

万 春

这次发布的四件指导性案例,都是"三农"领域常见多发的典型案件。这几件案例,不仅对检察机关办理类似案件具有指导意义,而且对社会公众具有普法意义。

刘强非法占用农用地案告诉人们,资金在流向设施农业时,一定要绷紧法律的红线,严格遵守刑法、土地管理法等各类法律规定,切不可在进行农业建设、非农改造时,触碰耕地保护的雷区。这次我们发布刘强非法占用农用地案,特地选取了案发时相关照片一并发布,大家通过照片可以更形象地看到基本农田遭到侵占、破坏的现场景象。同时,刘强案也警示人们,一些城市居民出于享受田园生活的目的,低价购买所谓"大棚温室房",存在巨大的法律风险,切不可贪一时小便宜,既助长了违法行为,又使自己的资金有去无回。

王敏生产、销售伪劣种子案的宣示意义在于,种子经销商、代理商等各类中间环节的经营者,应当从惠农利农的角度依法开展种子经销经营活动,切不可钻到钱眼里,为赚钱不择手段。种子是一类特殊的农资产品,如果种子经销商等以假种子冒充真种子,以不合格种子冒充合格种子,包括以此种子冒充彼种子,不仅扰乱农资产品经营秩序，而且严重危害国家粮食安全，损害农民合法利益。很多农民使用了假种子，一年到头，辛苦耕植，投入大量种植成本，却血本无归，欲哭无泪。这种黑心钱绝不能赚。当然，这个案例也告诉农民朋友，假冒伪劣种子客观存在，在购买种子时，要擦亮眼睛，增强识别能力。购买了假种子，要及时向农业、市场监管等相关部门举报，维护合法权益。

南京百分百公司等生产、销售伪劣农药案主要涉及生产销售伪劣农药的问题。根据《农药管理条例》规定，农药生产销售应具备"农药三证"。实践中，取得"农药三证"不仅要逐级上报，还要有大田实验、毒理实验等步骤，手续办理环节多、时间长，一些人赚钱心切，通过借证或者非法转让获得"农药三证"生产农药。这个案例告诉相关企业，"农药三证"再难取得，也不得以非法手段获取。同时，具有合法资质，拥有"农药三证"的企业，也不能随意出借"农药三证"，否则可能招来法律追究。

湖北省天门市人民检察院诉镇政府不依法履行职责行政公益诉讼案主要是向基层人民政府工作人员进行警示。作为乡镇一级人民政府，切不可以为环境保护只是上级政府环保部门的职责。根据法律规定，镇政府负有收集处理农村生活垃圾，保护本行政区域环境质量的法定职责。《地方各级人民代表大会和地方各级人民政府组织法》《环境保护法》、国务院《村庄和集镇规划建设管理条例》都规定了乡镇一级人民政府应当履行农村环境保护监督管理职责。基层人民政府怠于履行职权或者违法作为，导致污染环境，损害社会公共利益的，应当承担相应的法律责任，检察机关可以依法提出检察建议或者提起行政公益诉讼。

凤凰卫视记者

近年来,非法占用农用地案件屡有发生,请问非法占用农用地类案件有哪些特点?第十六批指导性案例对此如何回应?

苗生明

非法占用农用地案是近年来涉农领域常见多发案件。该类案件具有以下特点:

一是地域特征明显。城乡接合部,城市周边、浅山地区等,非法占用农用地开发大棚房等案件往往多发。

二是非法占用方式多样。从已发案件形式来看,有的将农用地转为建设用地,如建厂、建房、建设水电站等;有的在农用地上进行矿产资源开发活动,如采矿、挖砂等;有的将耕地转为其他农用地,如开垦林地、挖塘养鱼等;还有的将农用地转为其他非农用途,如进行小产权房、大棚房开发等。

三是农村村民委员会等农村基层组织或自治组织出于"政绩"冲动或利益驱动,往往或明或暗支持这种行为。

四是隐蔽性强,不容易被暴露,办案难度也比较大。该类案件中,行为人往往以合法形式掩盖非法目的,或假借发展设施农业之名大肆占用耕地进行非农改造,或隐藏于幕后,派无关人员充当傀儡。

落实乡村振兴战略　彰显涉农检察力量

　　2020年1月1日起施行的《土地管理法》进一步确立了最严格的耕地保护制度，由原来的"基本农田"修改为"永久基本农田"，增加"永久"二字凸显了国家最严格保护的法律态度。我们知道，如果任由非法占用农用地，必然导致农用地特别是耕地资源锐减，严重威胁国家粮食安全，同时，还损害农民利益，损害党和政府公信力，危及社会和谐稳定，因此必须依法予以严惩。

　　我们发布第十六批涉农检察主题指导性案例，第一个案例就是非法占用农用地的案例，这就是要严正宣示，合理利用土地和切实保护耕地是我国的基本国策，假借发展设施农业之名，擅自或者变相改变农业用途，在耕地甚至基本农田上建设所谓"大棚房""生态园""休闲农庄"等，国家的法律绝不允许。对触犯刑律构成犯罪的，检察机关要依法追诉，严厉打击惩治该类犯罪。

肖　玮

　　好，下面两个问题，我们留给通过网络在线参与的记者朋友。请工作人员做好准备。请记者朋友提问。

南方都市报记者

当前涉农犯罪中，假农药、假种子类案件呈高发多发态势，请问在办理该类案件中有哪些难点问题？指导性案例如何做出回应？

高景峰

近年来,涉假农药、假种子类违法犯罪活动仍然多发,假劣农资坑农害农事件时有发生,涉假农药、假种子类农资犯罪与食品安全等其他犯罪往往相互交织,不仅危害极大,案件办理难度也大为增加。生产销售伪劣农药、种子类犯罪案件,具有以下几个发案特点:

一是隐蔽性强,审查认定难度较大。该类案件中,如何准确认定一般质量瑕疵与伪劣产品存在疑难,一些被告人往往辩解,对生产销售的伪劣农药、种子不明知,不具有犯罪主观故意;还有的辩称,生产、经营行为符合规范,产品质量存在瑕疵是因受其他因素影响,自身不存在责任。对此,最高人民检察院通过广泛调研,并研究典型案例,通过第十六批指导性案例中的王敏案说明,对生产、销售伪劣种子犯罪故意的认定,可以综合经营资质、包装标识、从业经历等因素予以认定。对没有生产经营资质,未尽到质量注意义务,或者明知是不合格产品,而采用明示标明方式予以销售,造成农业生产遭受重大损失的,应依法以生产、销售伪劣种子罪追究相关人员刑事责任。例如,在王敏案中,被告人王敏作为四川隆平高科宜春地区区域经理,具有对种子质量进行审查的职责,其明知隆平高科不生产"T优705"种子,出于谋利,将"陵两优711"分装并标识为"T优705"进行销售,应当认定为具有以彼种子冒充此种子进行包装、销售的犯罪故意,构成生产、销售伪劣种子罪。

二是假冒伪劣产品与农民损失之间因果关系认定难。生产销售伪劣种子、农药等犯罪是结果犯,办理此类案件需以"使生产遭受较大损失"为前提。科学认定损失是办案关键。第十六批指导性案例通过"南京百分百公司等生产、销售伪劣农药案"指出,对损失的认定,可以运用田间试验的方法确定犯罪行为与造成损失之间的因果关系。具体来说,可在公证部门见证下,依据农业生产专家指导,根据农户对受损作物实际使用的农药种类、剂量等,科学确定试验方法和试验所需样本田块数量,综合认定农药使用与生产损失之间的因果关系。

三是追赃挽损存在困难。伪劣农药、种子类案件中，检察机关不仅要办好案件，而且要在办案的基础上，积极协调相关职能部门，推动共同督促被告人赔偿受害农户损失，最大限度保护农民群众的利益。第十六批指导性案例中的王敏案及南京百分百公司案，都是追赃挽损效果较好的案例。王敏案中，被告人积极赔偿损失，获得了从宽处罚。南京百分百公司案中，检察机关听取农业部门意见，科学计算损害后果，帮助受害农户全部挽回了实际损失，得到农户认可。

法治日报记者

我们注意到，第十六批指导性案例有一个检察机关督促基层镇政府依法履职实现农村垃圾治理的案例。请问，当前在实现乡村人居环境治理中，检察机关发挥了什么作用？

胡卫列

谢谢这位法制日报记者的线上提问，很高兴成为高检院第一次线上提问新闻发布会的参与者。

改善农村人居环境是以习近平同志为核心的党中央作出的重大决策，是实施乡村振兴战略的重要内容。加强农村生活垃圾治理，是改善农村人居环境的重中之重，也是推进乡村生态振兴的关键之举，对于促进乡村治理具有积极意义。近年来，检察机关高度重视公益诉讼检察工作，公益诉讼手段在实现乡村人居环境改善中发挥出独特的作用。

实践中，一些地方政府及职能部门，在农村环境综合整治中违法行使职权或者怠于履行职责，导致环境污染行为发生并损害社会公共利益。但农村环境治理涉及多个行政监管主体，包括规划、环保、国土、城建、农业等多个部门，也包括基层人民政府。如何在个案中确定监管主体是检察机关首先要解决的问题。按照法律法规规定，基层人民政府对本行政区域的环境质量负有监管责任，并在农村环境治理、生活垃圾处置等方面起主导作用。结合镇政府的法定职责，及其在污染治理和生态修复方面具有的统筹优势，如果环境污染行为与其违法行使职权直接相关的，检察机关应当督促镇政府依法履职。

其次，整改不仅要看承诺，更要看实际效果。对镇政府针对诉前检察建议作出的整改回复，检察机关应当密切跟进调查。对无正当理由不整改或整改不到位的，依法提起行政公益诉讼。当然，检察机关在办理该类公益诉讼案件中，仍然应当贯彻"双赢多赢共赢"的监督理念。能够通过检察建议的方式督促相关行政机关履职的，就应当通过诉前检察建议的方式督促履职。对于行政机关收到检察建议后仍不依法全面履职的，检察机关可以依法向人民法院提起行政公益诉讼。

此外，在办理该类案件中，检察机关还应当通过办案，促进建立本地区环境保护长效机制。案件办结后，检察机关应当做好"后半篇文章"，结合办案中发现的农村人居环境治理中带有普遍性的问题开展调查，对于本地区具有普遍性的问题，可以以检察建议的形式，积极推进类案问题"一揽子"解决。

肖 玮

因为时间关系，提问就到这里。今天发布会的内容，我们已实时在发布会专用微信群、最高检官网发布，请大家根据直播内容采写稿件。

疫情防控时期，特别感谢各位记者朋友及时充分报道检察机关发布的司法政策、典型案例、法律解答等，为回应社会关切、依法防控疫情、促进经济发展作出了积极贡献。请大家在紧张工作的同时，做好自身防护工作，保重身体，出行平安。今天的发布会到此结束，谢谢大家。

指导性案例

最高人民检察院第十六批指导性案例

刘强非法占用农用地案

（检例第 60 号）

【关键词】

非法占用农用地罪　永久基本农田　"大棚房"　非农建设改造

【要旨】

行为人违反土地管理法规，在耕地上建设"大棚房""生态园""休闲农庄"等，非法占用耕地数量较大，造成耕地等农用地大量毁坏的，应当以非法占用农用地罪追究实际建设者、经营者的刑事责任。

【基本案情】

被告人刘强，男，1979年10月出生，北京大道千字文文化发展有限公司法定代表人。2008年1月，因犯敲诈勒索罪被北京市海淀区人民法院判处有期徒刑二年，缓刑二年。

2016年3月，被告人刘强经人介绍以人民币1000万元的价格与北京春杰种植专业合作社（以下简称合作社）的法定代表人池杰商定，受让合作社位于延庆区延庆镇广积屯村东北蔬菜大棚377亩集体土地使用权。同年4月15日，刘强指使其司机刘广岐与池杰签订转让意向书，约定将合作社土地使用权及地上物转让给刘广岐。同年10月21日，合作社的法定代表人变更为刘广岐。其间，刘强未经国土资源部门批准，以合作社的名义组织人员对蔬菜大棚园区进行非农建设改造，并将园区命名为"紫薇庄园"。截至 2016 年 9 月 28 日，刘强先后组织人员在园区内建设鱼池、假山、规划外道路等设施，同时将原有蔬菜大棚加高、改装钢架，并将其一分为二，在其中各建房间，每个大棚门口铺设透水砖路面，外垒花墙。截至案发，刘强组织人员共建设"大棚房"260 余套（每套面积 350 平方米至 550 平方米不等，内部置橱柜、沙发、藤椅、马桶等各类生活起居设施），并对外出租。经北京市国土资源局延庆分局组织测绘鉴定，该项目占用耕地 28.75 亩，其中含永久基本农田 22.84 亩，造成耕地种植条件被破坏。

截至 2017 年 4 月，北京市规划和国土资源管理委员会、延庆区延庆镇人民政府先后对该项目下达《行政处罚决定书》《责令停止建设通知书》《限期拆除决定书》，均未得到执行。2017 年 5 月，延庆区延庆镇人民政府组织有关部门将上述违法建设强制拆除。

【指控与证明犯罪】

2017 年 5 月 10 日，北京市国土资源局延庆分局向北京市公安局延庆分局移送刘广岐涉嫌非法占用农用地一案，5 月 13 日，北京市公安局延庆分局对刘广岐涉嫌非法占用农用地案立案侦查，经调查发现刘强有重大嫌疑。2017 年 12 月 5 日，北京市公安局延庆分局以刘强涉嫌非法占用农用地罪，将案件移送北京市延庆区人民检察院审查起诉。

审查起诉阶段，刘强拒不承认犯罪事实，辩称：1. 自己从未参与紫薇庄园项目建设，没有实施非法占地的行为。2. 紫薇庄园项目的实际建设者、经营者是刘广岐。3. 自己与紫薇庄园无资金往来。4. 蔬菜大棚改造项目系设施农业，属于政府扶持项目，不属于违法行为。刘广岐虽承认自己是合作社的法定代表人、项目建设的出资人，但对于转让意向书内容、资金来源、大棚内施工建设情况语焉不详。

为进一步查证紫薇庄园的实际建设者、经营者，北京市延庆区人民检察院将案件退回公安机关补充侦查，要求补充查证：1. 调取刘强、刘广岐、池杰、张红军（工程承包方）之间的资金往来凭证，核实每笔资金往来的具体操作人，对全案账目进行司法会计鉴定，了解资金的来龙去脉，查实资金实际出让人和受让人。2. 寻找关键证人会计李祥彬，核实合作社账目与刘强个人账户的资金往来，确定刘强、刘广岐在紫薇庄园项目中的地位、作用。3. 就测量技术报告听取专业测量人员的意见，查清所占耕地面积。

经补充侦查，北京市公安局延庆分局收集到证人李祥彬的证言，证实了合作社是刘强出资从池杰手中购买，李祥彬受刘强邀请负责核算合作社的收入和支出。会计师事务所出具的司法鉴定意见书，证实了资金往来去向。在补充侦查过程中，侦查机关调取了紫薇庄园临时工作人员胡楠等人的证言，证实刘广岐是刘强的司机；刘广岐受刘强指使在转让意向书中签字，并担任合作社法定代表人，但其并未与刘强共谋参与非农建设改造事宜。针对辩护律师对测量技术报告数据的质疑，承办检察官专门听取了参与测量人员的意见，准确掌握所占耕地面积。

2018年5月23日，北京市延庆区人民检察院以刘强犯非法占用农用地罪向北京市延庆区人民法院提起公诉。7月2日，北京市延庆区人民法院公开开庭审理了本案。

法庭调查阶段，公诉人宣读起诉书，指控被告人刘强违反土地管理法规，非法占用耕地进行非农建设改造，改变被占土地用途，造成耕地大量毁坏，其行为构成非法占用农用地罪。针对以上指控的犯罪事实，公诉人向法庭出示了四组证据予以证明：

一是现场勘测笔录、《测量技术报告书》《非法占用耕地破坏程度鉴定意见》、现场照片78张等，证明紫薇庄园园区内存在非法占地行为，改变被占土地用途且数量较大，造成耕地大量毁坏。

二是合作社土地租用合同，设立、变更登记材料，转让意向书，合作社大棚改造工程相关资料，延庆镇政府、北京市国土资源局延庆分局提供的相关书证等证据，证明合作社土地使用权受让相关事宜，以及未经国土资源部门批准，刘强擅自对园区土地进行非农建设改造，并拒不执行行政处罚。

三是司法鉴定意见书、案件相关银行账户的交易流水及凭证、合作社转让改造项目的参与人证言及被告人的供述与辩解等证据材料，证明刘强是紫薇庄园非农建设改造的实际建设者、经营者及合作社改造项目资金来源、获利情况等。

四是紫薇庄园宣传材料、租赁合同、大棚房租户、池杰、李祥彬证人证言等，证明刘强修建大棚共196个，其中东院136个，西院60个，每个大棚都配有耳房，面积约10至20平方米；刘强将大棚改造后，命名为"紫薇庄园"对外宣传，"大棚房"内有休闲、娱乐、居住等生活设施，对外出租，造成不良社会影响。

被告人刘强对公诉人指控的上述犯罪事实没有异议，当庭认罪。

法庭辩论阶段，公诉人发表了公诉意见，指出刘强作为合作社的实际建设者、经营者，在没有行政批准的情况下，擅自对园区内农用地进行非农建设改造并对外出租，造成严重危害，应当追究刑事责任。

辩护人提出：1.刘强不存在主观故意，社会危害性小。2.建造蔬菜"大棚房"符合设施农业政策。3.刘强认罪态度较好，主动到公安机关投案，具有自首情节。4. 起诉书中指控的假山、鱼池等设施，仅在测量报告中有描述且描述模糊。5. 相关设施已被有关部门拆除。请求法庭对被告人刘强从轻处罚。

公诉人针对辩护意见进行答辩：

第一，刘强受让合作社时指使司机刘广岐代其签字，证明其具有规避法律责任的行为，主观上存在违法犯罪的故意，刘强非法占用农用地，造成大量农用地被严重毁坏，其行为具有严重社会危害性。

第二，关于符合国家政策的说法不实，农业大棚与违法建造的非农"大棚房"存在本质区别，刘强建设的"大棚房"集休闲、娱乐、居住为一体，对农用地进行非农改造，严重违反《土地管理法》永久基本农田保护政策。该项目因违法建设受到行政处罚，但刘强未按照处罚决定积极履行耕地修复义务，直至案发，也未缴纳行政罚款，其行为明显违法。

第三，刘强直到开庭审理时才表示认罪，不符合自首条件。

第四，测量技术报告对案发时合作社建设情况作了详细的记录和专业说明，现场勘验笔录和现场照片均证实了蔬菜大棚改造的实际情况，另有相关证人证言也能证实假山、鱼池存在。

第五，违法设施应由刘强承担拆除并恢复原状的责任，有关行政部门进行拆除违法设施，恢复耕地的行为，不能成为刘强从轻处罚的理由。

法庭经审理，认为公诉人提交的证据能够相互印证，予以确认。对辩护人提出的被告人当庭认罪态度较好的辩护意见予以采纳，其他辩护意见缺乏事实依据，不予采纳。2018年10月16日，北京市延庆区人民法院作出一审判决，以非法占用农用地罪判处被告人刘强有期徒刑一年六个月,并处罚金人民币五万元。一审宣判后,被告人刘强未上诉,判决已生效。

刘广岐在明知刘强是合作社非农建设改造的实际建设者、经营者,且涉嫌犯罪的情况下,故意隐瞒上述事实和真相,向公安机关做虚假证明。经北京市延庆区人民检察院追诉,2019年3月13日,北京市延庆区人民法院以包庇罪判处被告人刘广岐有期徒刑六个月。一审宣判后,被告人刘广岐未上诉,判决已生效。

本案中,延庆镇规划管理与环境保护办公室虽然采取了约谈、下发《责令停止建设通知书》和《限期拆除决定书》等方式对违法建设予以制止,但未遏制住违法建设,履职不到位,北京市延庆区监察委员会给予延庆镇副镇长等3人行政警告处分,1人行政记过处分,广积屯村村党支部给予该村党支部书记党内警告处分。

【指导意义】

十分珍惜、合理利用土地和切实保护耕地是我国的基本国策。近年来,随着传统农业向产业化、规模化的现代农业转变,以温室大棚为代表的设施农业快速发展。一些地区出现了假借发展设施农业之名,擅自或者变相改变农业用途,在耕地甚至永久基本农田上建设"大棚房""生态园""休闲农庄"等现象,造成土地资源被大量非法占用和毁坏,严重侵害农民权益和农业农村的可持续发展,在社会上造成恶劣影响。2018年,自然资源部和农业农村部在全国开展了"大棚房"问题专项整治行动,推进落实永久基本农田保护制度和最严格的耕地保护政策。在基本农田上建设"大棚房"予以出租出售,违反《中华人民共和国土地管理法》,属于破坏耕地或者非法占地的违法行为。非法占用耕地数量较大或者造成耕地大量毁坏的,应当以非法占用农用地罪追究实际建设者、经营者的刑事责任。

该类案件中,实际建设者、经营者为逃避法律责任,经常隐藏于幕后。对此,检察机关可以通过引导公安机关查询非农建设项目涉及的相关账户交易信息、资金走向等,辅以相关证人证言,形成严密证据体系,查清证实实际建设者、经营者的法律责任。对于受其操控签订合同或者作假证明包庇,涉嫌共同犯罪或者伪证罪、包庇罪的相关行为人,也要一并查实惩处。对于非法占用农用地面积这一关键问题,可由专业机构出具测量技术报告,必要时可申请测量人员出庭作证。

【相关规定】

《中华人民共和国刑法》第三百一十条、第三百四十二条

《全国人民代表大会常务委员会关于〈中华人民共和国刑法〉第二百二十八条、第三百四十二条、第四百一十条的解释》

《中华人民共和国土地管理法》第七十五条

《最高人民法院关于审理破坏土地资源刑事案件具体应用法律若干问题的解释》第三条

《最高人民检察院、公安部关于公安机关管辖的刑事案件立案追诉标准的规定(一)》第六十七条

王敏生产、销售伪劣种子案

(检例第 61 号)

【关键词】

生产、销售伪劣种子罪　假种子　农业生产损失认定

【要旨】

以同一科属的此品种种子冒充彼品种种子，属于刑法上的"假种子"。行为人对假种子进行小包装分装销售，使农业生产遭受较大损失的，应当以生产、销售伪劣种子罪追究刑事责任。

【基本案情】

被告人王敏，男，1991年3月出生，江西农业大学农学院毕业，原四川隆平高科种业有限公司（以下简称隆平高科）江西省宜春地区区域经理。

2017年3月，江西省南昌县种子经销商郭宝珍询问隆平高科的经销商之一江西省丰城市"民生种业"经营部的闵生如、闵蜀蓉父子（以下简称闵氏父子）是否有"T优705"水稻种子出售，在得到闵蜀蓉的肯定答复并报价后，先后汇款共30万元给闵生如用于购买种子。

闵氏父子找到王敏订购种子，王敏向隆平高科申报了"陵两优711"稻种计划，后闵生如汇款20万元给隆平高科作为订购种子款（单价13元/公斤）。王敏找到金海环保包装有限公司的曹传宝，向其提供制版样式，印制了标有"四川隆平高科种业有限公司""T优705"字样的小包装袋29850个。收到隆平高科寄来的"陵两优711"散装种子后，王敏请闵氏父子帮忙雇工人将运来的散装种子分装到此前印好的标有"T优705"的小包装袋（每袋1公斤）内，并将分装好的24036斤种子运送给郭宝珍。郭宝珍销售给南昌县等地的农户。农户播种后，禾苗未能按期抽穗、结实，导致200余户农户4000余亩农田绝收，造成直接经济损失460余万元。

经查，隆平高科不生产"T优705"种子，其生产的"陵两优711"种子也未通过江西地区的审定，不能在江西地区进行终端销售。

【指控与证明犯罪】

2018年5月8日,江西省南昌县公安局以王敏涉嫌销售伪劣种子罪,将案件移送南昌县人民检察院审查起诉。

审查起诉阶段,王敏辩称自己的行为不构成犯罪,不知道销售的种子为伪劣种子。王敏还辩解:1.印制小包装袋经过隆平高科的许可;2.自己没有请工人进行分装,也没有进行技术指导;3.没有造成大的损失。

检察机关审查认为,现有证据足以认定犯罪嫌疑人王敏将"陵两优711"冒充"T优705"销售给农户,但其是否明知为伪劣种子、"陵两优711"是如何变换成"T优705"的、隆平高科是否授权王敏印刷小包装袋、造成的损失如何认定、哪些人员涉嫌犯罪等问题,有待进一步查证。针对上述问题,南昌县人民检察院两次退回公安机关补充侦查,要求公安机关补充收集订购种子的货运单、合同、签收单、交易记录等书证;核实印制小包装袋有无得到隆平高科的授权,是否有合格证等细节;种子从四川发出,中途有无调换等,"陵两优711"是怎么变换成"T优705"的物流情况;对于损失认定,充分听取辩护人及受害农户的意见,收集受害农户订购种子数量的原始凭证等。

经补充侦查,南昌县公安局进一步收集了物流司机等人的证言、农户购买谷种小票、农作物不同生长期照片、货运单、王敏任职证明等证据。物流司机证言证明货物没有被调换,但货运单上只写了种子,并没有写明具体的种子品名;隆平高科方面一致声称王敏订购的是"陵两优711",出库单上也注明是"陵两优711"(散子),散子销售不受区域限制,并且该公司从不生产"T优705";而闵氏父子辩称自己是应农户要求订购"T优705",到货也是应王敏要求提供场地,王敏代表公司进行分装。因双方没有签订种子订购合同且各执一词，无法查实闵氏父子订购的是哪种种子。但可以明确的是 2010 年 5 月 17 日广西农作物品种审定委员会对"陵两优 711"审定通过，可在桂南稻作区或者桂中稻作区南部适宜种植感光型品种的地区作为晚稻种植，在江西省未审定通过。王敏作为隆平高科的区域经理，对公司不生产"T 优 705"种子应该明知，对"陵两优 711"在江西省未被审定通过也应明知。另查实，隆平高科从未授权王敏进行设计、印制"T 优 705"小包装袋。

针对损失认定，公安机关补充收集了购种票据、证人证言等，认定南昌县及其他地区受害农户合计 205 户，绝收面积合计 4000 余亩。为评估损失，公安机关开展现场勘查，邀请农科院土肥、农业、气象方面专家进行评估。评估认定：1. 南昌县部分稻田种植的"陵两优 711"尚处始穗期，已无法正常结实，导致绝收。2. 2017 年 10 月下旬评估时，部分稻田种植的"陵两优 711"处于齐穗期，但南昌地区晚稻的安全齐穗期是 9 月 20 日左右，根据南昌往年气象资料，10 月下旬齐穗的水稻将会受到 11 月份低温影响，无法正常结实，严重时会绝收。3. 根据种子包装袋上注明的平均亩产 444.22 公斤的数据，结合南昌县往年晚稻平均亩产量，考虑到晚稻因品种和种植方式不同存在差异，产量评估可以以种子包装袋上注明的平均亩产 444.22 公斤为依据，结合当年晚稻平均单价 2.60 元/公斤计算损失。205 户农户因种植假种子造成的经济损失为 444.22 公斤/亩 × 2.60 元/公斤 × 4000 亩 = 4619888 元。

综合上述证据情况，检察机关采信评估意见，认定损失为 461 万余元，王敏及辩护人对此均不再提出异议。

2018 年 7 月 16 日，南昌县人民检察院以被告人王敏犯生产、销售伪劣种子罪向南昌县人民法院提起公诉。9月10日，南昌县人民法院公开开庭审理了本案。

法庭调查阶段，公诉人宣读起诉书指控被告人王敏身为隆平高科宜春地区区域经理，负有对隆平高科销售种子的质量进行审查监管的职责，其将未通过江西地区审定的"陵两优711"种子冒充"T优705"种子，违背职责分装并销售，使农业生产遭受特别重大损失，其行为构成生产、销售伪劣种子罪。针对以上指控的犯罪事实，公诉人向法庭出示了四组证据予以证明：

一是被告人王敏的立案情况及任职身份信息，证明王敏从农业大学毕业后就从事种子销售业务，有着多年的种子销售经验。2015年8月至2018年2月在隆平高科从事销售工作，身份是江西宜春地区区域经理，职责是介绍和推广公司种子，并代表公司销售种子，对所销售的种子品种、质量负责。

二是相关证人证言，证明王敏接受闵氏父子种子订单，并向公司订购了"陵两优711"种子，印制"T优705"小包装袋分装种子并予以冒充销售。其中，闵蜀蓉证言证明郭宝珍需要"T优705"种子，自己向王敏提出采购种子计划，王敏表示有该种种子，并承诺有提成；证人曹传宝等的证言，证明其按王敏要求印制了"T优705"种子小包装袋，王敏予以签字确认。证人闵生如的证言，证明王敏明知印制"T优705"小包装袋用于包装"陵两优711"种子，仍予以签字确认。

三是相关证人证言，证明四川隆平高科研发、运送"陵两优711"到江西丰城等情况。其中，四川隆平高科副总张友强证言证明：王敏向隆平高科江西省级负责人杨剑辉报购了订购"陵两优711"计划；杨剑辉证言证明公司收到"陵两优711"计划并向江西发出"陵两优711"散子，该散子可以销往江西，由江西有资质的经销商卖到广西，但不能在江西直接销售。隆平高科票据显示收到王敏订购"陵两优711"计划并发货至江西。

四是造成损失情况、相关鉴定意见及被害人陈述、证人证言等，证明农户购买种子后造成绝收等损失。

王敏对以上证据无异议，但提出在小包装袋印制版式上签字是闵生如让他签的。

法庭辩论阶段，被告人王敏及其辩护人认为王敏没有主观犯罪故意，其行为不构成犯罪。

公诉人针对辩护意见进行答辩：

第一，从主观方面看，王敏明知公司不生产"T优705"种子，却将其订购的"陵两优711"分装成"T优705"予以销售。王敏主观上明知销售的种子不是订购时的种子，仍对种子进行名实不符的分装，具有销售伪劣种子的主观故意。

第二，从职责角度看，不论王敏还是四川隆平高科的工作人员，都证明所有种子订购，是由经销商报单给区域经理，区域经理再报单给公司，公司发货后，由区域经理分销。王敏作为四川隆平高科宜春地区区域经理，具有对种子质量进行审查的职责，其明知隆平高科不生产"T优705"种子，出于谋利，仍以此种子冒充彼种子进行包装、销售，具备犯罪故意，社会危害性大。

第三，王敏的供述证明，其实施了"在百度上搜索'T优705'及'T优705'审定公告内容"的行为，并将手机上搜索到的"T优705"种子包装袋版式提供给印刷商，后在"T优705"包装袋版式上签字；曹传宝和李亚东（江西运城制版有限公司设计师）都证实"T优705"小包装袋的制版、印刷都是王敏主动联系，还拿出公司的授权书给他们看，并特别交代要在印刷好的袋子上打一个洞,说种子要呼吸;刘英(隆平高科在南昌县的经销商)也证实,从种子公司运过来的种子不可以换其他品种的包装袋卖,这是犯法的事。王敏能够认识"在包装袋印制版式上签字就是对种子的种类、质量负责"的法律意义,仍予以签字。

第四,王敏作为隆平高科的区域经理,实施申报销售计划、设计包装规格、寻找印刷点、签字确认、指导分包作业等行为,均表明王敏积极实施生产、销售伪劣种子犯罪行为,王敏提出是闵生如让他签字,与事实不符,其辩护理由无法成立。

法庭经审理,认为公诉人提交的证据能够相互印证,予以确认。2018年10月25日,江西省南昌县人民法院作出一审判决,以生产、销售伪劣种子罪判处被告人王敏有期徒刑八年,并处罚金人民币十五万元。

王敏不服一审判决,提出上诉。其间,王敏及其家属向南昌县农业局支付460万元用于赔偿受害农民损失。2018年12月26日,南昌市中级人民法院作出终审判决,维持一审法院对上诉人王敏的定性,鉴于上诉期间王敏已积极赔偿损失,改判其有期徒刑七年,并处罚金人民币十五万元。

【指导意义】

生产、销售伪劣种子的行为严重危害国家农业生产安全,损害农民合法利益,及时、准确打击该类犯罪,是检察机关保护农民权益,维护农村稳定的职责。检察机关办理该类案件,应注意把握两方面问题:

(一)以此种子冒充彼种子应认定为假种子。根据刑法第一百四十七条规定,生产、销售假种子,使生产遭受较大损失的,应认定为生产、销售伪劣种子罪。假种子有不符型假种子(种类、名称、产地与标注不符)和冒充型假种子(以甲冒充乙、非种子冒充种子）。现实生活中，完全以非种子冒充种子的，比较少见。犯罪嫌疑人往往抓住种子专业性强、农户识别能力低的弱点，以此种子冒充彼种子或者以不合格种子冒充合格种子进行销售。因农作物生产周期较长，案发较为隐蔽，冒充型假种子往往造成农民投入种植成本，得不到应有收成回报，严重影响农业生产，应当依据刑法予以追诉。

（二）对伪劣种子造成的损失应予综合认定。伪劣种子造成的损失是涉假种子类案件办理时的疑难问题。实践中，可由专业人员根据现场勘查情况，对农业生产产量及其损失进行综合计算。具体可考察以下几方面：一是根据现场实地勘察，邀请农业、气象、土壤等方面专家，分析鉴定农作物生育期异常的原因，能否正常结实，是减产还是绝收等，分析减产或者绝收面积、产量。二是通过审定的农作物区试平均产量与根据现场调查的往年产量，结合当年可能影响产量的气候、土肥等因素，综合评估平均产量。三是根据农作物市场行情及平均单价等，确定直接经济损失。

【相关规定】

《中华人民共和国刑法》第一百四十七条

《中华人民共和国种子法》第四十九条、第九十一条

《最高人民法院、最高人民检察院关于办理生产、销售伪劣商品刑事案件具体应用法律若干问题的解释》第七条

《最高人民检察院、公安部关于公安机关管辖的刑事案件立案追诉标准的规定（一）》第二十三条

《农作物种子生产经营许可管理办法》第三十三条

南京百分百公司等生产、销售伪劣农药案

（检例第62号）

【关键词】

生产、销售伪劣农药罪　借证生产农药　田间试验

【要旨】

1. 未取得农药登记证的企业或者个人，借用他人农药登记证、生产许可证、质量标准证等许可证明文件生产、销售农药，使生产遭受较大损失的，以生产、销售伪劣农药罪追究刑事责任。

2. 对于使用伪劣农药造成的农业生产损失，可采取田间试验的方法确定受损原因，并以农作物绝收折损面积、受害地区前三年该类农作物的平均亩产量和平均销售价格为基准，综合计算认定损失金额。

【基本案情】

被告单位南京百分百化学有限责任公司（以下简称百分百公司）。

被告单位中土化工（安徽）有限公司（以下简称中土公司）。

被告单位安徽喜洋洋农资连锁有限公司（以下简称喜洋洋公司）。

被告人许全民，男，1971年12月出生，喜洋洋公司法定代表人、百分百公司实际经营人。

被告人朱桦，男，1971年3月出生，中土公司副总经理。

被告人王友定，男，1970年10月出生，安徽久易农业股份有限公司（以下简称久易公司）市场运营部经理。

2014年5月，被告单位喜洋洋公司、百分百公司准备从

事50%吡蚜酮农药（以下简称吡蚜酮）经营活动，被告人许全民以百分百公司的名义与被告人王友定商定，借用久易公司吡蚜酮的农药登记证、生产许可证、质量标准证（以下简称"农药三证"）。双方约定：王友定提供吡蚜酮"农药三证"及电子标签，并对百分百公司设计的产品外包装进行审定，百分百公司按久易公司的标准生产并对产品质量负责。经查，王友定擅自出借"农药三证"，久易公司并未从中营利。

2014年5月18日、6月16日，许全民代表百分百公司与中土公司负责销售的副总经理朱桦先后签订4吨（单价93000元）、5吨（单价87000元）采购合同，向朱桦采购吡蚜酮，并约定质量标准、包装标准、付款方式等内容，合同金额计813000元。

2014年5月至6月，中土公司在未取得吡蚜酮"农药三证"的情况下，由朱桦负责采购吡蚜酮的主要生产原料，安排人员自研配方，生产吡蚜酮。许全民联系设计吡蚜酮包装袋，并经王友定审定，提供给中土公司分装。该包装袋印制有百分百公司持有的"金鼎"商标，久易公司获得批准的"农药三证"，生产企业标注为久易公司。同年6月至8月，中土公司先后向百分百公司销售吡蚜酮计2324桶（6.972吨），销售金额计629832元。百分百公司出售给喜洋洋公司，由喜洋洋公司分售给江苏多家农资公司，农资公司销售给农户。泰州市姜堰区农户使用该批农药后，发生不同程度的药害，水稻心叶发黄，秧苗矮缩，根系生长受抑制。经调查，初步认定发生药害水稻面积5800余亩，折损面积计2800余亩，造成经济损失计270余万元。经检验，药害原因是因农药中含有烟嘧磺隆（除草剂）成分。但对涉案农药为何混入烟嘧磺隆，被告人无法给出解释，且农药生产涉及原料收购、加工、分装等一系列流程，客观上亦无法查证。

案发后，许全民自动投案并如实供述犯罪事实，朱桦、王友定到案后如实供述犯罪事实。久易公司及王友定向姜堰区农业委员会共同缴纳赔偿款150万元，中土公司缴纳赔偿款150万元，喜洋洋公司缴纳赔偿款55万元，百分百公司及许全民缴纳赔偿款95万元，朱桦缴纳赔偿款80万元，合计530万元。

【指控与证明犯罪】

本案由泰州市姜堰区农业委员会于2015年8月12日移送至姜堰区公安局。8月14日，姜堰区公安局立案侦查。2016年5月13日，泰州市姜堰区公安局以许全民等涉嫌生产、销售伪劣农药罪移送泰州市姜堰区人民检察院审查起诉。11月1日，泰州市姜堰区人民检察院以被告单位及被告人涉嫌生产、销售伪劣农药罪向泰州市姜堰区人民法院提起公诉。12月14日，泰州市姜堰区人民法院公开开庭审理了本案。

法庭调查阶段，公诉人宣读起诉书，指控被告人及被告单位在无"农药三证"的情况下，生产、销售有药害成分的农药，并造成特别重大损失，其行为构成生产、销售伪劣农药罪。针对以上指控的犯罪事实，公诉人向法庭出示了三组证据予以证明：

一是销售合同、出库清单、协议书等证据，证明被告单位、被告人借证生产、销售农药的事实。

二是田间试验公证书、农作物生产事故技术鉴定书、检验报告等证据，证明被告单位、被告人生产、销售的吡呀酮中含有烟嘧磺隆（除草剂）成分，是造成水稻受损的直接原因。

三是证人证言、被害人陈述、被告人供述和辩解等证据，证明被告单位、被告人共谋借用"农药三证"，违法生产、销售伪劣农药，造成水稻大面积受损，及农户损失已经得到赔偿的事实。

法庭辩论阶段，被告人及辩护人提出：1.涉案农药不应认定为伪劣农药，行为人不具有生产伪劣农药的故意。2.盐城市产品质量监督检验所并非司法鉴定机构，其出具的检验报告不具有证据效力；泰州市农作物事故技术鉴定书是依据农药检测报告等作出的，不应作为定案依据。3.水稻受损原因不明，不能排除天气、施药方法等因素导致。

公诉人针对辩护意见进行答辩：

第一，虽然因客观原因无法查证涉案农药吡呀酮如何混入烟嘧磺隆（除草剂）成分，但现有证据足以证明，涉案吡呀酮含有烟嘧磺隆（除草剂）成分，并造成水稻大面积减产的危害后果，可以认定为伪劣农药。被告单位、被告人无"农药三证"，未按照经国务院农业主管部门审批获得登记的农药配方进行生产，生产完成后未进行严格检验即出厂销售，主观上具有生产、销售伪劣农药的故意。

第二，盐城市产品质量监督检验所具有农药成分检验资质，其出具的检验报告符合书证有关要求，可证明涉案吡蚜酮含有烟嘧磺隆（除草剂）成分这一事实。泰州市农业委员会依据该检验报告和田间试验结果出具的《农作物事故技术鉴定书》，系按照《江苏省农作物生产事故技术鉴定实施办法》组成专家组开展鉴定后作出的，符合证据规定，能证明受害水稻受损是使用涉案吡蚜酮导致。

第三，为科学确定水稻受损原因，田间试验结果系由泰州市新农农资有限公司申请，在泰州市姜堰公证处的全程监督下，进行拍照、摄像固定取得的。"七种配方，八块试验田"的试验方法，是根据农户将吡呀酮与阿维氟铃尿、戊唑醇、咪鲜三环唑混合施用的实际情况，并考虑涉案吡呀酮仅存在于两个批次，确定第一到第四块试验田分别施用两个批次、不同剂量（20克和40克）的吡呀酮；第五和第六块试验田分别将两个批次吡呀酮与其他农药混合施用；第七块试验田混合施用不含吡呀酮的其他农药；第八块试验田未施用农药。结果显示凡施用涉案农药的试验田，水稻均出现典型的除草剂药害情况，排除了天气等因素影响，证明水稻受害系因农户使用的涉案农药吡呀酮中含有烟嘧磺隆造成。

法庭经审理，认为公诉人提交的证据能够相互印证，予以确认。因被告人许全民自动投案，如实供述罪行，且判决前主动足额赔付了农户损失，达成了谅解，构成自首，依法减轻处罚。2017年9月19日，江苏省泰州市姜堰区人民法院作出一审判决，以生产、销售伪劣农药罪判处被告单位百分百公司罚金五十万元，中土公司罚金四十万元，喜洋洋公司罚金三十五万元；以生产、销售伪劣农药罪判处被告人许全民有期徒刑三年，缓刑五年，并处罚金八万元；因被告人朱桦及王友定系从犯，如实供述，积极赔偿损失，依法减轻处罚，以生产、销售伪劣农药罪判处被告人朱桦有期徒刑三年，缓刑四年，并处罚金五万元；判处被告人王友定有期徒刑三年，缓刑三年，并处罚金人民币二万元。一审宣判后，被告单位及被告人均未上诉，判决已生效。

【指导意义】

（一）借用或通过非法转让获得他人"农药三证"生产农药，并经检验鉴定含有药害成分，使生产遭受较大损失的，应予追诉。根据我国《农药管理条例》规定，农药生产销售应具备"农药三证"。一些企业通过非法转让或者购买等手段非法获取"农药三证"生产不合格农药，扰乱农药市场，往往造成农业生产重大损失，危害农民利益。借用或者通过非法转让获得"农药三证"生产不符合资质农药，经检验鉴定含有药害成分，致使农业生产遭受损失二万元以上的，应当依据刑法予以追诉。农药生产企业将"农药三证"出借给未取得生产资质的企业或者个人,且明知借用方生产、销售伪劣农药的,构成生产、销售伪劣农药罪共同犯罪。其中使农业生产遭受损失五十万元以上,销售金额不满二百万元的,依据刑法第一百四十七条生产、销售伪劣农药罪追诉;销售金额二百万元以上的,依据刑法第一百四十九条从重处罚原则,以生产、销售伪劣产品罪予以追诉。

(二)生产损失认定方法。生产、销售伪劣农药罪为结果犯,需以"使生产遭受较大损失"为前提。办理此类案件,可以采用以下方法认定生产损失:一是运用田间试验确定涉案农药与生产损失的因果关系。可在公证部门见证下,依据农业生产专家指导,根据农户对受损作物实际使用的农药种类,合理确定试验方法和试验所需样本田块数量,综合认定农药使用与生产损失的因果关系。二是及时引导侦查机关收集、固定受损作物折损情况证据。检察机关应结合农业生产具有时令性的特点,引导侦查机关走访受损农户了解情况,实地考察受损农田,及时收集证据,防止作物收割、复播影响生产损失的认定。三是综合评估损害数额。农业生产和粮食作物价格具有一定的波动性,办案中对损害具体数额的评估,应以绝收折损面积为基准,综合考察受损地区前三年农作物平均亩产量和平均销售价格,计算损害后果。

【相关规定】

《中华人民共和国刑法》第一百四十七条、第一百四十九条、第一百五十条

《最高人民法院、最高人民检察院关于办理生产、销售伪劣商品刑事案件具体应用法律若干问题的解释》第七条、第九条

《最高人民检察院、公安部关于公安机关管辖的刑事案件

立案追诉标准的规定（一）》第二十三条

《农药管理条例》第四十五条、第四十七条、第五十二条

《农药登记管理办法》第二条

《农药生产许可管理办法》第五条、第二十八条

湖北省天门市人民检察院诉拖市镇政府不依法履行职责行政公益诉讼案

（检例第63号）

【关键词】

行政公益诉讼　行政监管职责　违法建设　农村垃圾治理

【要旨】

一级政府对本行政区域的环境质量保护负有法定职责。政府在履行农村环境综合整治职责中违法行使职权或者不作为，损害社会公共利益的，检察机关可以发出检察建议督促其依法履职。对于行政机关作出的整改回复，检察机关应当跟进调查；对于无正当理由未整改到位的，可以依法提起行政公益诉讼。

【基本案情】

2005年4月，湖北省天门市拖市镇人民政府（以下简称拖市镇政府）违反《中华人民共和国土地管理法》，未办理农用地转为建设用地相关手续，也未按照《中华人民共和国环境保护法》开展环境影响评价，与天门市拖市镇拖市村村民委员会签订《关于垃圾场征用土地的协议》，租用该村5.1亩农用地建设垃圾填埋场，用于拖市镇区生活垃圾的填埋。该垃圾填埋场于同年4月投入运行，至2016年10月停止。该垃圾填埋场在运行过程中，违反污染防治设施必须与主体工

程同时设计、同时施工、同时投产使用的"三同时"规定，未按照规范建设防渗工程等相关污染防治设施，对周边环境造成了严重污染。

【诉前程序】

2017年2月，天门市人民检察院发现拖市镇政府在没有申报审批获得合法手续的情况下，未建设必要配套环境保护设施，以"以租代征"的形式，违法建设、运行生活垃圾填埋场，在运行过程中存在对周边环境造成严重污染、损害公益的行为，决定立案审查。

调查核实过程中，检察机关查阅了拖市镇政府关于租用拖市村集体土地建设垃圾填埋场的会议纪要、文件、协议等档案材料；督促天门市环境保护局进行了现场勘查；采集了现场影像资料，询问了相关人员。基本查明：拖市镇政府未办理用地审批、环境评价等法定手续，建设并运行生活垃圾填埋场，未建设防渗工程、垃圾渗滤液疏导、收集和处理系统、雨水分流系统、地下水导排和监测设施等必要配套环境保护设施，垃圾填埋场在运行过程中对周边环境造成严重污染。根据《中华人民共和国地方各级人民代表大会和地方各级人民政府组织法》《中华人民共和国环境保护法》等相关法律规定，拖市镇政府作为一级人民政府，对本行政区域负有环境保护职责，应当对自身违法行使职权造成环境污染的行为予以纠正，并及时治理污染，修复生态环境。

2017年3月6日，天门市人民检察院向拖市镇政府发出检察建议，督促其依法履职，纠正违法行为并采取补救措施，修复区域生态环境，恢复农用地功能。检察建议书发出后，天门市人民检察院多次与拖市镇政府进行沟通，督促整改。3月22日，拖市镇政府针对检察建议书作出书面回复称：其已将该垃圾填埋场的垃圾清运至天门市垃圾处理场进行集中处理,并投入资金、落实专人对垃圾场周围进行了清理、消毒,运送土壤进行了回填处理,杜绝了垃圾污染,且在该处设立了禁止倾倒垃圾的警示牌。

4月12日,天门市人民检察院对拖市镇政府的整改情况进行跟进调查时发现,拖市镇政府虽然采取了一些整改措施,但整改后的垃圾填埋场表层覆土不到1米,覆土下仍有大量垃圾。天门市人民检察院委托湖北省环境科学研究院对垃圾填埋场垃圾渗滤液及周边地下水样进行检测。检测结果表明,拖市镇垃圾填埋场周边地下水样中铬、铅超标严重,渗滤液中含有重金属、氨氮、磷等污染物。经专家检测评价认为,该垃圾填埋场周边水质显示出典型的垃圾渗滤液污染特性,严重影响当地居民的健康和生态安全;现存垃圾随着时间推移还会产生大量渗滤液,若不采取措施将会对周边水体和汉江造成持续15到20年的长期生态污染风险;建议采取清理转移的方法,将垃圾清挖送到市区垃圾处理场,垃圾渗滤液抽取送城区污水处理厂处理,原址采用回填土壤绿化。

【诉讼过程】

(一)提起诉讼

通过诉前调查取证,天门市人民检察院固定了相关证据,认定拖市镇政府采取有限整改措施后,其违法行政行为造成的公益侵害仍在持续。经湖北省人民检察院批准,2017年6月29日,天门市人民检察院向天门市人民法院提起行政公益诉讼,请求判令:1.确认拖市镇政府建立、运行该垃圾填埋场,造成周边环境污染的行政行为违法;2.判令拖市镇政府继续履行职责,对关停后的该垃圾填埋场环境进行综合整治,消除污染,修复生态。

(二)法庭审理

2017年12月22日,天门市人民法院公开开庭审理了本案。

法庭审理过程中，拖市镇政府答辩认为：1.只有县级以上政府及其环保部门才是具有环境保护职责的行政机关，其作为镇政府，不具有该项职责；2.检察机关关于垃圾填埋场污染周边环境的证据不充分；3.镇政府建设垃圾填埋场的行为并非行政行为，在行政诉讼中不具有可诉性。

针对镇政府答辩意见，天门市人民检察院向法院提交了《天门市委办公室、市政府办公室关于印发乡镇综合配套改革三个配套文件的通知》《市环保局关于拖市镇垃圾填埋场环境问题的复函》、湖北省环境科学研究院《检测报告》、相关专家出具的《关于天门市拖市镇区垃圾填埋场污染潜在生态风险的评估意见》、垃圾填埋场现场照片等证据。天门市人民检察院认为，《中华人民共和国环境保护法》第六条第二款规定，地方各级人民政府应当对本行政区域的环境质量负责；第三十三条第二款规定，县级、乡级人民政府应当提高农村环境保护公共服务水平，推动农村环境综合整治；第三十七条规定，地方各级人民政府应当采取措施，组织对生活废弃物的分类处置、回收利用。本案中，镇政府与村委会签订征地协议，建设、运行垃圾填埋场，目的是为了处置镇区生活垃圾，履行农村环境综合整治职责，是行使职权的行政行为。但其履职不到位，未办理用地审批、环境评价，未建设防渗工程、渗滤液处理、地下水导排监测等必要配套设施，导致周边环境严重污染，造成社会公共利益受到损害，应当依法履职，采取积极措施治理污染，修复生态；拖市镇政府在收到检察建议后，虽然对该垃圾填埋场做了覆土处理，但未完全进行治理，检察机关经跟进调查和委托检测，确认社会公共利益仍处于受侵害状态。综上，拖市镇政府答辩理由不成立。

（三）审理结果

2018年3月19日，天门市人民法院作出判决，支持了检察机关全部诉讼请求，认定拖市镇政府作为一级政府，具有环境保护的法定职责；拖市镇政府建设垃圾填埋场是履行职权行政行为；根据现有证据，该垃圾填埋场存在潜在污染风险；拖市镇政府治理垃圾填埋场是其违法后应当承担的法律义务，其应当继续履行整治义务。判决如下：1.确认被告拖市镇政府建设、运行垃圾填埋场的行政行为违法；2.责令被告拖市镇政府对垃圾填埋场采取补救措施，继续进行综合整治。

（四）案件办理效果

该案判决后，拖市镇政府积极履职，组织清运原垃圾填埋场覆土下的各类垃圾1000余立方并进行了无害处理。经湖北省相关部门审批同意，2018年4月至12月，在垃圾填埋场原址上新建污水处理厂一座，设计产能日处理污水500吨。目前该污水处理厂已投入使用。

该案办理后，天门市人民检察院摸排发现全市乡镇垃圾填埋场普遍存在环境污染风险问题。经过全面调查分析，天门市人民检察院向天门市委、市政府报送《关于建议进一步加强对全市乡镇垃圾填埋场进行整治的报告》，提出了将乡镇垃圾填埋场整治工作纳入天门市污染防治工作总体规划、进行清挖转运以及覆土植绿等建议。天门市委、市政府高度重视，相关职能部门迅速组织力量，对全市乡镇27个非正规垃圾填埋场、堆放点进行了专项重点督查，整治恢复土地近8.5万平方米。

【指导意义】

改善农村人居环境是以习近平同志为核心的党中央作出的重大决策，是实施乡村振兴战略的重要内容。加强农村生活垃圾治理,是改善农村人居环境的重要环节,也是推进乡村生态振兴的关键之举,对于促进乡村治理具有重大意义。

(一)基层人民政府应当对本行政区域的环境质量负责,其在农村环境综合整治中违法行使职权或者不作为,导致环境污染损害社会公共利益的,检察机关可以督促其依法履职。《中华人民共和国地方各级人民代表大会和地方各级人民政府组织法》《中华人民共和国环境保护法》《村庄和集镇规划建设管理条例》等法律法规规定了基层人民政府对农村环境保护、农村环境综合整治等具有管理职责。其在履行上述法定职责时,存在违法行使职权或者不作为,造成社会公共利益损害的,符合《中华人民共和国行政诉讼法》第二十五条第四款规定的情形,检察机关可以向其发出检察建议,督促依法履行职责。对于行政机关作出的整改回复,检察机关应当跟进调查,对于无正当理由未整改到位的,依法提起行政公益诉讼。

(二)涉及多个行政机关监管职责的公益损害行为,检察机关应当综合考虑各行政机关具体监管职责、履职尽责情况、违法行使职权或者不作为与公益受损的关联程度、实施公益修复的有效性等因素确定重点监督对象。农村违法建设垃圾填埋场可能涉及的行政监管部门包括规划、环保、国土、城建、基层人民政府等多个行政机关,而基层人民政府一般在农村环境治理、生活垃圾处置方面起主导作用。如果环境污染行为与基层人民政府违法行使职权直接相关,检察机关可以重点监督基层人民政府,督促其依法全面履职,根据需要也可以同时督促环保部门发挥监管职责,以形成合力,促使环境污染行为得到有效纠正。检察机关通过办案发现本地普遍存在类似环境污染行为的,可以经过深入调查,向当地党委、政府提出建议,以引起重视,促使问题"一揽子"解决。

【相关规定】

《中华人民共和国行政诉讼法》第二十五条

《中华人民共和国地方各级人民代表大会和地方各级人民政府组织法》第六十一条

《中华人民共和国环境保护法》第六条、第十九条、第三十三条、第三十七条、第四十一条

《中华人民共和国土地管理法》第四十四条

《最高人民法院、最高人民检察院关于检察公益诉讼案件适用法律若干问题的解释》第二十一条

《村庄和集镇规划建设管理条例》第三十九条

部分新闻链接

1. 新华社 2020 年 3 月 5 日报道《2 年来全国检察机关起诉涉及扶贫领域黑恶势力犯罪 145 件》

2. 中央广播电视总台央广 2020 年 3 月 5 日报道《最高检发布指导性案例　绝不允许在耕地上建"大棚房""休闲农庄"》

3. 中央广播电视总台央视 2020 年 3 月 6 日报道《最高检通报涉"三农"案件办理情况》

4. 经济日报 2020 年 3 月 6 日报道《最高检发布指导性案例服务春季农业生产——再用伪劣农资产品坑农　严惩！》

5. 农民日报 2020 年 3 月 6 日报道《假种子导致 4000 亩农田绝收——经销商被诉生产、销售伪劣种子罪获刑七年》

6. 法治日报 2020 年 3 月 6 日报道《两年检察起诉扶贫领域黑恶犯罪 1436 人》

7. 中央纪委国家监委网 2020 年 3 月 5 日报道《最高检：依法办理农民群众身边的职务犯罪》

严厉打击网络犯罪　共同防控网络风险
——最高人民检察院发布第十八批指导性案例

发布时间：2020年4月8日 10:00

发布内容：通报全国检察机关打击网络犯罪工作情况，发布第十八批指导性案例

发布地点：最高人民检察院

主 持 人：王松苗　最高人民检察院办公厅（新闻办）主任、新闻发言人

出席嘉宾：苗生明　最高人民检察院第一检察厅厅长
　　　　　张晓津　最高人民检察院第一检察厅副厅长
　　　　　蒋星伟　北京市人民检察院第二分院第四检察部主任、三级高级检察官

主题发布

王松苗

各位记者朋友久违了，非常时期，常态发布。感谢各位记者在应对新冠肺炎疫情期间参加最高检新闻发布会。这些天来，我们发布的八批妨害新冠肺炎疫情防控犯罪典型案例，都得到了在座的各位记者朋友、各家媒体的充分报道，还有远程的一些记者媒体的报道，借此机会表示衷心感谢！

今天发布会的主题是"严厉打击网络犯罪，共同防控网络风险"。出席发布会的嘉宾是：最高人民检察院第一检察厅厅长苗生明、副厅长张晓津；北京市人民检察院第二分院第四检察部主任、三级高级检察官蒋星伟。

出于疫情防控需要，今天我们邀请了部分记者朋友来到发布会现场，特别感谢大家。更多记者朋友可以通过观看"最高检网上新闻发布会"图文直播方式参加。

我们今天召开的发布会，是最高检第二次以"打击网络犯罪"指导性案例为主题召开的新闻发布会，这个发布会还是新冠肺炎疫情发生以来召开的第二场新闻发布会。共有三项议程：一是通报全国检察机关打击网络犯罪工作情况；二是发布最高检第十八批指导性案例，简要介绍案例相关情况；三是回答记者提问。

网络安全是事关国家安全的重大战略问题。习近平总书记指出："没有网络安全就没有国家安全，没有信息化就没有现代化""过不了互联网这一关，就过不了长期执政这一关"。信息网络的普及，大大方便了我们的工作、学习和生活，但与此同时，随着短视频、线上直播、网络游戏、网络课堂等加速发展，特别是5G网络逐渐普及商用，利用信息网络实施的新型违法犯罪活动日益增多，部分传统刑事犯罪日益向互联网迁移，"技术"被异化为"骗术"的事情层出不穷，网络犯罪已成为一个无法回避的科技之殇。

网络犯罪主要是利用网络、针对网络和在网络空间进行的各种犯罪，包括危害计算机信息系统安全犯罪、电信网络诈骗、网络盗窃、网络赌博、网络侵犯公民个人信息等。这些犯罪近年呈高发多发态势，全方位全时段作案，严重危害国家安全和人民群众合法权益，社会各界对此深恶痛绝。但网络空间并非"法外之地"，建设网络强国，决不能让网络成为违法犯罪的温床。

党的十九大提出要"建立网络综合治理体系，营造清朗的网络空间"。2020年初召开的中央政法工作会议明确提出，当前要把防控新型网络安全风险摆在突出位置来抓，提升网络社会综合治理能力，不断健全网络社会综合防控体系。作为推进法治建设的主要力量、参与社会治理的重要成员，惩治和防范网络犯罪、维护网络安全、推进网络治理体系和治理能力现代化，是检察机关义不容辞的政治责任和法治责任。

可以说，网络治理涉及刑事、民事、行政、公益诉讼四大检察职能。为更有力地依法惩治网络犯罪，大家从新闻中已经看到，昨天最高检成立了由三名院领导领衔、机关多个部门参加的惩治网络犯罪维护网络安全研究指导组，并在最高检检察理论研究所设立网络犯罪理论研究中心，统筹协调做好深化打击惩治网络犯罪的各项工作。新冠肺炎疫情期间，检察机关对网络犯罪始终保持高压态势，依法严惩涉疫情的网络犯罪。

截至4月7日，全国检察机关共审查批准逮捕涉疫情刑事犯罪案件2718件3275人，审查提起公诉1862件2281人，其中依法批准逮捕诈骗罪1588件1675人，起诉881件926人，诈骗犯罪数量最多、占比最高，其中就有许多不法分子借助网络实施诈骗行为，有的几乎都是通过网上进行,一些人甚至包括年轻人,"动动手指就犯罪"、彼此不见面、作案易得手。据统计,近年检察机关办理的网络犯罪年均增幅达 34% 以上,可见网络治理的任务之重。

为把习总书记依法治网的要求落实落细落具体,全面依法治网,加强对各级检察机关办理网络犯罪案件的指导,震慑网络犯罪行为,不断增强检察机关保障网络安全的司法能力,最高检印发以打击网络犯罪为主题的第十八批指导性案例,供各级人民检察院参照适用。

现在进行第一项议程,请苗生明厅长向大家通报检察机关打击网络犯罪工作情况。

苗生明

各位记者朋友们,大家好!习近平总书记指出:"没有网络安全就没有国家安全,就没有经济社会稳定运行,广大人民群众利益也难以得到保障。"维护网络安全,事关国家安全和社会公共利益,事关公民人身财产安全,事关现代化国家治理体系。

一、检察机关打击网络犯罪工作情况

检察机关是宪法规定的国家法律监督机关,在依法打击网络犯罪、维护网络安全中,肩负着重要职责。检察机关连续多年将严厉打击治理网络犯罪列为工作重点,与各类网络犯罪作坚决斗争。今天,最高人民检察院以"严厉打击网络犯罪,共同防控网络风险"为主题举行发布会,发布第十八批指导性案例。下面,我就2018年以来全国检察机关打击网络犯罪的主要工作情况向大家作一介绍。

一是全链条、全方位打击网络犯罪。近年来,网络犯罪蔓延迅速,检察机关办理网络犯罪案件数量逐年大幅上升,年平均增幅达34%以上。2018年至2019年,检察机关共批准逮捕网络犯罪嫌疑人

89167人，提起公诉105658人，较前两年分别上升78.8%和95.1%。网络犯罪高发多发已成为常态，这些犯罪严重侵害了人民群众的生命财产安全和合法权益。检察机关充分履行批捕起诉职能，坚决遏制网络犯罪的高发蔓延势头。最高检联合有关部门共同开展打击治理电信网络新型违法犯罪专项行动、"净网"专项行动、综合整治骚扰电话专项行动等，加大对网络"黑灰产"司法治理力度。2018年以来，最高检先后挂牌督办了社会广泛关注的电信网络诈骗案件和假借"金融创新""互联网+"的名义实施的金融诈骗案件共35件，多次派员赴当地就事实认定、证据收集完善固定、法律适用等问题进行督办指导，保证了案件顺利办理。

　　二是出台司法解释和指导意见，明确法律适用标准。2018年1月16日，最高检联合最高法、公安部和司法部发布《关于办理黑恶势力犯罪案件若干问题的指导意见》，对打击网络"水军"作了规定。2018年11月9日，最高检下发《检察机关办理电信网络诈骗案件指引》和《检察机关办理侵犯公民个人信息案件指引》，对证据的审查运用、电信网络诈骗和"公民个人信息"的认定、犯罪嫌疑人社会危险性和羁押必要性的审查工作进行了规范。2019年7月16日，最高检印发《网络犯罪案件技术法律术语解释汇编（一）》，帮助检察人员准确理解和掌握网络技术术语及其在法律适用中的具体内涵。2019年10月25日，最高检联合最高法颁布《关于办理非法利用信息网络、帮助信息网络犯罪活动等刑事案件适用法律若干问题的解释》，针对拒不履行信息网络安全管理义务的主体及入罪标准、非法利用信息网络的客观行为方式的认定，进一步明确了法律标准，统一了司法尺度。为贯彻落实今年中央政法工作会议提出的"要把防控新型网络安全风险摆在突出位置来抓"的要求，最高检成立由三名院领导分别担任组长、副组长，办公厅、第一检察厅、第二检察厅、第四检察厅、法律政策研究室和检察技术信息研究中心主要负责人为成员的惩治网络犯罪维护网络安全研究指导组，统筹协调做好深化打击整治新型网络犯罪的各项工作，全面加强检察机关打击网络犯罪的研究和指导。

三是加强办案队伍专业化建设，做好人才储备。2018年以来，检察机关自上而下进行内设机构改革，更加突出专业化建设，按照案件类型重新组建了专业化刑事办案机构。各级检察机关将网络犯罪案件交由专门部门或办案组办理，以有效提升指控网络犯罪的精准度和检察官的专业度。2019年1月，最高检第一检察厅设立专门负责网络犯罪案件的办案组，加强对下办案指导。在人才培养方面，检察机关除依靠自身力量加大培训力度外，还委托院校或网络公司对青年检察官进行网络专业知识的深度培训。如北京市海淀区人民检察院通过建立"外脑"专家库和开展专家咨询提升办案质效；浙江省杭州市余杭区人民检察院定期选派检察官赴互联网公司学习交流；广东深圳等地检察机关还引进了一批具有网络技术知识背景的专业人才从事检察工作。专业化机构的建立和专业化队伍的培养，为检察机关精准打击网络犯罪注入了强大活力。

四是不断加强国际司法协作，打击跨境犯罪。最高检与多国检察机关加强协作，细化跨国跨境协助调查取证、缉捕遣返犯罪嫌疑人、涉案赃款赃物移交、证据转换及采信、司法文书送达等方面协助机制，形成打击网络犯罪合力。2018年5月至6月间，最高检与公安部共同组团赴捷克、克罗地亚、匈牙利、斯洛文尼亚和波兰，推动上述国家将在当地实施电信网络诈骗犯罪的62名中国台湾地区犯罪嫌疑人遣返和引渡。2018年11月，最高检承办第五届世界互联网大会"大数据时代的个人信息保护"分论坛，形成了一系列有助于加强大数据时代个人信息保护的宝贵共识。

五是认真贯彻新时代"枫桥经验"，立足办案积极参与网络社会治理。2019年8月，最高检与互联网企业联合开展防范新型电信网络诈骗公益行动"微反诈行动"，来自北京、江苏、浙江、广东等地的5位检察官在线开课，教群众识别新型诈骗犯罪。四川、江苏、浙江等地深入研究网络犯罪的特点和规律，定期公布网络犯罪典型案例以案释法，既震慑了犯罪分子，也引导广大公民树立网络法治意识，帮助他们提升预防犯罪和甄别犯罪的能力。各地检察机关结合办案，向网络管理部门及时提出完善管理制度的检察建议，促进提高网络管理法治化、规范化水平。

当前，为服务保障疫情防控和经济社会发展大局，检察机关积极履行检察职能，打击了一大批涉疫情防控的刑事犯罪。截至目前，批捕的涉新冠肺炎疫情犯罪案件数、人数已分别达到"非典"时期的8倍和5倍左右。这次疫情发案数较多，主要原因是涉疫网络犯罪突出。在所有涉疫网络犯罪案件中，利用互联网实施诈骗、制假售假、造谣传谣等犯罪数量最多。值得注意的是，借助网络传播的便捷性和隐蔽性，本次疫情期间诈骗犯罪发案量大幅增长，截至4月7日，全国检察机关依法批准逮捕诈骗罪1588件1675人，起诉881件926人，批捕的案件数和起诉的案件数分别占所有涉疫刑事犯罪案件的58.4%和47.3%。

二、下一步工作目标

下一步，各级检察机关要继续贯彻落实党的十九届四中全会对建立健全网络综合治理体系，提高网络治理能力的决策部署，按照2020年中央政法工作会议"把防控新型网络安全风险摆在突出位置来抓"的要求，扎实做好维护网络安全保护工作。

一是贯彻总体国家安全观，依法打击网络犯罪。深化打击整治电信网络诈骗、网络黄赌毒、网络套路贷等群众反映强烈的网络犯罪，依法严厉打击侵犯公民隐私、危害数据安全、窃取数据秘密以及各类妨害疫情防控的网络犯罪等，回应社会关切，震慑违法犯罪。进一步加强与网络监管部门和公安机关的协作配合，推动对网络犯罪的全链条打击。加强行政执法与刑事司法的相互衔接，共同挤压网络犯罪滋生蔓延的空间。配合有关部门进一步完善跨境执法司法合作机制，坚决遏制网络犯罪高发势头，使人民的安全感更加充实、更有保障、更可持续。

二是大力推进网络犯罪检察工作规范化、制度化建设。修改完善《检察机关办理电信网络诈骗案件指引》和《检察机关办理侵犯公民个人信息案件指引》，对网络赌博犯罪案件的法律适用进行专题分析研判。更好发挥检察机关在审前程序中的主导责任、指控和证明犯罪的主体作用,提高引导侦查取证的针对性,促使网络犯罪案件侦查取证的质效不断提升。今年最高检拟再发布一批电信网络诈骗犯罪典型案例,更好发挥指引和警示作用。

三是进一步强化与有关单位在网络犯罪追赃挽损上的协同作战。网络犯罪往往涉案金额大,被害人数众多,对网络犯罪案件,既要精准打击又要妥善处置,办案中要对网络犯罪涉案款物进行专门审查。督促公安机关依法对网络犯罪赃款赃物进行查封、扣押、冻结,对违法所得及其孳息要依法予以追缴或者责令退赔,最大限度挽回受害群众损失。

四是积极参与社会治安防控体系建设。维护网络安全是全社会的共同责任,需要政府、企业、社会组织、广大网民共同参与。检察机关要会同有关政府有关部门和社会组织,共同发力综合施策,共筑网络安全防线。要继续面向不同知识层次、不同年龄阶段人群开展更有针对性的防范网络犯罪法治宣传,提高群众的风险意识。要加强与互联网企业的技术合作,进一步提升检察机关参与网络社会综合治理的能力与效果。

王松苗

谢谢苗生明厅长。下面进行第二项议程,发布以打击网络犯罪为主题的第十八批指导性案例。因案例已经作为发布会材料印发给大家,就不一一宣读了。现在请张晓津副厅长简要介绍案例相关情况。

张晓津

各位记者朋友好！为进一步加大对网络犯罪的打击力度，不断增强检察机关对网络安全的保障能力，有效解决网络犯罪案件专业知识复杂、争议问题多、办理难度大等问题，我们以打击网络犯罪为主题制发了最高人民检察院第十八批指导性案例。经最高人民检察院第十三届检察委员会第三十一次会议审议通过，今天正式发布。下面，我简要介绍案例的相关情况及指导意义。

一、张凯闵等52人电信网络诈骗案

该案的基本案情是：2015年6月至2016年4月间，被告人张凯闵等52人先后在印度尼西亚共和国和肯尼亚共和国参加针对中国大陆居民进行电信网络诈骗的犯罪集团。在实施电信网络诈骗过程中，各被告人分工合作，其中部分被告人负责利用电信网络技术手段对大陆居民的手机和电话进行语音群呼，群呼的主要内容为"有快递未签收，经查询还有护照签证即将过期，将被限制出境管制，身份信息可能遭泄露"。当被害人按照语音内容操作后，电话会自动接通冒充快递公司客服人员的一线话务员。一线话务员以帮助被害人报案为由，在被害人不挂断电话时，将电话转接至冒充公安局办案人员的二线话务员。二线话务员向被害人谎称"因泄露的个人信息被用于犯罪活动，需对被害人资金流向进行调查"，欺骗被害人转账、汇款至指定账户。如果被害人对二线话务员的说法仍有怀疑，二线话务员会将电话转给冒充检察官的三线话务员继续实施诈骗。至案发，张凯闵等被告人通过上述诈骗手段骗取75名被害人钱款共计人民币2300余万元。

这是我国首例从境外将台湾籍犯罪嫌疑人押解回大陆进行司法审判的电信网络诈骗案。案件涉及大量的境外证据和庞杂的电子数据。该案指导意义在于四个方面：一是对境外证据应着重审查合法性。二

是对电子数据应重点审查客观性。三是紧紧围绕电话卡和银行卡审查认定电信网络诈骗案件事实。四是有明显首要分子，主要成员固定，其他人员有一定流动性的电信网络诈骗犯罪组织，可以认定为诈骗犯罪集团。

二、叶源星、张剑秋提供侵入计算机信息系统程序、谭房妹非法获取计算机信息系统数据案

该案基本案情是：2015年1月，被告人叶源星编写了用于批量登录某电商平台账户的"小黄伞"撞库软件供他人免费使用。"小黄伞"撞库软件运行时，配合使用叶源星编写的打码软件可以完成撞库过程中对大量验证码的识别。叶源星通过网络向他人有偿提供打码软件的验证码识别服务，同时将其中的人工输入验证码任务交由被告人张剑秋完成，并向其支付费用。2015年1月至9月，被告人谭房妹通过下载使用"小黄伞"撞库软件，向叶源星购买打码服务，获取到某电商平台用户信息2.2万余组。被告人叶源星、张剑秋通过上述行为，从被告人谭房妹处获取违法所得共计人民币4万余元。谭房妹通过向他人出售该电商平台账户信息，获取违法所得共计人民币25万余元。法院审理期间，叶源星、张剑秋、谭房妹上交了全部违法所得。

该案是全国首例撞库打码案，案件的指导意义在于对有证据证明用途单一，只能用于侵入计算机信息系统的程序，司法机关可依法认定为"专门用于侵入计算机信息系统的程序"。案例对公安机关应当提供的证据和审查认定"专门用于侵入计算机信息系统的程序"的方法进行了明确。

三、姚晓杰等11人破坏计算机信息系统案

该案基本案情是：2017年初，被告人姚晓杰等人接受王某某（另案处理）雇佣，招募多名网络技术人员，在境外成立"暗夜小组"黑客组织。"暗夜小组"从被告人丁虎子等3人处购买大量服务器资源，再利用木马软件操控控制端服务器，实施DDoS攻击。2017年2—3月间，"暗夜小组"成员三次利用14台控制端服务器下的计算机，持续对某互联网公司云服务器上运营的三家游戏公司的客户端IP进行

DDoS 攻击，攻击导致三家游戏公司 IP 被封堵，出现游戏无法登录、用户频繁掉线，游戏无法正常运行等问题。为恢复云服务器的正常运营，某互联网公司组织人员对服务器进行了抢修并为此支付 4 万余元。

该案是全国首例全链条打击黑客跨境攻击案。该案的指导意义主要体现在三方面：一是为有效打击网络攻击犯罪，检察机关应加强与公安机关的配合，及时介入侦查引导取证，立足案件特点，提出明确具体的补充侦查意见。二是对被害互联网企业提供的证据和技术支持意见，需结合其他证据，进行审查认定。三是在办理破坏计算机信息系统犯罪案件时，检察机关应引导公安机关从扰乱公共秩序的角度，收集、固定能够客观、全面、准确证实网络攻击行为危害后果的证据，做到罪责相当、罚当其罪，使被告人受到应有惩处。

王松苗

谢谢张晓津副厅长。从晓津副厅长的介绍可以看出，与传统的刑事犯罪比较，网络犯罪具有主体智能、行为隐蔽、手段多样、犯罪连续、传播广泛等特点，对此，全国检察机关在依法惩治网络犯罪行为方面集中体现为"早""全""专"三个特点。

"早"就是对网络犯罪保持"打早打小"高压态势，发挥检察机关的诉前引导作用，在犯罪活动尚未形成规模时予以打击。"全"就是实现对网络犯罪的全链条惩治，涉及刑事、民事、行政、公益诉讼四大检察业务，针对网络犯罪分工细化、环环相扣的特点，加大对网络"黑灰产"司法治理力度，彻底斩断利益链条。"专"就是加强办案队伍专业化建设，将网络犯罪案件交由专门部门或办案组办理，并积极借助"外脑"，提升指控网络犯罪的精准度和检察官的专业度。

接下来进行第三项议程，请各位记者朋友提问。

严厉打击网络犯罪　共同防控网络风险

现场答问

中央广播电视总台央视新闻频道记者

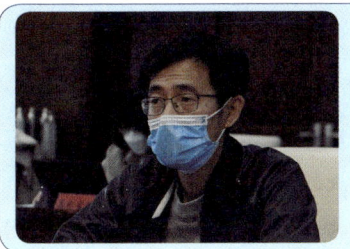

这次发布会以打击网络犯罪为主题发布指导性案例,主要考虑是什么?

苗生明

"互联网绝不是法外之地",最高检围绕以打击网络犯罪为主题发布指导性案例,主要有四方面考虑:

一是充分表明检察机关依法严厉打击网络犯罪的立场。近年来,检察机关认真贯彻落实党中央的部署要求,依法严厉打击了一大批网络犯罪。但随着网络技术不断革新,网络犯罪手段不断翻新,新型网络犯罪不断涌现。检察机关针对办案中的新情况新问题,不断总结应对网络犯罪的新策略,三年间围绕打击网络犯罪为主题第二次制发指导性案例,充分表明检察机关对网络犯罪保持高压打击的坚定决心。

二是充分展示检察机关参与网络社会治理的新成效。为维护正常网络秩序,各级检察机关充分履行职能,积极探索具有检察特色的网络空间治理模式,不断提升网络空间治理能力,扎实推进网络空间治理法治化、现代化的水平。此次发布的案例集中反映了近年来检察机关打击网络犯罪在事实认定、证据运用、法律适用和办案方法等方面的经验做法。

三是为各级检察机关依法办理新型网络犯罪案件提供参考和借

131

鉴。网络犯罪的法律适用往往融合了对互联网专业技术的理解，一些检察人员因为对网络犯罪的特点和技术原理研究不够，导致对法律和司法解释的理解和适用不够准确。信息时代与传统的工业时代相比，办案特点发生了重大变化。这就需要我们办案方法不断与时俱进。这次我们发布案例，期望对办理网络犯罪案件的方法达到指导性、引领性的效果。此次发布的案例，有的是全国首例从境外将台湾籍犯罪嫌疑人押解回大陆进行司法审判的电信网络诈骗案，有的是全国首例撞库打码案，有的是全国首例全链条打击黑客跨境攻击案，这些案例法律性强、技术性也强，都是相关领域的首例案例，不仅从法律和互联网技术两个维度阐释了新型网络犯罪常见的法律适用和技术认定问题，还完整重现了检察机关发挥主导作用，成功指控和证明犯罪的过程。这些案件办案效果良好，为各级检察机关办理类似案件提供了示范和指引。

四是有利于增强广大群众的法治观念，提高群众的网络安全意识。防治网络犯罪离不开广大群众的支持和配合，更依赖于人民群众对新型网络违法犯罪行为模式的了解和自觉防范。此次发布的案例通过揭示电信网络诈骗、撞库打码、DDoS攻击等新型多发网络犯罪及其背后黑色产业链的组织、运行、获利模式，帮助广大群众充分认识网络犯罪的本质特征和社会危害，引导群众规范网络行为，提高防范网络犯罪的意识。

检察日报记者

我国第一起跨境电信网络诈骗案是由北京市检察机关办理。此后北京市又办理了多起跨境电信网络诈骗案。想请承办检察官谈一谈北京市检察机关在办理此类案件中有什么好的经验做法？

蒋星伟

近年来，跨境电信网络诈骗案件呈现持续高发态势，为有效打击此类犯罪，北京市检察机关加强检察专业化建设，全面提升办理电信网络诈骗犯罪案件专业化水平，取得了良好的打击效果。我们的经验有两个方面：

第一个方面是打造专业化办案平台。注重发挥检察一体化机制，实行跨境电信网络诈骗案件一体化办案模式。坚持上下联动、横向配合，合理调配检力资源，采用专案组或检察官联合办案组协同办案的组合模式，跨部门、跨院抽调检察人员，由有丰富公诉业务经验并掌握计算机、互联网专业知识的检察人员办理跨境电信网络诈骗案件，推动专案专办、术业专攻，不断提升办案质效。

第二个方面是建立专业工作机制。一是与公安机关建立提前介入侦查工作机制，通过案件会商、引导取证等方式，在案件的侦查方向、取证标准、法律适用等方面发挥主导作用，确保案件质量和侦查方向。二是建立专业同步审查机制，针对专业性较强的问题，请信息网络、电子数据鉴定等领域的专家，积极同步介入，为检察机关办案提供智力支持。三是建立辅助审查机制，北京检察机关科技信息中心为案件办理工作提供全方位科技支撑，由检察技术人员作为司法辅助人员全程跟随办案组介入案件办理，对涉及技术型证据问题进行审查，为办案组提供专业意见，解决技术难题。

通过以上做法，使北京市检察机关高效快捷地办理了一批跨境电信网络诈骗案件。并通过办案做到普及防范意识，确保财产安全。

南方都市报记者

疫情期间,中小学普遍采取网课的方式授课学习,有不少电信网络诈骗犯罪分子则借机混入学习群,假冒老师实施诈骗,请问对于此类犯罪公众应如何提高警惕避免被骗?

苗生明

受疫情影响各地延迟开学,不少学生都在家上起了网课。为了教学管理方便,老师和家长建立了学习群。一些不法分子潜入学习群,将自己的昵称、头像更换成与老师相同的样式,以交纳资料费、培训费为名,诈骗家长以及未成年学生的钱财。我们发布的第五批涉疫典型案例全是诈骗的案例,其中一个发生在江苏的案例就有完整体现。发生这类犯罪的主要原因有:家长和学生对网络应用的水平、知晓度参差不齐,对互联网安全存在认识盲区;一些学习群没有设置必要的验证步骤、群管理员有的时候会疏于管理,存在漏洞。

对这类趁火打劫、发国难财的行为,特别是针对孩子实施的犯罪行为,我们认为性质严重、情节恶劣,危害性非常大。因此检察机关坚决严厉打击。2月10日,最高检会同最高法、公安部、司法部印发《关于依法惩治妨害新型冠状病毒感染肺炎疫情防控违法犯罪的意见》,要求对包括电信网络诈骗在内的各类妨害疫情防控的犯罪行为依法从严从快打击,维护人民群众财产安全。

在此,我们建议广大网民要注意关注媒体和司法机关发布的一些网络诈骗案例,了解常见的诈骗手法和诈骗特点,增强防骗意识。在这里,我们再提两条防范建议:一是对家长们来说,收到此类信息时,一定要及时到学校网站核实或与老师电话沟通核实，不要在家长群中发布的来源不明的二维码上轻易的去付款，先弄清楚再付款。如果已经发现上当受骗，这种情况下都要第一时间报警。一些被害人因为被骗金额少不愿报警，会在一定程度上助长骗子的气焰。二是对教学机构和老师们来说，建立学习群是必要的，但是应设专人管理，设置入群验证，定期清理群内成员，对不应加入或未实名加入的人员予以提醒核实，必要时要删除；对聊天内容进行及时、全面的监督。

人民日报记者

刚刚苗厅长在通报时提到，疫情期间批准逮捕诈骗犯罪案件数占所有涉疫刑事犯罪案件的58.4%。请问疫情期间电信网络诈骗案件高发的原因是什么？

张晓津

通过网络提问也是一种新的形式，感谢提问。

疫情期间，电信网络诈骗案件不仅案件数量多而且人数也多。案件高发多发有多方面原因：一是电信网络诈骗属于不需要接触就能实施的犯罪，一些不法分子利用网络诈骗不见面的特点，更容易博取被害人的信任。同时，这种非接触使犯罪分子的道德感、约束感下降，侥幸心理增强。二是随着新冠肺炎疫情的出现和暴发，各地普遍出现较大的物资缺口，比如我们发布的涉疫诈骗典型案件中，涉及口罩的诈骗案件居多,因为防控期间每个人都需要口罩。不法分子利用人们急需防护用品等心理实施诈骗。三是疫情使人民群众宅在家中,对网络的依赖加大,网络购物、网络求职、网络贷款和居家上课成为一部分群众新的生活方式。不法分子利用人们疫情期间出行不便,购物、求职心切或信任老师等心理,诈骗成功率大大提高。

检察机关高度重视涉疫情违法犯罪的打击治理。2月6日,最高检联合最高法、公安部和司法部发布《关于依法惩治妨害新型冠状病毒感染肺炎疫情防控违法犯罪的意见》。各地检察机关也陆续出台了相关(司法)文件,要求对涉疫情犯罪依法从严打击。

针对疫情期间诈骗犯罪高发、多发的形势,最高检向社会发布10项预防电信网络诈骗犯罪建议。在这里,我们再次提醒广大群众,爱心捐款诈骗、兜售防疫物资诈骗、冒充老师诈骗、套路贷、求职及兼职刷单诈骗等都是最近易发多发的电信网络诈骗案件类型,需要重点防范。一旦发现被骗,应立即报案。在此,我们也严正警告不法分子,凡妄图借疫情防控之机谋不义之财的,必将受到法律严惩。

法制网记者

近年来电信网络诈骗犯罪呈现出了哪些新特点?在治理过程中遇到了哪些困境?检察机关又是如何解决的?

张晓津

从办案情况看，当前电信网络诈骗犯罪呈现出四大新特点：一是组织公司化，行为产业化。电信网络诈骗团伙很多采取公司化运作模式，呈现出明显的集团化、职业化特点。此外，由于分工不断精细，已经演化出相互依存、相互合作的黑灰色产业链，诈骗犯罪由团伙运作变成了体系运作。这些黑灰产业链团伙之间大多互不见面，只以金钱为连接纽带，专业化和隐匿性强。二是随着技术的进步，人工智能技术已被用于诈骗的各个环节。犯罪分子利用人工智能技术非法获取公民个人信息，对被害人精准画像，实施量体式、订单式诈骗。三是利用社会热点和新的应用程序不断翻新诈骗手段。将社会热点融入骗局中，既能吸引更多人关注，也能为诈骗分子提供掩护，使被害人放松警惕。犯罪分子借题发挥，也更容易得手，如现阶段利用疫情实施的电信网络诈骗就比较猖獗。此外，一些新的应用程序使人们的联系和交往方式不断发展，骗子的剧本也随之不断翻新，令人防不胜防。四是随着移动互联在沟通方式、支付方式、大数据整合等方面的深刻影响，移动终端已成为诈骗主战场。

电信网络诈骗犯罪手段花样翻新，侦查技术和司法认识不可避免地存在一定滞后性，电子证据调取难、案件管辖难、认定处理难、专业人才缺乏等是我们打击电信网络诈骗犯罪在内所有网络犯罪的突出问题。下一步，检察机关将采取以下措施：一是继续保持对电信网络诈骗犯罪的高压打击态势。二是发挥检察机关的诉前引导作用，要求检察官最大限度向侦查靠近，更早地介入侦查，就证据收集、事实认定、法律适用等问题提出指导意见，引导公安机关全面、客观、合法收集证据。三是进一步健全与公安机关的工作衔接机制。既加强个案会商又加强类案研判，及时研究解决办案中的重点、难点问题。四是与互联网企业进一步加强打击网络犯罪中的合作。借力互联网公司在人才、技术、信息资源上的优势，提升办案质效。

王松苗

谢谢各位媒体朋友，因为时间关系，提问就到这里，特别感谢三位嘉宾的详尽发布和专业解读。

依法严惩网络犯罪，切实维护网络安全，加强网络法治建设，是检察机关义不容辞的法定职责。下一步，检察机关将深入贯彻落实中央决策部署，在最高检惩治网络犯罪维护网络安全研究指导组的指导下，把防控新型网络安全风险摆在突出位置来抓，与有关部门一道综合施策、精准发力，构筑打击遏制网络犯罪的"新高地"，共同织密网络安全防护网，全面推进网络空间法治化建设。

根据最高检的工作安排，今年我们案例的发布会比较多，特别感谢媒体朋友，希望大家继续关注最高检指导性案例的发布和疫情防控阶段典型案例的发布。我们将继续向大家推送更多更优质的检察产品和法治产品。

今天的发布会到此结束。谢谢大家。

指导性案例

最高人民检察院第十八批指导性案例

张凯闵等52人电信网络诈骗案

（检例第67号）

【关键词】

跨境电信网络诈骗　境外证据审查　电子数据　引导取证

【要旨】

跨境电信网络诈骗犯罪往往涉及大量的境外证据和庞杂的电子数据。对境外获取的证据应着重审查合法性，对电子数据应着重审查客观性。主要成员固定，其他人员有一定流动性的电信网络诈骗犯罪组织，可认定为犯罪集团。

【基本案情】

被告人张凯闵，男，1981年11月21日出生，中国台湾地区居民，无业。

林金德等其他被告人、被不起诉人基本情况略。

2015年6月至2016年4月间，被告人张凯闵等52人先后在印度尼西亚共和国和肯尼亚共和国参加对中国大陆居民进行电信网络诈骗的犯罪集团。在实施电信网络诈骗过程中，各被告人分工合作，其中部分被告人负责利用电信网络技术手段对大陆居民的手机和座机电话进行语音群呼，群呼的主要内容为"有快递未签收，经查询还有护照签证即将过期，将被限制出境管制，身份信息可能遭泄露"等。当被害人按照语音内容操作后，电话会自动接通冒充快递公司客服人员的一线话务员。一线话务员以帮助被害人报案为由，在被害人不挂断电话时，将电话转接至冒充公安局办案人员的二线话务员。二线话务员向被害人谎称"因泄露的个人信息被用于犯罪活动，需对被害人资金流向进行调查"，欺骗被害人转账、汇款至指定账户。如果被害人对二线话务员的说法仍有怀疑，二线话务员会将电话转给冒充检察官的三线话务员继续实施诈骗。

至案发，张凯闵等被告人通过上述诈骗手段骗取75名被害人钱款共计人民币2300余万元。

【指控与证明犯罪】

（一）介入侦查引导取证

由于本案被害人均是中国大陆居民，根据属地管辖优先原则，2016年4月，肯尼亚将76名电信网络诈骗犯罪嫌疑人（其中大陆居民32人，台湾地区居民44人）遣返中国大陆。经初步审查，张凯闵等41人与其他被遣返的人分属互不关联的诈骗团伙，公安机关依法分案处理。2016年5月，北京市人民检察院第二分院经指定管辖本案，并应公安机关邀请，介入侦查引导取证。

鉴于肯尼亚在遣返犯罪嫌疑人前已将起获的涉案笔记本电脑、语音网关（指能将语音通信集成到数据网络中实现通信功能的设备）、手机等物证移交我国公安机关，为确保证据的客观性、关联性和合法性，检察机关就案件证据需要达到的证明标准以及涉外电子数据的提取等问题与公安机关沟通，提出提取、恢复涉案的Skype聊天记录、Excel和Word文档、网络电话拨打记录清单等电子数据，并对电子数据进行无污损鉴定的意见。在审查电子数据的过程中，检察人员与侦查人员在恢复的Excel文档中找到多份"返乡订票记录单"以及早期大量的Skype聊天记录。依据此线索，查实部分犯嫌疑人在去肯尼亚之前曾在印度尼西亚两度针对中国大陆居民进行诈骗，诈骗数额累计达 2000 余万元人民币。随后，11 名曾在印度尼西亚参与张凯闵团伙实施电信诈骗，未赴肯尼亚继续诈骗的犯罪嫌疑人陆续被缉捕到案。至此，张凯闵案 52 名犯罪嫌疑人全部到案。

（二）审查起诉

审查起诉期间，在案犯罪嫌疑人均表示认罪，但对其在犯罪集团中的作用和参与犯罪数额各自作出辩解。

经审查，北京市人民检察院第二分院认为现有证据足以证实张凯闵等人利用电信网络实施诈骗，但案件证据还存在以下问题：一是电子数据无污损鉴定意见的鉴定起始基准时间晚于犯罪嫌疑人归案的时间近 11 个小时，不能确定在此期间电子数据是否被增加、删除、修改。二是被害人与诈骗犯罪组织间的关联性证据调取不完整，无法证实部分被害人系本案犯罪组织所骗。三是台湾地区警方提供的台湾地区犯罪嫌疑人出入境记录不完整，北京市公安局出入境管理总队出具的出入境记录与犯罪嫌疑人的供述等其他证据不尽一致，现有证据不能证实各犯罪嫌疑人参加诈骗犯罪组织的具体时间。

针对上述问题，北京市人民检察院第二分院于 2016 年 12 月 17 日、2017 年 3 月 7 日两次将案件退回公安机关补充侦查，并提出以下补充侦查意见：一是通过中国驻肯尼亚大使馆确认抓获犯罪嫌疑人和外方起获物证的具体时间，将此时间作为电子数据无污损鉴定的起始基准时间，对电子数据重新进行无污损鉴定，以确保电子数据的客观性。二是补充调取犯罪嫌疑人使用网络电话与被害人通话的记录、被害人向犯罪嫌疑人指定银行账户转账汇款的记录、犯罪嫌疑人的收款账户交易明细等证据，以准确认定本案被害人。三是调取各犯罪嫌疑人护照，由北京市公安局出入境管理总队结合护照，出具完整的出入境记录，补充讯问负责管理护照的犯罪嫌疑人，核实部分犯罪嫌疑人是否中途离开过诈骗窝点，以准确认定各犯罪嫌疑人参加犯罪组织的具体时间。补充侦查期间，检察机关就补侦事项及时与公安机关加强当面沟通，落实补证要求。与此同时，检察人员会同侦查人员共赴国家信息中心电子数据司法鉴定中心，就电子数据提取和无污损鉴定等问题向行业专家咨询，解决了无污损鉴定的具体要求以及提取、固定电子数据的范围、程序等问题。检察机关还对公安机关以《司法鉴定书》记录电子数据勘验过程的做法提出意见，要求将《司法鉴定书》转化为勘验笔录。通过上述工作，全案证据得到进一步完善，最终形成补充侦查卷21册，为案件的审查和提起公诉奠定了坚实基础。

检察机关经审查认为，根据肯尼亚警方出具的《调查报告》、我国驻肯尼亚大使馆出具的《情况说明》以及公安机关出具的扣押决定书、扣押清单等，能够确定境外获取的证据来源合法，移交过程真实、连贯、合法。国家信息中心电子数据司法鉴定中心重新作出的无污损鉴定，鉴定的起始基准时间与肯尼亚警方抓获犯罪嫌疑人并起获涉案设备的时间一致，能够证实电子数据的真实性。涉案笔记本电脑和手机中提取的Skype账户登录信息等电子数据与犯罪嫌疑人的供述相互印证，能够确定犯罪嫌疑人的网络身份和现实身份具有一致性。75名被害人与诈骗犯罪组织间的关联性证据已补充到位，具体表现为：网络电话、Skype聊天记录等与被害人陈述的诈骗电话号码、银行账号等证据相互印证；电子数据中的聊天时间、通话时间与银行交易记录中的转账时间相互印证；被害人陈述的被骗经过与被告人供述的诈骗方式相互印证。本案的75名被害人被骗的证据均满足上述印证关系。

（三）出庭指控犯罪

2017年4月1日，北京市人民检察院第二分院根据犯罪情节，对该诈骗犯罪集团中的52名犯罪嫌疑人作出不同处理决定。对张凯闵等50人以诈骗罪分两案向北京市第二中级人民法院提起公诉，对另2名情节较轻的犯罪嫌疑人作出不起诉决定。7月18日、7月19日，北京市第二中级人民法院公开开庭审理了本案。

庭审中，50名被告人对指控的罪名均未提出异议，部分被告人及其辩护人主要提出以下辩解及辩护意见：一是认定犯罪集团缺乏法律依据，应以被告人实际参与诈骗成功的数额认定其犯罪数额。二是被告人系犯罪组织雇佣的话务员，在本案中起次要和辅助作用，应认定为从犯。三是检察机关指控的犯罪金额证据不足，没有形成完整的证据链条，不能证明被害人是被告人所骗。

针对上述辩护意见，公诉人答辩如下：

一是该犯罪组织以共同实施电信网络诈骗犯罪为目的而组建，首要分子虽然没有到案，但在案证据充分证明该犯罪组织在首要分子的领导指挥下，有固定人员负责窝点的组建管理、人员的召集培训，分工担任一线、二线、三线话务员，该诈骗犯罪组织符合刑法关于犯罪集团的规定，应当认定为犯罪集团。

二是在案证据能够证实二线、三线话务员不仅实施了冒充警察、检察官接听拨打电话的行为，还在犯罪集团中承担了组织管理工作，在共同犯罪中起主要作用，应认定为主犯。对从事一线接听拨打诈骗电话的被告人，已作区别对待。该犯罪集团在印度尼西亚和肯尼亚先后设立3个窝点，参加过2个以上窝点犯罪的一线人员属于积极参加犯罪，在犯罪中起主要作用，应认定为主犯；仅参加其中一个窝点犯罪的一线人员，参与时间相对较短，实际获利较少，可认定为从犯。

三是本案认定诈骗犯罪集团与被害人之间关联性的证据主要有：犯罪集团使用网络电话与被害人电话联系的通话记录；犯罪集团的 Skype 聊天记录中提到了被害人姓名、公民身份号码等个人信息；被害人向被告人指定银行账户转账汇款的记录。起诉书认定的 75 名被害人至少包含上述一种关联方式，实施诈骗与被骗的证据能够形成印证关系，足以认定 75 名被害人被本案诈骗犯罪组织所骗。

（四）处理结果

2017 年 12 月 21 日，北京市第二中级人民法院作出一审判决，认定被告人张凯闵等 50 人以非法占有为目的，参加诈骗犯罪集团，利用电信网络技术手段，分工合作，冒充国家机关工作人员或其他单位工作人员，诈骗被害人钱财，各被告人的行为均已构成诈骗罪，其中 28 人系主犯，22 人系从犯。法院根据犯罪事实、情节并结合各被告人的认罪态度、悔罪表现，对张凯闵等 50 人判处十五年至一年九个月不等有期徒刑，并处剥夺政治权利及罚金。张凯闵等部分被告人以量刑过重为由提出上诉。2018 年 3 月，北京市高级人民法院二审裁定驳回上诉，维持原判。

【指导意义】

（一）对境外实施犯罪的证据应着重审查合法性

对在境外获取的实施犯罪的证据，一是要审查是否符合我国刑事诉讼法的相关规定，对能够证明案件事实且符合刑事诉讼法规定的，可以作为证据使用。二是对基于有关条约、司法互助协定、两岸司法互助协议或通过国际组织委托调取的证据，应注意审查相关办理程序、手续是否完备，取证程序和条件是否符合有关法律文件的规定。对不具有规定规范的，一般应当要求提供所在国公证机关证明，由所在国中央外交主管机关或其授权机关认证，并经我国驻该国使、领馆认证。三是对委托取得的境外证据，移交过程中应注意审查过程是否连续、手续是否齐全、交接物品是否完整、双方的交接清单记载的物品信息是否一致、交接清单与交接物品是否一一对应。四是对当事人及其辩护人、诉讼代理人提供的来自境外的证据材料，要审查其是否按照条约等相关规定办理了公证和认证，并经我国驻该国使、领馆认证。

(二) 对电子数据应重点审查客观性

一要审查电子数据存储介质的真实性。通过审查存储介质的扣押、移交等法律手续及清单，核实电子数据存储介质在收集、保管、鉴定、检查等环节中是否保持原始性和同一性。二要审查电子数据本身是否客观、真实、完整。通过审查电子数据的来源和收集过程，核实电子数据是否从原始存储介质中提取，收集的程序和方法是否符合法律和相关技术规范。对从境外起获的存储介质中提取、恢复的电子数据应当进行无污损鉴定，将起获设备的时间作为鉴定的起始基准时间，以保证电子数据的客观、真实、完整。三要审查电子数据内容的真实性。通过审查在案言词证据能否与电子数据相互印证，不同的电子数据间能否相互印证等，核实电子数据包含的案件信息能否与在案的其他证据相互印证。

(三) 紧紧围绕电话卡和银行卡审查认定案件事实

办理电信网络诈骗犯罪案件，认定被害人数量及诈骗资金数额的相关证据，应当紧紧围绕电话卡和银行卡等证据的关联性来认定犯罪事实。一是通过电话卡建立被害人与诈骗犯罪组织间的关联。通过审查诈骗犯罪组织使用的网络电话拨打记录清单、被害人接到诈骗电话号码的陈述以及被害人提供的通话记录详单等通讯类证据，认定被害人与诈骗犯罪组织间的关联性。二是通过银行卡建立被害人与诈骗犯罪组织间的关联。通过审查被害人提供的银行账户交易明细、银行客户通知书、诈骗犯罪集团指定银行账户信息等书证以及诈骗犯罪组织使用的互联网软件聊天记录，核实聊天记录中是否出现被害人的转账账户，以确定被害人与诈骗犯罪组织间的关联性。三是将电话卡和银行卡结合起来认定被害人及诈骗数额。审查被害人接到诈骗电话的时间、向诈骗犯罪组织指定账户转款的时间，诈骗犯罪组织手机或电脑中储存的聊天记录中出现的被害人的账户信息和转账时间是否印证。相互关联印证的，可以认定为案件被害人，被害人实际转账的金额可以认定为诈骗数额。

（四）有明显首要分子，主要成员固定，其他人员有一定流动性的电信网络诈骗犯罪组织，可以认定为诈骗犯罪集团

实施电信网络诈骗犯罪，大都涉案人员众多、组织严密、层级分明、各环节分工明确。对符合刑法关于犯罪集团规定，有明确首要分子，主要成员固定，其他人员有一定流动性的电信网络诈骗犯罪组织，依法可以认定为诈骗犯罪集团。对出资筹建诈骗窝点、掌控诈骗所得资金、制定犯罪计划等起组织、指挥、管理作用的，依法可以认定为诈骗犯罪集团首要分子，按照集团所犯的全部罪行处罚。对负责协助首要分子组建窝点、招募培训人员等起积极作用的，或加入时间较长，通过接听拨打电话对受害人进行诱骗，次数较多、诈骗金额较大的，依法可以认定为主犯，按照其参与或组织、指挥的全部犯罪处罚。对诈骗次数较少、诈骗金额较小，在共同犯罪中起次要或者辅助作用的，依法可以认定为从犯，依法从轻、减轻或免除处罚。

【相关规定】

《中华人民共和国刑法》第六条、第二十六条、第二百六十六条

《中华人民共和国刑事诉讼法》第十八条、第二十五条

《中华人民共和国国际刑事司法协助法》第九条、第十条、第二十五条、第二十六条、第三十九条、第四十条、第四十一条、第六十八条

《最高人民法院、最高人民检察院关于办理诈骗刑事案件具体应用法律若干问题的解释》第一条、第二条

《最高人民法院、最高人民检察院、公安部关于办理电信网络诈骗等刑事案件适用法律若干问题的意见》

《最高人民法院、最高人民检察院、公安部关于办理刑事案件收集提取和审查判断电子数据若干问题的规定》

《检察机关办理电信网络诈骗案件指引》

《最高人民法院关于适用〈中华人民共和国刑事诉讼法〉的解释》第四百零五条

叶源星、张剑秋提供侵入计算机信息系统程序、谭房妹非法获取计算机信息系统数据案

（检例第68号）

【关键词】

专门用于侵入计算机信息系统的程序　非法获取计算机信息系统数据　撞库　打码

【要旨】

对有证据证明用途单一，只能用于侵入计算机信息系统的程序，司法机关可依法认定为"专门用于侵入计算机信息系统的程序"；难以确定的，应当委托专门部门或司法鉴定机构作出检验或鉴定。

【基本案情】

叶源星,男,1977年3月10日出生,超市网络维护员。

张剑秋,男,1972年8月14日出生,小学教师。

谭房妹,男,1993年4月5日出生,农民。

2015年1月,被告人叶源星编写了用于批量登录某电商平台账户的"小黄伞"撞库软件("撞库"是指黑客通过收集已泄露的用户信息,利用账户使用者相同的注册习惯,如相同的用户名和密码,尝试批量登录其他网站,从而非法获取可登录用户信息的行为)供他人免费使用。"小黄伞"撞库软件运行时,配合使用叶源星编写的打码软件("打码"是指利用人工大量输入验证码的行为)可以完成撞库过程中对大量验证码的识别。叶源星通过网络向他人有偿提供打码软件的验证码识别服务,同时将其中的人工输入验证码任务交由被告人张剑秋完成,并向其支付费用。

2015年1月至9月,被告人谭房妹通过下载使用"小黄伞"撞库软件,向叶源星购买打码服务,获取到某电商平台用户信息2.2万余组。

被告人叶源星、张剑秋通过实施上述行为,从被告人谭房妹处获取违法所得共计人民币4万余元。谭房妹通过向他人出售电商平台用户信息,获取违法所得共计人民币25万余元。法院审理期间,叶源星、张剑秋、谭房妹退缴了全部违法所得。

【指控与证明犯罪】

(一)审查起诉

2016年10月10日,浙江省杭州市公安局余杭区分局以犯罪嫌疑人叶源星、张剑秋、谭房妹涉嫌非法获取计算机信息系统数据罪移送杭州市余杭区人民检察院审查起诉。期间,叶源星、张剑秋的辩护人向检察机关提出二名犯罪嫌疑人无罪的意见。叶源星的辩护人认为，叶源星利用"小黄伞"软件批量验证已泄露信息的行为，不构成非法获取计算机信息系统数据罪。张剑秋的辩护人认为，张剑秋不清楚组织打码是为了非法获取某电商平台的用户信息。张剑秋与叶源星没有共同犯罪故意，不构成非法获取计算机信息系统数据罪。

  杭州市余杭区人民检察院经审查认为，犯罪嫌疑人叶源星编制"小黄伞"撞库软件供他人使用，犯罪嫌疑人张剑秋组织码工打码，犯罪嫌疑人谭房妹非法获取网络用户信息并出售牟利的基本事实清楚，但需要进一步补强证据。2016年11月25日、2017年2月7日，检察机关两次将案件退回公安机关补充侦查，明确提出需要补查的内容、目的和要求。一是完善"小黄伞"软件的编制过程、运作原理、功能等方面的证据，以便明确"小黄伞"软件是否具有避开或突破某电商平台服务器的安全保护措施，非法获取计算机信息系统数据的功能。二是对扣押的张剑秋电脑进行补充勘验，以便确定张剑秋主观上是否明知其组织打码行为是为他人非法获取某电商平台用户信息提供帮助；调取张剑秋与叶源星的QQ聊天记录，以便查明二人是否有犯意联络。三是提取叶源星被扣押电脑的MAC地址（又叫网卡地址，由12个16进制数组成，是上网设备在网络中的唯一标识），分析"小黄伞"软件源代码中是否含有叶源星电脑的MAC地址，以便查明某电商平台被非法登录过的账号与叶源星编制的"小黄伞"撞库软件之间是否存在关联性。四是对被扣押的谭房妹电脑和U盘进行补充勘验，调取其中含有账号、密码的文件，查明文件的生成时间和特征，以便确定被查获的存储介质中的某电商平台用户信息是否系谭房妹使用"小黄伞"软件获取。

  公安机关按照检察机关的要求，对证据作了进一步补充完善。同时，检察机关就"小黄伞"软件的运行原理等问题，听取了技术专家意见。结合公安机关两次退查后补充的证据，案件证据中存在的问题已经得到解决：

一是明确了"小黄伞"软件具有以下功能特征：（1）"小黄伞"软件用途单一，仅针对某电商平台账号进行撞库和接入打码平台，这种非法侵入计算机信息系统获取用户数据的程序没有合法用途。（2）"小黄伞"软件具有避开或突破计算机信息系统安全保护措施的功能。在实施撞库过程中，一个 IP 地址需要多次登录大量账号，为防止被某电商平台识别为非法登录，导致 IP 地址被封锁，"小黄伞"软件被编入自动拨号功能，在批量登录几组账号后，会自动切换新的 IP 地址，从而达到避开该电商平台安全防护的目的。（3）"小黄伞"软件具有绕过验证码识别防护措施的功能。在他人利用非法获取的该电商平台账号登录时，需要输入验证码。"小黄伞"软件会自动抓取验证码图片发送到打码平台，由张剑秋组织的码工对验证码进行识别。（4）"小黄伞"软件具有非法获取计算机信息系统数据的功能。"小黄伞"软件对登录成功的某电商平台账号，在未经授权的情况下，会自动抓取账号对应的昵称、注册时间、账号等级等信息数据。根据以上特征，可以认定"小黄伞"软件属于刑法规定的"专门用于侵入计算机信息系统的程序"。

二是从张剑秋和叶源星电脑中补充勘查到的 QQ 聊天记录等电子数据证实，叶源星与张剑秋聊天过程中曾提及"扫平台""改一下平台程序""那些人都是出码的"；通过补充讯问张剑秋和叶源星，明确了张剑秋明知其帮叶源星打验证码可能被用于非法目的，仍然帮叶源星做打码代理。上述证据证实张剑秋与叶源星之间已经形成犯意联络，具有共同犯罪故意。

三是通过进一步补充证据，证实了使用撞库软件的终端设备的 MAC 地址与叶源星电脑的 MAC 地址、"小黄伞"软件的源代码里包含的 MAC 地址一致。上述证据证实叶源星就是"小黄伞"软件的编制者。

四是通过对谭房妹所有包含某电商平台用户账号和密码的文件进行比对，查明了谭房妹利用"小黄伞"撞库软件非法获取的某电商平台用户信息文件不仅包含账号、密码，还包含了注册时间、账号等级、是否验证等信息，而谭房妹从其他渠道非法获取的账号信息文件并不包含这些信息。通过对谭房妹电脑的进一步勘查和对谭房妹的进一步讯问，确定了谭房妹利用"小黄伞"软件登录某电商平台用户账号的过程和具体时间，该登录时间与部分账号信息文件的生成时间均能一一对应。根据上述证据，最终确定谭房妹利用"小黄伞"撞库所得的网络用户信息为 2.2 万余组。

综上，检察机关认为案件事实已查清，但公安机关对犯罪嫌疑人叶源星、张剑秋移送起诉适用的罪名不准确。叶源星、张剑秋共同为他人提供专门用于侵入计算机信息系统的程序，均已涉嫌提供侵入计算机信息系统程序罪；犯罪嫌疑人谭房妹的行为已涉嫌非法获取计算机信息系统数据罪。

（二）出庭指控犯罪

2017 年 6 月 20 日，杭州市余杭区人民检察院以被告人叶源星、张剑秋构成提供侵入计算机信息系统程序罪，被告人谭房妹构成非法获取计算机信息系统数据罪，向杭州市余杭区人民法院提起公诉。11 月 17 日，法院公开开庭审理了本案。

庭审中，3 名被告人对检察机关的指控均无异议。谭房妹的辩护人提出，谭房妹系初犯，归案后能如实供述罪行，自愿认罪，请求法庭从轻处罚。叶源星和张剑秋的辩护人提出以下辩护意见：一是检察机关未提供省级以上有资质机构的检验结论，现有证据不足以认定"小黄伞"软件是"专门用于侵入计算机信息系统的程序"。二是张剑秋与叶源星间没有共同犯罪的主观故意。三是叶源星和张剑秋的违法所得金额应扣除支付给码工的钱款。

针对上述辩护意见，公诉人答辩如下：一是在案电子数据、勘验笔录、技术人员的证言、被告人供述等证据相互印证，足以证实"小黄伞"软件具有避开和突破计算机信息系统安全保护措施，未经授权获取计算机信息系统数据的功能，属于法律规定的"专门用于侵入计算机信息系统的程序"。二是被告人叶源星与张剑秋具有共同犯罪的故意。QQ聊天记录反映两人曾提及非法获取某电商平台用户信息的内容，能证实张剑秋主观明知其组织他人打码系用于批量登录该电商平台账号。张剑秋组织他人帮助打码的行为和叶源星提供撞库软件的行为相互配合、相互补充，系共同犯罪。三是被告人叶源星、张剑秋的违法所得应以其出售验证码服务的金额认定，给码工等相关支出均属于犯罪成本，不应扣除。二人系共同犯罪，应当对全部犯罪数额承担责任。四是3名被告人在庭审中认罪态度较好且上交了全部违法所得，建议从轻处罚。

（三）处理结果

浙江省杭州市余杭区人民法院采纳了检察机关的指控意见，判决认定被告人叶源星、张剑秋的行为已构成提供侵入计算机信息系统程序罪，且系共同犯罪；被告人谭房妹的行为已构成非法获取计算机信息系统数据罪。鉴于3名被告人均自愿认罪，并退出违法所得，对3名被告人判处三年有期徒刑，适用缓刑，并处罚金。宣判后，3名被告人均未提出上诉，判决已生效。

【指导意义】

审查认定"专门用于侵入计算机信息系统的程序",一般应要求公安机关提供以下证据:一是从被扣押、封存的涉案电脑、U盘等原始存储介质中收集、提取相关的电子数据。二是对涉案程序、被侵入的计算机信息系统及电子数据进行勘验、检查后制作的笔录。三是能够证实涉案程序的技术原理、制作目的、功能用途和运行效果的书证材料。四是涉案程序的制作人、提供人、使用人对该程序的技术原理、制作目的、功能用途和运行效果进行阐述的言词证据,或能够展示涉案程序功能的视听资料。五是能够证实被侵入计算机信息系统安全保护措施的技术原理、功能以及被侵入后果的专业人员的证言等证据。六是对有运行条件的,应要求公安机关进行侦查实验。对有充分证据证明涉案程序是专门设计用于侵入计算机信息系统、非法获取计算机信息系统数据的,可直接认定为"专门用于侵入计算机信息系统的程序"。

证据审查中,可从以下方面对涉案程序是否属于"专门用于侵入计算机信息系统的程序"进行判断:一是结合被侵入的计算机信息系统的安全保护措施,分析涉案程序是否具有侵入的目的,是否具有避开或者突破计算机信息系统安全保护措施的功能。二是结合计算机信息系统被侵入的具体情形,查明涉案程序是否在未经授权或超越授权的情况下,获取计算机信息系统数据。三是分析涉案程序是否属于"专门"用于侵入计算机信息系统的程序。

根据《最高人民法院、最高人民检察院关于办理危害计算机信息系统安全刑事案件应用法律若干问题的解释》第十条和《最高人民法院、最高人民检察院、公安部关于办理刑事案件收集提取和审查判断电子数据若干问题的规定》第十七条的规定,对是否属于"专门用于侵入计算机信息系统的程序"难以确定的,一般应当委托省级以上负责计算机信息系统安全保护管理工作的部门检验,也可由司法鉴定机构出具鉴定意见,或者由公安部指定的机构出具报告。实践中,应重点审查检验报告、鉴定意见对程序运行过程和运行结果的判断,结合案件具体情况,认定涉案程序是否具有突破或避开计算机信息系统安全保护措施,未经授权或超越授权获取计算机信息系统数据的功能。

【相关规定】

《中华人民共和国刑法》第二百八十五条、第二十五条

《最高人民法院、最高人民检察院关于办理危害计算机信息系统安全刑事案件应用法律若干问题的解释》第一条、第二条、第三条、第十条、第十一条

《最高人民法院、最高人民检察院、公安部关于办理刑事案件收集提取和审查判断电子数据若干问题的规定》第十七条

姚晓杰等11人破坏计算机信息系统案

（检例第69号）

【关键词】

破坏计算机信息系统　网络攻击　引导取证　损失认定

【要旨】

为有效打击网络攻击犯罪,检察机关应加强与公安机关的配合,及时介入侦查引导取证,结合案件特点提出明确具体的补充侦查意见。对被害互联网企业提供的证据和技术支持意见,应当结合其他证据进行审查认定,客观全面准确认定破坏计算机信息系统罪的危害后果。

【基本案情】

被告人姚晓杰，男，1983年3月27日出生，无固定职业。

被告人丁虎子，男，1998年2月7日出生，无固定职业。

其他9名被告人基本情况略。

2017年初，被告人姚晓杰等人接受王某某（另案处理）雇佣，招募多名网络技术人员，在境外成立"暗夜小组"黑客组织。"暗夜小组"从被告人丁虎子等3人处购买大量服务器资源，再利用木马软件操控控制端服务器实施DDoS攻击（指黑客通过远程控制服务器或计算机等资源，对目标发动高频服务请求，使目标服务器因来不及处理海量请求而瘫痪）。2017年2—3月间，"暗夜小组"成员三次利用14台控制端服务器下的计算机，持续对某互联网公司云服务器上运营的三家游戏公司的客户端IP进行DDoS攻击。攻击导致三家游戏公司的IP被封堵，出现游戏无法登录、用户频繁掉线、游戏无法正常运行等问题。为恢复云服务器的正常运营，某互联网公司组织人员对服务器进行了抢修并为此支付4万余元。

【指控与证明犯罪】

（一）介入侦查引导取证

2017年初，某互联网公司网络安全团队在日常工作中监测到多起针对该公司云服务器的大流量高峰值DDoS攻击，攻击源IP地址来源不明，该公司随即报案。公安机关立案后，同步邀请广东省深圳市人民检察院介入侦查、引导取证。

针对案件专业性、技术性强的特点，深圳市人民检察院会同公安机关多次召开案件讨论会，就被害单位云服务器受到的DDoS攻击的特点和取证策略进行研究，建议公安机关及时将被害单位报案提供的电子数据送国家计算机网络应急技术处理协调中心广东分中心进行分析，确定主要攻击源的IP地址。

2017年6—9月间，公安机关陆续将11名犯罪嫌疑人抓获。侦查发现，"暗夜小组"成员为逃避打击，在作案后已串供并将手机、笔记本电脑等作案工具销毁或者进行了加密处理。"暗夜小组"成员到案后大多作无罪辩解。有证据证实丁虎子等人实施了远程控制大量计算机的行为，但证明其将控制权出售给"暗夜小组"用于DDoS网络攻击的证据薄弱。

鉴于此，深圳市检察机关与公安机关多次会商研究"暗夜小组"团伙内部结构、犯罪行为和技术特点等问题，建议公安机关重点做好以下三方面工作：一是查明导致云服务器不能正常运行的原因与"暗夜小组"攻击行为间的关系。具体包括：对被害单位提供的受攻击IP和近20万个攻击源IP作进一步筛查分析，找出主要攻击源的IP地址，并与丁虎子等人出售的控制端服务器IP地址进行比对；查清主要攻击源的波形特征和网络协议，并和丁虎子等人控制的攻击服务器特征进行比对，以确定主要攻击是否来自于该控制端服务器；查清攻击时间和云服务器因被攻击无法为三家游戏公司提供正常服务的时间；查清攻击的规模；调取"暗夜小组"实施攻击后给三家游戏公司发的邮件。二是做好犯罪嫌疑人线上身份和线下身份同一性的认定工作，并查清"暗夜小组"各成员在犯罪中的分工、地位和作用。三是查清犯罪行为造成的危害后果。

（二）审查起诉

2017年9月19日，公安机关将案件移送广东省深圳市南山区人民检察院审查起诉。鉴于在案证据已基本厘清"暗夜小组"实施犯罪的脉络，"暗夜小组"成员的认罪态度开始有了转变。经审查，全案基本事实已经查清，基本证据已经调取，能够认定姚晓杰等人的行为已涉嫌破坏计算机信息系统罪：一是可以认定系"暗夜小组"对某互联网公司云服器实施了大流量攻击。国家计算机网络应急技术处理协调中心广东分中心出具的报告证实，筛选出的大流量攻击源 IP 中有 198 个 IP 为僵尸网络中的被控主机，这些主机由 14 个控制端服务器控制。通过比对丁虎子等人电脑中的电子数据，证实丁虎子等人控制的服务器就是对三家游戏公司客户端实施网络攻击的服务器。分析报告还明确了云服务器受到的攻击类型和攻击采用的网络协议、波形特征，这些证据与"暗夜小组"成员供述的攻击资源特征一致。网络聊天内容和银行交易流水等证据证实"暗夜小组"向丁虎子等三人购买上述 14 个控制端服务器控制权的事实。电子邮件等证据进一步印证了"暗夜小组"实施攻击的事实。二是通过进一步提取犯罪嫌疑人网络活动记录、犯罪嫌疑人之间的通讯信息、资金往来等证据，结合对电子数据的分析，查清了"暗夜小组"成员虚拟身份与真实身份的对应关系，查明了小组成员在招募人员、日常管理、购买控制端服务器、实施攻击和后勤等各个环节中的分工负责情况。

审查中，检察机关发现，攻击行为造成的损失仍未查清：部分犯罪嫌疑人实施犯罪的次数，上下游间交易的证据仍欠缺。针对存在的问题，深圳市南山区人民检察院与公安机关进行了积极沟通，于 2017 年 11 月 2 日和 2018 年 1 月 16 日两次将案件退回公安机关补充侦查。一是鉴于证实受影响计算机信息系统和用户数量的证据已无法调取，本案只能以造成的经济损失认定危害后果。因此要求公安机关补充调取能够证实某互联网公司直接经济损失或为恢复网络正常运行支出的必要费用等证据，并交专门机构作出评估。二是进一步补充证实"暗夜小组"成员参与每次网络攻击具体情况以及攻击服务器控制权在"暗夜小组"与丁虎子等人间流转情况的证据。三是对丁虎子等人向"暗夜小组"提供攻击服务器控制权的主观明知证据作进一步补强。

公安机关按要求对证据作了补强和完善，全案事实已查清，案件证据确实充分，已经形成了完整的证据链条。

（三）出庭指控犯罪

2018年3月6日，深圳市南山区人民检察院以被告人姚晓杰等11人构成破坏计算机信息系统罪向深圳市南山区人民法院提起公诉。4月27日，法院公开开庭审理了本案。

庭审中，11名被告人对检察机关的指控均表示无异议。部分辩护人提出以下辩护意见：一是网络攻击无处不在，现有证据不能认定三家网络游戏公司受到的攻击均是"暗夜小组"发动的，不能排除攻击来自其他方面。二是即便认定"暗夜小组"参与对三家网络游戏公司的攻击，也不能将某互联网公司支付给抢修系统数据的员工工资认定为本案的经济损失。

针对辩护意见，公诉人答辩如下：一是案发时并不存在其他大规模网络攻击，在案证据足以证实只有"暗夜小组"针对云服务器进行了DDoS高流量攻击，每次的攻击时间和被攻击的时间完全吻合，攻击手法、流量波形、攻击源IP和攻击路径与被告人供述及其他证据相互印证，现有证据足以证明三家网络游戏公司客户端不能正常运行系受"暗夜小组"攻击导致。二是根据法律规定，"经济损失"包括危害计算机信息系统犯罪行为给用户直接造成的经济损失以及用户为恢复数据、功能而支出的必要费用。某互联网公司为修复系统数据、功能而支出的员工工资系因犯罪产生的必要费用，应当认定为本案的经济损失。

（四）处理结果

2018年6月8日，广东省深圳市南山区人民法院判决认定被告人姚晓杰等11人犯破坏计算机信息系统罪；鉴于各被告人均表示认罪悔罪,部分被告人具有自首等法定从轻、减轻处罚情节,对 11 名被告人分别判处有期徒刑一年至二年不等。宣判后,11 名被告人均未提出上诉,判决已生效。

【指导意义】

(一)立足网络攻击犯罪案件特点引导公安机关收集调取证据

对重大、疑难、复杂的网络攻击类犯罪案件,检察机关可以适时介入侦查引导取证,会同公安机关研究侦查方向,在收集、固定证据等方面提出法律意见。一是引导公安机关及时调取证明网络攻击犯罪发生、证明危害后果达到追诉标准的证据。委托专业技术人员对收集提取到的电子数据等进行检验、鉴定,结合在案其他证据,明确网络攻击类型、攻击特点和攻击后果。二是引导公安机关调取证明网络攻击是犯罪嫌疑人实施的证据。借助专门技术对攻击源进行分析,溯源网络犯罪路径。审查认定犯罪嫌疑人网络身份与现实身份的同一性时,可通过核查 IP 地址、网络活动记录、上网终端归属,以及证实犯罪嫌疑人与网络终端、存储介质间的关联性综合判断。犯罪嫌疑人在实施网络攻击后,威胁被害人的证据可作为认定攻击事实和因果关系的证据。有证据证明犯罪嫌疑人实施了攻击行为,网络攻击类型和特点与犯罪嫌疑人实施的攻击一致,攻击时间和被攻击时间吻合的,可以认定网络攻击系犯罪嫌疑人实施。三是网络攻击类犯罪多为共同犯罪,应重点审查各犯罪嫌疑人的供述和辩解、手机通信记录等,通过审查自供和互证的情况以及与其他证据间的印证情况,查明各犯罪嫌疑人间的犯意联络、分工和作用,准确认定主、从犯。四是对需要通过退回补充侦查进一步完善上述证据的,在提出补充侦查意见时,应明确列出每一项证据的补侦目的,以及为了达到目的需要开展的工作。在补充侦查过程中,要适时与公安机关面对面会商,了解和掌握补充侦查工作的进展,共同研究分析补充到的证据是否符合起诉和审判的标准和要求,为补充侦查工作提供必要的引导和指导。

（二）对被害单位提供的证据和技术支持意见需结合其他在案证据作出准确认定

网络攻击类犯罪案件的被害人多为大型互联网企业。在打击该类犯罪的过程中,司法机关往往会借助被攻击的互联网企业在网络技术、网络资源和大数据等方面的优势,进行溯源分析或对攻击造成的危害进行评估。由于互联网企业既是受害方,有时也是技术支持协助方,为确保被害单位提供的证据客观真实,必须特别注意审查取证过程的规范性;有条件的,应当聘请专门机构对证据的完整性进行鉴定。如条件不具备,应当要求提供证据的被害单位对证据作出说明。同时要充分运用印证分析审查思路,将被害单位提供的证据与在案其他证据,如从犯罪嫌疑人处提取的电子数据、社交软件聊天记录、银行流水、第三方机构出具的鉴定意见、证人证言、犯罪嫌疑人供述等证据作对照分析,确保不存在人为改变案件事实或改变案件危害后果的情形。

（三）对破坏计算机信息系统的危害后果应作客观全面准确认定

实践中,往往倾向于依据犯罪违法所得数额或造成的经济损失认定破坏计算机信息系统罪的危害后果。但是在一些案件中,违法所得或经济损失并不能全面、准确反映出犯罪行为所造成的危害。有的案件违法所得或者经济损失的数额并不大,但网络攻击行为导致受影响的用户数量特别大,有的导致用户满意度降低或用户流失,有的造成了恶劣社会影响。对这类案件,如果仅根据违法所得或经济损失数额来评估危害后果，可能会导致罪刑不相适应。因此，在办理破坏计算机信息系统犯罪案件时，检察机关应发挥好介入侦查引导取证的作用，及时引导公安机关按照法律规定，从扰乱公共秩序的角度，收集、固定能够证实受影响的计算机信息系统数量或用户数量、受影响或被攻击的计算机信息系统不能正常运行的累计时间、对被害企业造成的影响等证据，对危害后果作出客观、全面、准确认定，做到罪责相当、罚当其罪，使被告人受到应有惩处。

【相关规定】

《中华人民共和国刑法》第二百八十六条

《最高人民法院、最高人民检察院关于办理危害计算机信息系统安全刑事案件应用法律若干问题的解释》第四条、第六条、第十一条

部分新闻链接

1. 新华社2020年4月8日报道《网络犯罪蔓延迅速 最高检成立指导组深化打击惩治》
2. 中央广播电视总台央视2020年4月8日报道《最高检审查批捕涉疫情刑事案件2718件3275人》
3. 中央广播电视总台央广2020年4月8日报道《最高检：网络犯罪高发多发年均增长34%以上 发指导性案例指导严惩》
4. 法治日报2020年4月9日报道《最高检通报称涉疫网络犯罪尤为突出 批捕涉疫犯罪案件数达"非典"时期8倍》
5. 经济日报2020年4月18日报道《案件数量年均增幅达34%以上——严打网络诈骗 筑牢防控屏障》
6. 北京青年报2020年4月9日报道《涉疫情诈骗犯罪1675人被逮捕》

依法严惩利用未成年人实施黑恶势力犯罪
——最高人民检察院发布"两高两部"《关于依法严惩利用未成年人实施黑恶势力犯罪的意见》

发布时间： 2020 年 4 月 23 日 10:00

发布内容： 发布"两高两部"《关于依法严惩利用未成年人实施黑恶势力犯罪的意见》，发布 3 件依法严惩利用未成年人实施黑恶势力犯罪典型案例

发布地点： 最高人民检察院

主 持 人： 肖　玮　最高人民检察院新闻办副主任、新闻发言人

出席嘉宾： 万　春　最高人民检察院检察委员会副部级专职委员
　　　　　　李　勇　最高人民法院刑事审判第三庭庭长
　　　　　　童碧山　公安部刑事侦查局二级巡视员
　　　　　　王学泽　司法部律师工作局一级巡视员
　　　　　　高景峰　最高人民检察院法律政策研究室主任

主题发布

肖 玮

各位记者朋友，大家上午好！欢迎参加最高人民检察院新闻发布会。今天发布会的主题是"依法严惩利用未成年人实施黑恶势力犯罪"。出席发布会的嘉宾是：最高人民检察院检委会副部级专职委员万春，法律政策研究室主任高景峰，最高人民法院刑事审判第三庭庭长李勇，公安部刑事侦查局二级巡视员童碧山，司法部律师工作局一级巡视员王学泽。

发布会共有三项议程：一是发布"两高两部"《关于依法严惩利用未成年人实施黑恶势力犯罪的意见》，通报《意见》制定背景、意义及主要内容；二是发布3件依法严惩利用未成年人实施黑恶势力犯罪典型案例；三是回答记者提问。

今年是扫黑除恶专项斗争的决胜之年。为持续深入推进扫黑除恶专项斗争，正确适用法律政策，依法从严惩治利用未成年人实施黑恶势力犯罪，更好地保护未成年人合法权益，促进社会和谐稳定，最高人民检察院会同最高人民法院、公安部、司法部制定、印发了《意见》。

现在进行第一项议程，请万春专委向大家通报《意见》制定背景、意义及主要内容。

依法严惩利用未成年人实施黑恶势力犯罪

万 春

各位记者，大家上午好！现在我向各位通报《最高人民法院、最高人民检察院、公安部、司法部关于依法严惩利用未成年人实施黑恶势力犯罪的意见》（高检发〔2020〕4号，以下简称《意见》）的有关情况。

一、《意见》的制定背景

扫黑除恶专项斗争开展以来，各级人民法院、人民检察院、公安机关和司法行政机关坚决贯彻落实中央部署，严格依法办理涉黑涉恶案件，取得了阶段性成效。今年是扫黑除恶专项斗争的决胜之年，我们面临更加复杂的形势和更加艰巨的任务。

未成年人涉黑恶犯罪虽然从整体上看人数总量不大，占同期犯罪比例不高，但数量逐年增长。例如2017年至2019年，全国检察机关办理的组织、领导、参加黑社会性质组织犯罪案件，受理审查起诉的未成年人数分别为84人、428人、552人，2018年、2019年比上年分别增长了410%、29%。更突出的问题是，一些黑恶势力利用刑法关于刑事责任年龄的规定，有意将未成年人作为发展对象，以此规避刑事处罚，严重损害未成年人身心健康，无论是对社会和谐稳定还是对未成年人成长都危害极大。例如，有的黑恶势力犯罪组织自编顺口溜"只要不碰八大类（刑法第十七条规定的故意杀人、故意伤害致人重伤或者死亡等八种犯罪行为），天塌下来都不怕"，在组织成员中传播，诱导一些未成年人加入该组织；有的黑恶势力刻意招募、拉拢未成年人，在案发后故意安排不满十六周岁的成员到公安机关投案；还有一些黑恶势力利用未成年人寻求刺激、好奇的心理，以容留、教唆吸食毒品等方式引诱未成年人加入，以达到任意控制未成年人的目的。

据检察机关统计，2018年1月至2020年3月，全国检察机关共受理审查批准或者决定逮捕黑恶势力犯罪案件62247件180854人；

经审查批准和决定逮捕46173件135865人,其中涉未成年人3841人,包括涉黑案件392人、涉恶案件3449人。共受理审查起诉黑恶势力犯罪案件51441件258662人,经审查决定起诉28091件173235人,其中涉未成年人7277人,包括涉黑案件941人、涉恶案件6336人。

为扎实推进扫黑除恶专项斗争持续深入开展,不断完善斗争方法,依法严厉惩治、有效防范利用未成年人实施黑恶势力犯罪,最高人民检察院会同最高人民法院、公安部、司法部,经深入调查研究、反复论证完善,制定了本《意见》。《意见》对严惩利用未成年人实施黑恶势力犯罪的行为,更好地保护未成年人合法权益作了全面、系统的规定。制定本《意见》,是政法机关充分发挥执法司法职能,贯彻落实中央开展扫黑除恶专项斗争的决策部署,推进国家治理体系和治理能力现代化的一项重要举措。《意见》的公布施行,对于依法严惩利用未成年人实施黑恶势力犯罪,推进未成年人司法保护工作,必将发挥重要作用。

二、《意见》的主要内容

《意见》从突出打击利用未成年人的黑恶势力,严格依法办案,积极参与社会治理、预防未成年人违法犯罪等法律适用、办案程序、工作机制方面作出规定,主要包括以下几个方面的内容:

(一)明确了"利用未成年人实施黑恶势力犯罪"的五种行为

《意见》规定"利用未成年人实施黑恶势力犯罪"是指:(1)胁迫、教唆未成年人参加黑社会性质组织、恶势力犯罪集团、恶势力,或者实施黑恶势力违法犯罪活动的;(2)拉拢、引诱、欺骗未成年人参加黑社会性质组织、恶势力犯罪集团、恶势力,或者实施黑恶势力违法犯罪活动的;(3)招募、吸收、介绍未成年人参加黑社会性质组织、恶势力犯罪集团、恶势力,或者实施黑恶势力违法犯罪活动的;(4)雇佣未成年人实施黑恶势力违法犯罪活动的;(5)其他利用未成年人实施黑恶势力犯罪的情形。

（二）明确了利用未成年人实施黑恶势力犯罪应当从重处罚的九种情形

《意见》规定利用未成年人实施黑恶势力犯罪，应当从重处罚的情形包括：(1) 组织、指挥未成年人实施故意杀人、故意伤害致人重伤或者死亡、强奸、绑架、抢劫等严重暴力犯罪的；(2) 向未成年人传授实施黑恶势力犯罪的方法、技能、经验的；(3) 利用未达到刑事责任年龄的未成年人实施黑恶势力犯罪的；(4) 为逃避法律追究，让未成年人自首、做虚假供述顶罪的；(5) 利用留守儿童、在校学生实施犯罪的；(6) 利用多人或者多次利用未成年人实施犯罪的；(7) 针对未成年人实施违法犯罪的；(8) 对未成年人负有监护、教育、照料等特殊职责的人员利用未成年人实施黑恶势力违法犯罪活动的；(9) 其他利用未成年人违法犯罪应当从重处罚的情形。

（三）明确对利用未成年人实施犯罪的黑恶势力首要分子、骨干成员、纠集者、主犯和直接利用者五类人员从重处罚

《意见》规定，黑社会性质组织、恶势力犯罪集团利用未成年人实施犯罪，对犯罪集团首要分子，按照集团所犯的全部罪行，从重处罚。对犯罪集团的骨干成员，按照其组织、指挥的犯罪，从重处罚。恶势力利用未成年人实施犯罪的，对起组织、策划、指挥作用的纠集者，恶势力共同犯罪中罪责严重的主犯，从重处罚。黑社会性质组织、恶势力犯罪集团、恶势力成员直接利用未成年人实施黑恶势力犯罪的，从重处罚。

在此基础上，《意见》进一步要求，利用未成年人参加黑恶势力，或者实施黑恶势力犯罪，虽然未成年人并没有加入黑恶势力，或者没有实际参与、实施黑恶势力违法犯罪活动，对黑恶势力的首要分子、骨干成员、纠集者、主犯和直接利用的成员，即便有自首、立功、坦白等从轻减轻情节的，一般也不予从轻或者减轻处罚。

（四）要求在侦查、起诉、审判、执行各阶段，全面体现依法从严惩处

《意见》要求人民法院、人民检察院、公安机关和司法行政机关

要加强协作配合，对严惩利用未成年人实施黑恶势力犯罪形成打击合力。公安机关要严格掌握取保候审、监视居住的适用条件，及时提请逮捕。检察机关要加强立案监督，符合逮捕条件的坚决逮捕，符合起诉条件的坚决起诉，并提出从严处罚的量刑建议。人民法院要严格掌握缓刑、减刑、假释的适用，严格掌握暂予监外执行的适用条件。充分利用财产刑、资格刑，禁止从事相关职业等。

（五）要求积极参与社会治理，实现对罪错未成年人的标本兼治

《意见》规定，被黑社会性质组织、恶势力犯罪集团、恶势力利用，偶尔参与黑恶势力犯罪活动的未成年人，按其所实施的具体犯罪行为定性，一般不认定为黑恶势力犯罪组织成员。

在此基础上，《意见》进一步提出，要完善工作机制，边打边治边建，有效预防未成年人被黑恶势力利用。建立与共青团、妇联、教育等部门的协作配合工作机制，教育引导未成年人远离违法犯罪。推动建立未成年人涉黑涉恶预警机制，及时阻断未成年人与黑恶势力的联系。重视和发挥基层组织在预防未成年人涉黑涉恶犯罪中的重要作用，进一步推进社区矫正机构对未成年社区矫正对象采取有针对性的矫正措施。加强重点青少年群体的法治教育，强化未成年人对黑恶势力违法犯罪行为的认识，提高未成年人防范意识和法治观念，远离黑恶势力及其违法犯罪。

我要向大家通报的情况就这些。谢谢大家。

肖 玮

谢谢万春专委。《意见》全文已经印发给大家，请大家结合刚刚万春专委发布的内容深入理解、准确采用。

下面进行第二项议程，发布3件依法严惩利用未成年人实施黑恶势力犯罪典型案例。因案例已经作为发布会材料印发给大家，就不一一宣读了。现在请高景峰主任简要介绍案例相关情况。

依法严惩利用未成年人实施黑恶势力犯罪

高景峰

记者朋友们,大家好。此次发布的三个典型案例,突出了黑恶势力利用未成年人实施犯罪的具体情形,树立了对利用未成年人实施黑恶势力犯罪依法严惩、对未成年人合法权益最大保护的办案理念。对于办理利用未成年人实施黑恶势力犯罪案件具有积极的参考和借鉴意义。

案例一以谢某某为组织、领导者的黑社会性质组织,先后拉拢、招募、吸收18名未成年人实施寻衅滋事、聚众斗殴、敲诈勒索等一系列违法犯罪活动,欺压残害群众,为非作恶,称霸一方,在当地形成重大影响。被利用的18名未成年人中有16名未满十六周岁,大部分还是在校学生。

拉拢、招募、吸收未成年人参加黑社会性质组织,或者实施黑恶势力违法犯罪活动,是《意见》规定的利用未成年人实施黑恶势力犯罪的典型行为。利用未达到刑事责任年龄的未成年人实施黑恶势力犯罪,是《意见》明确的应当从重处罚的情形。按照《意见》要求,应当对组织、领导黑社会性质组织的首要分子谢某某按照该组织所犯的全部罪行,从重处罚。

案例二以黎某甲为首的恶势力犯罪集团,在当地多次实施违法犯罪活动,造成较为恶劣的社会影响。黎某甲纠集未成年人寻衅滋事,任意损毁他人财物。为规避刑事处罚,又指使未成年人到公安机关自首、做假口供,包庇其他同案犯。

黑恶势力犯罪分子为逃避法律追究,利用未成年人心智不成熟、社会阅历浅、法治意识淡薄的特点,指使未成年人录假口供、做伪证,不仅妨害正常司法活动,而且极大侵害未成年人合法权益。对黑恶势力利用刑法关于刑事责任年龄的规定,有意将未成年人作为黑恶势力的发展对象,利用未成年人实施黑恶势力犯罪,让未成年人自首、做虚假供述顶罪的，应当按照《意见》要求，从重处罚。

案例三靳某某恶势力犯罪团伙为非法贩卖银行卡盈利，雇佣多名未成年人，多次威胁、恐吓在校学生，实施非法拘禁等违法犯罪活动。检察机关针对涉黑、涉未成年人案情提前介入侦查活动，及时面见涉案未成年人，进行教育感化。建议法院对涉案未成年人适用缓刑，对该案主犯靳某某提出从重处罚的量刑建议。

雇佣未成年人参与黑恶势力违法犯罪活动，属于《意见》规定的利用未成年人实施黑恶势力犯罪的行为之一。检察机关坚决遏制黑恶势力侵蚀未成年人，对利用多人或者多次利用未成年人实施犯罪的黑恶势力依法坚决起诉、从重提出量刑建议。对被利用的未成年人，实行分级保护处遇。对涉罪未成年人，通过亲情会见，教育、感化，引导其认罪认罚获得从宽处理；对属于初犯、偶犯的未成年人，充分发挥不捕、不诉、刑事和解等制度机制作用，积极适用附条件不起诉；对未达到刑事责任年龄的未成年人，与公安机关沟通，由其训诫，责令监护人严加管教，同时联合相关帮教主体，开展重点观护和帮教，预防再犯。

肖 玮

谢谢高景峰主任。接下来进行第三项议程，请各位记者朋友提问。

现场答问

中央广播电视总台央视新闻频道记者

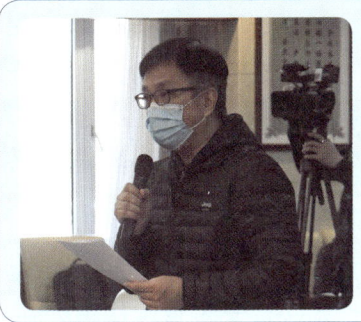

扫黑除恶专项斗争进入决胜之年、治本之年，此次发布有关打击利用未成年人实施黑恶势力犯罪的《意见》，有哪些重点考虑？

万 春

　　正如这位记者所指出的，当前，扫黑除恶专项斗争进入爬坡攻坚阶段，出现了一些新情况、新问题。不少地方反映，未成年人被成年犯罪人利用参加、实施黑恶势力违法犯罪活动问题比较突出。为保障法律正确、统一适用，《意见》将从严惩治利用未成年人实施黑恶势力犯罪的行为，保障未成年人合法权益不受侵犯作为一条贯彻始终的主线。具体而言，体现在以下几个方面：

　　一是树立对胁迫、教唆、拉拢、引诱、欺骗等利用未成年人的成年犯罪人依法严惩的理念。刑法有关条款体现了对利用未成年人犯罪从重处罚的精神。例如，第二十九条规定，教唆不满十八周岁的人犯罪的，应当从重处罚。《意见》从司法适用的层面，进一步强调了利用未成年人实施黑恶势力犯罪应当从重处罚的行为，包括胁迫、教唆、拉拢、引诱、欺骗、招募、吸收、介绍未成年人参加黑恶势力或者实施黑恶势力违法犯罪活动，雇佣未成年人实施黑恶势力违法犯罪活动等行为。

二是明确对利用未成年人实施黑恶势力违法犯罪从重处罚的突出情形。《意见》明确列举了利用未成年人实施黑恶势力犯罪应当从重处罚的9种情形。这几种情形是在办理黑恶势力犯罪案件时，发现的利用未成年人实施违法犯罪的常见、多发、性质尤为恶劣的情形。例如，组织、指挥未成年人实施严重暴力犯罪的，利用未达到刑事责任年龄的未成年人的，为逃避法律追究让未成年人顶罪的，利用留守儿童、在校学生的等。

三是提出对利用未成年人实施黑恶势力犯罪的首要分子、骨干成员、纠集者、主犯和直接利用的成员从严打击的"全覆盖"。对于未成年人被利用参与黑恶势力违法犯罪的，应当重在切断"毒源"，防止低龄未成年人"积小恶成大患"。《意见》规定，利用未成年人的黑恶势力，对犯罪集团的首要分子，按照集团所犯的全部罪行从重处罚。对犯罪集团的骨干成员，按照其组织、指挥的犯罪从重处罚。对在恶势力中起组织、策划、指挥作用的纠集者，罪责严重的主犯，从重处罚。对直接利用者，从重处罚。同时，《意见》要求，即使未成年人没有加入黑恶势力，没有实际参与实施黑恶势力违法犯罪活动，对黑恶势力的上述人员，一般也不予从轻或者减轻处罚。

四是要求谨慎处理涉黑恶犯罪的未成年人，坚持对未成年人"教育为主、惩罚为辅"。被利用参与黑恶势力的未成年人，虽然实施了某些违法犯罪活动，但自身更是黑恶势力的受害者。《意见》坚持对未成年人的特殊、优先保护原则，明确被黑恶势力利用，偶尔参与违法犯罪活动的未成年人，按其所实施的具体犯罪行为定性，一般不认定为黑恶势力犯罪组织成员。《意见》还要求，要积极参与社会治理。对被黑恶势力利用的未成年人，要配合有关部门及早发现、及时挽救。对未达到刑事责任年龄的未成年人，要通过落实家庭监护、强化学校教育管理、送入专门学校矫治、开展社会化帮教等措施做好教育挽救和犯罪预防工作。要加强重点青少年群体的法治教育，提高未成年人防范意识和法治观念，有效预防未成年人被黑恶势力利用。

新华社记者

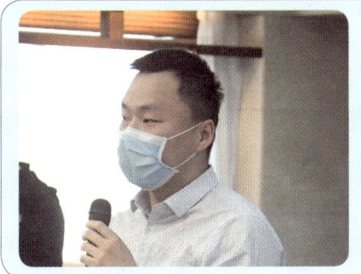

人民法院对于依法严惩利用未成年人实施黑恶势力违法犯罪活动的犯罪分子,以及在保护未成年人合法权益、防范黑恶势力侵蚀未成年人群体方面采取了哪些举措?

李 勇

黑恶势力犯罪组织利用未成年人实施违法犯罪活动,不仅严重破坏社会管理秩序,侵害人民群众生命、财产权利,而且严重危及未成年人健康成长,严重危害社会和谐稳定。

人民法院对于利用未成年人实施黑恶势力违法犯罪活动的犯罪分子,始终坚持依法严惩方针,不仅在判处主刑时从严惩处,而且依法运用财产刑、资格刑加大打击力度,并严格掌握缓刑、减刑、假释、暂予监外执行的适用,对于符合刑法第三十七条之一规定的,依法禁止其从事相关职业。

与此同时,各级法院还坚持在司法审判过程中依法保护未成年人合法权益,充分发挥职能作用,采取强有力的措施,阻断黑恶势力向未成年人群体的渗透。一是坚持教育、感化、挽救的方针,切实贯彻宽严相济刑事政策,对实施黑恶势力犯罪的未成年人,符合法定酌定从宽处罚条件的,依法从宽处罚。如,江苏法院在2019年共对10名犯罪情节轻微的未成年人依法不予认定为黑社会性质组织成员,贯彻了教育为主、惩罚为辅的原则。二是按照未成年人刑事案件诉讼程序规定,依法充分保障未成年人行使其诉讼权利,保障未成年人得到法律帮助，加强对未成年人特殊保护。三是主动加强同政府有关部门以及共青团、妇联、工会、未成年人保护组织等单位团体的联系，推动未成年人刑事案件人民陪审、情况调查、安置帮教等工作的开展，积极参与社会治安综合治理。四是对于在审理黑恶犯罪案件过程中发现的行业监管漏洞，及时通报相关部门，提出加强对未成年人教育、引导的建议，从源头上遏制黑恶势力对未成年人群体的侵蚀。如，广西法院2019年针对未成年人涉黑涉恶问题提出司法建议8份，建议校园加强法治教育和纪律教育，防止黑恶势力渗透，保护学生健康成长。五是持续深入开展有针对性的法治宣教活动，在官网、微博、微信公众号发布扫黑除恶相关内容，采用进学校、进社区、进村镇等方式开展法治教育宣传，增强未成年人法治意识。

中国妇女报记者

请介绍一下公安机关打击利用未成年人实施黑恶势力犯罪的简要情况，如何适用《意见》进一步开展打击工作？

童碧山

公安机关高度重视保护未成年人合法权益，高度关注利用未成年人实施犯罪问题。在扫黑除恶专项斗争中，全国公安机关共打掉涉黑组织2954个，恶势力犯罪集团9814个，其中，

有未成年人参与的占到近20%，未成年人涉案人数占总数7%左右。

从国内打击情况看，为逃避刑事处罚，黑恶犯罪组织成员呈低龄化发展趋势，严重损害未成年人身心健康，严重破坏社会治安秩序和社会和谐稳定。从境外黑社会犯罪的发展规律看，针对未成年人招募、吸收组织成员，教唆、引诱实施犯罪也是黑社会组织惯用手法。出台此"两高两部"《意见》，对严惩利用未成年人实施黑恶势力犯罪、保护未成年人合法权益意义重大。

公安机关肩负打击犯罪、保护人民、维护稳定的光荣职责。下一步，我们将严格贯彻落实《意见》有关要求，依法加大对利用未成年人实施黑恶势力犯罪的打击力度。一是精准打击。把打击锋芒始终对准《意见》所明确的"利用未成年人实施的黑恶势力犯罪"的5种行为，主要有实施胁迫、教唆、拉拢、引诱、欺骗、招募、吸收等行为的成年犯罪人。二是从严打击。对《意见》规定的利用未成年人实施黑恶势力犯罪应当从重处罚的9种情形，公安机关在侦查办案中将从严掌握取保候审、监视居住的适用，对首要分子、骨干成员、纠集者、主犯和直接利用等5类从重处罚对象，坚决依法提请人民检察院批准逮捕，全面体现依法从严惩处。对重大疑难案件，公安部将进行挂牌督办，确保查深查透，依法严惩。三是宽严相济。对偶尔被利用而参与黑恶势力违法犯罪活动的未成年人，公安机关将落实宽严相济政策，按其所实施的犯罪行为慎重、准确定性，不应认定为黑恶势力组织成员的坚决不予认定。

另外，公安机关在抓好打击工作的同时，将继续加强与共青团、妇联、教育等部门的协作配合，强化校园安全工作机制，协助做好教育挽救和犯罪预防工作，及时阻断未成年人与黑恶势力的联系。

中国青年报记者

一些黑恶势力利用法律对未成年人的特殊保护实施犯罪，逃避刑事处罚。检察机关在办案中如何依法履行法律监督职责，加大对此类犯罪的打击力度？

高景峰

从检察机关办理的黑恶势力犯罪案件看，未成年人参加黑恶势力犯罪大多数被成年犯罪人利用。上海、河北、云南、海南、福建等检察机关反映，未达到刑事责任年龄人涉黑恶势力犯罪的不在少数。福建检察机关办理的陈某等人恶势力犯罪案件中，因不满16周岁未被追究刑事责任的成员多达19人。

对于未成年人被利用参与黑恶势力违法犯罪的，应当重在切断"毒源"，加大对黑恶势力成年犯罪人的打击力度。检察机关在办理此类案件时，需要注意以下几点：

一是突出打击重点，加强刑事立案监督。人民检察院要加强对利用未成年人实施黑恶势力犯罪案件的立案监督。近年来，检察机关在立案监督中与公安机关形成良好互动关系，发现公安机关可能存在应当立案侦查而不立案侦查的，应当依法进行审查。被利用的未成年人的法定代理人、近亲属认为公安机关应当立案侦查而不立案侦查向人民检察院提出的，应当受理并进行审查。经审查，认为需要公安机关说明不立案理由的，应当要求公安机关书面说明不立案的理由，认为不立案理由不能成立的，应当依法通知公安机关立案。

二是落实从严要求，依法批捕、依法起诉。对利用未成年人实施黑恶势力犯罪的首要分子、骨干成员、纠集者、主犯和直接利用的成员，符合逮捕条件的依法坚决批准逮捕，符合起诉条件的依法坚决起诉。对于此类案件，人民检察院可以对案件性质、收集证据和适用法律等向公安机关提出意见建议。不批准逮捕后要求公安机关补充侦查或者审查起诉阶段退回补充侦查的，人民检察院应当分别制作详细的补充侦查提纲，写明需要补充侦查的事项、理由、侦查方向、需要补充收集的证据及其证明作用等，送交公安机关开展相关侦查补证活动，并且人民检察院应当跟踪补充侦查情况，有针对性地加以引导。

　　三是贯彻认罪认罚从宽制度，依法提出从严处罚的量刑建议。办理利用未成年人实施黑恶势力犯罪案件要将依法严惩与认罪认罚从宽制度有机结合起来。对利用未成年人实施黑恶势力犯罪的成年犯罪人，要考虑其利用未成年人的情节，向人民法院提出从严处罚的量刑建议。对于虽然认罪，但利用未成年人犯罪行为性质恶劣、犯罪手段残忍、严重损害未成年人身心健康，不足以从宽处罚的，在提出量刑建议时也要依法从严从重。

检察日报记者

如何在严惩利用未成年人实施黑恶势力犯罪案件办理工作中发挥律师职能作用？

王学泽

《意见》对切实保护未成年人合法权益，严厉打击利用未成年人实施黑恶势力犯罪行为具有重要意义。

律师是全面依法治国的一支重要力量，是刑事诉讼活动的重要参与者，在维护当事人合法权益、促进司法公正中发挥着重要作用。司法部将指导各级司法行政机关、各律师协会将认真贯彻落实《意见》部署要求，积极引导广大律师依法履职尽责，为依法严惩利用未成年人实施黑恶势力犯罪作出积极贡献。

一是依法参与案件辩护代理。积极引导广大律师依法为犯罪嫌疑人、被告人提供法律咨询和法律帮助，严格按照相关法律规定提出辩护代理意见，协助办案机关严把案件事实关、法律关，为案件依法办理创造条件。

二是做好未成年人法律援助工作。引导律师事务所和律师依法履行法律援助义务，为符合法律援助条件以及不符合法律援助条件、权益受到侵害但又确实存在困难的未成年人提供免费法律帮助和法律援助，切实维护未成年人合法权益。

三是积极参与社会治理工作。充分发挥律师专业优势、职业优势和实践优势，指导广大律师通过担任中小学校法治校长、辅导员等方式，广泛开展送法进校园活动，加强对未成年人及其监护人，以及学校教职工的法治教育培训，强化未成年人对黑恶违法犯罪行为的认识，提高未成年人防范意识和法治观念，远离黑恶势力及其违法犯罪活动。

肖玮

因为时间关系，提问就到这里，特别感谢5位嘉宾的发布和解读。

此次《意见》出台,对严惩利用未成年人实施黑恶势力犯罪、保护未成年人合法权益意义重大。一是明确依法严惩的"着力点"。详细列举了"利用未成年人实施黑恶势力犯罪"的5种行为和9种应当从重处罚的情形,明确对首要分子等5类从重处罚对象,从严打击"全覆盖"。二是打出依法办案的"组合拳"。明确政法机关既要各司其职更要形成合力,全面体现依法从严惩处精神。三是共建社会治理的"防火墙"。从源头上遏制黑恶势力向未成年人群体侵蚀蔓延,离不开社会各界的共同努力。

下一步,检察机关将深入贯彻落实中央决策部署,与有关部门一道综合施策、精准发力,为维护未成年人健康成长,打赢扫黑除恶人民战争,促进国家治理体系和治理能力现代化作出积极贡献。今天的发布会到此结束。谢谢大家。

发布会文件

最高人民法院　最高人民检察院　公安部　司法部
关于依法严惩利用未成年人实施黑恶势力犯罪的意见

扫黑除恶专项斗争开展以来，各级人民法院、人民检察院、公安机关和司法行政机关坚决贯彻落实中央部署，严格依法办理涉黑涉恶案件，取得了显著成效。近期，不少地方在办理黑恶势力犯罪案件时，发现一些未成年人被胁迫、利诱参与、实施黑恶势力犯罪，严重损害了未成年人健康成长，严重危害社会和谐稳定。为保护未成年人合法权益，依法从严惩治胁迫、教唆、引诱、欺骗等利用未成年人实施黑恶势力犯罪的行为，根据有关法律规定，制定本意见。

一、突出打击重点，依法严惩利用未成年人实施黑恶势力犯罪的行为

（一）黑社会性质组织、恶势力犯罪集团、恶势力，实施下列行为之一的，应当认定为"利用未成年人实施黑恶势力犯罪"：

1. 胁迫、教唆未成年人参加黑社会性质组织、恶势力犯罪集团、恶势力，或者实施黑恶势力违法犯罪活动的；

2. 拉拢、引诱、欺骗未成年人参加黑社会性质组织、恶势力犯罪集团、恶势力，或者实施黑恶势力违法犯罪活动的；

3. 招募、吸收、介绍未成年人参加黑社会性质组织、恶势力犯罪集团、恶势力，或者实施黑恶势力违法犯罪活动的；

4. 雇佣未成年人实施黑恶势力违法犯罪活动的；

5. 其他利用未成年人实施黑恶势力犯罪的情形。

黑社会性质组织、恶势力犯罪集团、恶势力，根据刑法和《最高人民法院、最高人民检察院、公安部、司法部关于办理黑恶势力犯罪案件若干问题的指导意见》《最高人民法院、最高人民检察院、公安部、司法部关于办理恶势力刑事案件若干问题的意见》等法律、司法解释性质文件的规定认定。

（二）利用未成年人实施黑恶势力犯罪，具有下列情形之一的，应当从重处罚：

1. 组织、指挥未成年人实施故意杀人、故意伤害致人重伤或者死亡、强奸、绑架、抢劫等严重暴力犯罪的；

2. 向未成年人传授实施黑恶势力犯罪的方法、技能、经验的；

3. 利用未达到刑事责任年龄的未成年人实施黑恶势力犯罪的；

4. 为逃避法律追究，让未成年人自首、做虚假供述顶罪的；

5. 利用留守儿童、在校学生实施犯罪的；

6. 利用多人或者多次利用未成年人实施犯罪的；

7. 针对未成年人实施违法犯罪的；

8. 对未成年人负有监护、教育、照料等特殊职责的人员利用未成年人实施黑恶势力违法犯罪活动的；

9. 其他利用未成年人违法犯罪应当从重处罚的情形。

（三）黑社会性质组织、恶势力犯罪集团利用未成年人实施犯罪的，对犯罪集团首要分子，按照集团所犯的全部罪行，从重处罚。对犯罪集团的骨干成员，按照其组织、指挥的犯罪，从重处罚。

恶势力利用未成年人实施犯罪的，对起组织、策划、指挥作用的纠集者，恶势力共同犯罪中罪责严重的主犯，从重处罚。

黑社会性质组织、恶势力犯罪集团、恶势力成员直接利用未成年人实施黑恶势力犯罪的，从重处罚。

（四）有胁迫、教唆、引诱等利用未成年人参加黑社会性质组织、恶势力犯罪集团、恶势力，或者实施黑恶势力犯罪的行为，虽然未成年人并没有加入黑社会性质组织、恶势力犯罪集团、恶势力，或者没有实际参与实施黑恶势力违法犯罪活动，对黑社会性质组织、恶势力犯罪集团、恶势力的首要分子、骨干成员、纠集者、主犯和直接利用的成员，即便有自首、立功、坦白等从轻减轻情节的，一般也不予从轻或者减轻处罚。

（五）被黑社会性质组织、恶势力犯罪集团、恶势力利用，偶尔参与黑恶势力犯罪活动的未成年人，按其所实施的具体犯罪行为定性，一般不认定为黑恶势力犯罪组织成员。

二、严格依法办案，形成打击合力

（一）人民法院、人民检察院、公安机关和司法行政机关要加强协作配合，对利用未成年人实施黑恶势力犯罪的，在侦查、起诉、审判、执行各阶段，要全面体现依法从严惩处精神，及时查明利用未成年人的犯罪事实，避免纠缠细枝末节。要加强对下指导，对利用未成年人实施黑恶势力犯罪的重特大案件，可以单独或者联合挂牌督办。对于重大疑难复杂和社会影响较大的案件，办案部门应当及时层报上级人民法院、人民检察院、公安机关和司法行政机关。

（二）公安机关要注意发现涉黑涉恶案件中利用未成年人犯罪的线索，落实以审判为中心的刑事诉讼制度改革要求，强化程序意识和证据意识，依法收集、固定和运用证据，并可以就案件性质、收集证据和适用法律等听取人民检察院意见建议。从严掌握取保候审、监视居住的适用,对利用未成年人实施黑恶势力犯罪的首要分子、骨干成员、纠集者、主犯和直接利用的成员,应当依法提请人民检察院批准逮捕。

(三)人民检察院要加强对利用未成年人实施黑恶势力犯罪案件的立案监督,发现应当立案而不立案的,应当要求公安机关说明理由,认为理由不能成立的,应当依法通知公安机关立案。对于利用未成年人实施黑恶势力犯罪的案件,人民检察院可以对案件性质、收集证据和适用法律等提出意见建议。对于符合逮捕条件的依法坚决批准逮捕,符合起诉条件的依法坚决起诉。不批准逮捕要求公安机关补充侦查、审查起诉阶段退回补充侦查的,应当分别制作详细的补充侦查提纲,写明需要补充侦查的事项、理由、侦查方向、需要补充收集的证据及其证明作用等,送交公安机关开展相关侦查补证活动。

(四)办理利用未成年人实施黑恶势力犯罪案件要将依法严惩与认罪认罚从宽有机结合起来。对利用未成年人实施黑恶势力犯罪的,人民检察院要考虑其利用未成年人的情节,向人民法院提出从严处罚的量刑建议。对于虽然认罪,但利用未成年人实施黑恶势力犯罪,犯罪性质恶劣、犯罪手段残忍、严重损害未成年人身心健康,不足以从宽处罚的,在提出量刑建议时要依法从严从重。对被黑恶势力利用实施犯罪的未成年人,自愿如实认罪、真诚悔罪,愿意接受处罚的,应当依法提出从宽处理的量刑建议。

(五)人民法院要对利用未成年人实施黑恶势力犯罪案件及时审判,从严处罚。严格掌握缓刑、减刑、假释的适用,严格掌握暂予监外执行的适用条件。依法运用财产刑、资格刑,最大限度铲除黑恶势力"经济基础"。对于符合刑法第三十七条之一规定的,应当依法禁止其从事相关职业。

三、积极参与社会治理,实现标本兼治

(一)认真落实边打边治边建要求,积极参与社会治理。深挖黑恶势力犯罪分子利用未成年人实施犯罪的根源,剖析重点行业领域监管漏洞,及时预警预判,及时通报相关部门、提出加强监管和行政执法的建议,从源头遏制黑恶势力向未成年人群体侵蚀蔓延。对被黑恶势力利用尚未实施犯罪的未成年人,要配合有关部门及早发现、及时挽救。对实施黑恶势力犯罪但未达到刑事责任年龄的未成年人,要通过落实家庭监护、强化学校教育管理、送入专门学校矫治、开展社会化帮教等措施做好教育挽救和犯罪预防工作。

(二)加强各职能部门协调联动,有效预防未成年人被黑恶势力利用。建立与共青团、妇联、教育等部门的协作配合工作机制,开展针对未成年人监护人的家庭教育指导、针对教职工的法治教育培训,教育引导未成年人远离违法犯罪。推动建立未成年人涉黑涉恶预警机制,及时阻断未成年人与黑恶势力的联系,防止未成年人被黑恶势力诱导利用。推动网信部门开展专项治理,加强未成年人网络保护。加强与街道、社区等基层组织的联系,重视和发挥基层组织在预防未成年人涉黑涉恶犯罪中的重要作用,进一步推进社区矫正机构对未成年社区矫正对象采取有针对性的矫正措施。

(三)开展法治宣传教育,为严惩利用未成年人实施黑恶势力犯罪营造良好社会环境。充分发挥典型案例的宣示、警醒、引领、示范作用,通过以案释法,选择典型案件召开新闻发布会,向社会公布严惩利用未成年人实施黑恶势力犯罪的经验和做法,揭露利用未成年人实施黑恶势力犯罪的严重危害性。加强重点青少年群体的法治教育，在黑恶势力犯罪案件多发的地区、街道、社区等，强化未成年人对黑恶势力违法犯罪行为的认识，提高未成年人防范意识和法治观念，远离黑恶势力及其违法犯罪。

典型案例

依法严惩利用未成年人实施黑恶势力犯罪典型案例

案例一　谢某某组织、领导黑社会性质组织、寻衅滋事、聚众斗殴、敲诈勒索、开设赌场、故意伤害案

【基本案情】

2017年2月,谢某某刑满释放后,纠集刑满释放和社会闲散人员詹某某、陈某某等人,先后拉拢、招募、吸收18名未成年人(其中15名在校学生),在福建省宁德市蕉城区城南镇古溪村实施寻衅滋事、敲诈勒索等违法犯罪活动,逐步形成以谢某某为组织、领导者,詹某某等人为骨干成员,陈某某和翁某某(未成年人)、余某某(未成年人),以及16名未满十六周岁的未成年人为参加者的黑社会性质组织。谢某某利用犯罪组织势力,对古溪赌场进行敲诈勒索、安排组织成员在贷款公司上班获取经济利益,支持组织活动。该组织实施寻衅滋事、聚众斗殴、敲诈勒索、开设赌场、故意伤害等一系列违法犯罪活动,欺压、残害群众,为非作恶,称霸一方,在古溪区域内形成重大影响,严重破坏经济和社会生活秩序。

【检察机关履职情况】

福建省市区三级人民检察院分别成立指导组和专案组,依法快捕快诉。审慎认定未成年人涉黑恶势力犯罪,对参加黑社会性质组织时间不长、参与实施违法犯罪活动较少的1名未成年人不认定参加黑社会性质组织罪;对认定参加黑社

会性质组织罪的 2 名未成年人提出从轻处罚的量刑建议,得到法院支持。

对未达到刑事责任年龄的未成年人,实行"走访摸底、分类帮扶",积极规劝 15 名涉案学生及时返校就学。对后续继续升学就读的未成年人,与社工、公益机构共同开展"一对一"精准帮教,通过法治教育、心理咨询、团体辅导、公益志愿活动等形式,多方联动构建有效观护帮教模式。对进入社会的涉案未成年人,依托帮教基地培训职业技能,联系就业单位。

针对涉案未成年人主要来自单亲家庭、留守家庭以及监护缺失家庭的情况,蕉城区人民检察院与社工组织、社区等合作,组织涉案未成年人父母开展亲职教育。

针对涉案未成年在校学生较多的情况,积极推进源头治理。联合 8 个校园周边治安综合治理领导小组成员单位,对城区 11 所重点区域中小学校开展专项督查,从学校内部安全管理、周边安全、消防安全、食品安全、校园欺凌等方面,采取现场查验、现场纠正、现场交办、限时整改等方式,开展全方位排查、整改。与区教育局签订《检校共建、推进法治校园建设协议》,向辖区 9 所中小学校派驻法治副校长,指导学校开展法治教育工作。

2018 年 12 月 20 日,蕉城区人民法院依法判处谢某某犯组织、领导黑社会性质组织罪、寻衅滋事罪、聚众斗殴罪、敲诈勒索罪、开设赌场罪、故意伤害罪,数罪并罚,决定执行有期徒刑十三年六个月,并处没收个人全部财产。16 名未被追究刑事责任的未成年人经帮教后考入中专、中职学校 8 人,继续在初中部学习 2 人,就业 6 人,其中 2 人在省运会射击项目青少年组竞赛中取得好成绩。

【典型意义】

成年人利用未成年人实施黑恶势力违法犯罪活动，导致未成年人涉黑恶势力犯罪问题逐渐凸显，严重损害未成年人健康成长，严重危害社会和谐稳定，应引起社会高度重视。

突出打击重点，依法严惩利用未成年人实施黑恶势力犯罪的涉黑恶成年犯罪人。拉拢、招募、吸收未成年人参加黑社会性质组织，实施黑恶势力违法犯罪活动，是利用未成年人实施黑恶势力犯罪的典型行为。利用未达到刑事责任年龄的未成年人实施黑恶势力犯罪的，是利用未成年人实施黑恶势力犯罪应当从重处罚的情形之一，应当对黑社会性质组织、恶势力犯罪集团、恶势力的首要分子、骨干成员、纠集者、主犯和直接利用的成员从重处罚。

切实贯彻宽严相济刑事政策，最大限度保护涉案未成年人合法权益。坚持打击与保护并重、帮教矫正和警示教育并行、犯罪预防和综合治理并举，对涉黑恶未成年人积极开展帮教矫正和犯罪预防工作。积极参与社会综合治理，加强各职能部门协调联动。开展法治宣传教育，为严惩利用未成年人实施黑恶势力犯罪营造良好社会氛围。

案例二 黎某甲寻衅滋事、妨害作证、故意伤害、非法采矿案

【基本案情】

2015年至2017年期间，黎某甲为首，毛某某、骆某甲（未成年人）等6人为固定成员的恶势力犯罪集团，以暴力、威胁等手段，在广东省清远市阳山县多次实施违法犯罪活动，欺压当地百姓，扰乱社会生活秩序，造成较为恶劣的社会影响。2016年7月，黎某甲因与被害人李某某发生纠纷，遂纠集毛某某、骆某甲等人到李某某的烧腊店进行报复。黎某甲

指使毛某某、骆某甲等人利用其事先准备的铁通等工具撬开烧腊店铁闸门，对店内物品进行打砸，并将烧腊店内的摩托车推到附近小河涌，造成财物损失价值人民币5881.96元。事后，黎某甲为逃避法律制裁，要求骆某甲电话联络黎某乙和骆某乙，并让三人提供身份证等资料。黎某甲在山庄宴请三人，指使三人到公安机关自首，并作三人实施打砸李某某烧腊店的假口供，以包庇其及其他同案犯。2017年3月27日，被告人骆某甲到阳山县公安局刑侦大队投案，并作假口供包庇黎某甲及其他同案犯。

【检察机关履职情况】

阳山县人民检察院经认真审查和引导补证后，认为黎某甲领导的犯罪组织，符合恶势力犯罪集团的特征，同时增加认定黎某甲部分故意伤害犯罪事实。黎某甲为逃避法律责任，利用骆某甲心智不成熟、社会阅历浅、法治意识淡薄的特点，指使未成年人录假口供、作伪证的妨害作证行为，不仅妨害正常司法活动，而且严重侵害了未成年人合法权益。检察机关精准指控，增加认定了首要分子黎某甲的部分故意伤害犯罪事实，同时依法认定该犯罪组织为恶势力犯罪集团，对利用未成年人实施黑恶势力犯罪的，体现了依法从严打击。

针对骆某甲实施的违法行为，检察机关一方面通过庭审教育的方式，与援助律师共同开展法治教育。另一方面，通过与其家庭成员联系，深入分析家庭教育对未成年人的重要性，强调加强家庭教育和关心关爱，帮助其改过自新，重新回归社会。

2019年12月30日，阳山县人民法院对黎某甲等七人作出判决，依法判处黎某甲犯寻衅滋事罪、妨害作证罪、故意伤害罪、非法采矿罪，数罪并罚，决定执行有期徒刑六年六个月，并处罚金人民币五万元。

【典型意义】

黑恶势力犯罪分子利用未成年人自我保护能力弱、辨别能力低、易于控制指挥的特点，常常有意拉拢、引诱、欺骗未成年人加入黑恶势力，实施黑恶势力违法犯罪活动。未成年人被利用参与黑恶势力犯罪的，应当重在切断"毒源"，防止低龄未成年人"积小恶成大患"。

一些黑社会性质组织和恶势力犯罪集团、恶势力，利用刑法第十七条关于刑事责任年龄的规定，有意将未成年人作为黑恶势力的发展对象，以此规避刑事处罚。成年犯罪人利用未成年人心智尚未成熟的特点，伙同未成年人实施黑恶势力犯罪，并在犯罪后为逃避法律责任，指使未成年人作伪证、顶罪，包庇其他成年人的犯罪事实，行为恶劣，应当予以严惩。

案例三　靳某某妨害信用卡管理、非法拘禁、寻衅滋事案

【基本案情】

2018年10月以来，靳某某在QQ群发布收买银行卡的信息，纠集周某某、张某某、肖某某等人，雇佣温某某、刘某某、安某某（三人均为未成年人）形成贩卖银行卡的恶势力犯罪团伙。该团伙以盈利为目的，在一些职业院校内非法收购学生银行卡、U盾、手机卡，持有并贩卖给境外赌博、诈骗组织。靳某某为防止倒卖的银行卡不能正常使用、违法所得不能取出，指使团伙成员纠集温某某、刘某某、安某某多次将挂失银行卡的未成年在校学生带至宾馆、学校偏僻处，采取语言威胁、扬言殴打、带至外地交给上家处理等手段进行威胁恐吓，为学生拍摄录像，强迫挂失银行卡的学生补卡并交回卡内被冻结的资金。

【检察机关履职情况】

2019年4月24日,河北省邢台市新河县居民常某某在博彩平台先后被骗60多万元,到新河县公安局报案。公安机关立案侦查发现被骗款项通过该犯罪团伙收购、贩卖的银行卡转到其他账户。新河县人民检察院针对公安机关发现涉恶、涉未成年人的案情,立即提前介入侦查活动,及时面见涉案未成年人,了解情况,适时释法说理,进行教育感化。

公安机关提请批准逮捕后,新河县人民检察院安排涉案未成年人的父母前往看守所开展亲情会见,共同对其进行心理疏导,温某某、刘某某、安某某等人当场痛哭悔过。审查起诉期间,检察机关从保护未成年人的角度出发,对涉案未成年人分案办理。主动联系未成年人户籍所在地河南省洛阳市老城区司法局、涧山区司法局,协作开展社会调查,分析未成年人涉罪原因、平时表现,根据调查结果,建议法院对未成年人温某某、刘某某、安某某适用缓刑。对该案主犯靳某某依法从严,向法院提出从重处罚的量刑建议。

2019年12月31日,新河县人民法院依法判处靳某某犯妨害信用卡管理罪、非法拘禁罪、寻衅滋事罪,数罪并罚,决定执行有期徒刑四年六个月,并处罚金人民币三万元。

【典型意义】

黑恶势力利用未成年人急于赚钱、自我控制能力不强的心理特点,常常以从事兼职的名义雇佣未成年人参与违法犯罪活动,为谋取非法利益提供便利。黑恶势力将黑手伸向未成年人和大中专院校,利用在校学生,针对未成年人实施违法犯罪,应当予以从重处罚。检察机关坚决遏制黑恶势力拉拢侵蚀未成年人,对黑恶势力利用未成年人实施违法犯罪活动严厉打击,依法坚决起诉,从重提出量刑建议。

对被利用的未成年人,要综合其犯罪性质、罪行轻重等因素，实行分级保护处遇。对行为性质较为恶劣、危害后果较大的涉罪未成年人，要全面了解其生理、心理状态及违法犯罪原因，通过亲情会见，教育、感化未成年人，积极促成和解，引导其认罪认罚获得从宽处理；对罪行轻微，属于初犯、偶犯的未成年人，要充分发挥不捕、不诉、刑事和解等制度机制作用，积极适用附条件不起诉；对未达到刑事责任年龄的未成年人，要与公安机关沟通，由其训诫，责令监护人严加管教，同时联合相关帮教主体，开展重点观护和帮教，预防再犯。

部分新闻链接

1. 新华社 2020 年 4 月 23 日报道《"两高两部"发布意见从重处罚利用未成年人实施黑恶势力犯罪》

2. 中央广播电视总台央视 2020 年 4 月 23 日报道《依法严惩利用未成年人实施黑恶势力犯罪 九种情形从重处罚》

3. 中央广播电视总台央广 2020 年 4 月 23 日报道《两高两部出台意见严惩利用未成年人实施黑恶势力犯罪》

4. 法治日报 2020 年 4 月 24 日报道《拉拢 15 名学生加入涉黑头目获刑 13 年半 最高检发布严惩利用未成年人实施黑恶犯罪典型案例》

5. 中国妇女报 2020 年 4 月 24 日报道《两高两部发布〈意见〉严惩利用未成年人实施黑恶势力犯罪》

6. 北京青年报 2020 年 4 月 24 日报道《利用未成年人实施涉黑恶犯罪从重处罚 "两高两部"发布〈关于依法严惩利用未成年人实施黑恶势力犯罪的意见〉》

狠抓"三个规定"落实　筑牢廉洁司法"防火墙"
——最高人民检察院通报全国检察机关落实"三个规定"工作情况

发布时间：2020年5月6日 10:00

发布内容：通报全国检察机关落实"三个规定"的工作情况，发布检察人员违反"三个规定"典型案例

发布地点：最高人民检察院

主 持 人：王松苗　最高人民检察院办公厅（新闻办）主任、新闻发言人

出席嘉宾：潘毅琴　最高人民检察院党组成员、政治部主任

主题发布

王松苗

各位记者朋友,上午好!感谢各位记者参加最高检新闻发布会。新冠肺炎疫情发生以来,我们发布的很多重要新闻,都得到了各位记者朋友、各家媒体的充分报道,大家为讲好检察故事、传播检察声音,克服了不少困难,展现了很高的传播智慧,借此机会表示衷心的感谢!

今天发布会主题是"狠抓'三个规定'落实,筑牢廉洁司法'防火墙'"。出席发布会的嘉宾是:最高人民检察院党组成员、政治部主任潘毅琴。今天的发布会有三个"首次",即最高检乃至整个政法界都是首次以贯彻落实"三个规定"为主题召开的新闻发布会,也是潘毅琴主任履新最高检后首次出席新闻发布会,她既是这项工作的主管者,也是检察新闻宣传的领导者,同时还是最高检机关内设机构改革后,检务督察局首次通过发布会发布新闻。

今天的发布会有三项议程:一是通报全国检察机关落实"三个规定"的工作情况;二是发布检察人员违反"三个规定"典型案例;三是回答记者提问。

习近平总书记曾经用"举直错诸枉,则民服;举枉错诸直,则民不服"(《论语·为政篇》)的古训,来教育司法人员要刚正不阿,勇于担当,敢于依法排除来自司法机关内部和外部的干扰,坚守公正司法的底线。这个论述可谓一语中的,具有很强的针对性和深远的现实意义。

一个时期以来,极少数领导干部插手具体个案、干预司法办案的问题,成为影响司法机关依法独立公正行使司法权的顽疾。2014年,党的十八届四中全会提出要"建立领导干部干预司法活动、插手具体案件处理的记录、通报和责任追究制度""建立司法机关内部人员过问案件的记录制度和责任追究制度""依法规范司法人员与当事人、律师、特殊关系人、中介组织的接触、交往行为"。

为有效落实这些制度,2015年中办国办印发实施《领导干部干预司法活动、插手具体案件处理的记录、通报和责任追究规定》,中央政法委印发实施《司法机关内部人员过问案件的记录和责任追究规定》,"两高三部"联合印发实施《关于进一步规范司法人员与当事人、律师、特殊关系人、中介组织接触交往行为的若干规定》。这三个规范性文件,就是今天家喻户晓的"三个规定",它也成为社会各界约束司法人员的"紧箍咒"。

2019年,最高检落实"三个规定"的"紧箍咒"越念越紧,主要是来自四个方面的"刚需",也是四个自觉。一是坚决贯彻落实中央关于司法工作要求的政治自觉。贯彻落实"三个规定"是中央支持司法机关依法履职的政治要求,是检察机关必须履行的政治责任,必须不折不扣落实到位。一些地方长期存在不符合实际情况的"零报告",本身就是不讲政治、不讲纪律、不讲规矩的表现,必须从讲政治的高度纠偏补弊。二是严格执行法律和党内法规的法治自觉。2019年新修订的人民检察院组织法、检察官法均规定,检察人员对于领导干部等干预司法活动、插手具体案件处理的,应当全面如实记录报告。党内监督条例、政法工作条例对领导干部干预、插手司法活动的,也明确要求记录、报告。全体检察人员都要强化法治思维、程序意识,坚守公平正义的底线,形成记录报告的法治自觉。三是深入推进司法责任制改革的检察自觉。检察机关要依法独立公正行使检察权,首先要保障检察官成为有职有权的办案主体,真正做到"谁办案谁负责,谁决定谁负责"。实践证明,只有责权统一,让检察人员都能对案件质量负责,才能最大限度地释放司法责任制改革的红利。因此,"三个规定"既是需要检察人员不可触碰的"高压线",又是支持检察人员挺直腰杆的"护身符",还是防止腐败的"隔离带",没有理由不自觉执行好。四是涵养风清气正执法生态的文化自觉。反腐败离不开制度机制,也离不开文化涵养。"只有文化,才能让人鄙视腐败"。让"三个规定"铁律生威,一个重要的方面就是要在政治自觉的牵引下,在政法机关内部形成人人都能执行"三个规定"的条件反射和自觉记录报告的文化自觉,在执法人员自我净化、自我提高的文化氛围中,涵养风清气正的政治生态,最终通过全面依法治国,换来河清海晏、朗朗乾坤。

近年来,最高检新一届党组通过系统内巡视发现,举凡检察人员办案违纪违法的背后多有干预、插手具体案件的"影子",而这类"影子"背后大多数又都没有照射进主动记录报告的"亮光"。有人觉得"没有徇私帮忙"不必报告,有人"担心得罪人""怕担责",不愿报告,反过来又使得一些本来并无私心的检察官失去了免责的机会。

殷鉴不远,"后人哀之而不鉴之,亦使后人而复哀后人也"。只有把日常苦口婆心的教育转化成润物无声的文化,才可能使一些人少走歧路,选择正途。因此,找准执行"三个规定"并不理想的病灶,坚持问题导向,对症下药开方,才可能药到病除,标本兼治;才能为记录报告人免除后顾之忧,为如实记录公正执法者提供有效的保护令,对故意隐瞒特别是徇私舞弊者形成强大的震慑。

为了将"三个规定"更好落实到位,2019年8月,最高检印发了《关于建立过问或干预、插手检察办案等重大事项记录报告制度的实施办法》,并面向全国四级检察机关同步开展过问或干预、插手检察办案等重大事项情况集中填报。2019年9月起,要求一月一填报、适时要通报。2020年4月,最高检印发《关于执行"三个规定"等重大事项记录报告制度若干问题的工作细则》,使干警们明白"过问未必违规"但"违规必须担责","到期就要填写,填写必须属实",慢慢地就会在系统内外过问者中形成"我是不是会被记录"的气场,从而强化震慑,涵养风清气正的执法环境。

现在进行第一项议程,请潘毅琴主任向大家通报全国检察机关贯彻落实"三个规定"的工作情况。

潘毅琴

各位记者朋友,大家上午好!真诚地欢迎大家莅临本次新闻发布会。2015年,中办国办、中央政法委、"两高三部"为贯彻落实十八届四中全会决定,先后印发《领导干部干预司法活动、插手具体案件处理的记录、通报和责任追究规定》《司法机关内部人员过问案件的记录和责任追究规定》《关于进一步规范司法人员与当事人、律师、特殊关系人、中介组织接触交往行为的若干规定》,要求对于领导干部插手干预司法、内部人员过问案件,以及与当事人、律师等不当接触交往行为,司法人员都要主动记录报告,并进行通报和责任追究,这就是我们今天所讲的"三个规定"。

最高检新一届党组认为,在全面从严治党的氛围中,执行"三个规定"是工作环境的"净化器"、保障公平正义的"安全阀"、检察人员的"护身符"。为此,我们高度重视,狠抓"三个规定"落实,积极推动制度优势转变为治理效能。今天,我们召开新闻发布会,就是恭请社会各界支持、监督我们,持续、更严、更加自觉地落实好"三个规定"。在此,非常感谢在座各位新闻界朋友的支持,来帮助我们改进工作。

"三个规定"是党中央的严肃要求,其中有两个规定是习近平总书记亲自主持会议通过的,检察机关必须不折不扣贯彻落实,以实际行动做到"两个维护"。但我们通过系统内巡视发现,检察机关以往执行"三个规定"的情况并不乐观,主动记录报告基本为零,与"案件一进门,请托找上门"的实际情况不符。为此,去年8月以来,最高检党组要求"逢问必录",并强调"过问或不过问都一样要依法办理"。

截至 2020 年 3 月,全国检察机关共主动记录报告 2018 年以来过问或干预、插手检察办案等重大事项 18751 件,其中反映情况、过问了解的占 96.5%,干预插手的占 3.5%。这表明过问的占了绝大多数,其中更多的是当事人陈述情况、了解进展、担心对方有人过问而不能公正办理,或者认为处理不公进行反映、举报等等。我们认为这也很正常,体现了社会各方面对检察机关办案的监督,我们是欢迎的。

一、贯彻落实"三个规定"相关举措

为防止实践中确实存在的人情案、关系案、金钱案,比如将过问、了解、反映情况等作为人情顺水推舟,甚至徇私、徇情办案,我们要求检察人员按"三个规定"记录报告,客观持续反映过问了解情况,真正体现信任不能代替监督。检察机关严格执行"三个规定"的相关工作,得到了中央纪委、中央政法委的肯定。下面,我介绍一下检察机关贯彻落实"三个规定"的有关举措。

一是加强教育引导,深化严格执行"三个规定"的思想认识。我们积极引导检察人员深刻理解"三个规定"的重大意义,全面掌握记录报告制度的具体要求。召开最高检机关贯彻落实"三个规定"座谈会,了解掌握机关各部门执行"三个规定"的情况,研究分析执行中存在的问题,提出有针对性的工作要求;召开执行"三个规定"现场答疑会,对各部门同志提出的问题进行现场解答;充分利用检察培训契机,在最高检领导干部业务讲座、全国市级院检察长培训班、全国检察机关检务督察、巡视工作业务培训班上,对"三个规定"执行中的有关问题进行深入讲解;指导地方检察机关运用动漫、微视频、微讲堂等喜闻乐见的方式,进行广泛宣传。浙江省检察院制作的宣传漫画,被人民日报、人民网、最高检等微信公众号转发后,已有超过百万的阅读量。

二是制定实施办法和工作细则,确保"三个规定"落细落实落地。为深化"三个规定"的贯彻落实,2019 年 8 月 23 日,最高检制定印发了《关于建立过问或干预、插手检察办案等重大事项记录报告制度的实施办法》（以下简称《实施办法》），把记录报告的重大事项，从司法办案扩大到干部选拔任用、项目安排、工程建设、监督执纪等五个方面，明确了需要记录报告的具体情形，实行月报告制度，"零报告"的也要报告。为持续做好执行"三个规定"工作，今年4月9日，我们又针对记录报告工作中出现的新情况新问题，制定印发了《关于执行"三个规定"等重大事项记录报告制度若干问题的工作细则》，进一步规范了重大事项填报工作，最大程度消除检察人员的思想顾虑；进一步明确了抽查督察、成果运用、责任追究等规定，让如实填报的人员有"动力"，不如实填报的人员有"压力"。

三是检察长等"关键少数"带头填报，强化组织领导。最高检党组特别是张军检察长，高度重视"三个规定"的贯彻落实工作。2019年以来，张军同志先后41次对记录报告工作提出要求、作出批示，并以身作则、率先垂范记录报告有关重大事项。最高检每一位院领导均带头模范执行记录报告制度，认真负责填报有关重大事项，并负责任地对"零报告"的分管部门进行督促，要求如实记录填报。截至目前，最高检院领导共记录报告有关重大事项95件。在院领导的引领示范下，最高检机关共记录报告444件，不仅消除了长期以来"零报告"的现象，也为地方各级检察机关作出表率。地方各级检察院党组对标最高检党组要求，检察长、副检察长等领导班子成员带头填报，同时精心组织、周密部署本单位本地区的记录报告工作。

四是狠抓制度执行，确保"三个规定"落实到位。《实施办法》颁布后，最高检结合深入开展"不忘初心、牢记使命"主题教育，组织全国四级检察院所有检察人员，对2018年1月1日至2019年8月31日期间，受到过问或干预、插手检察办案等重大事项的情况进行集中填报，共记录报告722件。集中填报后，坚持月报告、月通报制度，并要求之前漏报、忘报的，在以后的月报告时进行补报。为督促各级院如实记录报告，我们将贯彻落实"三个规定"和《实施办法》情况作为系统内巡视的重要内容，并组织开展专项督察督促落实。2019年

11月，最高检派出3个督察组对集中填报重大事项"零报告"和报告少的省级院和最高检内设部门进行专项督察；今年3月，我们向工作开展相对滞后的6个省级院党组及党组书记和最高检9个内设部门主要负责人发函督促落实。通过狠抓制度落实的"组合拳"，有力推动了记录报告制度的落地落实，填报数量逐步增加。全国四级检察院2019年9月报告656件，10月报告1668件，11月报告4781件，12月报告3824件，2020年1月报告1916件，2月报告1689件，3月报告3495件。与以往长期"零报告"形成鲜明的对比。这充分表明，任何工作抓与不抓就是不一样。

五是融入办公办案全过程，推动执行"三个规定"往深里走、往实里做。为提高贯彻落实"三个规定"的工作质效，我们充分运用信息技术，在全国检察机关统一业务系统1.5版和2.0版中，研发嵌入执行"三个规定"情况强制填录界面，要求检察官在案件办结前，必须全面如实填报受到过问或干预、插手及不当接触交往情况，做到全程留痕，有据可查。这样既强化了司法办案廉政风险防控，又能够全面、及时、精准掌握违反"三个规定"的相关信息。此外，我们还在最高检网上办公系统中嵌入重大事项填报软件，提高重大事项填报的便捷性和统计汇总的准确性。

二、下一步工作重点

自2019年8月严格执行"三个规定"以来，不仅检察人员更加注重规范检察办案等行为，"逢问必录"的习惯也正在逐步形成；过问或干预、插手检察办案等情况也在逐步减少，司法环境正在得到改善。但检察机关严格执行"三个规定"的工作刚刚起步，还存在思想认识不够到位、工作开展不够均衡、压力传导层层递减等问题，全面深入贯彻落实还有很长的路要走。我们将保持耐心、保持韧劲，自觉接受各方监督，以落实"三个规定"为切入点，抓好队伍建设这篇大文章。

一是加强宣传解读工作。运用动漫、微视频、微讲堂等方式广泛宣传，争取社会各界理解、支持和监督，积极营造制度执行的良好氛围。采取灵活多样方式，及时回应检察人员在执行中遇到的困惑和问题。二是强化监督检查。将执行"三个规定"情况，作为每轮系统内巡视的监督重点；开展常态化抽查和专项督察工作，督促各级检察机关严格执行。三是加大责任追究力度。对不记录或者不如实记录的，一经发现严肃处理。对组织开展工作不力的，依纪依规严肃问责。四是纳入廉政风险防控体系。我们将记录报告检察办案等重大事项情况，作为检察机关廉政风险防控的重点，不断强化不敢腐的氛围，扎紧不能腐的笼子，增强不想腐的自觉。

记者朋友们！通过今天的这次新闻发布会，在社会各界监督下，必将进一步促进我们坚持凡过问或干预、插手检察办案等重大事项件件事事登记、报告，深入持久做好"三个规定"执行工作，与此同时我们进一步严格办案纪律，规范司法行为，提高案件质量，强化司法公正，让人民群众对司法更有信心，对司法人员更加信任，遇到案子也就不需要托人过问、打招呼了。这样就形成社会信任、共识，找不找人、转不转材料，都不影响公正办案。

习近平总书记提出的"海晏河清"的司法大环境就会形成，我们期盼这个美好愿景早日实现！人民群众更期盼这个美好愿景早日到来！最后，真诚希望记者朋友及社会各界继续支持、监督我们的工作！

王松苗

谢谢潘毅琴主任。下面进行第二项议程，发布检察人员违反"三个规定"典型案例。因案例已经作为发布会材料发印发给大家，就不一一宣读了。现在请最高检检务督察局负责人简要介绍6件典型案例的相关情况。

狠抓"三个规定"落实　筑牢廉洁司法"防火墙"

最高检检务督察局负责人

各位记者朋友，今年3月份，我们从各省级检察院报送违反"三个规定"的100多件案例中，筛选出6件案例向社会发布。这6件案例中既有领导干部干预插手检察案件，也有检察人员过问司法办案、与律师不当接触交往的案例；既有因为违反"三个规定"受到党纪、政纪处理甚至被追究刑事责任的负面案例，也有按照要求记录报告免除责任追究的正面案例。下面，我把这6起案件简要介绍如下：

案例一是赵某某违反"三个规定"案。这是一起领导干部干预插手检察办案的案例。赵某某为某县级市人民检察院的检察长，他在面对该市一名市级领导干部崔某干预插手该院办理的一起刑事案件时，不仅没有拒绝并按照规定记录报告，还在崔某的干预插手下没有依法履职，使得被告人重罪轻判。受崔某干扰案件影响，承办该案的办案组主任检察官刘某某、承办检察官韩某某也没有正确履行检察职责，导致检察机关没有及时对该案进行监督。这个案例表明，"三个规定"既是防止领导干部干预司法活动、插手具体处理的有力举措，也是防止检察人员走上违纪违法邪路，促进公正廉洁司法、提高司法公信力的治本之策。

案例二是陈某违反"三个规定"案。这是一起检察人员按照要求记录报告有关重大事项给予免责的正面案例。陈某曾任某市人民检察院法警支队政委，他接受案件当事人或亲友请托，多次违规过问或干预下级检察院办理的案件，被陈某过问或干预的王某、郝某、陈某、刘某四名员额检察官，对陈某的行为予以拒绝，并在集中填报时作了补报，不仅没有被追究责任，还受到了上级院的表扬。陈某与王某等四名员额检察官的行为形成了鲜明对比，值得每一名检察人员深思和借鉴。

案例三是金某等人违反"三个规定"案。这是一起检察人员违规过问检察办案的案例。金某曾任某地级市人民检察院检务管理部副部长，接受他人请托，利用职务便利为"涉黑"人员打探案情，谋求逃避刑责。该院副检察长陈某,对金某向其过问案件的情况没有记录报告。金某没有严格执行"三个规定",不仅导致自己走向了违法犯罪的深渊,也"连累"自己的同事陈某受到通报批评。这个案例表明,严格执行"三个规定",是为检察人员披上一身防腐蚀、防围猎的"铠甲",丢掉这个"铠甲"难免会受到"伤害",即便对方是"自己人"也同样如此。

案例四是王某违反"三个规定"案。这是一起检察机关领导干部干预插手司法办案的案例。王某曾先后在某直辖市人民检察院任政治部主任、副检察长等职,其理应模范遵守党纪国法,但她却把党和人民赋予的权力当作自己谋取私利的工具,无视"三个规定"要求,多次接受他人请托,收受他人贿赂,利用职务影响力,帮助他人减轻或逃避处罚,干预、插手检察机关依法办理案件,最终从一名受人尊敬的党员领导干部堕落成遭人唾弃的腐败分子。这个案例表明,不严格执行"三个规定",检察人员就很可能误入歧途,在违纪违法的道路上越走越远,甚至跌入刑事犯罪的深渊。

案例五是吴某违反"三个规定"案。这是一起检察人员与当事人、特殊关系人不当接触交往的案例。吴某曾任某县人民检察院侦查监督科长,碍于同学和朋友情面,丧失了立场和原则,违反规定私下会见犯罪嫌疑人、特殊关系人,接受他人财物,私自向公安机关出具帮助嫌疑人免于刑事追究的《检察建议》,并且主动放弃立案监督职责,使得犯罪嫌疑人逃避法律的制裁。这个案例表明,严格执行"三个规定",是防止检察人员被"围猎",有力保障司法公正的重要举措。

案例六是刘某等人违反"三个规定"案。这是一起检察机关领导干部从违反"三个规定"开始,最后导致检察、审判机关多名领导干部违纪违法甚至犯罪案件发生的案例。刘某曾任某市人民检察院副检察长,接受他人请托,利用职务影响力,违反规定干预下级检察院办理一起刑事案件。时任该市某区人民检察院副检察长的田某及该院公诉科科长高某某受到干预插手后,违法办理案件。案件起诉至法院后,刘某又找到法院的有关人员,为犯罪嫌疑人请托说情,导致对本应判处十年以上有期徒刑的张某某等判处缓刑。这个案例再次彰显了严格贯彻落实"三个规定"对于维护司法公正的重大价值和意义。

我就介绍这么多,谢谢各位的关注和支持!

王松苗

谢谢。从刚刚的介绍中可以看出,这6件案例有三个特点:一是"熟人"带来风险多。案例中违反"三个规定"的行为,都来自看起来不起眼,却可能将检察人员"拉下水"的"熟人"。有的插手、过问来自同级党政领导,有的来自同事、下属、下级院干警,有的来自同学、朋友、当事人及其代理人等。二是"自作"后果很严重。违反"三个规定"的检察人员,如果不按照要求如实记录报告,一味"自作",必将失去得到组织保护、提醒、甄别甚至是悬崖勒马的机会,往往滑向滥用检察权导致司法不公的深渊,将受到党纪、政纪处理甚至被追究刑事责任。三是主动报告或免责。案例二是检察人员主动记录报告"过问"情况,因此并未因他人请托而受牵连的正面案例,凸显了检察机关落实"三个规定"对检察人员履职安全予以防护的"铠甲"作用。

接下来进行第三项议程,请各位记者朋友提问。

现场答问

新华社记者

检察机关在落实"三个规定"中,如何把握记录报告与接受人民群众监督的关系?

潘毅琴

人民检察为人民,检察工作的顺利开展,离不开人民群众的支持与监督。"三个规定"制定的初衷在于防止和杜绝以权压法、以案谋私、徇私枉法等行为,以记录报告制度倒逼司法行为规范,目的是为了实现司法公正,让人民群众在每一个司法案件中都能够感受到公平正义。

我们严格贯彻落实"三个规定",不是对群众反映问题不管不问,而是要引导人民群众通过正当的渠道反映问题,防止出现"案子一进门,请托找上门"情况的发生。从记录报告情况看,绝大多数是社会各方面对检察机关司法办案的监督及办案中存在问题的反映,我们真诚欢迎这种监督,我们要防止的是社会上通过各种关系、非法渠道去找检察官,办人情案、关系案、金钱案。记录报告就是要让检察工作在阳光下运行,就是要让社会上、人民群众渐渐知道:别通过非正当渠道去找我们的检察官,检察机关现在管得很严,找了自己会被登记上，找不找都是一样的，过问不过问都会一样依法办理。这样坚持下去，我们就能通过严肃公正地执法司法，把法律监督责任落实，推动社会风气慢慢改变。让不过问成为常态，过问是监督，不过问是放心、是信任。过问也是关心和支持、促进。让人民群众在新时代有更多获得感、幸福感、安全感。这次向社会公布检察机关记录报告过问或干预、插手检察办案等重大事项情况，就是请新闻媒体广泛宣传，让人民群众更直接监督检察机关的工作，督促我们把工作做实做好。

中国纪检监察报记者

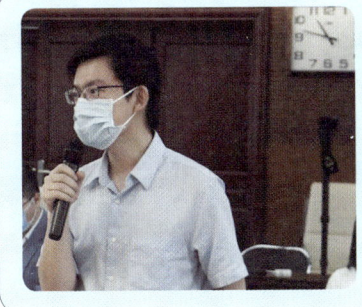

哪些行为属于检察人员应当记录报告的情形？实践中如何把握有关领导干部的批示与督促、指导等正常履职行为的界限？

最高检检务督察局负责人

"三个规定"对于"应当记录报告的情形"有着明确要求，在这个基础上，我们又结合检察工作实际，在《实施办法》中对此进一步作出细化。总体来说，检察人员应该记录报告的情形有五种：一是在司法办案中，直接或者请托他人过问案情，转递涉案材料，打招呼说情，或者干预、插手具体案件处理的；二是在干部选拔任用中，直接或者请托他人过问酝酿动议、民主推荐、组织考察、讨论决定干部等情况，谋求关照，或者干预、插手干部选拔任用的；三是在项目安排、工程建设中，直接或者请托他人过问有关项目、工程的投资决策、承发包、资金使用、物资采购等情况，要求提供便利，或者干预、插手项目安排、工程建设的；四是在监督执纪中，直接或者请托他人过问内部监督、巡视巡察和信访受理、线索处置、初核立案、性质认定、审查调查组组成等情况，帮助被审查人传递材料、信息，或者施加影响干预的。为了防止挂一漏万，保障制度的适用能够与时俱进，我们还规定，其他过问或干预、插手检察办案等重大事项的情形也要记录报告。

与此同时，我们明确了过问或干预、插手行为与有关领导的批示、督促、指导等正常履职行为的界限，对不需要记录报告的情形也作出了规定：一是领导干部在主管或分管工作范围内通过正常工作程序收到群众来信、舆情信息后作出批示的；二是领导干部在主管或分管工作范围内对反映检察机关的情况和问题要求查核并要求结果的；三是人大代表、政协委员通过正常渠道交办转办的案件；四是因履行法定职责向承办人了解正在办理的有关案件等重大事项或提出指导性意见，或者案件当事人、律师等依法向承办人了解案件相关情况的。因此，上级领导、人大代表、政协委员履职中的督促、指导是对检察工作的监督，检察人员不需要记录报告。

中央广播电视总台央视新闻频道记者

检察机关通过哪些制度，保障了"三个规定"在全国四级院的贯彻落实？

潘毅琴

制度具有根本性、全局性、稳定性和长期性，强化"三个规定"在全国四级院的贯彻落实，制度建设至关重要。我们主要规定了以下制度：

一是抽查制度。我们要求各级院检务督察部门每年对本院检察人员填报的《记录表》按照不低于10%的比例，开展随机抽查，主要查看是否全面如实规范填报"三个规定"等重大事项，夯实执行"三个规定"的工作基础。

二是督察制度。我们要求上级院检务督察部门每年要对下级院组织开展一次专项督察，及时发现落实"三个规定"的问题，督促下级人民检察院严格执行制度规定。刚才，我介绍了2019年11月中旬，最高检派出3个督察组对集中填报重大事项"零报告"和报告少的省级院和最高检内设部门开展专项督察，各有关单位和部门经过专项督察后，执行"三个规定"取得明显成效，今后将成为常态化工作。

三是通报制度。自去年8月以来，最高检每月都对各省级院执行"三个规定"情况进行通报。现在我们要求上级院每月向下级院通报本地区执行"三个规定"情况。必要时，还可向社会公开通报，接受社会的监督。通过执行"三个规定"情况通报，层层传导压力、层层落实责任。

四是问责制度。动员千遍，不如问责一次。我们将对执行"三个规定"等重大事项记录报告工作开展不力，导致检察人员违纪违法行为高发的各级院党组织及领导干部，按照《中国共产党问责条例》等有关规定进行严肃问责，倒逼"三个规定"落地落实落细。

中央广播电视总台央视社会与法频道记者

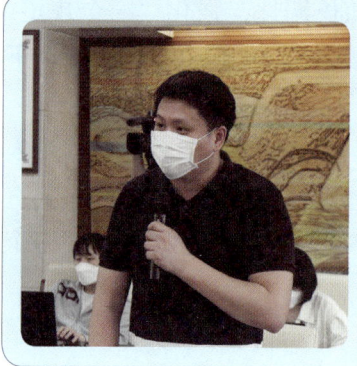

检察人员不按规定进行记录报告需要承担什么后果？

最高检检务督察局负责人

全面如实记录报告检察办案等重大事项情况，是检察人员是否做到"两个维护"、是否对党忠诚的"试金石"，是法律和纪律规定的责任和义务。相关的党纪党规对不按规定记录报告的责任和后果，都作了明确规定，主要有两个层次：一是对单位或者部门组织落实的责任，我们对一些"零报告"或者报告少的，进行通报或者发函督促落实，实际上，这就是进行责任追究。二是针对检察人员，根据"三个规定"以及《实施办法》和《工作细则》的有关规定，对于检察人员一次不记录或者不如实记录的，予以警告、通报批评；有两次以上不记录或者不如实记录情形的，依照有关规定给予纪律处分；主管领导授意不记录或者不如实记录的，依法依纪追究主管领导责任。

最高人民检察院党组在4月份刚刚通过的《工作细则》中进一步明确，党员干部要把本年度执行"三个规定"的情况在年底的民主生活会或组织生活会上作出说明。同时，将检察人员执行"三个规定"等重大事项记录报告制度情况纳入干部选拔任用和年度绩效考核评价体系。对不如实记录报告重大事项情况的，记入廉政意见函，作为干部选拔任用、检察官入额、职级晋升、评先评优的重要依据。

新京报记者

目前，检察机关严格执行"三个规定"取得了哪些切实成效？

潘毅琴

自去年8月最高检严格执行"三个规定"以来，在检察机关内部和社会上都产生了较大影响，取得了较好成效。

一是检察人员"逢问必录"习惯正在形成。在严格记录报告制度之初，部分检察人员还存在思想负担，有的甚至还存在侥幸心理，每个月底需要有人催促才能够按时上交记录表。随着制度实施的不断强化，现在越来越多的检察人员正在养成主动记录报告的习惯，每月初会像缴纳党费一样报告上个月的记录情况，检察人员从"他律"正在逐步走向"自律"。

二是保护检察人员的作用正在显现。检察办案等重大事项记录报告制度设立的初衷，不是给检察人员添负担、找麻烦，而是给检察人员披上一身防腐蚀、防围猎的"铠甲"。一方面，可以让他们免受外部干扰，防止违背法律、良心和职业道德办案、办事；另一方面，在即将出台的《人民检察院司法责任追究条例》中规定，对如实记录报告者可以在倒查司法责任时免除或减轻责任。

三是司法环境正在得到改善。在调研和专项督察中，很多检察人员向我们反映，现在过问或干预、插手检察办案等重大事项的情况相较过去已经明显减少，检察办案等重大事项记录报告制度正在成为他们避免外部干扰的"防火墙",让他们能够把更多的精力放在依法依规办理案件和有关事项上。

虽然我们的工作取得了一定成效,但距离中央的要求和人民群众的期盼还有不少差距,还需要社会各界的支持、监督与帮助。

检察日报记者

《实施办法》和《工作细则》是检察机关深化落实"三个规定"的具体举措,主要是在哪些方面作出了新的探索?

最高检检务督察局负责人

《实施办法》和《工作细则》是检察机关贯彻落实"三个规定"的重要的制度成果,是对"三个规定"的进一步细化、实化。具体在六个方面进行了深化。

一是记录报告主体范围扩大。"三个规定"的记录报告主体是在编在岗的检察人员。我们的细化规定将记录报告主体扩大至检察机关及下属单位工作的在职在编人员以及挂职锻炼、借调、临聘等人员,实现了填报主体全覆盖。

二是记录报告对象范围增加。"三个规定"记录报告的对象是领导干部和司法机关内部工作人员以及当事人、律师、特殊关系人、中介组织。我们细化规定中的记录报告对象不仅包括上述人员,还包括熟人、亲属、同学、战友等,实现了记录报告对象全覆盖。

三是记录报告事项内容延伸。"三个规定"中需要填报的内容主要集中在司法办案,根据有关文件精神以及检察人员违纪违法案件中暴露出来的问题,我们的细化规定中需要填报的内容不仅包括检察办案,还包括干部选拔任用、项目安排、工程建设、监督执纪等,基本上涵盖了检察机关的全部职权,实现了记录报告内容全覆盖。

四是记录报告行为情形扩展。"三个规定"要求记录报告的是违规干预、插手或不当过问了解的情形,我们细化规定中的"过问"是客观描述,既可能是合法正当的,也可能是不当甚至是违法的。如果检察人员对过问了解的行为,一时难以判定是否违反相关规定,我们也要求应当记录在案,是否属于不当或违规违纪行为,则由检察机关的相关职能部门作判断。这样一来,就有效解决了以往记录报告中存在的模糊地带,养成主动记录报告全程留痕的行动自觉,实现记录报告行为的全覆盖。

五是记录报告报送时间缩短。"三个规定"要求对违反规定的过问或干预、插手案件行为进行记录报告,实行季报告制度;我们的细化规定则实行月报告制度。

六是打消记录报告的思想顾虑。我们参照领导干部报告个人有关事项的程序规定,规范记录报告过问或干预、插手检察办案等重大事项报送程序,建立专人保管制度,设置严格的查阅审批程序,设置了直报制度,规定检察人员在特殊情况下,可以将记录情况径直向本院检务督察部门直至最高检检务督察局报告,对径直记录报告人的情况也要求严格保密,最大程度消除填报人员的思想顾虑。

南方都市报记者

托关系、找熟人会被记录报告,那么检察机关有哪些正当渠道可供群众了解案件办理情况或反映问题?

最高检检务督察局负责人

检察机关坚持以公开为常态、不公开为例外,以加强办案过程中的信息公开为重点,依法扩大司法办案公开的内容和范围。12309检察服务中心是全国检察机关统一对外的智能化检察为民综合服务网络平台,通过12309网站、12309检察服务热线(电话)、12309移动客户端(手机APP)和12309微信公众号四种渠道,向社会提供更加便捷高效的"一站式"检察服务。12309检察服务中心主要包括我要信访、我要查信访、我要预约、我要查案件、我要监督、我要咨询和我要找检察院等7大模块,提供控告申诉、法律咨询、案件信息查询等功能。人民群众可以通过12309检察服务中心了解案件、反映问题、提出意见建议。

检察机关严格执行"三个规定",将违规过问或插手、干预案件的"后门"牢牢堵死的同时,也把人民群众正常监督反映问题的"大门"充分打开。这实际上在传递一种讯号:检察机关对于违规过问或干预、插手检察办案等行为坚决说不,对人民群众的合法权益则坚决维护。人民群众可以通过我刚才介绍的规范渠道了解案件、反映问题,没有必要托关系、找熟人过问、打听案件,而且不管是否有人过问,检察机关都一样会依法办理,欢迎大家来监督我们,共同实现"海晏河清"的美好愿景!

王松苗

因为时间关系，提问就到这里，特别感谢嘉宾的辛勤发布和详尽解读，帮助大家理解检察机关贯彻"三个规定"的相关举措。这里再给媒体朋友几点提示：一是全员报告"无死角"。报告主体除检察机关及其下属单位全体在编在岗人员，还包括挂职锻炼、借调、临聘等人员。二是对象囊括"朋友圈"。包括上述报告主体工作中可能接触到的各级领导干部，以及当事人、律师、特殊关系人、中介组织、熟人、亲属、同学、战友等。三是"过问"未必都违规。检察机关细化规定中的"过问"是中性词，包括合法合规与非法违规两种可能。这可以鼓励检察人员在一时难以判定是否违规时也敢于主动报告，在消除报告"空白地带"的同时，也有助于"防患于未然"进行合规风险防控。人家来找我们，大多数是反映情况，是监督司法公正，是出于对结果或处理过程的一种"不放心"，少数是说情、干预甚至插手办案。不管哪种情况，都要记录报告，这既是纪律要求，也是保护干警。如果不实填报，一旦发现就是违纪；如有徇私枉法，就要严肃问责。这样就比较符合实际，既体现严肃性，也做到人性化。最高检将持续深化这项工作，形成长效机制，让人民群众相信，只要过问就登记；过问还是不过问，案件都要一样依法办理。四是堵死"后门"开"大门"。在将插手、干预的"后门"堵死的同时，我们始终把群众正常反映问题和监督的"大门"打开。这就是大家通过 12309 中国检察网，既可以实时查询案件信息，又可以提出控告申诉，监督检察工作。全国 3621 个检察院都有 12309 检察为民服务中心，集律师接待、控告申诉、案件管理、检务公开和检察宣传等于一体，随时为百姓提供贴心服务。

最后，借此机会我送给公众朋友两句话：问与不问都一样，依法办事最重要。同时也送给检察人员两句话：逢问必录是铁律，职业伦理要牢记。马上就是"两会",恳请各位媒体朋友开足马力,继续为检察工作鼓与呼!在这里代表我们最高检表示衷心感谢,祝福大家身体健康,一切安好,佳作纷呈!

今天的发布会到此结束。谢谢大家!

典型案例

检察人员违反"三个规定"典型案例

1. 某县级市人民检察院赵某某违反"三个规定"案

【案件事实】

2017年2月至8月，某县级市一名市级领导干部崔某插手干预市检察院办理的彭某某涉嫌故意伤害罪、非法拘禁罪、非法采矿罪案件，多次要求该院检察长赵某某对彭某某从轻处理，赵某某没有按照规定进行记录报告。受崔某干扰影响，赵某某在受邀列席法院审判委员会会议时，明知彭某某不符合适用缓刑的条件，对法院审判委员会作出适用缓刑的决议未提出反对意见。该院检察委员会专职委员、该案办案组主任检察官刘某某和承办检察官韩某某，在法院对彭某某作出缓刑判决后，明知适用缓刑错误，但未提出抗诉意见。赵某某与韩某某向上级检察院汇报该案时，提出"量刑是偏轻不是畸轻，不宜抗诉"的建议，最终上级检察院未及时对彭某某案提出抗诉。

【处理情况】

2019年7月，崔某被州纪委给予开除党籍处分，并将其涉嫌犯罪问题移送司法机关；2019年12月，赵某某被省纪委给予党内警告处分；2019年7月，刘某某、韩某某被市监委给予政务警告处分。

【评析意见】

赵某某面对崔某多次干预插手彭某某案件的办理，没有坚持依法独立公正办案的原则对崔某的不合法要求予以拒绝，在列席法院审判委员会会议时不依法履行法律监督职责，在向上级院汇报工作时作不实汇报，使得被告人重罪轻判，同时也没有按照规定对崔某干预插手案件行为进行记录报告，违反了《领导干部干预司法活动、插手具体案件处理的记录、通报和责任追究规定》第五条的规定。受崔某干扰案件影响，承办该案的办案组主任检察官刘某某、承办检察官韩某某也没有正确履行检察职责，导致检察机关没有及时对该案提出抗诉。党中央制定出台严禁领导干部干预司法活动、插手具体案件处理的有关规定，为检察机关依法独立公正行使检察权提供了有力保障。检察人员在面对领导干部干预司法活动、插手具体案件处理时，不能屈从人情关系和工作压力，要坚决予以抵制并依法履职，不让干预插手行为得逞，否则就会受到严肃的查处。"三个规定"既是防止领导干部干预司法活动、插手具体案件处理的有力举措，也是防止检察人员走上违纪违法邪路，促进公正廉洁司法，提高司法公信力的治本之策。

2. 某市人民检察院陈某违反"三个规定"案

【案件事实】

2018年6月，时任某市级检察院法警支队政委的陈某给辖区内某基层检察院检察官王某打电话，询问其正在办理的佟某掩饰、隐瞒犯罪所得案能否判缓刑，王某告知陈某该案会依法办理。2019年5月，陈某又给辖区内某基层检察院检察官郝某、陈某打电话，询问该院正在办理的柳某刚虚假诉讼、诈骗、寻衅滋事案是否起诉到法院、何时起诉到法院，能否关照一下？郝某、陈某予以拒绝，并告知陈某不要来说情。2019年7月，陈某再次给辖区内某基层检察院检察官刘某打电话，询问刘某正在办理的陈某华非法持有枪支案能否在陈某华送监前安排其亲人进行会见，刘某予以拒绝。2019年8月，王某、郝某、陈某、刘某等4名检察官，对某市检察院法警支队政委陈某的违规过问、干预案件行为作了记录报告。

【处理情况】

2019年8月，陈某因违反"三个规定"及其他违纪问题，被某市人民检察院免去法警支队政委职务，并被开除党籍。2019年9月，某市检察院在召开的"不忘初心、牢记使命"主题教育动员部署大会上，对该市辖区内基层检察院王某等4名检察官自觉抵制打探案情、违规过问干预案件办理等行为，并主动记录报告进行了充分肯定。

【评析意见】

陈某利用上级检察院部门负责人的身份，接受案件当事人或亲友请托，多次违规过问或干预下级检察院办理的案件。陈某先后3次给辖区内基层检察院办案检察官打电话打探案情，为请托人说情、要求违规会见等行为，违反了《领导干部干预司法活动、插手具体案件处理的记录、通报和责任追究规定》第八条、《司法机关内部人员过问案件的记录和责任追究规定》第九条的规定，受到了严肃处理。王某、郝某、陈某、刘某四名员额检察官，对来自上级检察机关的部门负责人的违规过问或干预案件行为予以拒绝，并在2019年8月，在最高检组织开展过问或干预、插手检察办案等重大事项进行集中填报时作了补报，不仅没有被追究责任，还受到了上级院的表扬。在这起案件中，某市检察院法警支队原政委陈某与王某、郝某、陈某、刘某四名员额检察官的行为形成了鲜明对比，值得每一名检察人员深思和借鉴。

3. 某市人民检察院金某等人违反"三个规定"案

【案件事实】

2018年1月,某市公安局将"涉黑"人员李某等人刑拘,同案犯罪嫌疑人刘某得知消息后潜逃。刘某请托其朋友苏某与时任市检察院检务管理部副部长金某见面,请求公安机关在提请检察机关对涉黑人员李某批捕时,对李某不予批捕,金某答应帮忙。苏某与金某见面后,刘某通过电话请托金某将90万元送办案人员。同年3月,金某到市检察院副检察长陈某办公室打听该涉黑案件如何处理,陈某答复"涉黑案件都得批捕"。金某认为此事无法办成,遂将该90万元退还苏某。此后,陈某未对金某过问该案一事按照规定进行记录和报告。金某还有其他违纪违法问题。

【处理情况】

2019年1月,金某因违规过问、干预办案等严重违纪违法行为受到开除党籍、开除公职处分,其涉嫌犯罪问题移送司法机关处理。2019年12月,陈某因对检察机关内部人员违规过问司法办案的情况不记录和不报告的行为,被省人民检察院通报批评。

【评析意见】

金某作为检察机关业务部门负责人、员额检察官,不执行"三个规定",对他人请托事项不仅不拒绝、不抵制,还利用职务便利牵线搭桥、打探案情,为"涉黑"人员谋求逃避刑责,违反《司法机关内部人员过问案件的记录和责任追究规定》第九条的规定,在侦查环节违规过问案件,受到严肃查处。陈某作为副检察长,缺乏纪律规矩意识,对金某过问案件的情况不记录、不报告,违反了《司法机关内部人员过问案件的记录和责任追究规定》第六条"对司法机关内部人员过问案件的情况，办案人员应当全面、如实记录，做到全程留痕，有据可查"的规定，且在最高检印发《关于建立过问或干预插手检察办案等重大事项记录报告制度的实施办法》后，开展集中填报时仍未补报，被予以通报批评。金某没有严格执行"三个规定"，不仅导致自己走向了违法犯罪的深渊，也"连累"自己的同事受到通报批评。可见，严格执行"三个规定"，是为检察人员披上一身防腐蚀、防围猎的"铠甲"，丢掉这个"铠甲"难免会受到"伤害"。

4. 某直辖市人民检察院王某违反"三个规定"案

【案件事实】

2015年，时任某直辖市人民检察院政治部主任王某接受窦某请托，利用其职务上的影响力，为某公司法定代表人案件提供帮助，收受现金10万元。2016年，王某又接受李某请托，为李某亲属赵某涉嫌强奸案的处理提供帮助，收受李某亲属5万元。2017年至2018年，王某给辖区内基层院有关人员打电话，要求给予2名犯罪嫌疑人从轻处理。此外，王某还有其他违纪违法问题。

【处理情况】

2018年，王某因插手、干预司法办案等严重违纪违法行为受到开除党籍、开除公职处分。因贪污、受贿、徇私枉法等犯罪，被判处有期徒刑十一年六个月，并处罚金55万元。

【评析意见】

王某作为检察机关领导干部，把党和人民赋予的权力当作自己谋取私利的工具，无视"三个规定"要求，多次接受他人请托，收受他人贿赂，利用职务影响力，帮助他人减轻或逃避处罚，干预、插手检察机关依法办理案件，不仅违反了《领导干部干预司法活动、插手具体案件处理的记录、通报和责任追究规定》第二条的规定，也突破了法律的底线，受到刑事责任追究，最终身陷囹圄而追悔莫及。

5. 某县人民检察院吴某违反"三个规定"案

【案件事实】

2015年10月，时任某县人民检察院侦查监督科长的吴某碍于同学和朋友情面，明知吴某发等人的行为涉嫌寻衅滋事罪，按照法律规定不能作撤案处理，却接受犯罪嫌疑人吃请、收受他人贿赂，违反规定，私自以"县人民检察院侦查监督科"名义向县公安局治安大队出具一份内容为"我科认为嫌疑人吴某发犯罪情节轻微，可作不起诉或者免于（予）刑事处罚的处理"的《检察建议》，帮助县公安局对吴某发等人涉嫌寻衅滋事犯罪一案作撤案处理，导致吴某发得以逃避刑事责任追究，且在明知县公安局撤销案件行为不合法的情况下，未依法履行立案监督的工作职责，纠正违法撤案行为。

【处理情况】

2018年9月，经县纪委常委会、监委委务会审议并报经县委常委会批准，决定给予吴某开除党籍、开除公职处分。2019年4月，吴某被县人民法院以徇私枉法罪判处有期徒刑一年。

【评析意见】

吴某作为检察机关业务部门负责人，面对朋友情、同学情，丧失了立场和原则，违反规定私下会见犯罪嫌疑人、特殊关系人，接受他人财物，违反了《关于进一步规范司法人员与当事人、律师、特殊关系人、中介组织接触交往行为的若干规定》第五条的规定；作为一名检察官，本应认真履行法律监督职责，监督公安机关依法办案，却毫无职业操守，徇私枉法，违反《司法机关内部人员过问案件的记录和责任追究规定》第九条的规定，私自向公安机关出具帮助嫌疑人免于刑事追究的《检察建议》，并且主动放弃立案监督职责，使得犯罪嫌疑人逃避法律的制裁。可见，只有严格执行"三个规定"，才能够有力保障司法公正，让人民群众在每一个司法案件中感受到公平正义。

6. 某市人民检察院刘某等人违反"三个规定"案

【案件事实】

2017年1月，时任某市人民检察院党组成员、副检察长的刘某接受请托，请求时任该市某区人民检察院副检察长的田某，帮助犯罪嫌疑人张某某受到较轻的追诉，争取判处缓刑。田某接受请托后，要求时任该院公诉科科长、该案公诉人的高某某在案件办理中找从轻减轻情节。后田某、高某某在没有证据证明的情况下，在起诉书中认定"张某某等因合法生产而非法储存爆炸物"，并向区人民法院出具了判处有期徒刑三年、适用简易程序审理的建议。案件起诉到法院后，刘某又请托时任该市中级人民法院副院长的赫某某找时任区人民法院院长的王某某（此二人另案处理）帮助张某某判处较轻的刑罚，后该院对本应判处十年以上有期徒刑的张某某等判处缓刑。

【处理情况】

2019年5月，刘某被开除党籍，取消退休待遇；2019年10月，刘某因组织、领导黑社会性质组织等罪，被判处有期徒刑二十五年。2018年12月，市委常委会决定给予田某开除党籍、开除公职处分；区委常委会决定给予高某某开除党籍、开除公职处分。

【评析意见】

某市人民检察院原党组成员、副检察长刘某缺乏基本的纪律意识和规矩意识，不仅对请托事项不记录、不报告，还接受请托利用职务影响力，违反规定干预下级检察院办理案件，违反了《领导干部干预司法活动、插手具体案件处理的记录、通报和责任追究规定》第二条的规定。案件起诉至法院后，刘某又找到法院的有关人员，为犯罪嫌疑人请托说情，违反了《司法机关内部人员过问案件的记录和责任追究规定》第九条的规定。田某、高某某面对上级院领导提出的违规违法要求，没有坚持原则进行拒绝并记录报告，而是积极迎合领导甚至违法办案，最终受到"双开"处分。一起从违反"三个规定"开始，最后导致检察机关、法院多名领导干部违纪违法甚至犯罪案件的发生，再次彰显了严格贯彻落实"三个规定"的重大价值和意义。

部分新闻链接

1. 人民日报 2020 年 5 月 12 日报道《涵养风清气正的司法生态》

2. 新华社 2020 年 5 月 6 日报道《全国检察机关共主动记录报告过问或干预、插手检察办案等重大事项 18751 件》

3. 中央广播电视总台央广 2020 年 5 月 6 日报道《最高检：领导干部插手干预司法、内部人员过问案件"逢问必录"！》

4. 中新社 2020 年 5 月 6 日报道《中国最高检：检察人员违反"三个规定"多为被"熟人"拉下水》

5. 中国纪检监察报 2020 年 5 月 7 日报道《检察机关落实干预办案记录报告制度执行情况作为系统巡视重点》

6. 法治日报 2020 年 5 月 7 日报道《最高检通报 2018 年以来检察机关落实"三个规定"情况　650 多件干预插手检察办案被记录报告》

检察机关群众信访件件有回复

——最高人民检察院介绍检察机关建立"群众信访件件有回复"工作制度及全国检察机关贯彻落实情况

发布时间：2020 年 5 月 14 日 10:00

发布内容：邀请 3 位检察系统代表介绍"群众信访件件有回复"制度有关工作情况

发布地点：国务院

主 持 人：胡凯红　国新办新闻局局长、新闻发言人

出席嘉宾：陈国庆　最高人民检察院副检察长、二级大检察官
　　　　　贾　宇　浙江省人民检察院检察长、二级大检察官
　　　　　徐向春　最高人民检察院第十检察厅厅长、一级高级检察官

主题发布

胡凯红

女士们、先生们,大家上午好。欢迎出席国务院新闻办今天举办的新闻发布会。去年3月,最高人民检察院提出"将心比心,对待群众信访,建立7日内程序回复,3个月内办理过程或结果答复"制度。这个制度实施已经一年多时间了,今天我们高兴地请来了最高人民检察院副检察长、二级大检察官陈国庆先生,浙江省人民检察院检察长、二级大检察官贾宇先生,最高人民检察院第十检察厅厅长、一级高级检察官徐向春先生,请他们为大家介绍"群众信访件件有回复"制度的有关情况,并回答大家关心的问题。首先,我们有请陈国庆副检察长做介绍。

陈国庆

各位记者、新闻界的朋友们,大家上午好,今天我主要给大家介绍一下检察机关建立"群众信访件件有回复"的工作制度以及全国检察机关贯彻落实这项制度的有关情况。

近几年来,全国检察机关每年收到的群众信访在100万件左右,最高人民检察院每年接到的信访基本在20万件左右,群众信访,包括来信来访,还有通过网络给我们反映问题，一般的都是对司法办案当中存在的问题，包括检察机关作出不批捕、不起诉决定的问题，还有对人民法院刑事、民事、行政裁判有意见，他们都会通过信访的方式来进行反映。过去我们一般接信后很少和信访人联系，有问题时联系一下、回复一下，过去多数是没有及时回复的。2019年3月，最高人民检察院检察长张军同志在十三届全国人大二次会议上向全社会作出了庄严的承诺，要求检察机关要将心比心地对待群众信访，检察机关要建立群众信访在7日内程序回复，3个月内要对办理的过程和结果进行答复。这是全国检察机关认真贯彻落实习近平新时代中国特色社会主义思想和党的十九大精神，从检察机关做好信访工作的角度助推国家治理体系和治理能力现代化，也是坚持以人民为中心发展理念，强调为人民司法，对人民负责，创新发展新时代"枫桥经验"，积极顺应人民期待，回应社会关切的有力举措。

在检察机关履行职责过程中，在司法办案中，解决人民群众反映的实际问题，对解决群众关切，及时化解矛盾，都具有重要意义。群众信访"件件有回复"这个制度是指检察机关收到人民群众的来信、信访之日起7天之内要作出是不是受理、是不是需要补充材料以及移送有关检察机关处理的程序性回复。就是说我们收到群众来信以后，在7天之内经过审查之后给出一个答复，是不是属于检察机关管辖，如果属于其他机关管辖的话要及时移送，告诉群众你的来信我们收到了，我们现在是怎么处理的，是我们检察机关在办还是交给有管辖权的机关来办。对于应当由检察机关管辖的案件，我们要在3个月之内答复办理的结果，如果有些案件比较复杂，涉及多个部门，3个月没有办结的，我们要及时答复办理的进展情况。我们要求各级检察机关要深刻领会这项制度的意义，要主动适应、积极跟上工作需要，在做好件件回复的同时，更要做好案件的办理，对群众的释法说理、帮扶救助、矛盾化解等相关工作，推动实现"案结事了人和"，真正让人民群众在每一个司法案件中都感受到公平正义。

从2019年3月到2020年3月，这一年来全国检察机关共收到人民群众的信访 971400 件，最高人民检察院收到的信访是 188755 件，收到的这些信访我们在 7 日内都做到了"应回尽回""能回尽回"，先后有 139900 余件符合检察机关的受理条件，我们在案件满 3 个月内进行答复，答复率为 99.3%。通过这项工作，重复信访的比例明显下降，人民群众的满意度不断提高。比如安徽省有一位信访人魏某某表示，没有想到在 3 天之内就收到了检察机关的回复，这在以前是绝无仅有的。有一位辽宁的信访人吴某某讲这个制度释放了检察的温度，体现了检察的速度。我们在落实群众信访"件件有回复"的过程中，各级检察机关高度重视，树立了"全系统、全院一盘棋"的思想，把这项工作作为推进整体检察工作的一个突破口，建立健全群众信访件件审查、办理和答复机制，案件质量保障机制和答复办理的监督机制。通过全面推开公开听证，开展信访积案化解，压实属办责任制和信访工作责任制，推动形成规范务实的领导亲自办案机制，切实将这项民心工程落实落细，真正取得实效。

通过这一年来的实践，群众信访"件件有回复"工作有效解决了"来信不回复或者少回复""来信没有结果或者少结果""办信不满意或者少满意"的问题，推动了整个检察机关工作理念、工作方式都发生了重大的变化。通过信访，我们也在检视检察办案中存在的问题，促进了检察机关信访形势趋稳向好，有效解决了一批人民群众反映的实际问题，得到了各级党委政府的充分肯定，得到了信访等有关部门的认可和赞誉，也得到了人民群众的高度评价。

当然我们也清醒地认识到，这仅仅是开篇，群众信访"件件有回复"工作永远在路上，最终我们要通过这项工作真正解决问题，要真正实现"案结事了人和"，要真正做到"案结事了政和"。下一步我们将进一步巩固深化群众信访"件件有回复"制度，持续提升解决群众实际问题的能力，让人民群众切实感受到权益在司法办案当中能够得到公平对待，利益能得到有效维护。

我先介绍这么多，谢谢大家。

胡凯红

谢谢陈检,现在开始提问。

现场答问

中央广播电视总台央视新闻频道记者

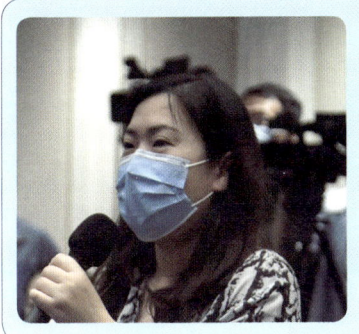

我们注意到这次新闻发布会的主题是介绍检察机关"群众信访件件有回复"的工作,说起信访制度,我们第一感觉应该是国家信访局的工作,能介绍一下为什么检察机关要大力推进"群众信访件件有回复"工作呢?谢谢。

陈国庆

刚才我介绍了,我们检察机关每年要收到群众来信来访 100 万件左右,最高人民检察院每年收到 20 万件左右,这些信访从司法办案角度看都涉及一些司法难题,有些群众之所以上访,涉及他在司法办案中感到他的权益没有得到很好的保障,认为司法机关,包括检察机关不起诉等决定、法院的生效裁判可能存在这样或者那样的问题,他要维护自己的利益,所以他要通过信访的方式来反映问题。

过去有很多我们没有及时回复,有些信访人可能会长期上访、多次上访,设身处地地想,我们作为老百姓,有了问题,到有关部门反映,没有回复,问题得不到解决,这样他肯定要不停地反映问题。所以,解决好这个问题,涉及公民、涉及当事人包括信访人的权益,也涉及整个社会的和谐稳定,也涉及司法机关的司法公信力,对判决和决定不满,不断上访,其实影响到司法的公信力。习近平总书记深刻指出,要依法公正对待人民群众的诉求,要努力让人民群众在每一个司法案件中感受到公平正义。我们在工作中深刻体会到，人民群众的信访是送上门来的群众工作，老百姓为什么要到司法机关来信访，可能就是对我们司法办案的结果不满意，所以办理人民信访是检察机关法律监督的重要内容之一，也是我们维护群众合法权益、依靠群众开展法律监督的重要途径。

人民群众不服司法机关作出的决定、裁判，向检察机关申诉信访，有的老百姓为了让我们回复，甚至附上了邮票，大家可以想一想，将心比心，如果我们作为老百姓，我们进行信访得不到回复是什么心情。问题得不到解决，所以他只能千方百计找有关部门，甚至找有关领导，通过上访、信访的方式来反映问题。

为此，高检院党组、张军检察长在去年的人大会议上明确提出了"群众信访件件有回复"，要通过办理信访真正解决人民群众、信访人的实际问题。所以，坚持这项制度有以下意义：一是检察机关对群众信访做到"件件有回复"，是新时代检察机关主动适应我国社会矛盾的变化，落实"以人民为中心"的发展思想，满足人民群众的司法需求，让人民群众有实实在在的获得感、幸福感和安全感。二是可以畅通和规范群众诉求表达、利益协调、权益保障通道，推动解决群众实际问题，真正实现"案结事了人和"，推进国家治理体系和治理能力的现代化。三是我们坚持和创新发展新时代"枫桥经验"及时化解、缓解信访矛盾、促进提升信访法治化水平、维护社会稳定和国家长治久安的必然要求。四是通过这项活动也规范了检察窗口的业务职能，提升了司法办案的水平，改进了我们的工作作风，真正树立起为人民司法，对人民负责，树立检察机关的良好形象。谢谢。

中国日报记者

全国检察机关每年要接收到大量的信访来件,请问采取哪些具体的措施,做到"件件有回复"?

陈国庆

像您刚才所讲的,检察机关面临大量的人民群众的信访,尤其是每年 100 万件左右群众来信,要做到"件件有回复"确实是很大的挑战。为此,这一年来最高人民检察院和全国各级检察机关采取了一系列的措施。

一是要求各级检察机关提高政治站位和思想站位,我们要切实落实习近平总书记的要求,坚持以人民为中心的发展理念,要从这个高度去谋划和把握这项工作。这一年来,最高人民检察院检察长张军同志亲自部署、亲自谋划,反复强调,要求各级检察机关要提高认识、采取措施,推进这项工作。

二是不断创新工作机制。我们建立健全群众信访件件进行审查办理和答复的机制、案件的质量保障机制和办理答复监督机制。通过常态化的督导,督促各级检察机关落实这项制度。

三是充实和加强工作力量。检察机关实行了司法责任制改革和内设机构改革,过去主要是由控告申诉部门来办理信访,现在由高检院第十检察厅负责受理和审查,有关的还有四个刑事检察厅,包括普通刑事犯罪、重罪、经济犯罪和职务犯罪,这几个厅都动员起来办理信访案件。我们要求每个办案组、每位检察官都要办理申诉的信访案件,使办信、办访、办案答复工作互相衔接。

四是加强信息化建设。我们现在特别重视网络接收信访和网络答复，现在有相当一批的案件是人民群众通过网络向我们反映的。去年12月，全国检察机关网上信访系统2.0已经上线，全国四级检察院可以对受理的每一件信访、每一个办理环节的录入、流转、跟踪督办和查询反馈实行全流程监控。

五是采取一些具体措施。比如信件的运转，过去人民群众来信一般都寄到最高人民检察院东华门的办公地址，而负责受理接待信访的办案区在石景山。过去东华门这边收到信以后可能好几天才送过去，从2019年3月以后，我们从东区到西区的频次从"每周的转运一次"改为"现在的一天两次"，一天两次将接到的群众信访件送到西区办公区，让有关部门及时受理、及时审查，使群众的来信能够及时处理。各地检察机关也结合本地的工作实际，创新了一些新的做法，比如浙江省检察机关推行最多跑一次的信访制度，还推行信访代办制，为7日内程序回复、3个月内办理过程和结果答复大大提速。河南省检察机关成立了群众来信处理、网络信访处理、群众信访督办三个中心，来负责群众来信的受理、分流、回复和督办工作。北京市检察机关全面推开"接诉即办"及查询反馈工作机制，让人民群众信访办事像网购一样方便。江苏省检察机关依托"苏检e访通"，对录入的每一件信访事项审查办理以及回复情况进行倒查，随时掌握动态，像这些做法有很多的创新，取得了很好的效果。

谢谢大家。

贾　宇

浙江是"枫桥经验"的产生地，历来对人民群众诉求的及时化解非常重视。习近平总书记在浙江工作时就亲自推动领导干部带头下访，近几年来，以"枫桥经验"为基础，浙江创

新"最多跑一次"改革,主要是群众办事的"最多跑一次"。今年3月底,习近平总书记到浙江考察时又充分肯定了浙江的"最多跑一地"改革,"最多跑一地"就是在县一级成立社会矛盾调处化解中心,简单说,就是老百姓纠纷的处理问题的诉求叫做"只进一扇门""最多跑一次"。到这个地方,找到政府了,有关部门,无论谁该解决他的问题,他投诉到这个地方,政府部门之间的流转是政府方面的事情,作为老百姓,我到这个中心就找到了地方,就应该给一个答复。我们检察机关也积极介入到"最多跑一地"改革中来,我们把它叫作矛盾调解中心,有了这样一个机制以后,检察机关接受群众来访的效率、速度,包括检察机关和有关其他司法机关、行政机关共同协商解决群众诉求的效率大大提高了,群众的重复上访率明显减少。

南方都市报记者

我们关注到近日《检察日报》开设了大检察官接访实录专栏,请问实践中检察机关对检察长接访是否有要求?检察长接访的情况是否常见?效果如何?谢谢。

贾 宇

党中央对领导干部的亲自接访和带案下访工作一直非常重视,习近平总书记在浙江工作时就首创了领导干部的带头下访,他作为省委书记亲自到县,到矛盾纠纷比较多的县一级接访。我们检察机关对于检察长、副检察长、专委等领导干部的接访都是有明确要求的。《人民检察院信访工作规定》明确要求,人民检察院实行检察长和业务部门负责人接待人民群众来访制度,接待的时间、地点要向社会公布。

地市级和县级人民检察院的检察长和业务部门的负责人接待时间每年应当不少于12次,平均每个月地市级、县级的接访不少于1次,每次不少于半天,省一级检察长根据需要和具体情况也要不定期安排接访,所以这个制度要求是很明确的。

今年以来,最高人民检察院对于检察长的接访要求更加严格,要求更高,要求把这个制度落到实处。张军检察长2019年12月在重庆调研期间率先垂范,接访了一起复杂的案件,经过了行政复议和三级法院裁判驳回以后仍然在上访的一个企业家的信访事件,张军检察长亲自接访,这个接访效果非常好,张检向他认真解读了有关法律政策,进行了非常坦率的交流,到最后这个上访人说,这件事情到此为止,当场就表示他不再上访了,他听明白了。在张检的带领下,各省院的检察长都在履行接访责任。据统计,2019年全国各省级检察院检察长、副检察长一共接待群众来访656件,同比上升了14.7%,这些案件中有166件在短时间内得到有效化解,这其中省级检察院的检察长、二级大检察官接访占到38件,是2018年的2倍,首席大检察官和大检察官接访带动推进了各级检察长的接访工作,效果是明显的,人民群众非常欢迎,感觉到诉求得到重视。大检察官们带头这样接访,各级院的检察长对于接待群众来访,帮助化解一些复杂疑难的、长期得不到解决的问题,大家更加重视。总体上来说,群众的反映都是非常积极的,社会各方面对此充分肯定。

中国新闻社记者

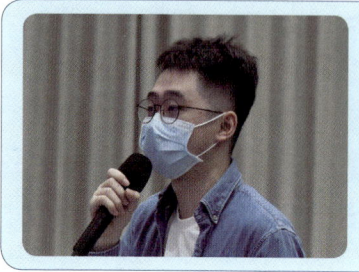

问一个比较具体的问题,如果检察机关7日内程序回复了,3个月内也答复了办理过程或者结果,但是当事人仍然不满意,请问遇到这种情况应该怎么办?谢谢。

徐向春

非常感谢这位媒体朋友提出的问题，这个问题提得非常好，也非常有针对性。全国检察机关承诺要实行7日内程序性回复、3个月内办理过程或结果的答复，实际让我们对人民群众的每一件诉求认真对待，有获得感、幸福感，效果非常好。但是实事求是地说，在实践中，有一些案子3个月办理结果答复了，但是信访人还不满意，这个有一定的比例，不满意的主要原因还是对我们检察机关通过依法审理办理，检察机关认为他申诉的案件没有问题，我们就给予回复，但他本人对检察机关没有支持他的申诉不满意。高检院张军检察长非常重视这种情况，要求我们做好两方面工作。

一方面是要充分的释法说理。高检院要求，办理申诉案件一定要把释法说理做到位，坚决杜绝不说理的一句话简单答复。张军检察长到第十检察厅调研视察时也就这个问题专门强调，所以实践中我们也这么做了。办理申诉案件过程中，我们要求全国检察机关必须要通过当时见面或者是通过电话的方式和申诉人沟通，直接了解申诉人的诉求和理由，这是在办案过程中。案子办结了要答复申诉人，给申诉人寄出去的申诉案件审结通知书，一定要把法理情说清楚。为此最高检还专门发了一个答复模板，要求答复必须要有释法说理的主要内容。在申诉案件答复当事人以后，包括释法说理也做了，还是有申诉人不满意，有的到我们这儿继续上访，有的继续给我们寄信件，怎么办？张军检察长要求，如果来上访的，不管是哪个检察官办的，必须由办案检察官到接访窗口当面去做申诉人的释法说理的工作。如果他只是寄了一封信，我们要求承办检察官要联系申诉人，详细做好释法说理的工作。

另一方面，张军检察长还要求大力推进公开听证工作。去年这一年，最高检直接举办了 8 起公开听证，只要是疑难复杂的，还有久诉不决的，还有重大的、典型的、有代表性的，还有申诉人主动提出来还不服，申诉人提出来公开听证的要求，其他当事人都同意，我们就搞公开听证，邀请人民监督员、人大代表、政协委员、律师、新闻媒体的朋友们一起来摆事实、讲道理。从实践看，最高检的 8 起公开听证效果都很好，其中有几起申诉人当场就提出案子到此为止。江苏的一个公开听证，是第十检察厅举办的，一个老人上访了十几年，经过公开听证当场表示息诉，还给我们写来了感谢信。

　　下一步，按照最高检的要求，我们要将公开听证作为办理申诉案件的一个常态化的办案机制来做。为此，最高检最近制定了人民检察院检察听证室设置的规范，对于公开听证的席次、参与人怎么坐、发言顺序、发言内容，都进行了详细的规定。事情虽小，但实际上我们充分考虑到申诉人和当事人的心理感受，最高检就是按照这样一个扎实细致、不折不扣的工作来解决申诉人的司法问题，让老百姓真正有幸福感和获得感。谢谢。

香港紫荆杂志记者

想请问一下群众信访"件件有回复"制度开展一年以来，实际效果如何？目前还存在哪些问题？下一步如何完善？谢谢。

陈国庆

从去年 3 月份到现在一年多了，全国检察机关共同努力，在解决群众的信访问题上下了很大功夫，确保群众来信"件件有回复"。从 2019 年 3 月到目前为止，全国检察机关对收到的群众信访都做到了 7 日内能回尽回，对符合检察机关受理条件的案件，在 3 个月之内办理过程或者办理结果答复率达到了 99.3%。也就是说，全国检察机关这一年收到的近 100 万件的来信来访都在 7 日内、3 个月之内进行了答复。

从实际效果来看，我们认为通过全国四级检察机关的共同努力，基本上达到了预期目标。一是比较好地解决了"来信不回复或者少回复"的问题，解决了"来信没有结果或者少结果"的问题，解决了"办信不满意或者少满意"的问题。人民群众对我们信访的答复，7 日内程序性答复，3 个月之内结果答复，都比较满意，因为他的信访终于有了回应。二是推动整个检察机关的工作理念、工作方式发生了重大变化。更加强调办案中要以人民为中心，真正对人民负责，对人民群众反映的每一个案件要认真办理，要及时回复，要真正解决问题，要回应人民群众的关切。所以在工作中我们更加注重办案工作和群众工作相统一，更加注重在办案中实现法、理、情的统一，更加注重三个效果的统一。三是通过这一年来的努力，群众信访"件件有回复"整体的信访形势趋稳向好，现在我们发现重复信访在整个信访中所占的比例明显下降，因为过去接不到回复、接不到答复，有些老百姓多次上访、长期上访，通过检察机关耐心地做释法说理工作、思想工作，有问题的纠正，没有问题的也把道理讲清楚，多数老百姓还是非常配合的。四是解决了一批群众反映的实际问题和案件，促进了检察机关和有关机关严格规范公正文明司法。

当然也存在一些问题，下一步要做好以下工作：一是要进一步提高群众信访"件件有回复"的质量和效率，特别是在解决群众实际问题上还要下大功夫。

二是要做好释法说理工作，真正做到案结事了。除了检察机关的处理决定，法院生效判决和裁定，如果确实存在错误的，该纠正的纠正，该向法院提出抗诉的提出抗诉，要求法院依法通过各种程序进行审理和纠正。对于确实没有问题的，他可能认识上有一些偏差，对此我们要做耐心细致的思想工作，比如通过公开听证的方式。去年有一个案子，第十检察厅开展了公开听证，是一个故意伤害案件，检察机关作了不起诉的处理，案件终结了，但是被害人不服，他认为不应该不起诉，所以上访了大概十几年，我们很重视，最后第十检察厅专门在福建召开了一个听证会，邀请有关的人大代表、政协委员和人民监督员参加，通过公开的方式，各方都充分发表意见，讲事实、讲证据、讲法律，把道理讲透，最后被害人心悦诚服。被不起诉人也积极道歉，尽其所能进行赔偿，最后我们对被害人也进行了司法救助，这个案件最终化解。十几年的上访，通过释法说理、公开听证就解决了，这方面工作还要加强。

三是要进一步提高信息化水平。现在网络很发达，我们提倡网上信访，加强信息化建设，加强网上回复的力度。进一步加强和有关部门的合作配合，共同做好群众信访建议回复工作。全国人大信访部门去年和我们建立了联系制度，他们把每年收到的信访，属于检察机关管辖的，都移送给我们，我们经过认真审查、认真办理，到每年年底要给全国人大常委会办公厅报告办理情况，转来的信访我们都是怎么办的，怎么处理的，哪些纠正了，哪些做了什么工作。同时我们和公安机关、人民法院在这些问题上也要进一步加强合作，加强配合，共同做好信访工作。

从2019年到2020年3月，全国检察机关针对20840起案件提出了纠正意见，基本上实现了案结事了。下一步，我们要从以下几方面采取有效措施，进一步完善这项工作。

一是要持续通过网上追踪和实地调研督导相结合的办法，继续巩固一年来的群众信访件件有回复的工作成效。

二是进一步开展信访积案清理活动。今年3月份，最高人民检察院部署在全国检察机关开展为期一年的信访积案清理活动,对于多次上访、长期上访,信访问题长期得不到解决的,我们要进行全面清理。通过认真的办理,把这些矛盾争取能够尽早化解。下一步,检察机关还要通过压实办案的首办责任制,强调领导包案化解,检察长亲自接访、亲自办案,还要采取公开听证等方式,全力推进积案清理活动,确保取得实实在在的效果。

三是要全面推开检察长接访和公开听证,特别是要求各级检察长,尤其是大检察官要亲自接访,要充分发挥"头雁效应",带头做好息诉罢访和矛盾化解工作。我们要求各地检察机关按照"能听证、尽听证"的原则,全面开展信访案件的公开听证工作,让公平正义真正能够看得见,让老百姓切实感受得到。谢谢。

人民网记者

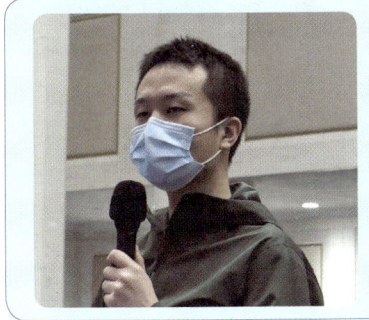

信访制度是老百姓维权的一种方式,在全面依法治国大背景下,如何理解信访维权和通过司法渠道来维权的关系?谢谢。

贾 宇

我们国家的信访制度首先是中国特色社会主义民主政治制度的一个有益补充,我们是以人民为中心,是中国共产党治国理政的首要原则,一个基本的原则,所以信访制度也是体现人民当家作主的地位,它是反映社情民意的晴雨表,也是促进社会和谐稳定的一项基础工作。

有些朋友把信访和法治对立起来，觉得抓信访跟法治是不一致的，信访制度会导致老百姓信访不信法，这个事情我们要怎么理解？我们国家的社会主义法治是具有中国特色的法律制度，信访制度本身也是中国特色社会主义法治体系的一部分，通过信访反映的事情不等于就不是按照法律办理的，为什么我们对信访制度要重视？为什么老百姓那么依赖信访制度？我的理解有几个方面：

第一，我们国家传统文化中始终有"慎讼少诉"这种思想的体现，老百姓普遍不愿意打官司，发生冲突纠纷以后，一旦对簿公堂，到法院告了你，以后双方的关系就很难处，但是问题和矛盾又在，要处理，老百姓就通过调解、和解，有个说理的地方，帮他们把这个问题解决了，这是我们中国国情决定的，也是我们的传统文化决定的。

第二，我们的信访制度本身也有一个以民为本的亲和性，即便这些问题都是需要通过法律程序、按照法律规定来处理的事项，但老百姓不了解法律流程，不知道这个官司该怎么打，不知道这件事情该怎么处理，他信任我们的政府，信任我们的司法机关，通过信访的形式表达诉求、反映问题，先要找你，向你反映和咨询。我们都是人民的政府，人民的司法机关，我们的法院是人民法院，检察院是人民检察院，人民有所呼，我们就要有所应。我们不能被动地等着老百姓来打官司，你来了我受理审查，你不来我就不予理睬，这也是司法为民的一个表现。老百姓来信访，我们给他释法说理，有些问题在这个过程中就解决了，解决不了的，告诉老百姓依法处理的途径是什么，帮助他们把自己的诉求纳入到法治轨道中去解决。

第三，信访也具有减压分流、节约司法资源的积极方面。实际上任何一个政府，任何一个国家，所谓的世界上的法治国家，没有哪一家做到号称法治就所有矛盾、纠纷全部靠司法、靠打官司、靠诉讼来解决，不要说民事纠纷，刑事案件在西方、在美国、在欧洲我们经常可以看到他们的法学家们在惊呼法院就要被犯罪案件所湮没，为什么美国有"辩诉交易制度"，90%以上的案子靠辩诉交易解决，没有办法个个都按照普通审判程序来进行，所以我们的信访制度是为我们的司法减压分流。

以浙江为例,我刚才提到最多跑一次,让老百姓"只进一扇门""最多访一地",我们检察机关又创新出来"信访代办制",你这个信访交给我,你说不清楚,我给流转交接,该谁家管,就交给谁,通过这些手段以后,让干部群众多服务,百姓少跑路,拉近了干群关系,我们人民司法机关、人民检察院的公信力也大大得到提高。

去年,浙江省法院系统的案件数量首次实现下降,2019 年收案量首次下降,跟整个浙江的"最多跑一次"改革,跟人民法院的努力,包括检察机关的溯源治理努力都是有关系的,所以我们要比较准确地理解我们国家信访制度的性质和价值,信访制度是中国特色社会主义法治的重要组成部分和重要补充,信访解决问题也是依法解决的,依法解决不等于都要通过法院判决来解决。谢谢。

中央广播电视总台央视社会与法频道记者

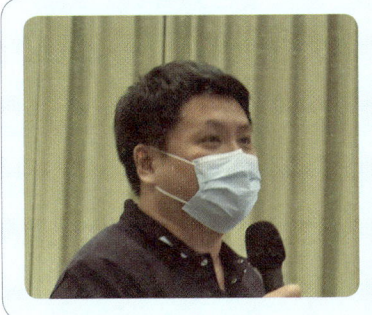

每年都收到近百万件的信访线索,工作量非常的繁巨,检察机关内部又有哪些监督问责的举措来保障"件件有回复"这项工作的落实?谢谢。

徐向春

非常感谢提问。"件件有回复"这项制度从去年 3 月份开始正式实施以后,最高检党组和张军检察长特别重视,我们从以下几个层面抓落实。

一是在最高检各个内设部门之间。第十检察厅收到以后 7 日内进行第一次答复，如果属于最高检管辖的案件，就会及时移送到高检院的相关业务厅进一步审查，如果发现问题需要纠正的，提出纠正意见。这种情况下，最高检的其他业务部门收到以后要做第二次程序性答复，告诉当事人这个案件在我这个地方在办，让老百姓知道这个案件流到哪儿去了，这是第二个"7 日答复"。到了 3 个月的时候，不管这个案子办完没办完，正在承办的部门都需要向当事人发出一个 3 个月答复的函，告诉他现在这个案子办到什么程度了。因为很多申诉案件时间比较长，3 个月可能办不完，所以我们有一个工作机制，通过信息化的手段，就是网上信访 2.0 版，就是刚才陈检介绍的，会亮红灯，到 3 个月的时候，如果没答复就会亮红灯，会提醒他答复。我们还有每个月的通报制度，如果没有做到 3 个月答复当事人，我们会有内部通报。

二是对于下级检察机关。对于下级检察机关是不是做到 7 日和 3 个月答复，第一，通过网上信访系统进行追踪，我们现在不仅仅是做到"件件有回复"，通过网上信访系统追踪每一起信访件的流向，还做到了"事事有着落"。不仅是答复就完了，每个件到哪去，怎么办的，我们通过网上信访来发现，这是信息化的作用和功能。第二，实行周督办、月通报。每一周各个条线要汇报，落实 7 日内和 3 个月答复的工作做得怎么样，同时每个月把做得好的、做得不好的都点名通报。去年一年对于全国 30 个省份实现了全部调研、全部督导，每个月都通报。具体哪个检察院，这项工作还有哪些问题，点名道姓，力度很大，这就是贯彻高检院党组的要求。去年一年成效很大。

新的一年，我们一方面还要通过周督办、月通报，另一方面加强信息化，就是向信息化要生产力、要效率，来确保这项制度落到实处。谢谢。

胡凯红

今天的发布会到此结束，谢谢三位发布人，谢谢各位。

部分新闻链接

1. 人民日报 2020 年 5 月 15 日报道《检察机关一年收到信访九十七万件　做到应回尽回、能回尽回》

2. 新华社 2020 年 5 月 14 日报道《全国检察机关一年来共收到群众信访 97 万多件　均做到应回尽回》

3. 中央广播电视总台央视 2020 年 5 月 14 日报道《最高检：一年回复群众信访 97 万多件　应回尽回》

4. 中央广播电视总台央广 2020 年 5 月 14 日报道《最高检：一年回复 97 万多件群众信访》

5. 光明日报 2020 年 5 月 15 日报道《推动实现"案结事了人和"——检察机关"群众信访件件有回复"工作制度一年来落实情况》

6. 经济日报 2020 年 5 月 15 日报道《群众信访：件件有回复　事事有着落》

7. 法治日报 2020 年 5 月 15 日报道《国新办举行检察机关群众信访件件有回复新闻发布会　97 万余件群众信访检察机关均能回尽回》

加强刑罚变更执行监督　促进双赢多赢共赢
——最高人民检察院发布第十九批指导性案例

发布时间：2020年6月3日10:00

发布内容：通报全国检察机关开展刑罚变更执行法律监督工作情况，发布最高检第十九批指导性案例

发布地点：最高人民检察院

主 持 人：肖　玮　最高人民检察院新闻办副主任、新闻发言人

出席嘉宾：侯亚辉　最高人民检察院第五检察厅厅长
　　　　　刘福谦　最高人民检察院第五检察厅副厅长
　　　　　李　静　司法部监狱管理局副局长

主题发布

肖 玮

各位记者朋友,大家上午好!欢迎参加最高人民检察院新闻发布会。今年两会新闻宣传工作,得到了各位记者朋友、各家媒体的大力支持,大家为讲好检察故事、唱响检察声音,作出了积极贡献,借此机会向大家表示衷心的感谢!

今天发布会的主题是"加强刑罚变更执行监督,促进双赢多赢共赢"。出席发布会的嘉宾是:最高人民检察院第五检察厅厅长侯亚辉、副厅长刘福谦,司法部监狱管理局副局长李静。

今天的发布会共有三项议程:一是通报全国检察机关开展刑罚变更执行法律监督工作情况;二是发布最高检第十九批指导性案例,简要介绍案例相关情况;三是回答记者提问。

大家知道,刑罚执行关乎公平正义,减刑、假释、暂予监外执行等刑罚变更执行是影响罪犯教育改造效果的重要方面,人民群众对此十分关注。检察机关与刑罚执行机关、人民法院既分工配合又相互制约,对减刑、假释、暂予监外执行活动依法实行法律监督,维护司法公正的"最后一公里",促进实现刑罚执行和检察监督办案双赢多赢共赢。

现在进行第一项议程,请侯亚辉厅长向大家通报检察机关开展刑罚变更执行法律监督工作情况。

侯亚辉

刑罚执行作为刑事司法活动的最后环节,事关刑事司法功能的实现,事关国家政治安全和社会和谐稳定。依法对刑罚执行活动实行法律监督是检察机关的一项重要职责。减刑、假释、暂予监外执行(以下简称"减假暂")是我国重要的刑罚执行制度,也是司法实践中容易滋生腐败、产生执法司法不公的重点环节,党中央高度重视,社会普遍关注。

一、工作情况

近年来,全国各级检察机关以习近平新时代中国特色社会主义思想为指导,深入贯彻党中央关于刑罚变更执行及法律监督工作的重要精神,牢固树立践行总体国家安全观,在各级党委的坚强领导下,与刑罚执行机关、人民法院既分工配合又相互制约,依法对"减假暂"活动实行法律监督,确保刑罚变更执行的公平、公正。

一是全面履行刑罚变更执行检察职责。2018年以来,各地检察机关实行巡回检察和派驻检察相结合、书面检察和实地调查相结合、全面检察和重点检察相结合等工作方式,全面加强对"减假暂"活动提请、审理、裁决、执行等各个环节的同步监督,特别是加强对罪犯岗位调整、计分考核、立功奖励、病情鉴定等关键部位和重点环节的监督,从源头上防止违法行为的发生。2018年以来,全国检察机关对"减假暂"提请、决定(裁定)活动提出检察意见、发出纠正违法和检察建议8.6万件,得到采纳8万件。对职务犯罪、金融犯罪和黑社会性质犯罪等"三类罪犯"有重大立功拟提请减刑或减刑幅度大、间隔时间短、考核计分高、假释考验期长等重点案件,通过调阅材料、实地调查、重新鉴定等方式逐一核实,从严把握"三类罪犯""减假暂"的实体条件和程序要求,监督纠正了一批"有权人""有钱人"

刑罚变更执行不规范案件。严格按照关于对职务犯罪罪犯减刑、假释、暂予监外执行案件实行备案审查的规定，上级检察院对职务犯罪罪犯"减假暂"案件实行备案审查，发现案件存在疑点或者可能存在违法违规问题的依法进行调查核实，认为"减假暂"决定错误的依法提出纠正意见；对于职务犯罪罪犯"减假暂"比例明显高于其他罪犯的相应比例的认真查找和分析问题原因，依法向有关单位提出意见或者建议。

二是建立健全刑罚变更执行与法律监督工作机制。为落实总体国家安全观，进一步加强检察机关和司法行政机关的协作配合，2019年9月19日，最高人民检察院与司法部在北京召开刑罚执行与法律监督工作联席会议，交流了刑罚执行与法律监督工作有关情况。会议决定，最高人民检察院与司法部建立刑罚执行与法律监督联席工作机制，定期召开联席会议，加强业务研究和工作交流。各地检察机关按照会议纪要有关要求，与司法行政机关定期召开联席会议，共同研究刑罚变更执行与法律监督工作中存在的普遍性问题，不断提高执法水平，共同维护司法公正。

三是依法推进假释适用。为充分发挥假释功能，最高检多次会同最高法、司法部等有关部门进行实地调研和座谈，研究制定有关工作意见，明确依法推进假释的工作目标和具体措施。一些地方检察机关积极会同当地人民法院、司法行政机关通过定期或者不定期召开联席会议的方式总结交流工作，共同研究解决假释工作中存在的问题，通过会议纪要的形式把达成的共识确定下来，明确统一执法司法标准。还有一些地方检察机关会同当地法院，以业务培训为切入点，逐步转变执法司法人员的工作理念和思路，不断提高办案人员对假释工作的认识水平。

四是大力推进刑罚变更执行信息化建设。进一步落实好中央政法委《关于严格规范减刑、假释、暂予监外执行切实防止司法腐败的意见》关于"减刑、假释网上协同办案平台建设"的有关要求，加强与司法行政机关、人民法院的沟通协调和衔接配合，研究制定减刑、假释信息化办案平台建设技术标准,结合检察工作实际制定下发《检察机关减刑、假释信息化办案平台建设技术规范》,合力推动平台建设有序进行。同时,以统一业务应用系统 2.0 研发为契机,深入分析当前统一业务应用系统"减假暂"办案模块中存在的问题和不足,组织对包括"减假暂"办理模块在内的统一业务应用系统进行修改完善,进一步提升"减假暂"法律监督工作的科技含量和信息化水平。

五是严肃查办违法"减假暂"背后的相关职务犯罪案件。查办违法刑罚执行背后的相关职务犯罪案件,既是法律赋予检察机关的重要职责和增强监督刚性的有效手段,也是国家反腐败大局的重要组成部分。2018 年以来,各地检察机关按照刑诉法的有关规定,加强与纪委监委的工作沟通,坚持纠正违法与查办职务犯罪相结合,紧紧抓住刑罚变更执行中容易发生司法不公和腐败问题的重点环节,突出查办相关司法工作人员徇私舞弊减刑、假释、暂予监外执行等职务犯罪案件。2018 年以来,全国检察机关共立案查办徇私舞弊减刑、假释、暂予监外执行案件 52 件,有力地惩治了刑罚变更执行领域的司法不公问题。同时,各级检察机关还结合办理的典型案件,及时开展以案释法和警示教育,并向相关部门提出检察建议,促进堵塞漏洞,防止权力滥用。

二、指导性案例的特点

为了进一步总结各地检察机关在刑罚变更执行检察工作中一些好的经验做法,充分发挥指导性案例的示范、引领作用,指导各地进一步规范和加强刑罚变更执行法律监督工作,最高检发布第十九批指导性案例,以刑罚变更执行检察监督为主题。整体来看,第十九批指导性案例有以下几个特点:

一是体现了履行职责的特点。与检察机关办理批捕、公诉案件相比,办理"减假暂"案件对事实认定、法律适用的争议相对较少,但比较突出的关键特点在于审查发现问题后如何进行调查核实和监督纠正。因此,需要通过对"减假暂"案件从事实上和程序上进行审查,明确开展检察工作的具体方法、步骤,指明容易发生问题的关键环节,督促刑罚执行机关和审判机关进一步规范执法司法工作，实现法律监督工作和刑罚执行工作的双赢多赢共赢。

二是涵盖了监督办案的范围。目前，我国的刑罚执行主体较多，有人民法院、公安机关（看守所）、司法行政机关（监狱、社区矫正机构）等，刑罚变更执行活动涉及提请、审理、裁定、执行等多个环节。因此我们在制发"减假暂"指导性案例的时候，充分考虑到了刑罚变更执行及其法律监督的办案范围。从案件类型看，这批指导性案例减刑案例、假释案例、暂予监外执行案例各一个，分别代表了刑罚变更执行的三种类型；从被监督主体看，有对监狱的监督，有对人民法院的监督，还有对社区矫正机构的监督。从监督环节来看，有对提请活动的监督，有对裁定活动的监督，还有对执行活动的监督。

三是明确了监督办案的重点。当前，依法扩大假释适用、对犯罪时未成年人刑罚变更执行的从宽掌握、如何在违法"减假暂"中发现和查办相关司法工作人员职务犯罪、如何贯彻落实好《中华人民共和国社区矫正法》有关规定等都是刑罚变更执行检察工作中需要重点关注和加强的几项工作，这三个案例对如何做好这方面的工作作了较为充分的阐释和说明。

肖 玮

谢谢侯亚辉厅长。下面进行第二项议程，发布以刑罚变更执行监督为主题的第十九批指导性案例。因案例已经作为发布会材料印发给大家，就不一一宣读了。现在请刘福谦副厅长简要介绍第十九批指导性案例相关情况。

刘福谦

经最高人民检察院第十三届检察委员会第三十次会议审议通过，今天正式发布以刑罚变更执行检察为主题的第十九批指导性案例。在此，介绍这批指导性案例的基本情况和指导意义。

一、宣告缓刑罪犯蔡某等12人减刑监督案

该案的基本案情是：罪犯蔡某等12人被人民法院判处有期徒刑并宣告缓刑后接受社区矫正。南京市司法局以蔡某等12名罪犯在社区矫正期间确有悔改表现为由，向南京市中级人民法院提出减刑建议，南京市中级人民法院分别对上述罪犯裁定减刑并相应缩短缓刑考验期。

南京市人民检察院工作中发现问题并经调查核实后，认为南京市中级人民法院对没有重大立功表现的缓刑罪犯裁定减刑违反了相关司法解释的规定，向南京市中级人民法院发出《纠正不当减刑裁定意见书》，并进行监督纠正。南京市中级人民法院重新组成合议庭对上述案件进行审理，并维持原裁定。

南京市人民检察院再次向南京市中级人民法院发出《纠正违法通知书》，并进行监督纠正。最终，南京市中级人民法院采纳南京市人民检察院的纠正意见，裁定撤销原减刑裁定、原再审减刑裁定，对蔡某等12名缓刑罪犯不予减刑，剩余缓刑考验期继续执行。

该案的指导意义主要有三个方面：一是人民法院减刑裁定适用法律错误，人民检察院应当依法监督纠正。二是人民法院对没有重大立功表现的缓刑罪犯裁定减刑的，人民检察院应当予以监督纠正。三是人民检察院发现人民法院已经生效的减刑、假释裁定确有错误的，应当继续向人民法院提出书面纠正意见。

二、罪犯康某假释监督案

该案的基本案情是：罪犯康某，男，1999年9月29日出生，2016年12月23日因犯抢劫罪被判处有期徒刑三年，犯罪时系未成年人。2018年6月，河南省郑州市未成年犯管教所以康某认真遵守监规，接受教育改造，确有悔改表现为由，拟对其提请减刑，并征求检察机关意见。

河南省郑州市人民检察院审查认为，康某符合法定减刑条件，但同时也符合法定假释条件，依据相关司法解释规定，可以优先适用假释，向郑州市未成年犯管教所提出对罪犯康某依法提请假释的检察意见。郑州市未成年犯管教所接受检察机关的意见，向郑州市中级人民法院提请假释。2018年7月30日，郑州市中级人民法院依法对罪犯康某裁定假释。

该案的指导意义有四个方面：一是罪犯既符合法定减刑条件又符合法定假释条件的，一般应优先适用假释。二是对犯罪时未满十八周岁的罪犯适用假释可以依法从宽掌握，综合各种因素判断罪犯是否符合假释条件。三是对犯罪时未满十八周岁的罪犯假释案件，人民检察院可以建议罪犯的父母参加假释庭审。四是人民检察院应当做好罪犯监狱刑罚执行和社区矫正法律监督工作的衔接，继续加强对假释的罪犯社区矫正活动的法律监督。

三、罪犯王某某暂予监外执行监督案

该案的基本案情是：2016年3月，辽宁省营口市人民检察院在工作中发现，辽宁省营口市中级人民法院对罪犯王某某决定暂予监外执行案有疑点，经过调查核实，查明了营口市中级人民法院技术科原科长张某、营口市中医院司法鉴定所原负责人赵某，接受罪犯王某某亲友请托，违法为罪犯王某某办理暂予监外执行。

2016年4月，营口市人民检察院以涉嫌徇私舞弊暂予监外执行犯罪对张某、赵某立案侦查。经营口市人民检察院审查起诉后张某、赵某被人民法院作出有罪判决。2018年5月，检察机关向营口市站前区人民法院发出《纠正不当暂予监外执行决定意见书》，建议法院依法纠正对罪犯王某某作出不当暂予监外执行决定。营口市站前区人民法院采纳了检察机关的监督意见,决定对罪犯王某某再执行有期徒刑二年。

该案的指导意义有三个方面:一是人民检察院对暂予监外执行进行法律监督时,应注重发现和查办违法暂予监外执行背后的相关司法工作人员职务犯罪案件。二是对司法鉴定意见、病情诊断意见的审查,应当注重对其及所依据的原始资料进行重点审查。三是办理暂予监外执行案件时,应当加强对鉴定意见等技术性证据的联合审查。

肖 玮

接下来进行第三项议程,请各位记者朋友提问。

现场答问

中央广播电视总台央视新闻频道记者

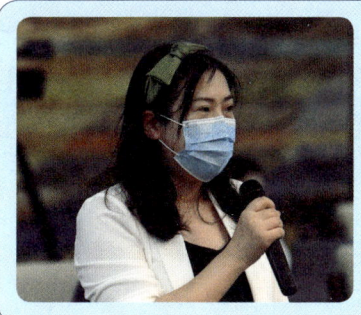

今天发布会介绍了当前刑罚变更执行及其法律监督工作情况。日前,北京市通报了致人死亡的郭某思在服刑期间减刑案件违法违规情况。请问,目前我国刑罚变更执行以及法律监督工作中还存在哪些问题?针对这些问题,今后检察机关将如何进一步加强法律监督工作?

侯亚辉

我先回答第一个问题。对于前一段时间的郭某思服刑期间减刑的违法违规问题,5月9日,北京市联合调查组作出了通报:调查发现相关单位和人员存在执法不规范、违反工作纪律和失职渎职等问题,北京市监察委已对监狱干警刘某某、隋某某等人立案调查并采取留置措施。经查,郭某思在服刑期间,刘某某、隋某某等人受郭某思家属及有关社会人员请托,利用职务便利,违规为郭某思获得减刑提供帮助,涉嫌徇私舞弊减刑、受贿等犯罪。同时,北京市检察院也进行了通报,对照郭某思减刑案件调查组发现的相关问题,将深入开展自查,切实检查纠正履行监督职责不到位的问题,对发现涉及检察人员的违法违纪问题,将依法依纪严肃处理,绝不姑息。

近年来,刑罚执行机关、人民检察院和人民法院既分工配合又相互制约,确保刑罚执行工作依法有序进行,共同维护司法公正。同时,我们认为在刑罚执行活动中还存在一些问题,需要各部门共同研究解决。一是个别执法司法人员对减刑、假释等刑罚变更执行制度还有不正确的认识。减刑、假释的适用是为了贯彻宽严相济的刑事政策，最大限度发挥刑罚的功能，从而实现刑罚特殊预防的目的。但在司法实践中，一定程度上存在把减刑、假释制度作为稳定服刑罪犯思想情绪、督促服刑人员安心接受改造的一种手段等执法司法观念。二是司法实践中一些刑罚变更执行评判标准不明确，导致执法司法尺度不统一。如"短期内没有生命危险"的具体认定问题、财产刑履行能力认定标准问题等。由于缺乏统一科学的标准，不同地区对同类或相似案件处理结果不是很一致，在一定程度上影响了执法司法的公正性和公信力。三是监狱罪犯计分考核标准要进一步总结、完善，以突出重点。实践中，计分考核标准等主要是以罪犯劳动表现为重点，较难准确反映罪犯的教育改造情况。

此外，检察机关在"减假暂"法律监督工作中还存在一些问题和不足，需要进一步改进和规范。比如，对罪犯计分考核活动的监督有待深入。再如，"减假暂"监督纠正标准、统计口径等不规范的问题在一些地方也存在。又如，有的地方检察机关对检察建议的质量重视不够，制发的检察建议数量虽多但对整改情况督促落实不够等。另外，检察机关的信息化建设需要加强，现代信息技术支撑还不够。

对于刑罚变更执行工作中存在的问题，我们将深刻汲取北京郭某思案件的教训，举一反三，深入整改。同时，进一步强化法律监督力度，加强与刑罚执行机关和审判机关的沟通协作，实现刑罚执行及其法律监督工作的双赢多赢共赢，切实维护司法公正。一是抓重点，继续做好重点罪犯和关键环节的监督。着重加强对"三类罪犯"（职务犯罪、破坏金融管理秩序和金融诈骗犯罪，组织领导、参加、包庇、纵容黑社会性质组织犯罪）等重点罪犯以及罪犯岗位调整、计分考核、立功奖励、病情鉴定等关键环节的监督，持续加强对"以权赎身""提钱出狱"等问题的监督纠正。二是提实效，深入推进"减假暂"监督信息化建设。完善检察机关统一业务应用系统"减假暂"监督办案模块，尽快实现与减刑、假释信息化办案平台的有效衔接。加快推广"减假暂"监督智能化软件应用,以信息化为驱动提升"减假暂"监督工作质效。三是增刚性,注重检察建议的质量和落实。注重对"减假暂"监督中一类问题的总结分析,提高检察建议的质量和精准度,提升检察建议的落实效果。四是重自强,加强刑事执行检察队伍建设。加强刑事执行检察队伍的政治建设、业务素质建设和职业道德建设,努力提升整体素质和专业水平。注重刀刃向内,对监管场所发生重大问题检察人员履职不到位的,严肃依法问责。

新华社记者

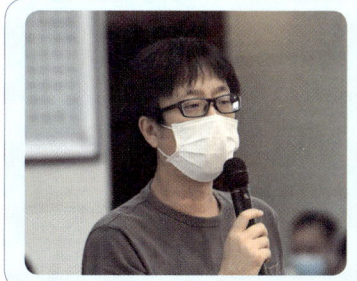

请问,近年来司法部在严格规范减刑、假释、暂予监外执行方面做了哪些工作?

李 静

减刑、假释是重要的刑罚执行制度,司法部一直以来高度重视。近年来,全国监狱系统坚持惩罚与改造相结合,以改造人为宗旨,从完善制度、规范行为、深化公开、加强监督等方面,相继采取一系列举措,打好组合拳,使执法行为得到进一步规范,监狱执法公信力得到进一步提高。

一是加强执法制度建设,扎紧扎密制度的笼子。制定出台了一系列涉及刑罚执行工作的规章和规范性文件,健全完善了监狱刑罚执行制度体系，从执法源头、实体标准及程序审查等各个环节切实防范执法不公，确保减刑、假释、暂予监外执行的事实证据经得起法律检验，实体、程序标准严格遵循法律规定要求。

二是把好"四关"，进一步严格办案程序。把好罪犯考核关，确保考核基础证据客观公正；把好评议审查关，严格执行提请减刑假释各个审查环节，依法接受检察机关监督；把好公示关，提请减刑、假释和暂予监外执行要按规定的时间和程序提前予以公示；把好提级审核及备案审查关，确保在监狱办理的每一起减刑、假释、暂予监外执行案件中体现公平正义。

三是强化执法监督检查，确保执法公平公正，完善监督问责机制。第一，依法接受检察机关法律监督。每所监狱都有驻监检察室。去年检察机关开展全面推进巡回检察，监狱系统积极配合。第二，切实强化内部监督。加大执法检查力度，通过开展多种形式的监狱执法专项整治和专项检查活动，全面深入查找执法环节短板弱项，有效遏制和纠正执法不严格、不规范行为。第三，广泛接受社会监督。出台《关于进一步深化狱务公开的意见》，围绕罪犯及其亲属、社会公众关注度高的、监狱执法领域的重点和热点问题，深化公开，通过多种渠道，将罪犯减刑、假释和暂予监外执行等执法管理信息依法向社会公众公开，以公开促公正。

四是大力推进执法信息化建设，以信息化促规范化。司法部高度重视减刑、假释、暂予监外执行信息化办案平台建设工作。截至去年底，全国有638所监狱建成信息化办案平台，有601所监狱建成狱内法庭，有422所监狱能进行远程视频开庭。通过信息化建设，对减刑、假释、暂予监外执行办案和考核奖惩中的重要事项、重点环节，实现全程留痕，最大限度地减少和防止人为干扰因素，确保了办案过程公开透明。

五是持续加强监狱人民警察队伍建设，不断提高执法能力水平。司法部紧紧围绕习近平总书记提出的加快推进政法队伍革命化、正规化、职业化、专业化建设要求，坚持政治引领，聚焦实战需求。2019

年,举办全国监狱长培训班、全国监狱刑罚执行工作培训班,进一步提高监狱人民警察政治站位、依法履职能力和办案水平。同时,严格落实执法责任追究制度,对执法活动中的违法违纪行为零容忍。

下一步,司法部将进一步完善减刑、假释、暂予监外执行制度,坚持严格规范、公正文明执法,使罪犯在监狱每一项执法管理活动中,受触动受教育,使罪犯亲属和社会公众在监狱办理的每一起案件中感受到公平正义,持续构建开放、动态、透明、便民的监狱阳光执法机制,持续提升监狱执法规范化水平。

凤凰卫视记者

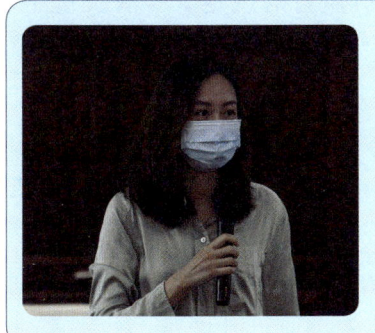

请问检察机关在办理相关减刑、假释、暂予监外执行案件中如何防止"灯下黑",强化对自身工作的监督?

刘福谦

检察机关依法对刑罚变更执行实行法律监督的同时,更要树立"监督者更要接受监督"的观念,注重在办理"减假暂"案件中强化自身监督,确保办案质量和检察权依法规范运行。

一是坚持线上办理全程留痕。检察机关统一业务应用系统执检子系统上线运行后,检察机关办理"减假暂"案件要求从受理、办理、流转、审批、监督、用印等各个环节,都要通过系统在网上操作,确保检察机关办理的"减假暂"案件在网上全流程运行,所有文书系统生成，实现对检察机关办案环节的全程留痕，强化对内部办案流程和质量的监督。

二是严格落实相关制度规定。严格按照关于对职务犯罪罪犯"减假暂"案件实行备案审查的规定，对原厅局级以上职务犯罪罪犯"减假暂"的案件，逐案层报最高人民检察院备案审查；对原县处级职务犯罪罪犯"减假暂"的案件，逐案层报省级人民检察院备案审查。同时，最高检和各省级人民检察院还每年对职务犯罪罪犯"减假暂"情况进行分析和总结，指导和督促下级人民检察院落实有关要求，加强上级人民检察院对下级人民检察院办理刑罚变更执行案件工作的领导。

三是广泛接受社会监督。检察机关在办理"减假暂"案件中，按照《人民检察院办案活动接受人民监督员监督的规定》等有关规定，积极邀请人大代表、政协委员、人民监督员等参与检察机关的监狱巡回检察和"减假暂"办案等工作，听取和接受他们的意见建议，主动接受社会监督，进一步规范办案行为、提升检察公信力。

四是严格落实司法责任制。按照"谁承办谁负责，谁签字谁负责"的原则，实行"减假暂"案件质量终身负责制，建立完善对检察官办理"减假暂"案件内部监督制约机制，注重发现检察机关在办理"减假暂"案件中的不规范或违规违法行为。通过开展常态化的案件质量评查、专项案件督察以及巡回检察等工作，及时发现检察机关办理"减假暂"案件中存在的违规违法问题。对在"减假暂"案件中存在的违法问题应当发现而未发现，或者对发现后不予报告、不依法及时监督纠正的，按照有关规定严肃追究有关检察人员的责任，确保监督到位。

南方都市报记者

在第三个案例中,辽宁省营口市检察机关在对违法暂予监外执行监督纠正的同时,立案查办了相关司法人员职务犯罪案件。我们知道,修改后的刑诉法赋予了检察机关查办相关司法工作人员职务犯罪的职权,请介绍一下,刑诉法修改后检察机关立案侦查相关司法工作人员职务犯罪工作有关情况?

侯亚辉

修订后的刑诉法第19条规定,人民检察院对诉讼活动实行法律监督中发现司法工作人员利用职权实施的非法拘禁、刑讯逼供、非法搜查等侵犯公民权利、损害司法公正的犯罪,可以由人民检察院立案侦查。

我国监察体制改革后,刑诉法赋予检察机关一定的侦查权,我们认为,这是党中央科学判断反腐败斗争新形势、顺应时代新要求作出的重大决策部署,是中国特色法律监督制度科学发展中作出的重要制度设计。司法实践中,执法、司法领域中存在的危害司法公正、侵犯公民权利的犯罪行为,通常与诉讼活动中的违法犯罪行为交织在一起,特别是一些"减假暂"活动中的司法腐败行为,大多与执法、司法工作人员徇私舞弊、滥用职权密切相关。

自修改后刑诉法实施以来,各地检察机关认真履行侦查办案职能,积极构建办案机制,优化办案流程,创新办案手段,严肃查处司法工作人员相关职务犯罪行为。截至2019年底,全国检察机关共立案侦查司法工作人员相关职务犯罪案件871人,有效维护了司法公正,较好保障了公民权利,起到了很好的办案效果。

下一步，最高检将尽快制定相关规范性文件。制定科学合理、符合司法实践的立案标准，从侦查办案程序、与纪委监委沟通衔接、线索管理、重大案件请示汇报等方面全面规范检察机关侦查办案工作，从实体和程序两个方面进一步规范侦查办案工作。

健全完善线索管理机制。研究相关规范性文件，明确司法工作人员相关职务犯罪案件线索的种类、管理原则，对线索的移交、衔接、审查、办理、反馈、建档等程序统一标准，建立完善案件线索分级备案管理制度，形成一套完善的管理体系，督促各地建立统一备案、分级管理、重点监督的工作制度，加快统一业务应用系统案件线索管理模块建设，推动线上运行、规范管理、定期清零。

同时，结合今年扫黑除恶专项斗争"破网打伞"工作进行再动员、再部署，全面梳理各地在沟通联系、线索来源中存在的问题与不足，加强与扫黑办、民事、行政检察等业务部门联系沟通，畅通"保护伞"案件线索来源渠道，做好线索登记、处理、分流、反馈等相关工作，采取切实有效措施严肃查办涉黑涉恶"保护伞"案件。

法制网记者

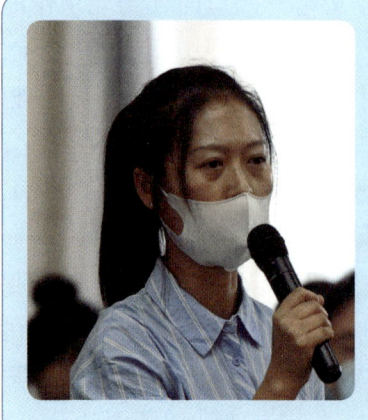

在第二个案例中，涉及罪犯康某某假释适用的问题，请问适用假释有什么优势？目前我国假释适用情况怎么样？

李 静

　　减刑、假释是我国法律规定的激励罪犯改造的刑罚制度，是宽严相济刑事政策在刑罚执行中的体现。在罪犯康某某假释案中，康某某既符合减刑条件也符合假释条件，根据最高法司法解释，"罪犯既符合法定减刑条件，又符合法定假释条件的，可以优先适用假释"。郑州市未成年犯管教所拟对康某某提请减刑并征求检察机关意见，郑州市人民检察院建议改为提请假释，体现了实践中对司法解释可以优先适用假释规定的应用，我们完全赞同。

　　从减刑假释制度设计来看，均属于让罪犯在希望中改造。减刑更多的是监狱根据罪犯在服刑期间一段时间内的悔改情况、改造表现等，依法提出建议，提请法院裁定减去一定刑期。假释是一种附条件的提前释放，没有对原判刑罚进行实质性变更，有考验期，在考验期内，假释罪犯要依法接受社区矫正机关的监督管理，一旦违犯法律设定的条件，将被依法撤销假释，收监执行未执行完毕的刑罚。假释有利于督促罪犯规范自己的言行，抑制违法犯罪意识，逐步度过缓冲期和过渡期，逐步养成遵纪守法的行为习惯，更好地适应社会、融入社会，从而实现刑罚预防和减少重新犯罪，维护社会长治久安的目的。

　　在实践中，减刑适用率较高，假释适用率较低，减刑和假释适用不平衡。造成这一现象的原因是多方面的。比如，对假释制度认识不够，出现问题后责任倒查的程序和标准不太明确，办案人员担心假释罪犯假释期间再犯罪被追责，而不愿办理假释；假释条件难以把握，"没有再犯罪的危险"缺乏可量化、易操作的法律认定标准；一些地方各部门之间工作衔接配合不够顺畅，等等。

　　司法部一直高度重视减刑、假释统筹适用问题，对依法推进假释适用多次作出部署、提出要求。下一步，司法部将会同最高人民法院、最高人民检察院、公安部加强对依法推进假释适用工作的研究，针对性破解制约假释适用的体制机制问题，顺畅假释案件办理和假释人员监督管理、教育帮扶工作机制，统筹使用好减刑、假释两种刑罚变更措施，依法推进假释适用，发挥好假释在激励罪犯积极改造，促进其顺利回归社会等方面的积极作用。

新京报记者

前段时间湖北、山东、浙江等地的监狱等监管场所发生新冠肺炎疫情后，检察机关对于监管场所疫情防控检察做了哪些工作？当前，疫情进入常态化防控阶段，检察机关对监管场所的疫情防控检察工作有哪些新要求？

刘福谦

最高检党组对监管场所的疫情防控检察工作高度重视，要求各地检察机关提高政治站位，坚决服从服务于疫情防控工作大局，将党中央关于疫情防控的部署要求落实到监管场所疫情防控的具体工作之中。最高检第五检察厅专门成立了疫情防控办公管理领导小组，确保疫情防控和法律监督两手抓两不误。一是起草下发有关工作通知、提示和通报，对各地监督并配合监狱做好罪犯刑满释放、疫情防控、责任追究等工作提出要求，进一步提高业务指导的针对性和实效性。二是积极利用电话和网络视频等形式，以突击检查、随机抽查的方式开展抽查工作，确保中央和最高检的有关部署和要求落到实处、贯彻到基层一线。三是根据中央政法委统一安排，先后派出第五检察厅厅领导和主办检察官赴山东、湖北等地监管场所抗"疫"一线，就任城监狱新冠肺炎疫情事件和刑释人员黄某英从武汉返京事件进行调查，分别指导山东检察机关立案侦查监狱系统王文杰、刘葆善和邓体贺等三人涉嫌玩忽职守案件,指导湖北检察机关依法正确履职对相关监管场所加强监督防范风险。四是第五检察厅充分利用疫情期间刑事执行检察方式调整的时间,坚持学习不停、思考不停、谋划不停,调整培训模式,创新培训方法,针对全系统一万余名检察干警连续推出七场线上培训,为疫情防控常态化下刑事执行检察战"疫"履职打下了坚实基础。

在党中央的坚强领导下,经过全国人民的卓绝努力,全国疫情防控取得重大战略成果,新冠肺炎疫情进入常态化防控阶段。下一步,我们将深入贯彻落实习近平总书记重要讲话精神和党中央决策部署,以高度的政治自觉、法治自觉和检察自觉,做好监管场所疫情防控和相关法律监督工作。一是充分履职,做深做细监管场所的疫情防控检察工作。要求各地落实好中央和最高检有关工作要求,在按照有关规定做好疫情防控措施的前提下,根据具体情况采取信息化手段和现场检察相结合的方式灵活开展检察工作;在确保安全的前提下,主动与当地司法行政机关沟通协商,可以根据工作实际有序恢复开展监狱巡回检察工作;加强对地方检察机关查办相关司法工作人员职务犯罪案件的指导和督导,充分运用法治思维和法治方式开展办案工作,确保案件办理的政治效果、社会效果和法律效果。二是进一步加强与公安部、司法部等相关部门的沟通联系,指导各地检察机关建立健全与公安、司法行政机关的疫情防控信息沟通和工作协作机制,进一步形成工作合力,共同做好监管场所常态化疫情防控工作。三是对地方检察机关贯彻落实中央和最高检有关工作部署情况开展"回头看",继续通过电话、视频等方式进行抽查,确保各地检察机关不折不扣地落实好防控、监督、报告和配合等有关工作要求。四是加强责任追究,对因玩忽职守、监督不力等行为对疫情防控工作造成严重后果的,依法依规严肃追究责任。

肖 玮

因为时间关系,提问就到这里。今天发布会的内容,我们已实时在发布会专用微信群、最高检官网发布,请大家根据直播内容采写稿件。

今天的发布会到此结束。谢谢大家。

指导性案例

最高人民检察院第十九批指导性案例

案例一 宣告缓刑罪犯蔡某等12人减刑监督案

（检例第70号）

【关键词】

缓刑罪犯减刑 持续跟进监督 地方规范性文件法律效力 最终裁定纠正违法意见

【要旨】

对于判处拘役或者三年以下有期徒刑并宣告缓刑的罪犯，在缓刑考验期内确有悔改表现或者有一般立功表现，一般不适用减刑。在缓刑考验期内有重大立功表现的，可以参照刑法第七十八条的规定予以减刑。人民法院对宣告缓刑罪犯裁定减刑适用法律错误的，人民检察院应当依法提出纠正意见。人民法院裁定维持原减刑裁定的，人民检察院应当继续予以监督。

【基本案情】

罪犯蔡某，女，1966年9月6日出生，因犯受贿罪于2009年12月22日被江苏省南京市雨花台区人民法院判处有期徒刑三年，缓刑四年，缓刑考验期自2010年1月4日起至2014年1月3日止。另有罪犯陈某某、丁某某、胡某等11人分别因犯故意伤害、盗窃、诈骗等罪被人民法院判处有期徒刑并宣告缓刑。上述12名缓刑罪犯，分别在南京市的7个市辖区接受社区矫正。

2013年1月，南京市司法局以蔡某等12名罪犯在社区矫正期间确有悔改表现为由，向南京市中级人民法院提出减刑建议。2013年2月7日，南京市中级人民法院以蔡某等12名罪犯能认罪服法、遵守法律法规和社区矫正相关规定、确有悔改表现为由，依照刑法第七十八条规定，分别对上述罪犯裁定减去六个月、三个月不等的有期徒刑，并相应缩短缓刑考验期。

【检察机关监督情况】

线索发现：2014年8月，南京市人民检察院在开展减刑、假释、暂予监外执行专项检察活动中发现，南京市中级人民法院对2014年8月之前作出的部分减刑、假释裁定，未按法定期限将裁定书送达南京市人民检察院，随后依法提出书面纠正意见。南京市中级人民法院接受监督意见，将减刑、假释裁定书送达南京市人民检察院。南京市人民检察院通过将减刑、假释裁定书与辖区内在押人员信息库和社区矫正对象信息库进行逐一比对，发现南京市中级人民法院对蔡某等12名缓刑罪犯裁定减刑可能不当。

调查核实：为查明蔡某等12名缓刑罪犯是否符合减刑条件，南京市人民检察院牵头，组织有关区人民检察院联合调查，调取了蔡某等12名罪犯在社区矫正期间的原始档案材料，并实地走访社区矫正部门、基层街道社区，了解相关罪犯在社区矫正期间实际表现、奖惩、有无重大立功表现等情况。经调查核实，蔡某等12名缓刑罪犯，虽然在社区矫正期间能够认罪服法，认真参加各类矫治活动，按期报告法定事项，受到多次表扬，均确有悔改表现，但是均无重大立功表现。

监督意见：南京市人民检察院经审查认为，南京市中级人民法院对没有重大立功表现的缓刑罪犯裁定减刑，违反了

《最高人民法院关于办理减刑、假释案件具体应用法律若干问题的规定》(法释〔2012〕2号)第十三条"判处拘役或者三年以下有期徒刑并宣告缓刑的罪犯,一般不适用减刑。前款规定的罪犯在缓刑考验期限内有重大立功表现的,可以参照刑法第七十八条的规定,予以减刑,同时应依法缩减其缓刑考验期限。拘役的缓刑考验期限不能少于二个月,有期徒刑的缓刑考验期限不能少于一年"的规定,依法应当予以纠正。2014年10月14日南京市人民检察院向南京市中级人民法院分别发出12份《纠正不当减刑裁定意见书》。南京市中级人民法院重新组成合议庭对上述案件进行审理,2014年12月4日作出了维持对蔡某等12名罪犯减刑的刑事裁定。主要理由是,依据2004年、2006年江苏省、南京市两级人民法院、人民检察院、公安机关、司法行政机关先后制定的有关社区矫正规范性文件的有关规定,蔡某等12名罪犯在社区矫正期间受到多次表扬,确有悔改表现,可以给予减刑,因此原刑事裁定并无不当。经再次审查,南京市人民检察院认为南京市中级人民法院的刑事裁定仍违反法律规定,于2014年12月24日向该院发出《纠正违法通知书》,要求该院纠正。

2015年1月8日,南京市中级人民法院重新另行组成合议庭对上述案件进行了审理;南京市人民检察院依法派员出庭,宣读了《纠正违法通知书》,发表了检察意见;南京市司法局作为提请减刑的机关,派员出庭发表意见,认为在社区矫正试点期间,为了调动社区矫正对象接受矫正积极性,江苏省、南京市有关部门先后制定规范性文件,规定对获得多次表扬的社区矫正对象可以给予减刑。这些规范性文件目前还没有废止,可以作为减刑的依据。出庭检察人员指出,2012年3月1日实施的《社区矫正实施办法》(司发通〔2012〕12号)明确规定,符合法定减刑条件是为社区矫正人员办理减刑的前提,因此,对缓刑罪犯减刑应当适用法律和司法解释的规定,不应当适用与法律和司法解释相冲突的地方规范性文件。

监督结果:2015年1月21日,南京市中级人民法院重新作出刑事裁定,同意南京市人民检察院的纠正意见,认定该院对蔡某等12名缓刑罪犯作出的原减刑裁定、原再审减刑裁定,系适用法律错误,分别裁定撤销原减刑裁定、原再审减刑裁定,对蔡某等12名缓刑罪犯不予减刑,剩余缓刑考验期继续执行。裁定生效后,南京市中级人民法院及时将法律文书交付执行机关执行,蔡某等12名罪犯在法定期限内到原区司法局报到,接受社区矫正。

【指导意义】

1. 人民法院减刑裁定适用法律错误,人民检察院应当依法监督纠正。人民检察院在办理减刑、假释案件时,应准确把握法院减刑、假释裁定所依据规范性文件。对于地方人民法院、人民检察院制定的司法解释性文件,应当根据《最高人民法院、最高人民检察院关于地方人民法院、人民检察院不得制定司法解释性质文件的通知》予以清理。人民法院依据地方人民法院、人民检察院制定的司法解释性文件作出裁定的,属于适用法律错误,人民检察院应当依法向人民法院提出书面监督纠正意见,监督人民法院重新组成合议庭进行审理。

2. 人民法院对没有重大立功表现的缓刑罪犯裁定减刑的,人民检察院应当予以监督纠正。减刑、假释是我国重要的刑罚执行制度,不符合法定条件和非经法定程序,不得减刑、假释。根据有关法律和司法解释的规定,判处拘役或者三年以下有期徒刑并宣告缓刑的罪犯,一般不适用减刑;在缓刑考验期限内有重大立功表现的,可以参照刑法第七十八条的规定，予以减刑。因此，对缓刑罪犯适用减刑的法定条件是在缓刑考验期限内有重大立功表现。根据《社区矫正法》的有关规定，人民检察院依法对社区矫正工作实行法律监督，发现社区矫正机构对宣告缓刑的罪犯向人民法院提出减刑建议不当的，应当依法提出纠正意见；发现人民法院对于确有悔改表现或者有一般立功表现但没有重大立功表现的缓刑罪犯裁定减刑的，应当依法向人民法院发出《纠正不当减刑裁定意见书》，申明监督理由、依据和意见，监督人民法院重新组成合议庭进行审理并作出最终裁定。

3. 人民检察院发现人民法院已经生效的减刑、假释裁定仍有错误的，应当继续向人民法院提出书面纠正意见。人民检察院对人民法院减刑、假释的裁定提出纠正意见后，应当监督人民法院在收到纠正意见后一个月内重新组成合议庭进行审理，并监督人民法院重新作出的裁定是否符合法律规定。人民法院重新作出的裁定仍不符合法律规定的，人民检察院应当继续向人民法院提出纠正意见，提请人民法院按照审判监督程序依法另行组成合议庭重新审理并作出裁定。对人民法院仍然不采纳纠正意见的，人民检察院应当提请上级人民检察院继续监督。

【相关规定】

《中华人民共和国刑法》第七十八条

《最高人民法院关于办理减刑、假释案件具体应用法律若干问题的规定》第十三条

《人民检察院刑事诉讼规则》第六百四十一条

《最高人民法院、最高人民检察院、公安部、司法部社区矫正实施办法》第二十八条

案例二 罪犯康某假释监督案

（检例第 71 号）

【关键词】

未成年罪犯　假释适用　帮教

【要旨】

人民检察院办理未成年罪犯减刑、假释监督案件，应当比照成年罪犯依法适当从宽把握假释条件。对既符合法定减刑条件又符合法定假释条件的，可以建议刑罚执行机关优先适用假释。审查未成年罪犯是否符合假释条件时，应当结合犯罪的具体情节、原判刑罚情况、刑罚执行中的表现、家庭帮教能力和条件等因素综合认定。

【基本案情】

罪犯康某，男，1999 年 9 月 29 日出生，汉族，初中文化。2016 年 12 月 23 日因犯抢劫罪被河南省安阳市中级人民法院终审判处有期徒刑三年，并处罚金人民币 1000 元，刑期至 2018 年 11 月 13 日。康某因系未成年罪犯，于 2017 年 1 月 20 日被交付到河南省郑州未成年犯管教所执行刑罚。2018 年 6 月，郑州未成年犯管教所在办理减刑过程中，认定康某认真遵守监规，接受教育改造，确有悔改表现，拟对其提请减刑。

【检察机关监督情况】

线索发现：2018 年 6 月，郑州未成年犯管教所就罪犯康某提请减刑征求检察机关意见，郑州市人民检察院审查认为，康某符合法定减刑条件，同时符合法定假释条件，依据相关司法解释规定可以优先适用假释。与对罪犯适用减刑相比，假释更有利于促进罪犯教育改造和融入社会。

调查核实：为了确保监督意见的准确性，派驻检察室根据假释的条件重点开展了以下调查核实工作：一是对康某改造表现进行考量。通过询问罪犯、监管民警及相关人员，查阅计分考核材料，认定康某在服刑期间确有悔改表现。二是对康某原判犯罪情节进行考量。通过审查案卷材料，查明康某虽系抢劫犯罪，但其犯罪时系在校学生，犯罪情节较轻，且罚金刑已履行完毕。三是对康某假释后是否具有再犯罪危险进行考量。结合司法局出具的"关于对康某适用假释调查评估意见书"，走访调取了康某居住地村支书、邻居等人的证言，证实康某犯罪前表现良好，无犯罪前科和劣迹，且上述人员均愿意协助监管帮教康某。四是对康某家庭是否具有监管条件和能力进行考量。通过走访康某原在校班主任，其证实康某在校期间系班干部，学习刻苦，乐于助人，无违反校规校纪情况；康某的父母职业稳定，认识到康某所犯罪行的社会危险性，对康某假释后监管帮教有明确可行的措施和计划。

监督意见： 2018年6月26日，郑州市人民检察院提出对罪犯康某依法提请假释的检察意见。郑州未成年犯管教所接受检察机关的意见，于2018年6月28日向郑州市中级人民法院提请审核裁定。为增强假释庭审效果，督促罪犯父母协助落实帮教措施，郑州市人民检察院提出让康某的父母参加假释庭审的建议并被郑州市中级人民法院采纳。

监督结果： 2018年7月27日，郑州市中级人民法院在郑州未成年犯管教所开庭审理罪犯康某假释案。庭审中，检察人员发表了依法对康某假释的检察意见，对康某成长经历、犯罪轨迹、性格特征、原判刑罚执行、假释后监管条件和帮教措施等涉及康某假释的问题进行了说明。康某的父母以及郑州未成年犯管教所百余名未成年服刑罪犯旁听了庭审，康某父母检讨了在教育孩子问题上的不足并提出了假释后的家庭帮教措施，百余名未成年罪犯受到了很好的法治教育。2018年7月30日，郑州市中级人民法院依法对罪犯康某裁定假释。

【指导意义】

1.罪犯既符合法定减刑条件又符合法定假释条件的，可以优先适用假释。减刑、假释都是刑罚变更执行的重要方式，与减刑相比，假释更有利于维护裁判的权威和促进罪犯融入社会、预防罪犯再犯罪。目前，世界其他法治国家多数是实行单一假释制度或者是假释为主、减刑为辅的刑罚变更执行制度。但在我国司法实践中，减刑、假释适用不平衡，罪犯减刑比例一般在百分之二十多，假释比例只有百分之一左右，假释适用率低。人民检察院在办理减刑、假释案件时，应当充分发挥减刑、假释制度的不同价值功能，对既符合法定减刑条件又符合法定假释条件的罪犯，可以建议刑罚执行机关提请人民法院优先适用假释。

2.对犯罪时未满十八周岁的罪犯适用假释可以依法从宽掌握，综合各种因素判断罪犯是否符合假释条件。人民检察院办理犯罪时未满十八周岁的罪犯假释案件，应当综合罪犯犯罪情节、原判刑罚、服刑表现、身心特点、监管帮教等因素依法从宽掌握。特别是对初犯、偶犯和在校学生等罪犯，假释后其家庭和社区具有帮教能力和条件的，可以建议刑罚执行机关和人民法院依法适用假释。对罪犯"假释后有无再犯罪危险"的审查判断，人民检察院应当根据相关法律和司法解释的规定，结合未成年罪犯犯罪的具体情节、原判刑罚情况，其在刑罚执行中的一贯表现、帮教条件（包括其身体状况、性格特征、被假释后生活来源以及帮教环境等因素）综合考虑。

3.对犯罪时未满十八周岁的罪犯假释案件，人民检察院可以建议罪犯的父母参加假释庭审。将未成年人罪犯父母到庭制度引入假释案件审理中，有助于更好地调查假释案件相关情况，客观准确地适用法律，保障罪犯的合法权益，督促罪犯假释后社会帮教责任的落实，有利于发挥司法机关、家庭和社会对罪犯改造帮教的合力作用，促进罪犯的权益保护和改造教育，实现办案的政治效果、法律效果和社会效果的有机统一。

4.人民检察院应当做好罪犯监狱刑罚执行和社区矫正法律监督工作的衔接，继续加强对假释的罪犯社区矫正活动的法律监督。监狱罪犯被裁定假释实行社区矫正后，检察机关应当按照《中华人民共和国社区矫正法》的有关规定，监督有关部门做好罪犯的交付、接收等工作，并应当做好对社区矫正机构对罪犯社区矫正活动的监督，督促社区矫正机构对罪犯进行法治、道德等方面的教育，组织其参加公益活动，增强其法治观念，提高其道德素质和社会责任感，帮助其融入社会，预防和减少犯罪。

【相关规定】

《中华人民共和国刑法》第八十一条、第八十二条

《中华人民共和国刑事诉讼法》第二百七十三条、第二百七十四条

《中华人民共和国未成年人保护法》第五十条

《中华人民共和国预防未成年人犯罪法》第四十七条

《中华人民共和国社区矫正法》第三十六条、第四十二条

《最高人民法院关于办理减刑、假释案件具体应用法律的规定》第二十六条

案例三　罪犯王某某暂予监外执行监督案

（检例第72号）

【关键词】

暂予监外执行监督　徇私舞弊　不计入执行刑期　贿赂　技术性证据的审查

【要旨】

人民检察院对违法暂予监外执行进行法律监督时，应当注意发现和查办背后的相关司法工作人员职务犯罪。对司法鉴定意见、病情诊断意见的审查，应当注重对其及所依据的原始资料进行重点审查。发现不符合暂予监外执行条件的罪犯通过非法手段暂予监外执行的，应当依法监督纠正。办理暂予监外执行案件时，应当加强对鉴定意见等技术性证据的联合审查。

【基本案情】

罪犯王某某，男，1966年4月3日出生，个体工商户。2010年9月16日，因犯保险诈骗罪被辽宁省营口市站前区人民法院判处有期徒刑五年，并处罚金人民币十万元。

罪犯王某某审前未被羁押但被判处实刑，交付执行过程中，罪犯王某某及其家属以其身体有病为由申请暂予监外执行，法院随后启动保外就医鉴定工作。2011年5月17日，营口市站前区人民法院依据营口市中医院司法鉴定所出具的罪犯疾病伤残司法鉴定书，因罪犯王某某患"2型糖尿病""脑梗塞"，符合《罪犯保外就医疾病伤残范围》（司发〔1990〕247号）第十条规定，决定对其暂予监外执行一年。一年期满后，经社区矫正机构提示和检察机关督促，法院再次启动暂予监外执行鉴定工作，委托营口市中医院司法鉴定所进行鉴定。期间，营口市中医院司法鉴定所被上级主管部门依法停业整顿，未能及时出具鉴定意见书。2014年7月29日，营口市站前区人民法院依据营口市中医院司法鉴定所出具的罪犯疾病伤残司法鉴定书，以罪犯王某某患有"高血压病3期，极高危""糖尿病合并多发性脑梗塞"，符合《罪犯保外就医疾病伤残范围》（司发〔1990〕247号）第三条、第十条规定，决定对其暂予监外执行一年。

2015年1月16日，营口市站前区人民法院因罪犯王某某犯保险诈骗犯罪属于"三类罪犯"、所患疾病为"高血压"，依据2014年12月1日起施行的《暂予监外执行规定》，要求该罪犯提供经诊断短期内有生命危险的证明。罪犯王某某因无法提供上述证明被营口市站前区人民法院决定收监执行剩余刑期有期徒刑三年，已经暂予监外执行的两年计入执行刑期。2015年9月8日，罪犯王某某被交付执行刑罚。

【检察机关监督情况】

线索发现：2016年3月，辽宁省营口市人民检察院在对全市两级法院决定暂予监外执行案件进行检察中发现，营口市站前区人民法院对罪犯王某某决定暂予监外执行所依据的病历资料、司法鉴定书等证据材料有诸多疑点，于是调取了该罪犯的法院暂予监外执行卷宗、社区矫正档案、司法鉴定档案等。经审查发现：罪犯王某某在进行司法鉴定时，负责对其进行查体的医生与本案鉴定人不是同一人，卷宗材料无法证实鉴定人是否见过王某某本人；罪犯王某某2011年5月17日、2014年7月29日两次得到暂予监外执行均因其患有"脑梗塞"，但两次司法鉴定中均未做过头部CT检查。

立案侦查：营口市人民检察院经审查认为，罪犯王某某暂予监外执行过程中有可能存在违纪或违法问题，依法决定对该案进行调查核实。检察人员调取了罪犯王某某在营口市中心医院的住院病历等书证与鉴定档案等进行比对，协调监狱对罪犯王某某重新进行头部 CT 检查，对时任营口市中医院司法鉴定所负责人赵某、营口市中级人民法院技术科科长张某及其他相关人员进行询问。经过调查核实，检察机关基本查明了罪犯王某某违法暂予监外执行的事实，认为相关工作人员涉嫌职务犯罪。2016 年 4 月 10 日，营口市人民检察院以营口市中级人民法院技术科科长张某、营口市中医院司法鉴定所负责人赵某涉嫌徇私舞弊暂予监外执行犯罪，依法对其立案侦查。经侦查查明：2010 年 12 月至 2013 年 5 月，张某在任营口市中级人民法院技术科科长期间，受罪犯王某某亲友等人请托，在明知罪犯王某某不符合保外就医条件的情况下，利用其负责鉴定业务对外进行委托的职务便利，两次指使营口市中医院司法鉴定所负责人赵某为罪犯王某某作出虚假的符合保外就医条件的罪犯疾病伤残司法鉴定意见。赵某在明知罪犯王某某不符合保外就医条件的情况下，违规签发了罪犯王某某因患"糖尿病合并脑梗塞"、符合保外就医条件的司法鉴定书，导致罪犯王某某先后两次被法院决定暂予监外执行。期间，张某收受罪犯王某某亲友给付好处费人民币五万元，赵某收受张某给付的好处费人民币七千元。同时，检察机关注意到罪犯王某某的亲友为帮助王某某违法暂予监外执行，向营口市中级人民法院技术科科长张某等人行贿，但综合考虑相关情节和因素后，检察机关当时决定不立案追究其刑事责任。

监督结果：案件侦查终结后，检察机关以张某构成受贿罪、徇私舞弊暂予监外执行罪，赵某构成徇私舞弊暂予监外执行罪，依法向人民法院提起公诉。2017 年 5 月 27 日，人民法院以张某犯受贿罪、徇私舞弊暂予监外执行罪，赵某犯徇私舞弊暂予监外执行罪，对二人定罪处罚。

判决生效后，检察机关依法向营口市站前区人民法院发出《纠正不当暂予监外执行决定意见书》，提出罪犯王某某在不符合保外就医条件的情况下，通过他人贿赂张某、赵某等人谋取了虚假的疾病伤残司法鉴定意见；营口市站前区人民法院依据虚假鉴定意见作出的暂予监外执行决定显属不当，建议法院依法纠正2011年5月17日和2014年7月29日对罪犯王某某作出的两次不当暂予监外执行决定。

营口市站前区人民法院采纳了检察机关的监督意见，作出《收监执行决定书》，认定"罪犯王某某贿赂司法鉴定人员，被二次鉴定为符合暂予监外执行条件，人民法院以此为依据决定对其暂予监外执行合计二年，上述二年暂予监外执行期限不计入已执行刑期"。后罪犯王某某被收监再执行有期徒刑二年。

【指导意义】

1. 人民检察院对暂予监外执行进行法律监督时，应注重发现和查办违法暂予监外执行背后的相关司法工作人员职务犯罪案件。实践中，违法暂予监外执行案件背后往往隐藏着司法腐败。因此，检察机关在监督纠正违法暂予监外执行的同时，应当注意发现和查办违法监外执行背后存在的相关司法工作人员职务犯罪案件，把刑罚变更执行法律监督与职务犯罪侦查工作相结合，以监督促侦查，以侦查促监督，不断提升法律监督质效。在违法暂予监外执行案件中，一些罪犯亲友往往通过贿赂相关司法工作人员等手段，帮助罪犯违法暂予监外执行，这是违法暂予监外执行中较为常见的一种现象，对于情节严重的，应当依法追究其刑事责任。

2. 对司法鉴定意见、病情诊断意见的审查，应当注重对其及所依据的原始资料进行重点审查。检察人员办理暂予监外执行监督案件时，应当在审查鉴定意见、病情诊断的基础上，对鉴定意见、病情诊断所依据的原始资料进行重点审查，包括罪犯以往就医病历资料、病情诊断所依据的体检记录、住院病案、影像学报告、检查报告单等，判明原始资料以及鉴定意见和病情诊断的真伪、资料的证明力、鉴定人员的资质、产生资料的程序等问题，以及是否能够据此得出鉴定意见、病情诊断所阐述的结论性意见，相关鉴定部门及鉴定人的鉴定行为是否合法有效等。经审查发现疑点的应进行调查核实，可以邀请有专门知识的人参加。同时，也可以视情况要求有关部门重新组织或者自行组织诊断、检查或者鉴别。

3.办理暂予监外执行案件时，应当加强对鉴定意见等技术性证据的联合审查。司法实践中，负责直接办理暂予监外执行监督案件的刑事执行检察人员一般缺乏专业性的医学知识，为确保检察意见的准确性，刑事执行检察人员在办理暂予监外执行监督案件时，应当委托检察技术人员对鉴定意见等技术性证据进行审查，检察技术人员应当协助刑事执行检察人员审查或者组织审查案件中涉及的鉴定意见等技术性证据。刑事执行检察人员可以将技术性证据审查意见作为审查判断证据的参考，也可以作为决定重新鉴定、补充鉴定或提出检察建议的依据。

【相关规定】
《中华人民共和国刑法》第四百零一条
《中华人民共和国刑事诉讼法》第二百六十七条、第二百六十八条
《暂予监外执行规定》第二十九条、第三十条、第三十一条、第三十二条

部分新闻链接

1. 新华社 2020 年 6 月 3 日报道《2018 年以来检察机关共监督"减假暂"活动 8.6 万件》

2. 中央广播电视总台央视 2020 年 6 月 3 日报道《最高检：两年监督纠正 8 万余件违规减刑假释等案件》

3. 中央广播电视总台央广 2020 年 6 月 3 日报道《减刑、假释、暂予监外执行如何避免司法不公？最高检发指导性案例》

4. 光明日报 2020 年 6 月 4 日报道《持续加强对"以权赎身""提钱出狱"的监督纠正》

5. 中央纪委国家监委网站 2020 年 6 月 3 日报道《加强监督 严查违法刑罚执行背后职务犯罪》

6. 中新社 2020 年 6 月 3 日报道《中国检方监督纠正一批"有权人""有钱人"刑罚变更执行不规范案件》

提升职务犯罪检察品质　为反腐败斗争贡献检察力量
——最高人民检察院发布第二十批指导性案例

发布时间：2020 年 7 月 21 日 10:00

发布内容：通报 2018 年以来检察机关办理职务犯罪案件工作情况，发布第二十批指导性案例

发布地点：最高人民检察院

主 持 人：肖　玮　最高人民检察院新闻办副主任、新闻发言人

出席嘉宾：王守安　最高人民检察院检察委员会委员、第三检察厅厅长

　　　　　韩晓峰　最高人民检察院第三检察厅副厅长

　　　　　张希靖　最高人民检察院第三检察厅副厅长

主题发布

肖 玮

各位记者朋友,上午好!欢迎参加最高人民检察院新闻发布会。今天发布会的主题是"提升职务犯罪检察品质 为反腐败斗争贡献检察力量"。出席今天新闻发布会的嘉宾是:最高人民检察院检察委员会委员、第三检察厅厅长王守安,副厅长韩晓峰、张希靖。

党的十八大以来,随着党风廉政建设和反腐败斗争的深入推进,反腐败工作成效显著。为坚持和加强党对反腐败工作的集中统一领导,党的十八届六中全会决定深化国家监察体制改革,建立集中统一、权威高效的监察体系。党的十九大强调,深化国家监察体制改革,把党内监督同国家机关监督、民主监督、司法监督、群众监督、舆论监督贯通起来,增强监督合力。全国各级检察机关坚持党对反腐败工作的绝对领导,讲政治、顾大局,坚决落实国家监察体制改革部署要求,截至2018年2月全面完成职务犯罪侦查、预防部门转隶各项工作。

今天新闻发布会主要有三项议程:一是通报检察机关办理职务犯罪案件工作主要情况;二是发布最高人民检察院第二十批指导性案例;三是回答记者提问。

转隶两年多来,检察机关树立转隶就是转机的理念,以内设机构改革为突破口,在监督与办案中找准定位,积极谋划新时代职务犯罪检察工作。在最高检重新调整组建的10个检察业务机构中,第三检察厅也可称职务犯罪检察厅,负责职务犯罪案件的办理和对下指导工作。今天的新闻发布会是监察体制改革后，第三检察厅首次在新闻发布会中亮相，也是改革后首次发布职务犯罪类指导性案例，对总结监检衔接经验，指导全国检察机关积极适用法律规定的新程序、新制度，提高职务犯罪案件办理质效具有积极意义。

下面进行第一项议程：请王守安厅长通报检察机关办理职务犯罪案件工作主要情况。

王守安

2018年全面深化监察体制改革以来，全国检察机关切实提高政治站位，不断增强"四个意识"、坚定"四个自信"、坚决做到"两个维护"，努力准确把握人民群众更高法治需求，大力深化检察供给侧改革，积极谋划新时代职务犯罪检察工作，为推动反腐败斗争深入开展、巩固反腐败斗争压倒性胜利，作出了积极贡献。

为切实加强职务犯罪检察工作，更好指导各地加强办案衔接与配合制约，进一步提升办理职务犯罪案件质效，今天，最高人民检察院发布以职务犯罪检察工作为主题的第二十批指导性案例。根据法律规定，检察机关在反腐败斗争中的职能主要体现在两个方面：一是办理监察机关移送起诉的职务犯罪案件；二是对司法工作人员相关职务犯罪案件立案侦查、审查起诉。我们这次发布的案例主要涉及职务犯罪案件起诉工作方面。下面，我结合指导性案例，对2018年以来的职务犯罪检察工作情况作一下介绍。

一、检察机关办理职务犯罪案件的总体情况与案件特点

2018年至2019年，全国检察机关共受理各级监委移送职务犯罪40326人。其中2018年受理16092人，2019年受理24234人，同比上升50.6%。经审查，决定提起公诉28387人，决定不起诉954人。

案件总体上呈现以下特点：

一是贪污贿赂犯罪是主要职务犯罪类型。检察机关受理的职务犯罪案件中，贪污贿赂类犯罪占比超过80%，所涉罪名集中在贪污罪、受贿罪、行贿罪和挪用公款罪。渎职侵权类犯罪占比10%左右，所涉罪名主要集中在玩忽职守罪、滥用职权罪、徇私枉法罪等。

二是基层公职人员职务犯罪占绝大多数。我们这次发布的案例涉案人员级别在总体上也是因应这个特点。在检察机关受理的职务犯罪案件中，乡科级以下公职人员占80%以上。此类犯罪主要发生在工程建设、征地动迁、惠民资金、专项补贴等资金密集、监管薄弱领域，且农村基层组织工作人员职务犯罪增幅明显，蝇贪、蚁贪类案件占比较大，基层公职人员仍是腐败犯罪高发群体。

三是个别案件犯罪数额特别巨大，影响十分恶劣。少数职务犯罪分子利欲熏心，疯狂敛财，不计后果，涉案金额十分巨大，有的涉案金额高达几千万、上亿元。其中既有小官大贪，也有高官巨贪。如最近开庭审理的陕西省委原书记赵正永，受贿7.17亿元。这些案件影响恶劣，严重败坏党和政府形象。

四是积极适用违法所得没收特别程序办理了一批案件。积极参与反腐败国际追逃追赃和国企跨境腐败治理工作，充分发挥违法所得没收程序对外逃腐败犯罪分子的警示、教育和惩治作用，依法对逃匿、死亡的贪污贿赂犯罪嫌疑人提出没收违法所得申请30件，追回违法所得5.56亿元，确保不让腐败犯罪分子经济上占到便宜。

二、检察机关严格依法办理职务犯罪案件，在反腐败斗争中勇于担当、积极作为

全国检察机关认真贯彻刑事诉讼法和监察法，坚决拥护、自觉支持、全力配合监察体制改革稳步推进，加强沟通协商，注重衔接配合，完善机制制度，严格依法办案，确保案件质量效果，同时也建设了一支专业化队伍，积累了一定的办案经验。

一是坚持党对职务犯罪检察工作的绝对领导。进一步提高政治站位，始终坚持党对职务犯罪检察工作的绝对领导，真正把中央反腐败

的要求细化、实化、具体化，把依法惩治职务犯罪作为落实全面从严治党的重要内容。2018年以来，最高检就办理职务犯罪案件情况多次向党中央专题报告，切实把党对加强腐败犯罪治理的政策精神贯穿到司法办案全过程，不断推进职务犯罪检察工作实现新进展、取得新成效。

二是以办案为中心，保持惩治腐败高压态势。坚持把办案作为推动工作发展的重要抓手，在整体保障办案质效的基础上，选派精干力量，强化办案指导，重点办好有影响的重大复杂案件，保持对腐败犯罪的高压态势。依法对孙政才、王三运、秦光荣、陈刚等48名原省部级以上人员提起公诉。各级检察机关在办案中既注重与监察机关、审判机关相互配合，努力形成惩治腐败犯罪的合力；又依法相互制约，依法适用退查和不起诉，依法保障犯罪嫌疑人及其辩护人的各项诉讼权利，严把案件质量关口，努力实现职务犯罪案件办理政治效果、法律效果、社会效果的有机统一。

三是积极服务保障党和国家工作大局。各级检察机关加强与有关部门协作，全力配合开展"三大攻坚战"和"扫黑除恶"专项斗争，严厉打击相关职务犯罪和为黑恶势力充当"保护伞"的腐败犯罪。认真落实中央关于促进民营经济发展的部署要求，对涉案的民营企业及直接负责人，依法落实宽严相济刑事政策，最大限度促进民营企业复工复产。同时，还结合办理职务犯罪案件中发现的监管漏洞，及时制发检察建议，延伸办案效果，积极服务保障经济社会发展大局。

四是以机制建设为引领全面加强监检衔接。做好监察法与刑事诉讼法的衔接贯通，是监察体制改革以来检察机关办理职务犯罪工作面临的新课题、新任务。各级检察机关始终把健全完善监检衔接制度机制，放在工作中的突出位置，积极做好与各级监察机关的办案衔接。最高检与国家监委共同研究建立办理职务犯罪衔接机制，及时出台相关工作文件，工作机制顺畅、运行规范。地方各级监委、检察院共同会商出台一系列加强配合与制约的规范性文件，努力推动监察法、刑事诉讼法有效衔接，保证了反腐败工作顺利推进。

三、下一步推进职务犯罪检察工作的考虑

全国检察机关将始终以习近平新时代中国特色社会主义思想为指导，认真贯彻落实党的十九届四中全会和中央纪委十九届四次全会精神，切实做优做强职务犯罪检察工作，努力为经济社会发展和反腐败斗争作出新的更大贡献。

一是始终坚持党对检察工作的绝对领导，自觉把职务犯罪检察工作纳入党和国家事业全局与反腐败斗争大局中谋划和推进。进一步深入学习习近平新时代中国特色社会主义思想，切实强化政治机关意识，把增强"四个意识"、坚定"四个自信"、做到"两个维护"落实、落细、落具体，始终把职务犯罪检察工作置于党的绝对领导之下，纳入到党和国家事业全局和反腐败斗争大局中谋划和推进。牢牢坚持以人民为中心的思想，以高度的政治自觉、法治自觉和检察自觉，全面提升职务犯罪检察品质，推动职务犯罪检察工作在新的起点上实现更好发展，取得更大进步。

二是严格依法办理职务犯罪案件，进一步提升办案质量与效果。紧紧抓住案件质量不放松，健全案件质量保障机制，强化证据审查工作，在提前介入、审查逮捕、审查起诉等各环节，严把事实关、证据关、程序关和法律适用关。进一步强化出庭公诉工作，高质量完成指控犯罪、认罪服法教育和释法说理工作。积极参与反腐败国际追逃追赃和国企跨境腐败治理工作，依法指导办好一批外逃贪官适用违法所得没收程序案件，积极推进适用缺席审判程序，充分发挥两个特别程序对外逃腐败犯罪分子的警示、教育和惩罚作用。积极适用认罪认罚从宽制度，促使犯罪嫌疑人、被告人认罪悔罪，扎实做好追赃挽损工作，全面提升办理职务犯罪案件质量和效果。

三是加强职务犯罪检察工作制度化、规范化建设，提升反腐败斗争合力。不断完善监察法、刑事诉讼法贯通衔接机制，立足于全面推进国家治理体系和治理能力现代化，加强职务犯罪检察工作制度化、规范化建设，确保监察法、刑事诉讼法衔接畅通，保障检察权客观公正行使，促进职务犯罪检察工作健康发展。进一步加强与监察机关、

审判机关、公安机关的沟通联系与配合制约，不断提升反腐败斗争合力。

四是大力加强职务犯罪检察工作专业化建设。大力加强职务犯罪检察队伍"革命化、正规化、专业化、职业化"建设，结合深入开展理想信念教育和政法队伍教育整顿工作，全面强化纪律作风建设，牢固树立忠诚党的事业和以人民为中心的崇高信念。大力推进职务犯罪检察专业化人才建设，抓紧建立职务犯罪检察人才库，积极开展业务培训、出庭观摩、优秀案件评选、以案代训等业务和队伍建设活动，着力提高职务犯罪检察人员适应新形势、新任务的综合业务素能，切实加强能力建设和专业技能储备，不断提升职务犯罪检察队伍的专业化水平。

肖 玮

谢谢王守安厅长。下面进行第二项议程。发布最高人民检察院第二十批指导性案例。这批共4件案例已经作为新闻发布会材料印发给大家。为了便于大家更好地了解掌握这些案例，现在请韩晓峰副厅长简要介绍指导性案例有关情况。

韩晓峰

为规范人民检察院办理职务犯罪案件工作，提高职务犯罪案件办理质量和效果，我们围绕职务犯罪检察主题制发了最高人民检察院第二十批指导性案例。经最高人民检察院第十三届检察委员会第四十二次会议审议通过，今天正式发布。下面，我简要介绍一下案例的相关情况及指导意义。

一、浙江省某县图书馆及赵某、徐某某单位受贿、私分国有资产、贪污案

该案的基本案情是：2012年至2016年，被告人赵某、徐某某作为浙江省某县图书馆的原馆长和副馆长，经集体讨论决定，通过在书籍采购过程中账外暗中收受回扣的方式，收受有关业务单位所送人民币共计36万余元，用于发放工作人员福利及支付本单位其他开支。同时，通过从上述业务单位虚开购书发票、虚列劳务支出、采购价格虚高的借书卡等手段套取财政资金，经集体讨论决定后，将其中的56万余元以单位名义集体私分给本单位工作人员。在套取财政资金过程中，被告人徐某某利用职务之便，套取3.8万元据为己有。

检察机关在审查监察机关移送的赵某涉嫌犯罪案件时，认为还应当追究县图书馆的单位受贿罪刑事责任，经与监察机关沟通后以单位受贿罪对县图书馆提起公诉。同时认为，徐某某作为参与研究并负责具体实施的副馆长，也应作为其他直接责任人员追究其单位受贿罪、私分国有资产罪的刑事责任，同时还发现其涉嫌贪污犯罪问题线索，遂将线索及时移送监察机关。在监察机关对徐某某立案调查期间，赵某案审查起诉期限届满，所以检察机关先对图书馆和赵某提起公诉。后监察机关调查终结将徐某某案移送起诉后，检察机关另行对其提起公诉。

该案指导意义有两点：一是检察机关对事实清楚、证据确实充分的单位犯罪，经与监察机关沟通，可直接追加起诉。二是检察机关在审查起诉中，发现监察机关移送起诉的案件遗漏同案职务犯罪人或犯罪事实的，应当及时与监察机关沟通，依法处理。

二、李华波贪污案

该案基本案情是：2006年10月至2010年12月间，李华波利用担任鄱阳县财政局经济建设股股长管理该县基本建设专项资金的职务便利，伙同该股副股长张庆华（已判刑）、鄱阳县农村信用联社城区信用社主任徐德堂（已判刑）等人，采取套用以往审批手续、私自开具转账支票并加盖假印鉴、制作假银行对账单等手段，骗取鄱阳县财

政局基建专项资金共计人民币9400万元。除李华波与徐德堂赌博挥霍及同案犯分得部分赃款外，其余赃款被李华波占有。李华波将其中的240余万元，用于为本人及家人办理移民新加坡的手续及在新加坡购置房产；将其中的2700余万元兑换成新加坡元，转入本人及妻子在新加坡大华银行的个人账户内，用于购买房产及投资。后新加坡警方查封扣押李华波涉案财产合计540余万新加坡元（折合人民币约2600余万元）。

该案是我国刑事诉讼法修改增设违法所得没收程序以后适用该程序办理的第一案，也是唯一一例没收裁定生效后，犯罪嫌疑人归案并适用普通刑事诉讼程序审理的案件。

该案指导意义在于三个方面：一是对于犯罪嫌疑人、被告人逃匿的贪污贿赂等重大职务犯罪案件，符合法定条件的，人民检察院应当依法适用违法所得没收程序办理，促进追赃追逃工作开展。二是违法所得没收裁定生效后，犯罪嫌疑人、被告人到案的，人民检察院应当依照普通刑事诉讼程序审查起诉。三是在依照普通刑事诉讼程序办理案件过程中，要与原违法所得没收程序做好衔接。

三、金某某受贿案

该案基本案情是：2007年至2018年，被告人金某某在担任安徽省某医院党委书记、院长期间，利用职务上的便利，为请托人在承建工程项目、销售医疗设备、销售药品、支付货款、结算工程款、职务晋升等事项上提供帮助，非法收受他人财物共计人民币1161.1万元、4000欧元。

该案是一起检察机关适用认罪认罚从宽制度办理的重大职务犯罪案件。虽然受贿数额特别巨大，案件在当地有较大影响，但被告人自监察机关调查阶段即自愿如实供述自己的罪行，尤其是主动交代了监察机关尚未掌握的大部分犯罪事实，具有法定从轻处罚的坦白情节，且真诚悔罪，全部退赃，自愿表示认罪认罚。检察机关适用认罪认罚从宽制度办理，依法提出量刑建议并被法院采纳，监察机关也予以充分认可，案件办理取得良好效果。

该案的指导意义主要体现在三方面：一是对于犯罪嫌疑人自愿认罪认罚的职务犯罪案件，检察机关应当依法适用认罪认罚从宽制度办理。二是适用认罪认罚从宽制度办理职务犯罪案件，检察机关应切实履行主导责任。三是依法提出量刑建议，提升职务犯罪案件适用认罪认罚从宽制度效果。

四、张某受贿，郭某行贿、职务侵占、诈骗案

该案基本案情是：2014年11月，北京市东城区两住宅小区被某街道办事处确定为环卫项目示范推广单位。政府部门按规定给小区选出的项目指导员发放补贴款，由负责小区物业管理的北京某物业公司负责领取发放。2014年11月至2017年3月，郭某利用担任该物业公司客服部经理的职务之便，将代表物业公司领取的指导员补贴款共计人民币33.06万元据为己有。郭某从物业公司离职后，仍以物业公司客服部经理名义，冒领指导员补贴款6.84万元据为己有。2014年11月至2017年9月期间，张某接受郭某请托，利用担任某街道办事处环卫所职员、副所长的职务便利，不严格监督检查上述补贴款发放，非法收受郭某给予的人民币8.85万元。

该案在调查阶段，监察机关对案件定性存在意见分歧，检察机关提前介入就法律适用和证据完善提出意见，被监察机关采纳。案件移送起诉后，检察机关经全面审查，发现郭某除构成行贿罪外，还构成职务侵占罪和诈骗罪，且犯罪事实清楚、证据确实充分，经商有关机关同意后，依法追诉漏罪。

该案的指导意义主要体现在三方面：一是检察机关依法全面审查监察机关移送起诉案件，审查起诉意见可以改变提前介入意见，但应及时与监察机关沟通。二是对于监察机关在调查其管辖犯罪时已经查明，但属于公安机关管辖的犯罪，检察机关经商有关机关同意后，可以依法追加起诉。三是根据主客观相统一原则，准确区分受贿罪和贪污罪。

肖 玮

谢谢韩晓峰副厅长。接下来进行第三项议程,请各位记者朋友提问。

现场答问

中央广播电视总台央视新闻频道记者

我们注意到,最高检近年来案例发布频繁,效果都很好,但专门发布职务犯罪检察方面的案例这是第一次。请问以职务犯罪检察为主题发布指导性案例,主要考虑是什么?

张希靖

国家监察体制改革后,检察机关在办理职务犯罪案件中的职能和程序发生了重大变化。为规范人民检察院办理职务犯罪案件工作,提高职务犯罪案件办理质量和效果,进一步充分发挥检察机关在反腐败斗争中的职能作用,最高检围绕职务犯罪检察主题发布此批指导性案例,主要有三方面考虑:

一是指导全国检察机关进一步充分发挥在反腐败斗争中的职能作用。党的十九大对新时代反腐败斗争和深化国家监察体制改革做出重要部署。在全面推进监察体制改革背景下,检察机关作为党领导下的司法机关,在党和国家反腐败总体格局中,肩负着重要政治责任和重大法律责任。在惩治腐败犯罪的司法环节中,检察机关承担着确认、巩固和拓展监察调查成果，追诉职务犯罪行为，进而实现刑罚对腐败犯罪分子的惩罚、警戒、教育功能等重要职责。发布此批以职务犯罪检察为主题的指导性案例，有助于指导全国检察机关以高度的政治自觉、法治自觉和检察自觉，在反腐败斗争中履职尽责、积极作为、勇于担当，进一步做优做强做实职务犯罪检察各项工作，更好服务党和国家反腐败大局，为推进国家治理体系和治理能力现代化贡献检察智慧与力量。

二是指导全国检察机关进一步依法规范办理职务犯罪案件。面对监察体制改革与司法体制改革、诉讼制度改革、检察机关内设机构改革相叠加的新形势新任务，全国检察机关积极与监察机关、审判机关等有关部门加强沟通协作，注重衔接配合与制约，成功办理了一批案件，也积累了一些好的经验做法。由于目前仍处于监察体制改革初期，新的办案机制运行时间还不长，在这种情况下，通过发布相关指导性案例，可以为全国检察机关依法办理类似案件提供参考和借鉴，进而推动相关配套制度机制不断健全。

三是指导全国检察机关积极适用法律规定的新程序新制度。2012年刑诉法修改增设了犯罪嫌疑人、被告人逃匿、死亡案件违法所得的没收程序，2018年刑诉法修改又新规定缺席审判程序和认罪认罚从宽制度，也有相关司法解释陆续出台。这些新程序新制度有利于提升职务犯罪案件办理效果，有利于维护国家法治权威，有利于提升反腐败国际追赃追逃工作的法治化水平。此次发布的适用违法所得没收程序和认罪认罚从宽制度两个案例，目的在于指导全国检察机关进一步加大适用这些新程序新制度的力度，更好发挥这些新程序新制度的积极作用。

中央广播电视总台央广记者

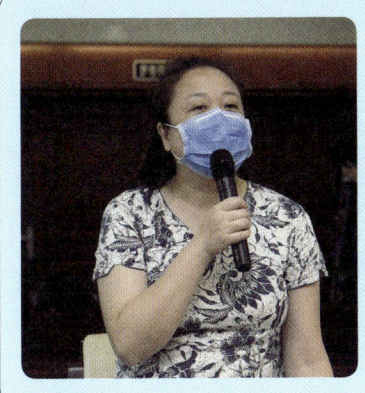

根据法律规定,监察机关调查的案件,需要追究刑事责任的,必须移送检察机关审查起诉。请问监察机关调查的职务犯罪案件移送给检察机关后,检察机关是如何办理的?

王守安

根据监察法和刑事诉讼法规定,监察机关对公职人员涉嫌职务犯罪案件依法调查后,移送检察机关审查起诉。检察机关对其中已采取留置措施的案件,应当对犯罪嫌疑人先行拘留,并在拘留后十日以内作出是否逮捕、取保候审或者监视居住的决定。检察机关经对案件审查,认为犯罪事实清楚、证据确实充分,符合起诉条件的,应当提起公诉,并出席法庭支持公诉,依法履行审判监督职能。经审查认为需要进一步补充完善证据的,可以退回监察机关补充调查,也可以自行补充侦查;认为符合法律规定的不追究刑事责任的情形等,或者经两次退回补充调查后,仍然认为证据不足、不符合起诉条件的,应当作出不起诉决定;认为犯罪情节轻微、不需要提起公诉的,可以作出不起诉决定。

此外,在一些重大的职务犯罪案件调查过程中,监察机关也会商请检察机关提前介入,由检察机关指派检察官或检察官办案组,通过听取案情介绍、审阅案卷证据等方式,从证据审查、事实认定、法律适用、涉案款物处理以及调查程序等方面提出意见建议,以保证移送审查起诉案件质量。最高检出台了《人民检察院提前介入监察委员会办理职务犯罪案件工作规定》，对此项工作作出了具体规定。

民主与法制周刊记者

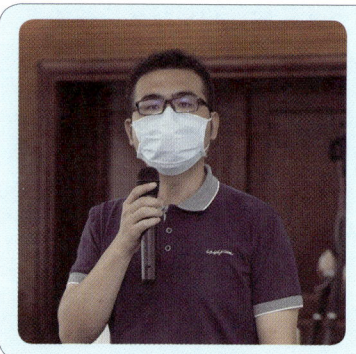

监察体制改革后，对职务犯罪的调查由监察机关负责，监察机关调查后，要移送检察机关办理。请问在职务犯罪案件办理过程中，检察机关与监察机关衔接情况如何？

张希靖

为了深入推进反腐败斗争，检察机关和监察机关在办理职务犯罪案件中需要互相配合、互相制约，合力加强对腐败犯罪分子的打击，保持反腐败高压态势。

监检衔接是否顺畅，关系着职务犯罪案件的办理质效。在全面推进监察体制改革以来两年多的实践中，各级检察机关提高政治站位，坚决拥护、自觉支持、全力配合监察体制改革，在办理职务犯罪案件中大力加强与监察机关的衔接工作，主动适应监察机关办案工作新模式。各级监察机关坚决贯彻落实党中央决策部署，优质高效做好深化监察体制改革各项工作，积极探索、着力强化、不断完善纪法贯通、法法衔接有效举措，确保监察法和刑诉法衔接畅通、办理职务犯罪案件工作顺利推进。

国家监委与最高检共同出台了《办理职务犯罪案件工作衔接办法》，最高检通过修改《人民检察院刑事诉讼规则》，确立和完善检察机关办理职务犯罪案件的程序和机制。很多地方监委和检察院也都及时出台衔接规范，共同制发文件，在提前介入、指定管辖、程序衔接、案件移送、证据审查等方面加强规范，积极有效解决办案衔接中遇到的问题。

可以说，通过检察机关与监察机关共同努力，已经逐步建立较为明确、严格的办案规范和程序，推进了监检衔接的规范化和制度化。在国家监委领导高度重视下，中央层面国家监委与最高检工作衔接顺畅，一系列重大案件顺利推进，取得了很好的政治、法律和社会效果，得到了党中央和社会各界的充分肯定和认可。地方各级监委与检察院按照国家监委和最高检的要求，在办案中严格依法履职，加强配合制约，保证了职务犯罪案件的质量与效果。

同时，随着实践的发展，职务犯罪案件办理工作中也会出现一些新的情况。对此，国家监委、最高检以及地方各级监察机关、检察机关都予以高度重视，针对面临的新形势、新任务、新情况，加强沟通协商，积极探索有效解决问题的途径与方式，并及时深入开展调查研究，提出进一步强化衔接配合的思路与措施，努力推动监检衔接更加顺畅，保障反腐败斗争顺利推进。

南方都市报记者

认罪认罚从宽制度是刑诉法规定的新制度，检察机关近年来大力推进。我们注意到，这次发布的案例中有一个适用认罪认罚从宽制度的。请问检察机关办理职务犯罪案件适用认罪认罚从宽制度情况如何？

韩晓峰

认罪认罚从宽制度是2018年修改后刑事诉讼法规定的一项重要制度，是全面贯彻宽严相济刑事政策的重要举措，没有适用罪名和可能判处刑罚的限定。对于犯罪嫌疑人、被告人自愿认罪认罚的职务犯罪案件，我们认为应当依法积极适用认罪认罚从宽制度办理。

第一，认真落实认罪认罚从宽制度，对于推动国家治理体系和治理能力现代化具有重要意义。法律规定了犯罪嫌疑人、被告人有自愿认罪认罚获得从宽处理的权利，适用好这项制度，有利于准确有效惩治犯罪、加强人权司法保障，有利于推动刑事案件繁简分流、提高刑事诉讼效率，有利于及时化解社会矛盾，促进社会和谐稳定。检察机关应强化责任担当，更加积极作为，推进这项制度在各项检察办案中深入贯彻实施。

第二，职务犯罪案件适用认罪认罚从宽制度，有利于推动反腐败斗争深入开展。职务犯罪案件适用认罪认罚从宽制度，能够更好地促使犯罪嫌疑人、被告人认罪认罚、认罪悔罪、减少对抗，主动交代问题，积极退缴赃款赃物，既有利于拓展反腐败的深度与广度，又可以节约司法资源，真正体现了宽严相济刑事政策，推进反腐败工作深入开展。

第三，对符合条件的职务犯罪案件，要积极适用认罪认罚从宽制度。由于职务犯罪案件具有一定特殊性，与普通刑事案件相比，目前适用认罪认罚从宽制度的比例还比较低。和自身纵向相比，适用比例提高的幅度还是比较大的。我们将进一步加强与监察机关、审判机关的沟通，积极推动这项制度的适用。受理移送起诉案件后，应及时告知犯罪嫌疑人享有的诉讼权利和认罪认罚从宽制度相关法律规定，保障犯罪嫌疑人的选择权。对于犯罪嫌疑人自愿认罪认罚的，积极适用认罪认罚从宽制度办理。根据犯罪的事实、性质、情节和对社会的危害程度，结合法定、酌定的量刑情节，综合考虑认罪认罚的具体情况，依法提出恰当的量刑建议，提升职务犯罪案件办理效果。

此次发布的金某某受贿案，虽然被告人犯罪数额特别巨大，但其真诚悔罪，自愿认罪认罚，且具有坦白、退赃等法定从轻处罚情节，检察机关依法适用认罪认罚从宽制度办理，综合考虑案件事实、情节等情况，对金某某提出确定刑量刑建议，法院判决予以采纳并当庭宣判，金某某当庭表示服判不上诉，案件取得很好的效果。可以说，这个案例充分展示了职务犯罪适用认罪认罚从宽制度的价值和意义。

检察日报记者

对外逃贪官的追赃是公众普遍关心的问题。2012年刑事诉讼法修改设立了违法所得没收程序，该程序在职务犯罪案件中的适用情况怎样？

韩晓峰

在2012年刑诉法修改前，对于贪污贿赂等职务犯罪嫌疑人、被告人因逃匿或者死亡无法到案时，诉讼程序难以进行，有些犯罪分子的违法所得难以处理，既不利于打击犯罪，也不利于追赃追逃活动的开展。2012年刑诉法修改增设了犯罪嫌疑人、被告人逃匿、死亡案件违法所得没收的特别程序，为解决这一问题提供了法律保障。

第一，违法所得没收程序对国际追赃追逃工作意义重大。近些年来，腐败犯罪分子"携款外逃"已经成为其逃避法律制裁的一种惯用伎俩。之前我国司法机关要求境外相关机构协助追缴涉案财产时，境外机构一般都会要求我国出具相应的生效裁判文书,由于我国没有建立相应程序,导致我国在提交追赃没收申请时难有成效。2005年全国人大常委会批准加入《联合国反腐败公约》,根据公约第57条所确立的精神,请求缔约国向被请求缔约国要求返还涉案财产时,后者可以要求前者提供生效的司法裁判文书。我国2012年刑诉法修改时创设这样一个不需对犯罪行为进行实质性定罪处罚的特别没收程序,既履行了我国的国际公约承诺,又为我国的国际追赃合作铺平了道路。有利于切断潜逃境外的犯罪分子的经济来源,促使其尽早回国投案自首。对潜在的腐败分子形成强大的内心震慑,有利于追逃防逃追赃一体推进。

第二,职务犯罪案件适用违法所得没收程序取得良好效果。2012年刑诉法修改设立违法所得没收特别程序后,各地检察机关稳妥积极探索推进,适用该程序办理了一批犯罪嫌疑人、被告人逃匿、死亡的重大职务犯罪案件。2018年以来适用该程序办理案件30件,依法没收违法所得5.56亿元,既为国家挽回了经济损失,也为国际追赃追逃工作贡献了检察智慧和检察力量。

第三,检察机关要积极推进适用违法所得没收程序。根据相关法律规定,没收违法所得必须由人民检察院向人民法院提出申请,但总体检察机关适用特别没收程序办理的案件还不多。为进一步加大对腐败犯罪的打击力度,切断犯罪分子经济来源,检察机关应切实发挥职能作用,对于贪污贿赂等重大职务犯罪案件,犯罪嫌疑人、被告人逃匿,在通缉一年后不能到案,如果有证据证明有犯罪事实,依照刑法规定应当追缴其违法所得及其他涉案财产的,人民检察院应当依法向人民法院提出没收违法所得的申请,以人民法院作出的没收裁定为法律依据,向相关国家提出刑事司法合作请求,积极推动国际追赃追逃工作开展。

此次发布的李华波贪污案,既是我国首例适用违法所得没收程序案件,又是首例通过没收违法所得追使犯罪嫌疑人主动回国投案,依法接受刑事审判的成功案例。对于推动全国检察机关依法适用违法所得没收程序，积极参与反腐败国际追赃追逃具有重要指导意义。

肖 玮

因为时间关系，提问就到这里。

习近平总书记曾指出："反腐倡廉必须常抓不懈，拒腐防变必须警钟长鸣，关键就在'常''长'二字。"反腐败是攻坚战，更是持久战。站在新的历史起点上，检察机关服务反腐败斗争工作任重道远。下一步，检察机关将继续发挥职能作用，坚持以人民为中心的理念，以高度的政治自觉、法治自觉和检察自觉，不断提升职务犯罪检察品质，切实做优做强职务犯罪检察工作，努力为经济社会发展和反腐败斗争贡献更多检察智慧、检察力量。也欢迎各位记者朋友多多关注、多多宣传职务犯罪检察工作，及时回应群众关切，共同营造风清气正的社会氛围。

发布会到此结束，谢谢大家。

指导性案例

最高人民检察院第二十批指导性案例

浙江省某县图书馆及赵某、徐某某单位受贿、私分国有资产、贪污案

（检例第73号）

【关键词】

单位犯罪　追加起诉　移送线索

【要旨】

人民检察院在对职务犯罪案件审查起诉时，如果认为相关单位亦涉嫌犯罪，且单位犯罪事实清楚、证据确实充分，经与监察机关沟通，可以依法对犯罪单位提起公诉。检察机关在审查起诉中发现遗漏同案犯或犯罪事实的，应当及时与监察机关沟通，依法处理。

【基本案情】

被告单位浙江省某县图书馆，全额拨款的国有事业单位。

被告人赵某，男，某县图书馆原馆长。

被告人徐某某，男，某县图书馆原副馆长。

（一）单位受贿罪

2012年至2016年，为提高福利待遇，经赵某、徐某某等人集体讨论决定，某县图书馆通过在书籍采购过程中账外暗中收受回扣的方式，收受A书社梁某某、B公司、C图书经营部潘某某所送人民币共计36万余元，用于发放工作人员福利及支付本单位其他开支。

（二）私分国有资产罪

2012年至2016年，某县图书馆通过从A书社、B公司、C图书经营部虚开购书发票、虚列劳务支出、采购价格虚高的借书卡等手段套取财政资金63万余元，经赵某、徐某某等人集体讨论决定，将其中的56万余元以单位名义集体私分给本单位工作人员。

（三）贪污罪

2015年，被告人徐某某利用担任某县图书馆副馆长，分管采购业务的职务之便，通过从C图书经营部采购价格虚高的借书卡的方式，套取财政资金3.8万元归个人所有。

【检察工作情况】

（一）提前介入提出完善证据体系意见，为案件准确定性奠定基础。某县监察委员会以涉嫌贪污罪、受贿罪对赵某立案调查，县人民检察院提前介入后，通过梳理分析相关证据材料，提出完善证据的意见。根据检察机关意见，监察机关进一步收集证据，完善了证据体系。2018年9月28日，县监察委员会调查终结，以赵某涉嫌单位受贿罪、私分国有资产罪移送县人民检察院起诉。

（二）对监察机关未移送起诉的某县图书馆，直接以单位受贿罪提起公诉。某县监察委员会对赵某移送起诉后，检察机关审查认为，某县图书馆作为全额拨款的国有事业单位，在经济往来中，账外暗中收受各种名义的回扣，情节严重，根据《刑法》第三百八十七条之规定，应当以单位受贿罪追究其刑事责任，且单位犯罪事实清楚，证据确实充分。经与监察机关充分沟通，2018年11月12日，县人民检察院对某县图书馆以单位受贿罪，对赵某以单位受贿罪、私分国有资产罪提起公诉。

（三）审查起诉阶段及时移送徐某某涉嫌贪污犯罪问题线

索,依法追诉漏犯漏罪。检察机关对赵某案审查起诉时,认为徐某某作为参与集体研究并具体负责采购业务的副馆长,属于其他直接责任人员,也应以单位受贿罪、私分国有资产罪追究其刑事责任。同时在审查供书商账目时发现,其共有两次帮助某县图书馆以虚增借书卡制作价格方式套取财政资金,但赵某供述只套取一次财政资金用于私分,检察人员分析另一次套取的3.8万元财政资金很有可能被经手该笔资金的徐某某贪污,检察机关遂将徐某某涉嫌贪污犯罪线索移交监察机关。监察机关立案调查后,通过进一步补充证据,查明了徐某某参与单位受贿、私分国有资产以及个人贪污的犯罪事实。2018年11月16日,县监察委员会调查终结,以徐某某涉嫌单位受贿罪、私分国有资产罪、贪污罪移送县人民检察院起诉。2018年12月27日,县人民检察院对徐某某以单位受贿罪、私分国有资产罪、贪污罪提起公诉。

2018年12月20日,某县人民法院以单位受贿罪判处某县图书馆罚金人民币二十万元;以单位受贿罪、私分国有资产罪判处赵某有期徒刑一年二个月,并处罚金人民币十万元。2019年1月10日,某县人民法院以单位受贿罪、私分国有资产罪、贪污罪判处徐某某有期徒刑一年,并处罚金人民币二十万元。

【指导意义】

(一)检察机关对单位犯罪可依法直接追加起诉。人民检察院审查监察机关移送起诉的案件,应当查明有无遗漏罪行和其他应当追究刑事责任的人。对于单位犯罪案件,监察机关只对直接负责的主管人员和其他直接责任人员移送起诉,未移送起诉涉嫌犯罪单位的,如果犯罪事实清楚,证据确实充分,经与监察机关沟通,检察机关对犯罪单位可以依法直接提起公诉。

（二）检察机关在审查起诉中发现遗漏同案犯或犯罪事实的，应当及时与监察机关沟通，依法处理。检察机关在审查起诉中，如果发现监察机关移送起诉的案件遗漏同案职务犯罪人或犯罪事实的，应当及时与监察机关沟通，依法处理。如果监察机关在本案审查起诉期限内调查终结移送起诉，且犯罪事实清楚，证据确实充分的，可以并案起诉；如果监察机关不能在本案审查起诉期限内调查终结移送起诉，或者虽然移送起诉，但因案情重大复杂等原因不能及时审结的，也可分案起诉。

【相关规定】

《中华人民共和国刑法》第三十条，第三十一条，第三百八十二条第一款，第三百八十三条第一款第一项、第三款，第三百八十七条，第三百九十六条第一款

《中华人民共和国刑事诉讼法》第一百七十六条

《中华人民共和国监察法》第三十四条

李华波贪污案

（检例第74号）

【关键词】

违法所得没收程序　犯罪嫌疑人到案　程序衔接

【要旨】

对于贪污贿赂等重大职务犯罪案件，犯罪嫌疑人、被告人逃匿，在通缉一年后不能到案，如果有证据证明有犯罪事实，依照刑法规定应当追缴其违法所得及其他涉案财产的，应当依法适用违法所得没收程序办理。违法所得没收裁定生效后，在逃的职务犯罪嫌疑人自动投案或者被抓获，监察机

关调查终结移送起诉的，检察机关应当依照普通刑事诉讼程序办理，并与原没收裁定程序做好衔接。

【基本案情】

被告人李华波，男，江西省上饶市鄱阳县财政局经济建设股原股长。

2006年10月至2010年12月间，李华波利用担任鄱阳县财政局经济建设股股长管理该县基本建设专项资金的职务便利，伙同该股副股长张庆华（已判刑）、鄱阳县农村信用联社城区信用社主任徐德堂（已判刑）等人，采取套用以往审批手续、私自开具转账支票并加盖假印鉴、制作假银行对账单等手段，骗取鄱阳县财政局基建专项资金共计人民币9400万元。除李华波与徐德堂赌博挥霍及同案犯分得部分赃款外，其余赃款被李华波占有。李华波用上述赃款中的人民币240余万元为其本人及家人办理了移民新加坡的手续及在新加坡购置房产；将上述赃款中的人民币2700余万元通过新加坡中央人民币汇款服务私人有限公司兑换成新加坡元，转入本人及妻子在新加坡大华银行的个人账户内。后李华波夫妇使用转入个人账户内的新加坡元用于购买房产及投资，除用于项目投资的150万新加坡元外，其余均被新加坡警方查封扣押，合计540余万新加坡元（折合人民币约2600余万元）。

【检察工作情况】

（一）国际合作追逃，异地刑事追诉。2011年1月29日，李华波逃往新加坡。2011年2月13日，鄱阳县人民检察院以涉嫌贪污罪对李华波立案侦查，同月16日，上饶市人民检察院以涉嫌贪污罪对李华波决定逮捕。中新两国未签订双边引渡和刑事司法协助条约，经有关部门充分沟通协商，决定依据两国共同批准加入的《联合国反腐败公约》和司法协助互惠原则，务实开展该案的国际司法合作。为有效开展工作，中央追逃办先后多次组织召开案件协调会，由监察、检察、外交、公安、审判和司法行政以及地方执法部门组成联合工作组先后8次赴新加坡开展工作。因中新两国最高检察机关均被本国指定为实施《联合国反腐败公约》司法协助的中央机关，其中6次由最高人民检察院牵头组团与新方进行工作磋商，拟定李华波案国际司法合作方案，相互配合，分步骤组织实施。

2011年2月23日，公安部向国际刑警组织请求对李华波发布红色通报，并向新加坡国际刑警发出协查函。2011年3月初，新加坡警方拘捕李华波。随后新加坡法院发出冻结令，冻结李华波夫妇转移到新加坡的涉案财产。2012年9月，新加坡总检察署以三项"不诚实盗取赃物罪"指控李华波。2013年8月15日，新加坡法院一审判决认定对李华波的所有指控罪名成立，判处其15个月监禁。

（二）适用特别程序，没收违法所得。李华波贪污公款9400万元人民币的犯罪事实，有相关书证、证人证言及同案犯供述等予以证明。根据帮助李华波办理转账、移民事宜的相关证人证言、银行转账凭证复印件、新加坡警方提供的《事实概述》、新加坡法院签发的扣押财产报告等证据，能够证明被新加坡警方查封、扣押、冻结的李华波夫妇名下财产，属于李华波贪污犯罪违法所得。

李华波在红色通报发布一年后不能到案，2013年3月6日，上饶市人民检察院向上饶市中级人民法院提出没收李华波违法所得申请。2015年3月3日，上饶市中级人民法院作出一审裁定，认定李华波涉嫌重大贪污犯罪，其逃匿新加坡后被通缉，一年后未能到案。现有证据能够证明，被新加坡警方扣押的李华波夫妇名下财产共计540余万新加坡元，均系李华波的违法所得，依法予以没收。相关人员均未在法定期限内提出上诉，没收裁定生效。2016年6月29日，新加坡高等法院作出判决，将扣押的李华波夫妇名下共计540余万新加坡元涉案财产全部返还中方。

（三）迫使回国投案，依法接受审判。为迫使李华波回国投案，中方依法吊销李华波全家四人中国护照并通知新方。2015年1月，新加坡移民局作出取消李华波全家四人新加坡永久居留权的决定。2015年2月2日，李华波主动写信要求回国投案自首。2015年5月9日，李华波被遣返回国，同日被执行逮捕。2015年12月30日，上饶市人民检察院以李华波犯贪污罪，向上饶市中级人民法院提起公诉。2017年1月23日，上饶市中级人民法院以贪污罪判处李华波无期徒刑，剥夺政治权利终身，并处没收个人全部财产。扣除同案犯徐德堂等人已被追缴的赃款以及依照违法所得没收程序裁定没收的赃款，剩余赃款继续予以追缴。

【指导意义】

（一）对于犯罪嫌疑人、被告人逃匿的贪污贿赂等重大职务犯罪案件，符合法定条件的，人民检察院应当依法适用违法所得没收程序办理。对于贪污贿赂等重大职务犯罪案件，犯罪嫌疑人、被告人逃匿，在通缉一年后不能到案，如果有证据证明有犯罪事实，依照刑法规定应当追缴其违法所得及其他涉案财产的，人民检察院应当依法向人民法院提出没收违法所得的申请，促进追赃追逃工作开展。

（二）违法所得没收裁定生效后，犯罪嫌疑人、被告人到案的，人民检察院应当依照普通刑事诉讼程序审查起诉。人民检察院依照特别程序提出没收违法所得申请，人民法院作出没收裁定生效后，犯罪嫌疑人、被告人自动投案或者被抓获的，检察机关应当依照普通刑事诉讼程序进行审查。人民检察院审查后，认为犯罪事实清楚，证据确实充分的，应当向原作出裁定的人民法院提起公诉。

（三）在依照普通刑事诉讼程序办理案件过程中，要与原违法所得没收程序做好衔接。对扣除已裁定没收财产后需要继续追缴违法所得的，检察机关应当依法审查提出意见，由人民法院判决后追缴。

【相关规定】

《中华人民共和国刑法》第五十七条第一款，第五十九条，第六十四条，第六十七条第一款，第三百八十二条第一款，第三百八十三条第一款第三项

《中华人民共和国刑事诉讼法》（2012年3月14日修正）第十七条，第二百八十条，第二百八十一条，第二百八十二条，第二百八十三条

《中华人民共和国监察法》第四十八条

《最高人民法院、最高人民检察院关于办理贪污贿赂刑事案件适用法律若干问题的解释》第三条第一款，第十九条第一款

《最高人民法院、最高人民检察院关于适用犯罪嫌疑人、被告人逃匿、死亡案件违法所得没收程序若干问题的规定》

金某某受贿案

（检例第75号）

【关键词】

职务犯罪　认罪认罚　确定刑量刑建议

【要旨】

对于犯罪嫌疑人自愿认罪认罚的职务犯罪案件，应当依法适用认罪认罚从宽制度办理。在适用认罪认罚从宽制度办

理职务犯罪案件过程中,检察机关应切实履行主导责任,与监察机关、审判机关互相配合,互相制约,充分保障犯罪嫌疑人、被告人的程序选择权。要坚持罪刑法定和罪责刑相适应原则,对符合有关规定条件的,一般应当就主刑、附加刑、是否适用缓刑等提出确定刑量刑建议。

【基本案情】

被告人金某某,女,安徽省某医院原党委书记、院长。

2007年至2018年,被告人金某某在担任安徽省某医院党委书记、院长期间,利用职务上的便利,为请托人在承建工程项目、销售医疗设备、销售药品、支付货款、结算工程款、职务晋升等事项上提供帮助,非法收受他人财物共计人民币1161.1万元、4000欧元。

【检察工作情况】

(一)提前介入全面掌握案情,充分了解被调查人的认罪悔罪情况。安徽省检察机关在提前介入金某某案件过程中,通过对安徽省监察委员会调查的证据材料进行初步审查,认为金某某涉嫌受贿犯罪的基本事实清楚,基本证据确实充分。同时注意到,金某某到案后,不但如实交代了监察机关已经掌握的受贿170余万元的犯罪事实,还主动交代了监察机关尚未掌握的受贿980余万元的犯罪事实,真诚认罪悔罪,表示愿意接受处罚,并已积极退缴全部赃款。初步判定本案具备适用认罪认罚从宽制度条件。

(二)检察长直接承办,积极推动认罪认罚从宽制度适用。安徽省监察委员会调查终结后,于2019年1月16日以金某某涉嫌受贿罪移送安徽省人民检察院起诉,安徽省人民检察院于同月29日将案件交由淮北市人民检察院审查起诉,淮北市人民检察院检察长作为承办人办案。经全面审查认定,金某某受贿案数额特别巨大,在安徽省医疗卫生系统有重大影响，但其自愿如实供述自己的罪行，真诚悔罪，愿意接受处罚，全部退赃，符合刑事诉讼法规定的认罪认罚从宽制度适用条件，检察机关经慎重研究，依法决定适用认罪认罚从宽制度办理。

（三）严格依法确保认罪认罚的真实性、自愿性、合法性。一是及时告知权利。案件移送起诉后，淮北市人民检察院在第一次讯问时，告知金某某享有的诉讼权利和认罪认罚相关法律规定，加强释法说理，充分保障其程序选择权和认罪认罚的真实性、自愿性。二是充分听取意见。切实保障金某某辩护律师的阅卷权、会见权，就金某某涉嫌的犯罪事实、罪名及适用的法律规定，从轻处罚建议，认罪认罚后案件审理适用的程序等，充分听取金某某及其辩护律师的意见，记录在案并附卷。三是提出确定刑量刑建议。金某某虽然犯罪持续时间长、犯罪数额特别巨大，但其自监委调查阶段即自愿如实供述自己的罪行，尤其是主动交代了监察机关尚未掌握的大部分犯罪事实，具有法定从轻处罚的坦白情节；且真诚悔罪，认罪彻底稳定，全部退赃，自愿表示认罪认罚，应当在法定刑幅度内相应从宽，检察机关综合上述情况，提出确定刑量刑建议。四是签署具结书。金某某及其辩护律师同意检察机关量刑建议，并同意适用普通程序简化审理，在辩护律师见证下，金某某自愿签署了《认罪认罚具结书》。

2019年3月13日，淮北市人民检察院以被告人金某某犯受贿罪，向淮北市中级人民法院提起公诉，建议判处金某某有期徒刑十年，并处罚金人民币五十万元，并建议适用普通程序简化审理。2019年4月10日，淮北市中级人民法院公开开庭，适用普通程序简化审理本案。经过庭审，认定起诉书指控被告人金某某犯受贿罪事实清楚、证据确实充分，采纳淮北市人民检察院提出的量刑建议并当庭宣判，金某某当庭表示服判不上诉。

【指导意义】

（一）对于犯罪嫌疑人自愿认罪认罚的职务犯罪案件，检察机关应当依法适用认罪认罚从宽制度办理。依据刑事诉讼法第十五条规定，认罪认罚从宽制度贯穿刑事诉讼全过程，没有适用罪名和可能判处刑罚的限定，所有刑事案件都可以适用。职务犯罪案件适用认罪认罚从宽制度，符合宽严相济刑事政策，有利于最大限度实现办理职务犯罪案件效果，有利于推进反腐败工作。职务犯罪案件的犯罪嫌疑人自愿如实供述自己的罪行，真诚悔罪，愿意接受处罚，检察机关应当依法适用认罪认罚从宽制度办理。

（二）适用认罪认罚从宽制度办理职务犯罪案件，检察机关应切实履行主导责任。检察机关通过提前介入监察机关办理职务犯罪案件工作，即可根据案件事实、证据、性质、情节、被调查人态度等基本情况，初步判定能否适用认罪认罚从宽制度。案件移送起诉后，人民检察院应当及时告知犯罪嫌疑人享有的诉讼权利和认罪认罚从宽制度相关法律规定，保障犯罪嫌疑人的程序选择权。犯罪嫌疑人自愿认罪认罚的，人民检察院应当就涉嫌的犯罪事实、罪名及适用的法律规定，从轻、减轻或者免除处罚等从宽处罚的建议，认罪认罚后案件审理适用的程序及其他需要听取意见的情形，听取犯罪嫌疑人、辩护人或者值班律师的意见并记录在案，同时加强与监察机关、审判机关的沟通，听取意见。

（三）依法提出量刑建议，提升职务犯罪案件适用认罪认罚从宽制度效果。检察机关办理认罪认罚职务犯罪案件，应当根据犯罪的事实、性质、情节和对社会的危害程度，结合法定、酌定的量刑情节，综合考虑认罪认罚的具体情况，依法决定是否从宽、如何从宽。对符合有关规定条件的，一般应当就主刑、附加刑、是否适用缓刑等提出确定刑量刑建议。对于减轻、免除处罚，应当于法有据；不具备减轻处罚情节的，应当在法定幅度以内提出从轻处罚的量刑建议。

【相关规定】

《中华人民共和国刑法》第六十七条第三款，第三百八十三条第一款第三项、第二款、第三款，第三百八十五条第一款，第三百八十六条

《中华人民共和国刑事诉讼法》第十五条，第一百七十三条，第一百七十四条第一款，第一百七十六条，第二百零一条

《最高人民法院、最高人民检察院关于办理职务犯罪案件认定自首、立功等量刑情节若干问题的意见》第三部分

张某受贿，郭某行贿、职务侵占、诈骗案

（检例第76号）

【关键词】

受贿罪　改变提前介入意见　案件管辖　追诉漏罪

【要旨】

检察机关提前介入应认真审查案件事实和证据，准确把握案件定性，依法提出提前介入意见。检察机关在审查起诉阶段仍应严格审查，提出审查起诉意见。审查起诉意见改变提前介入意见的，应及时与监察机关沟通。对于在审查起诉阶段发现漏罪，如该罪属于公安机关管辖，但犯罪事实清楚，证据确实充分，符合起诉条件的，检察机关在征得相关机关同意后，可以直接追加起诉。

【基本案情】

被告人张某，男，北京市东城区某街道办事处环卫所原

副所长。

被告人郭某,女,北京某物业公司原客服部经理。

2014年11月,甲小区和乙小区被北京市东城区某街道办事处确定为环卫项目示范推广单位。按照规定,两小区应选聘19名指导员从事宣传、指导、监督、服务等工作,政府部门按每名指导员每月600元标准予以补贴。上述两小区由北京某物业公司负责物业管理,两小区19名指导员补贴款由该物业公司负责领取发放。2014年11月至2017年3月,郭某在担任该物业公司客服部经理期间,将代表物业公司领取的指导员补贴款共计人民币33.06万元据为己有。郭某从物业公司离职后,仍以物业公司客服部经理名义,于2017年6月、9月,冒领指导员补贴款共计人民币6.84万元据为己有。2014年11月至2017年9月期间,张某接受郭某请托,利用担任某街道办事处环卫所职员、副所长的职务便利,不严格监督检查上述补贴款发放,非法收受郭某给予的人民币8.85万元。2018年1月,张某担心事情败露,与郭某共同筹集人民币35万元退还给物业公司。2018年2月28日,张某、郭某自行到北京市东城区监察委员会接受调查,并如实供述全部犯罪事实。

【检察工作情况】

(一)提前介入准确分析案件定性,就法律适用及证据完善提出意见。调查阶段,东城区监委对张某、郭某构成贪污罪共犯还是行受贿犯罪存在意见分歧,书面商请东城区人民检察院提前介入。主张认定二人构成贪污罪共犯的主要理由:一是犯罪对象上,郭某侵占并送给张某的资金性质为国家财政拨款,系公款;二是主观认识上,二人对截留的补贴款系公款的性质明知,并对截留补贴款达成一定共识;三是客观行为上,二人系共同截留补贴款进行分配。

检察机关分析在案证据后认为，应认定二人构成行受贿犯罪，主要理由：一是主观上没有共同贪污故意。二人从未就补贴款的处理使用有过明确沟通，郭某给张某送钱，就是为了让张某放松监管，张某怠于履行监管职责，就是因为收受了郭某所送贿赂，而非自己要占有补贴款。二是客观上没有共同贪污行为。张某收受郭某给予的钱款后怠于履行监管职责，正是利用职务之便为郭某谋取利益的行为，但对于郭某侵占补贴款，在案证据不能证实张某主观上有明确认识，郭某也从未想过与张某共同瓜分补贴款。三是款项性质对受贿罪认定没有影响。由于二人缺乏共同贪占补贴款的故意和行为，不应构成贪污罪共犯，而应分别构成行贿罪和受贿罪，并应针对主客观方面再补强相关证据。检察机关将法律适用和补充完善证据的意见书面反馈给东城区监委。东城区监委采纳了检察机关的提前介入意见，补充证据后，以张某涉嫌受贿罪、郭某涉嫌行贿罪，于2018年11月12日将两案移送起诉。

（二）审查起诉阶段不囿于提前介入意见，依法全面审查证据，及时发现漏罪。案件移送起诉后，检察机关全面严格审查在案证据，认为郭某领取和侵吞补贴款的行为分为两个阶段：第一阶段，郭某作为上述物业公司客服部经理，利用领取补贴款的职务便利，领取并将补贴款非法占为己有，其行为构成职务侵占罪；第二阶段，郭某从物业公司客服部经理岗位离职后，仍冒用客服部经理的身份领取补贴款并非法占为己有，其行为构成诈骗罪。

（三）提起公诉直接追加指控罪名，法院判决予以确认。检察机关在对郭某行贿案审查起诉时发现，郭某侵吞补贴款的行为构成职务侵占罪和诈骗罪，且犯罪事实清楚，证据确实充分，已符合起诉条件。经与相关机关沟通后，检察机关在起诉时追加认定郭某构成职务侵占罪、诈骗罪。

2018年12月28日,北京市东城区人民检察院对张某以受贿罪提起公诉;对郭某以行贿罪、职务侵占罪、诈骗罪提起公诉。2019年1月17日,北京市东城区人民法院作出一审判决,以受贿罪判处张某有期徒刑八个月,缓刑一年,并处罚金人民币十万元;以行贿罪、职务侵占罪、诈骗罪判处郭某有期徒刑二年,缓刑三年,并处罚金人民币十万一千元。

【指导意义】

(一)检察机关依法全面审查监察机关移送起诉案件,审查起诉意见与提前介入意见不一致的,应当及时与监察机关沟通。检察机关提前介入监察机关办理的职务犯罪案件时,已对证据收集、事实认定、案件定性、法律适用等提出意见。案件进入审查起诉阶段后,检察机关仍应依法全面审查,可以改变提前介入意见。审查起诉意见改变提前介入意见的,检察机关应当及时与监察机关沟通。

(二)对于监察机关在调查其管辖犯罪时已经查明,但属于公安机关管辖的犯罪,检察机关可以依法追加起诉。对于监察机关移送起诉的案件,检察机关在审查起诉阶段发现漏罪,如该罪属于公安机关管辖,但犯罪事实清楚,证据确实充分,符合起诉条件的,经征求监察机关、公安机关意见后,没有不同意见的,可以直接追加起诉;提出不同意见,或者事实不清、证据不足的,应当将案件退回监察机关并说明理由,建议其移送有管辖权的机关办理,必要时可以自行补充侦查。

(三)根据主客观相统一原则,准确区分受贿罪和贪污罪。对于国家工作人员收受贿赂后故意不履行监管职责,使非国家工作人员非法占有财物的,如该财物又涉及公款,应根据主客观相统一原则,准确认定案件性质。一要看主观上是否对侵吞公款进行过共谋，二要看客观上是否共同实施侵吞公款行为。如果具有共同侵占公款故意，且共同实施了侵占公款行为，应认定为贪污罪共犯；如果国家工作人员主观上没有侵占公款故意，只是收受贿赂后放弃职守，客观上使非国家工作人员任意处理其经手的钱款成为可能，应认定为为他人谋取利益，国家工作人员构成受贿罪，非国家工作人员构成行贿罪。如果国家工作人员行为同时构成玩忽职守罪的，以受贿罪和玩忽职守罪数罪并罚。

【相关规定】

《中华人民共和国刑法》第六十七条第一款，第二百六十六条，第二百七十一条第一款，第三百八十三条第一款第一项，第三百八十五条第一款，第三百八十六条，第三百八十九条第一款，第三百九十条

《最高人民法院、最高人民检察院关于办理贪污贿赂刑事案件适用法律若干问题的解释》第一条第一款，第七条第一款，第十一条第一款，第十九条

《最高人民法院、最高人民检察院关于办理诈骗刑事案件具体应用法律的若干问题的解释》第一条，第三条

部分新闻链接

1. 人民日报 2020 年 7 月 21 日报道《最高检：贪污贿赂是主要职务犯罪类型 占比超 80%》
2. 新华社 2020 年 7 月 21 日报道《最高检发布 4 件指导性案例 剑指职务犯罪》
3. 中央广播电视总台央视 2020 年 7 月 21 日报道《最高检通报受理职务犯罪案件相关情况 2018—2019 年受理监委移送案件 4 万余件》
4. 中国纪检监察报 2020 年 7 月 22 日报道《各级监委两年移送职务犯罪 4 万余人》
5. 法治日报 2020 年 7 月 22 日报道《最高检新闻发布会透露 检察机关 2 年公诉职务犯罪 2.8 万人》
6. 中新社 2020 年 7 月 21 日报道《最高检：2018 至 2019 年受理各级监委移送职务犯罪 40326 人》

加强民事检察监督　精准服务民企发展
——最高人民检察院发布第二十一批指导性案例

发布时间：2020 年 7 月 28 日 10:00

发布内容：通报检察机关履行民事检察职能服务保障民营经济发展的工作情况，发布第二十一批指导性案例

发布地点：最高人民检察院

主 持 人：王松苗　最高人民检察院办公厅（新闻办）主任、新闻发言人

出席嘉宾：张雪樵　最高人民检察院副检察长
　　　　　冯小光　最高人民检察院第六检察厅厅长

主题发布

王松苗

各位记者朋友，大家上午好！欢迎参加最高人民检察院新闻发布会。今天发布会的主题是"加强民事检察监督 精准服务民企发展"。出席今天发布会的嘉宾是：最高人民检察院副检察长张雪樵、最高人民检察院第六检察厅厅长冯小光。

今天的发布会主要有三项议程：一是通报近年来全国检察机关民事检察部门服务保障民营经济发展工作情况；二是发布最高人民检察院第二十一批指导性案例；三是回答记者提问。

新冠肺炎疫情对我国经济和世界经济产生巨大冲击，我国很多市场主体面临前所未有的压力。7月21日，习近平总书记主持召开企业家座谈会强调，要千方百计把市场主体保护好，落实纾困惠企政策，打造市场化、法治化、国际化营商环境，实施好民法典和相关法律法规，平等保护国有、民营、外资等各种所有制企业产权和自主经营权，依法保护企业家合法权益，为经济发展积蓄基本力量。

习近平总书记的重要讲话，为检察机关进一步发挥法律监督职能，服务保障民营企业健康发展提供了基本遵循。7月22日，最高检检察长张军带领最高检调研组一行到山西调研时指出，检察机关在服务转型发展方面也要蹚出一条新路来。同一天，最高检下发《关于充分发挥检察职能服务保障"六稳""六保"的意见》，提出了11条具体举措，对充分发挥检察职能服务保障"六稳""六保"作出细化要求，努力落实让企业"活下来""留下来""好起来"的目标。这11

项举措涵盖了"四大检察"各项职能,也得到了媒体朋友的充分关注,很多具体的举措都直接成了新闻标题。

"法治环境好比阳光,关系企业创新创业活力的聚焦和释放。"我们今天召开这个发布会,就是主要想向大家介绍,检察机关如何充分发挥民事法律监督职能,依法公平公正办理民事检察案件,切实保障民营企业合法权益,为民营经济发展营造良好的法治环境。

现在,首先请张雪樵副检察长通报近年来检察机关充分发挥民事检察职能,服务与保障民营经济工作情况。

张雪樵

各位记者朋友,大家好!2018年11月1日,习近平总书记在民营企业座谈会上发表重要讲话,以"三个没有变"充分肯定了我国民营经济的重要地位和作用。前不久,习近平总书记在企业家座谈会上再次强调指出,要平等保护包括民营企业在内的各类所有制企业产权和自主经营权,保护和激发市场主体活力,完善各类市场主体公平竞争的法治环境。

为贯彻落实党中央关于做好"六稳"工作、落实"六保"任务的重大决策部署,主动服务统筹推进疫情防控和经济社会发展工作,克服新冠肺炎疫情对包括民营企业在内的各类市场主体带来的不利影响,促进恢复正常经济社会秩序,7月22日,最高人民检察院下发《关于充分发挥检察职能服务保障"六稳""六保"的意见》,要求各地检察机关平等保护各类市场主体,加大对涉民营经济各类案件的法律监督力度,紧盯重点环节和重点领域,强化检察监督,维护、促进司法公正。

今天我们发布四个有关民营经济司法保护的指导性案例,主要目的是为营造适应民营经济高质量发展的法治化营商环境提供有力司法保障。近年来，全国各级检察机关不断提升司法办案能力、检察履职能力，在司法办案中落实习近平总书记提出的"两个毫不动摇"和"三个没有变"的总体要求，充分发挥法治保民生、固根本、稳预期、利长远的功能，为民营经济健康发展提供更加有力的法治保障，主要开展了以下工作。

一、充分发挥民事检察职能，依法保护民营企业及其经营者合法权益

全国各级检察机关认真贯彻落实精准监督工作理念，依法审查涉民营经济民事监督案件，通过司法办案落实对民营企业平等保护精神，为民营企业健康发展保驾护航，努力让民营企业及其经营者在每一起司法案件中感受到公平正义。

一是积极通过抗诉、提出检察建议等方式，加强对涉民营经济案件的司法监督，有效保障民营企业及其经营者的合法权益。法治是最好的营商环境。各地检察机关依法履行民事检察职责，加强对涉民营经济案件的法律监督，用法治维护好民营企业的合法权益，让民营企业家安心经营、专心发展、全心创新。如浙江省人民检察院办理的某投资企业申请监督一案，审查发现生效判决适用公司人格否认让股东承担巨额财产责任存在错误，遂依法抗诉。法院经审查认定股东没有滥用公司法人独立地位和股东有限责任逃避债务，采纳抗诉意见，改判股东不承担责任，为股东挽回巨额经济损失，增强了投资者信心。各地检察机关在办理此类案件时，坚持在具体案件中依据特定的法律事实和法律关系，综合判断和审慎适用，依法区分股东与公司的各自财产，维护市场主体的独立性和正常的经济秩序。

二是依法办理一批虚假诉讼案件，维护社会诚信与市场秩序，为民营经济发展提供法治化营商环境。民商事领域存在的虚假诉讼现象，不仅严重侵害案外人合法权益，破坏社会诚信，也扰乱了正常的诉讼秩序。各地检察机关积极发挥民事检察职能，依法查办了一批涉民营企业的虚假诉讼案件，特别是在虚假诉讼集中的领域开展精准监督，维护司法公正和司法权威，助力社会诚信体系建设。检察机关一方面加大对虚假诉讼的打击力度，有效遏制其增长势头；另一方面，对办案中发现的倾向性、趋势性问题，及时加强与相关职能部门的沟通协调，提出检察建议，堵塞管理漏洞，促进社会治理能力的提升，引导市场主体诚信公平有序竞争。

三是加强对违法执行行为的监督，重点解决违法查封、扣押、冻结民营企业财产等产权保护中的突出问题。查封、扣押、冻结等强制执行措施一旦使用，将限制企业生产要素的自由流动，降低市场主体创造社会财富的能力和活力。纠正明显超标的额的违法查封行为，对于盘活企业资产，激发企业活力，特别是保障民营企业的可持续发展十分重要。各地检察机关积极作为，依法监督因不依法履行执行职责及错误采取执行措施、错误处置执行标的物、错误追加被执行人，致使当事人或利害关系人、案外人财产受到侵害的一批案件。如湖北省襄阳市樊城区人民检察院办理的该区人民法院明显超标的额违法查封被执行人财产案件，通过发出检察建议，督促执行法院解除违法查封的商品房，使该民营企业的商品房得以正常销售，资金得以回流，经营恢复正常，最大限度维护了企业的合法权益。

四是不断提升依法高效化解矛盾纠纷的能力水平，提高司法效率。各地检察机关民事检察部门兼顾公平与效率，主动作为，积极探索和运用适应市场经济需要、便捷高效的矛盾纠纷化解机制，推动涉民营经济民事案件和解工作，在依法自愿前提下，引导当事人案结事了人和、共谋发展。如福建省人民检察院办理的科技企业与物业公司物业服务合同纠纷案，既查清案件中的事实与法律，又多方引导民营企业换位思考，促使双方当事人达成和解协议并即时履行完毕，塑造了和谐共赢的营商环境。

二、建章立制，营造适应经济高质量发展的法治营商环境

全国各级检察机关全面贯彻落实平等保护理念，既处理好一案一事，同时构建长效机制，确保涉民营企业纠纷得到公平公正处理。

一是制定适应市场经济发展的司法文件，为护航民营经济提供制度依据。最高人民检察院先后制定发布系列有关民营经济司法保护的

规范性文件,各地检察机关亦积极回应本地民营经济的司法需求,尊重经济规律,因地制宜出台相关机制,为民营经济发展保驾护航。如上海市人民检察院深入调研了解民营企业司法需求,出台服务保障优化营商环境的20条意见和进一步服务保障专项行动方案,从制度、机制上为服务民营经济提供保障。北京、天津、辽宁、青海、广西、新疆等省级检察院也通过出台规范性文件、建立工作制度等方式,把关注支持保障民营经济发展作为民事检察工作的重点工作,务实高效推进。

二是尊重民营经济主体地位,成立专门机构,为护航民营经济发展提供组织保障。一些地方检察机关尊重民营经济主体地位,提升对民营企业提供司法服务和保障的针对性和专业性,成立专门机构,靶向定位,破解难题,为该项工作顺利开展提供有力保障。如浙江省宁波市人民检察院成立了护航民营经济健康发展领导小组,每月汇集报送全市办理涉民营经济的民事监督案件数据。广东省人民检察院成立依法保护产权工作领导小组,负责协调、组织、服务、保障民营经济相关工作,突出强调对民营企业和企业家产权保护。江西省人民检察院成立了由各检察业务部门骨干组成的非公经济维权工作办公室。该机构自2018年11月成立以来,共办理涉及民营企业的民事监督案件55件,在维护民营企业和民营企业家合法权益方面发挥了重要作用。

三是加强融合互动,构建保护民营经济发展的工作合力。一方面,强化担当,主动与当地工商联和相关行业商会联系沟通。各地检察机关运用主动走访、联合召开座谈会、联合出台文件、开展联合调研、设立派驻机构等方式,建立与工商联深入合作的长效工作机制,共同推动保护民营经济发展相关工作的开展。如四川省人民检察院与省工商联联合召开依法保障和促进非公经济健康发展座谈会,建立常态化沟通联络等六项工作机制,细化、实化了22条服务保障措施。贵州省检察机关开展"检察长、董事长'两长'座谈会",为企业健康发展贡献检察智慧。山东省人民检察院与省工商联签订合作框架协议。黑龙江、海南检察机关在工商联设立联络机构,提供"面对面"

的司法保障服务。另一方面，积极参与、深入推进与其他单位交流合作。一些地方检察机关在服务和保障民营企业健康发展工作中，加强与人大、公安、法院、司法局等部门协作联动，共同维护市场营商环境。又如山西省吕梁市、县两级检察机关抓住当地人大开展执行工作专项监督活动的契机，向人大作专题汇报，促进完善服务保障民营经济的各项举措。河南省人民检察院、福建省人民检察院联合法院、公安部门会签文件，加强和改进涉产权司法保护制度建设。宁夏银川市人民检察院联合工商、公安等部门搭建知识产权检察服务和风险防控"两个平台"，加大对民营企业服务保障力度。

四是强化责任担当，积极回应民营企业司法需求。各地检察机关主动作为，延伸职能，多渠道、多举措帮助民营企业和民营企业家提高运用法律维护权益、促进发展的法治能力。如江西省南昌、赣州、抚州等地检察机关以民营企业法律需求为课题，针对金融借贷、担保、劳动争议、合同履行等困扰企业的突出法律问题开展法律授课，促进"依法治企"。安徽省检察机关深入民营企业宣传民事检察职能，宣城、芜湖、安庆等地民事检察部门先后开展"民检进民企"、为民营企业法律体检等活动，深入企业一线开展法律服务。内蒙古自治区检察机关以派出检察室为抓手，积极作为，为进出境商旅人员、商贸企业提供及时高效法律服务，净化口岸通关环境。检察机关通过上述一系列举措，让法律成为民营企业、民营企业家依法经营的护身符。

检察机关在推进国家治理体系和治理能力现代化中肩负特殊职责，也是优化营商环境、服务企业发展的重要力量。最高人民检察院及地方各级检察机关认真学习贯彻习近平总书记有关产权保护的重要讲话精神，采取了一系列举措，充分发挥民事监督职能，平等保护民营企业在内的各类市场主体的合法权益。但也不能回避工作中还有需要改进提高的地方，比如线索来源有限、监督力度有待加强等。

下一步，全国检察机关将以学习贯彻民法典为契机，认真学习领会习近平总书记关于民营经济重要讲话精神，认真贯彻落实张军检察长"对国企民企、内资外资、大中小微企业同等对待、平等保护"的工作要求，全面提升司法办案质量和水平，推动建立长效机制，为服务、保障民营经济健康发展，完善公平竞争环境作出更大贡献。

王松苗

谢谢雪樵副检察长。下面进行第二项议程，发布以民事检察监督服务保障民营经济为主题的第二十一批指导性案例。指导性案例已经作为发布会材料印发给大家，因为时间关系，这里就不再一一宣读了。

下面进行第三项议程，请各位记者朋友提问。

现场答问

新华社记者

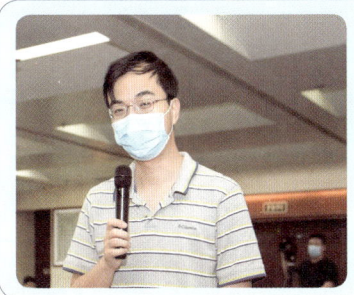

当前许多市场主体面临较大压力,最高检发布这批民营经济司法保护指导性案例,可以说非常及时。请问最高检制发这批指导性案例的主要考虑是什么?这些案例有什么特点?

冯小光

最高检发布的指导性案例,地方各级人民检察院在办理类似案件时可以作为指导。同时,最高检发布指导性案例,也是持续开展检察官以案释法,强化法治宣传教育,在检察环节落实"谁司法谁普法"的具体举措。此次发布的指导性案例,均系检察机关履行民事检察职能保护民营经济合法权益的具体实践。通过本批指导性案例,展示检察机关在服务与保护民营经济中的重要作用。制定此批指导性案例遵循的基本原则和指导思想:一是树立平等保护的司法理念,营造公平竞争环境。二是贯彻精准监督理念,为国家经济社会发展大局提供有力司法服务与保障。三是充分发挥指导性案例的示范引领作用,为办理涉民营经济案件提供办案指引。

这批指导性案例是从全国各地检察机关上报的近百个案例中筛选

出的最具代表性的四件，它们较为全面地展现了民事检察工作对保护民营经济的独特作用和价值。主要有以下三个特点：一是检察机关通过发挥民事抗诉、检察建议等民事检察监督手段，监督涉及民营企业的民商事错案，切实保护投资人权益，鼓励社会大众创业积极性；二是加强对民事执行活动监督，快速纠正执行违法行为，及时帮助民营企业挽回损失；三是通过促进自愿和解，为民营经济提供良好的营商环境，实现"双赢、多赢、共赢"的办案效果。

法治日报记者

民事法律监督对于保护民营经济发展非常重要，请结合这次发布的四起案件谈谈检察机关是怎样护航民营企业发展的？

冯小光

一是依法抗诉，保障投资人的合法权益。在深圳某投资企业纠纷案中，浙江检察机关围绕公司与股东之间的关联关系、资金往来等开展调查核实，最终查明股东并不存在滥用法人独立地位的情形，依法抗诉后再审予以改判，免除了股东可能承担的巨额财产责任，增强了投资者信心。

二是积极履行执行监督职能，确保失信被执行人名单制度规范运行。在山西临汾市尧都区某牧业公司案中，该牧业公司被采取查封冻结的财产足以清偿生效法律文书确定的债务，但执行法院仍将该牧业公司及其法定代表人纳入失信被执行人名单，检察机关对错列失信被执行人名单的违法行为发出检察建议，监督纠正了违法执行行为，避免了民营企业因不当信用惩戒而陷入困境。

三是依法规范查封行为，保障民营企业正常经营。查封、扣押、冻结被执行人财产，应与被执行人履行法律文书确定的义务相当，不得明显超出被执行人应当履行义务的范围。在湖北襄阳某房地产公司案中，检察机关依法查清某房地产公司被查封房产的价值明显超出法律文书确定的义务范围，遂发出检察建议，促使执行法院予以纠正，恢复了民营企业的正常经营活动。

四是依法促成和解，优化营商环境。检察机关办理民事监督案件，在不需要或者不影响审判违法监督的前提下，遵循当事人意思自治与合法原则，可以引导当事人和解。在福建某光电公司案中，检察机关在查清事实、厘清责任的基础上，促成软件园区企业与物业公司达成和解，依法化解了矛盾纠纷，减轻了当事人诉累，消除了民营企业的经营困扰。

中华工商时报记者

针对民营企业在民商事活动中遇到的法律问题，检察机关怎样帮助解决？

冯小光

面对法律问题，做好妥善应对工作：一方面，民营企业要提升法律意识、权利意识和维权意识，提高经营管理的法治化水平，懂得运用法律手段解决纠纷，保护企业的合法权益；另一方面，人大、公检法、政府部门、工商联系统之间要加强协作联动，延伸服务民营企业的触角，回应民营企业的司法需求，帮助民营企业解决现实的法律问题。

具体到民事检察职能来说：首先，要强化对诉讼活动的监督。监督纠正涉民营企业的错误裁判，协助解决执行乱、执行难问题，加大对于虚假诉讼案件的监督力度，大力打击通过假官司转移财产的违法行为，保护民营企业合法权益。其次，做好矛盾化解工作。对于形成时间长、纠葛深的案件，检察机关要做好释法说理工作，促进案结事了。再次，准确把握刑民界限，慎重处理涉民营经济案件。最后，检察机关与民营企业加强联系，为企业经营提供法律帮助。通过开展法治宣传、法律课堂、商讨研判等形式，帮助企业防控法律风险。

中央广播电视总台央视社会与法频道记者

这批指导性案例公布后，接下来检察机关民事检察部门在服务和保障民营经济发展方面还有哪些工作举措？

张雪樵

下一步,最高检将按照习近平总书记有关民营经济重要讲话精神以及 7 月 21 日企业家座谈会上的重要指示精神,以贯彻实施好民法典为契机,加强民事检察工作,加强对司法活动的监督,为民营企业健康发展提供有力的司法保障。具体来讲有三个工作重点。

一是要求全国各级检察机关畅通司法救济渠道,通过办理涉及民营企业的民事诉讼监督案件,包括生效裁判监督、执行违法监督和审判程序违法监督等案件,切实保护好市场主体的产权和自主经营权,激发市场主体活力。

二是强化精准监督。按照民法典、公司法和其他相关法律,通过办理精品案件来引领先进的司法理念。比如落实公司法的股东有限责任制度,保护好企业家个人和家庭的合法财产,筑牢企业家防范市场风险的"防火墙",从而引领全社会尊重企业家的浓厚社会氛围,让恒产者有恒心、恒心者办恒业。

三是各级检察机关的民事检察部门协同刑事检察、行政检察和公益诉讼检察部门,以高度的政治自觉、法治自觉和检察自觉,为创造市场化、法治化、国际化的营商环境提供现代化的法治保障。"四大检察"合力,发挥更好的法律监督职能,让市场主体减少不必要的纠纷和诉累,集中精力来创业,提高应对各类危机的免疫力,让他们对我们的制度保持预期、对市场保持底气、对事业充满信心。

王松苗

因为时间关系,提问就到这里。

借此机会,我把检察机关积极发挥"四大检察""十大业务"职能作用,贯彻落实总书记"两个毫不动摇""三个没有变"重要讲话精神的工作情况给各位记者朋友再作一下介绍。

民营经济是社会主义市场经济发展的重要成果,是推动社会主义市场经济发展的重要力量，在新时代构建新发展格局、建设现代化经济体系中必将发挥越来越重要的作用。现在，当人们形容民营经济时，大多会用到"五六七八九"，即贡献了50%以上的税收，创造了60%以上的GDP，实现了70%以上的技术创新成果，提供了80%以上的城镇劳动力就业，占到了90%以上的企业数量。在服务保障民营经济健康发展方面，检察机关确实大有可为，也必须大有作为。

近年来，最高检先后制定实施了《关于充分发挥检察职能依法保障和促进非公有制经济健康发展的意见》《关于充分履行检察职能加强产权司法保护的意见》《关于充分发挥职能作用营造保护企业家合法权益的法治环境支持企业家创新创业的通知》等指导性文件，发布《充分发挥检察职能为民营企业发展提供司法保障——检察机关办理涉民营企业案件有关法律政策问题解答》，系统全面地阐述了检察机关服务保障民营经济发展的具体工作要求。加上7月22日出台《关于充分发挥检察职能服务保障"六稳""六保"的意见》，发布11条具体举措，这些规范性文件，形成了检察机关当前服务保障民营经济发展的"组合拳"，为检察机关各类司法实践提供了明确的理念指引与坚实的制度保障。

今年以来，检察机关根据国内外疫情防控和经济形势的阶段性变化，及时调整工作着力点和应对举措，统筹"四大检察""十大业务"，创新办案方式，加快办案进度，保证办案质量。

刑事检察方面，依法从严从快追诉妨害复工复产犯罪，最大程度帮助企业挽回损失；依法保护企业正常生产经营活动，公司企业人员涉嫌挪用资金犯罪起诉前退还的可依法不起诉，注意把握企业因资金周转困难拖欠劳动报酬与恶意欠薪的界限；落实"少捕""少押""慎诉"的司法理念，原则上不查封涉嫌犯罪但仍在正常生产经营的企业。

民事检察方面，依法办理与疫情防控、经济社会发展密切相关的合同履行、劳动争议、医疗损害、消费者权益保护等领域民事诉讼监督案件，准确适用不可抗力、情势变更、诉讼时效等法律规定，支持和监督法院依法审判。

行政检察方面，加强对履职中发现的行政违法行为的监督，及时提出检察建议，促进行政机关依法行政；加强涉企行政非诉执行监督，防止企业因不当强制执行措施陷入生产经营困境。

公益诉讼检察方面，完善公益诉讼与生态环境损害赔偿等制度的衔接机制，向相关企业主张生态修复费用及惩罚性赔偿时，探索通过分期支付、替代性修复等方法促使其接受惩罚、守法经营、健康发展，等等。

上述这些检察理念、作为，为依法防控疫情和经济社会秩序恢复提供了有力的司法保障，受到新闻媒体包括在座各位朋友的关注肯定。有媒体用两个字帮我们进行了总结：依法惩治妨害社会生产生活秩序的相关犯罪，令违法者忌惮，为守法者止损，突出一个"严"字；处理适用依法从宽的行为及特殊时期的特殊现象，同时体现司法人文关怀，突出一个"慎"字，可以说总结得非常到位。

今天发布的这批指导性案例是"引子"，也是"序章"。全国各级检察机关将继续履行好各项检察职能，准确把握涉民营经济案件法律政策界限，不断强化法律监督，切实做到精准监督，努力为民营经济健康发展提供有力司法保障和有效的法治服务。

疫情防控形势逐渐趋好，检察机关也希望通过这一系列举措，向所有爱国爱家、创新创业、诚信守法、努力复工复产、勇于承担社会责任的民营企业家们加油鼓劲："只要依法经商，就有法治护航"！

今天的发布会到此结束。谢谢大家！

指导性案例

最高人民检察院第二十一批指导性案例

深圳市丙投资企业(有限合伙)被诉股东损害赔偿责任纠纷抗诉案

(检例第77号)

【关键词】

企业资产重整　保护股东个人合法财产　优化营商环境　抗诉监督

【要旨】

公司股东应以出资额为限,对公司承担有限责任。股东未滥用公司法人独立地位逃避债务并严重损害公司债权人利益的,不应对公司债务承担连带责任。检察机关应严格适用股东有限责任等产权制度,依法保护投资者的个人财产安全,让有恒产者有恒心。

【基本案情】

2007年11月,惠州甲房产开发有限公司(以下简称甲公司)登记设立,为开发广东省惠州市某房产的房地产项目公司。甲公司多次对外借款。2010年1月,因甲公司无力清偿债务,广东省惠州市中级人民法院受理债权人对甲公司提出的破产申请。在惠州乙发展有限公司(以下简称乙公司)提供5000万元破产重整保证金后,相关债权人于2011年5月撤回破产清算申请。2011年8月,深圳市丙投资企业(有限合伙)(以下简称丙企业)与甲公司、惠州市丁房产开发有限公司（以下简称丁公司）、陈某军、乙公司签订《投资合作协议》及补充协议，约定丙企业以2000万元受让丁公司持有的甲公司100%股权，并向甲公司提供1.48亿元委托贷款，甲公司以案涉国有土地使用权等为丙企业的债权投资提供担保，丁公司、陈某军、乙公司亦提供连带责任担保。

2011年8月9日，甲公司的股东变更为丙企业和陈某军，其中丙企业占股东出资额的99.9%。2011年8月10日，丙企业委托中国建设银行股份有限公司某分行将其1.48亿元款项借给甲公司，用于甲公司某项目运作和甲公司运营，甲公司和丁公司依约提供抵押担保。同日，1.48亿元委托贷款和2000万元股权转让款转入甲公司。款项到位后，2011年8月至2012年4月期间，为完成破产重整程序中债务清偿及期间发生的借款、担保等相关衍生事宜，甲公司依照合同约定及乙公司、债权人陈某忠等人指令，先后向丁公司、深圳市戊公司、深圳市己公司等多家公司转账，款项共计1.605亿元。

2012年11月1日，诸某某将其持有的对甲公司债权中的800万元转让给赵某新，并通知债务人。2012年11月5日，赵某新向浙江省兰溪市人民法院起诉，要求甲公司归还欠款800万元，丙企业承担连带责任。

兰溪市人民法院一审认为，丙企业是甲公司的绝对控股股东，其滥用公司法人独立地位和股东有限责任，对甲公司进行不正当支配和控制，且未将贷款用于房地产开发，其转移资产、逃避债务的行为严重损害公司债权人利益，应当对甲公司的债务承担连带责任，遂判决甲公司归还赵某新800万元借款，丙企业承担连带责任。丙企业不服，上诉至浙江省金华市中级人民法院。二审判决驳回上诉，维持原判。丙企业申请再审，浙江省高级人民法院裁定驳回其再审申请。

【检察机关监督情况】

受理及审查情况：丙企业主张，甲公司对外转款均有特定用途，并非转移资产，丙企业并不存在滥用公司法人独立地位和股东有限责任的行为，不应承担连带责任，遂于2016年2月向浙江省金华市人民检察院申请监督。该院予以受理审查。

围绕丙企业是否存在滥用公司法人独立地位和股东有限责任逃避公司债务的问题，检察机关依法调阅原审案卷；核实相关工商登记信息，并对本案关键证人进行询问，相关证据可以证实甲公司于2011年8月至2012年4月期间的对外转款均具有正当事由，而非恶意转移资产，逃避债务。

监督意见：金华市人民检察院就本案向浙江省人民检察院提请抗诉。浙江省人民检察院经审查认为，丙企业并未支配控制甲公司的资金支出，在丙企业受让股权后，甲公司仍然由原股东丁公司派人进行管理，公司管理人员未发生变化；甲公司向丁公司等公司多次转款均具有明确用途，而非恶意转移资产；丙企业与甲公司、丁公司等企业之间不存在人员、业务、财务的交叉或混同。因此，终审判决认定丙企业利用法人独立地位和股东有限责任逃避债务，属于认定事实和适用法律错误。2016年11月25日，浙江省人民检察院依法向浙江省高级人民法院提出抗诉。

监督结果：2018年1月31日，浙江省高级人民法院作出（2017）浙民再116号民事判决，认定案涉委托贷款以及股权转让款的对外支付有合理解释，现有证据不足以证明丙企业有滥用公司法人独立地位和股东有限责任逃避债务的行为，判决撤销一、二审判决有关丙企业对案涉债务承担连带责任的判项，驳回赵某新对丙企业提出的诉讼请求。

【指导意义】

1. 严格适用公司有限责任制度，依法保护股东的个人财产安全。公司人格独立和股东有限责任是公司法的基本原则。否认公司独立人格，由滥用公司法人独立地位和股东有限责任的股东对公司债务承担连带责任，是股东有限责任的例外。在具体案件中应依据特定的法律事实和法律关系，综合判断和审慎适用，依法区分股东与公司的各自财产与债务，维护市场主体的独立性和正常的经济秩序。

2. 检察机关在审查股东损害公司债权人利益的案件时，应当严格区分企业正当融资担保与恶意转移公司资产逃避债务损害公司债权人利益违法行为的界限。如果公司股东没有利用经营权恶意转移公司资产谋一己之私，没有损害公司债权人利益的，依法不应当对公司债务承担连带偿还责任。

3. 检察机关应积极发挥监督职责，推动法治化营商环境建设。公司有限责任是具有标志性的现代企业法律制度，旨在科学化解市场风险，鼓励投资创造财富。产权是市场经济的基础、社会文明的基石和社会向前发展的动力，投资者无法回避市场风险，但需要筑牢企业家个人和家庭与企业之间的财产风险"防火墙"，对于依法出资和合法经营的，即使企业关闭停产，也能守住股东个人和家庭的合法财产底线，真正让有恒产者有恒心，优化营商环境，保护企业家的投资创业热情，为完善市场秩序提供法治保障。

【相关规定】

《中华人民共和国公司法》第二十条

《中华人民共和国民事诉讼法》第二百条、第二百零八条

某牧业公司被错列失信被执行人名单执行监督案

（检例第78号）

【关键词】

企业借贷纠纷　失信被执行人　妨碍企业正常经营　执行违法监督

【要旨】

查封、扣押、冻结的财产足以清偿生效法律文书确定的债务的，执行法院不应将被执行人纳入失信被执行人名单。执行法院违法将被执行人纳入失信被执行人名单的，检察机关应当及时发出检察建议，监督法院纠正对被执行人违法采取的信用惩戒措施，以维护企业的正常经营秩序，优化营商环境。

【基本案情】

张某奎系山西省临汾市某牧业有限公司（以下简称某牧业公司）法定代表人。乔某与某牧业公司、张某奎因民间借贷产生纠纷。2016年9月16日，山西省临汾市尧都区人民法院判决张某奎、某牧业公司归还乔某借款本金18万元及利息6.14万元，自2016年2月1日起至判决生效之日止，按约定月息2分的利率承担该借款利息。

判决生效后，乔某向尧都区人民法院申请强制执行。尧都区人民法院作出执行裁定，冻结被执行人张某奎、某牧业公司银行存款281280元，查封张某奎名下房产一套，同时还决定将某牧业公司、张某奎纳入失信被执行人名单。该查封裁定作出后，执行法院未送达当事人。

【检察机关监督情况】

受理情况：山西省临汾市尧都区人民检察院发现乔某与

某牧业公司、张某奎民间借贷纠纷一案执行行为违法,并予以立案审查。

审查核实:经审查执行案卷,检察机关发现:一是被执行人被法院冻结、查封的财产足以清偿生效法律文书确定的债务,不符合纳入失信被执行人名单的法定情形;二是法院作出的查封裁定书未向当事人送达。同时,检察机关了解到,某牧业公司被纳入失信被执行人名单后,银行贷款被暂停发放,经营陷入困境。

监督意见:尧都区人民检察院经审查认为,执行法院存在以下违法情形:一是将张某奎纳入失信被执行人名单属于适用法律错误。《最高人民法院关于公布失信被执行人名单信息的若干规定》第三条规定:"被采取查封、扣押、冻结等措施的财产足以清偿生效法律文书确定债务的,人民法院不得将被执行人纳入失信被执行人名单。"本案执行程序中,被执行人张某奎、某牧业公司被冻结的存款和被查封的房产足以清偿生效裁判确定的债务。因此,执行法院将其纳入失信被执行人名单,显属违法。二是未向当事人送达执行裁定书。《最高人民法院关于人民法院民事执行中查封、扣押、冻结财产的规定》第一条规定:"人民法院查封、扣押、冻结被执行人的动产、不动产及其他财产权,应当作出裁定,并送达被执行人和申请执行人。查封、扣押、冻结裁定书送达时发生法律效力。"本案中法院制作执行裁定书后,长期未向当事人送达,违反了上述规定。

监督结果:2017年11月28日,尧都区人民检察院向尧都区人民法院提出检察建议,建议该院依法纠正违法执行行为。尧都区人民法院采纳了检察建议,于2017年12月8日将执行裁定书送达当事人,并撤销了将张某奎、某牧业公司纳入失信被执行人名单的决定。

【指导意义】

1. 规范适用失信被执行人名单制度，对于保证执行程序的公正性具有重要意义。失信被执行人名单制度以信用惩戒的方式约束被执行人，提高了执行活动的质量和效率，对于破解"执行难"起到了重要作用。在维护申请执行人利益的同时，执行的谦抑原则要求尽可能避免对被执行人合法权益造成损害。

2. 检察机关应积极履行监督职能，确保失信被执行人名单制度规范运行。失信被执行人名单制度的规范运行，对于建立诚实守信、依法履约的良好社会风气意义重大。但该项制度应当依法运用，否则将降低被执行人的社会信誉度，给其社会生活、商业经营等带来不便。执行法院查封、冻结的财产足以清偿债务的，将企业或其法定代表人纳入失信被执行人名单是不妥当的，检察机关应对违法执行行为予以监督，切实维护企业或个人合法权益。

3. 检察机关应加强对执行法律文书送达的监督，保障当事人的知情权和申辩权。执行法院在作出查封、扣押、冻结被执行人财产的裁定后，应当依法送达申请执行人和被执行人。执行法院未送达当事人，既损害了当事人的诉讼权利，亦损害了司法权威。检察机关在履行监督职责时应注意审查相关诉讼文书送达的合法性，对执行法院送达违法的行为及时提出检察建议，监督执行法院予以纠正，保障当事人行使诉讼权利。

【相关规定】

《人民检察院民事诉讼监督规则(试行)》第一百零二条

《最高人民法院关于人民法院民事执行中查封、扣押、冻结财产的规定》第一条

《最高人民法院关于公布失信被执行人名单信息的若干规定》第三条

南漳县丙房地产开发有限责任公司被明显超标的额查封执行监督案

（检例第79号）

【关键词】

诉讼保全　超标的额查封　依法保护企业资产安全　审判程序违法监督

【要旨】

查封、扣押、冻结被执行人财产应与生效法律文书确定的被执行人的债务相当，不得明显超出被执行人应当履行义务的范围。检察机关对于明显超标的额查封的违法行为，应提出检察建议，督促执行法院予以纠正，以保护民营企业产权，优化营商环境。

【基本案情】

2015年5月26日，襄阳市甲小额贷款股份有限责任公司（以下简称甲小贷公司）、襄阳市乙工程总公司（以下简称乙公司）向湖北省襄阳市樊城区人民法院提起民事诉讼，请求判令南漳县丙房地产开发有限责任公司（以下简称丙公司）、南漳县丁建筑安装工程有限责任公司（以下简称丁公司）、洪某生偿还借款5589万元及利息，并申请对价值6671万元的房产进行保全。同日，樊城区人民法院立案受理并作出财产保全裁定，查封丙公司、丁公司及洪某生的房产共计210套。丙公司认为查封明显超出标的额，于2015年6月提出异议，但樊城区人民法院未书面回复。

2015年7月至2016年10月期间，樊城区人民法院对当事人双方的多起借款纠纷作出民事判决，判令丙公司、丁公司、洪某生偿还乙公司、甲小贷公司借款合计5536.2万元及利息约 438 万元。在本案执行阶段，丙公司向执行法院提出房产评估申请，经执行法院同意，由丙公司委托鉴定机构进行评估，评估结果为查封的房产市场价值为 1.21 亿元。丙公司提出执行异议，但樊城区人民法院审查后认定，丙公司提出的执行异议依据不充分，且未在法定期限内申请复议，故不予支持。由于丙公司已建成的 210 套商品房均被执行法院查封，无法正常销售，企业资金断流，经营陷入困境。

【检察机关监督情况】

受理情况：2016 年 12 月 27 日，丙公司、丁公司以樊城区人民法院明显超标的额查封为由，向樊城区人民检察院申请监督。该院予以受理审查。

审查核实：樊城区人民检察院对案件线索依法进行调查核实。询问了申请人丙公司；前往樊城区人民法院查阅了审判与执行案卷，收集相关法律文书、价格鉴定报告与其他书证；实地前往被查封楼盘进行现场勘查。经审查核实发现，相关裁判文书确定的债务总额为 5974 万元，且甲小贷公司、乙公司申请查封的标的额仅为 6671 万元，而执行法院实际查封的房产价值为 1.21 亿元，存在明显超标的额查封的问题。

监督意见：樊城区人民检察院认为，樊城区人民法院查封的 210 套房产价值为 1.21 亿元，查封财产价值明显超出生效裁判文书确定的债务数额，违反《中华人民共和国民事诉讼法》第二百四十二条规定及《最高人民法院关于人民法院民事执行中查封、扣押、冻结财产的规定》第二十一条规定，存在明显超标的额查封被执行人财产的违法行为。2017 年 3 月 20 日，樊城区人民检察院向樊城区人民法院发出检察建议，建议对超标的额查封的违法行为予以纠正。

监督结果：收到检察建议书后，樊城区人民法院认定本案确系超标的额查封，于 2017 年 4 月 17 日发出协助执行通知书，通知某县住房保障管理局解除对被执行人先期查封的 210 套商品房中 109 套的查封。解封后，丙公司得以顺利出售商品房，回收售楼款，改善资金困境，并及时发放拖欠的农民工工资，积极协商偿还本案剩余债务。

【指导意义】

1. 纠正明显超标的额的违法查封行为，消除对涉案企业正常生产经营的不利影响。执行程序的适度原则要求对执行措施限制在合理的范围内，执行目的与执行手段之间的基本平衡。纠正明显超标的额的违法查封行为，对于盘活企业资产，激发企业活力，特别是保障民营企业的可持续发展十分重要。

2. 办理明显超标的额查封的民事监督案件，应当围绕保全范围和标的物价值进行审查。查封、扣押、冻结等强制执行措施的违法使用，将限制企业生产要素的自由流动，降低市场主体创造社会财富的活力。因此，在认定是否明显超标的额查封时，不仅需要查明主债权、利息、违约金及为实现债权而支出的合理费用，还要结合查封财产是否为可分物、财产上是否设定其他影响债权实现的权利负担等因素予以综合考虑。做到监督有据，准确有效。

3. 诉讼保全措施延续到执行程序后，检察机关应按执行监督程序进行审查。诉讼保全发生于裁判生效前的审判活动，目的是保障生效裁判的履行。裁判生效后即转入强制执行程序。对于明显超标的额查封的财产，应依法提出执行检察建议，监督执行法院纠正错误执行行为。

【相关规定】

《中华人民共和国民事诉讼法》第二百四十二条

《最高人民法院关于人民法院民事执行中查封、扣押、冻

结财产的规定》第二十一条

《人民检察院民事诉讼监督规则(试行)》第一百零二条

福建甲光电公司、福建乙科技公司与福建丁物业公司物业服务合同纠纷和解案

(检例第80号)

【关键词】

企业债务纠纷　不影响审判违法监督　多元化解机制　检察调处

【要旨】

检察机关办理民事监督案件,在不影响审判违法监督的前提下,可以引导当事人和解,但必须尊重当事人意愿,遵循意思自治与合法原则,在查清事实、厘清责任的基础上,依法促成和解,减轻当事人诉累,营造良好营商环境。

【基本案情】

福州软件园兴建于1999年3月,是福建省迄今为止规模最大的软件产业园区。2007年,福建甲光电有限公司(以下简称甲公司)、福建乙科技有限公司(以下简称乙公司)等进驻软件园,购买园区土地建设自有研发楼。为提升园区服务质量,2011年1月28日,福州丙开发有限公司(以下简称丙公司)通过招投标方式确定福建丁物业有限公司(以下简称丁公司)作为物业服务中标单位,中标价为1.3元/平方米/月。2011年3月28日,丙公司与丁公司签订物业服务合同。甲公司、乙公司等多家公司认为,其自建园区相对独立封闭,未得到物业服务,且自身未与物业公司签订物业服务合同,因此拒绝交纳物业费,引发纠纷。丁公司于2013年

10月向福建省福州市鼓楼区人民法院起诉,请求甲公司、乙公司支付拖欠的物业服务费及违约金。

鼓楼区人民法院一审认为,签订物业服务合同的一方须为物业的建设单位,甲公司的办公楼系其自建,故丙公司签订的物业服务合同对甲公司、乙公司无约束力,但丁公司对园区的道路、绿化等配套设施进行日常维护管养,甲公司、乙公司享受了基础设施服务,故应当支付物业费,酌定物业服务费标准为合同标准的30%,即0.39元/平方米/月。丁公司不服,上诉至福建省福州市中级人民法院。二审判决驳回上诉,维持原判。

丁公司向福建省高级人民法院申请再审。再审法院认为,丙公司是园区公共区域的建设单位,其依法选聘物业服务企业并签订物业服务合同,对园区内公司具有相应约束力,改判甲公司、乙公司按照1.3元/平方米/月的标准交纳物业服务费。

【检察机关监督情况】

受理情况:甲公司、乙公司等民营企业认为其自建园区未享受物业服务,且丙公司无权代表业主签订物业服务合同,遂于2018年11月向福建省人民检察院申请监督。该院予以受理审查。

调查核实:为查清事实,检察机关走访福州市某管理委员会和丙公司,并实地查看甲公司、乙公司等多家民营企业的自建园区,调阅三次审理的审判案卷,全面掌握案件事实和争议症结。同时,在调查走访中也了解到,再审败诉对甲公司、乙公司等民营企业的营商环境产生一定影响,特别是与物业公司发生的长期纠纷也影响了企业的正常经营。

和解过程及结果:福建省人民检察院经研究认为,由于丁公司仅对甲公司等自有园区以外的公共区域提供物业服务,仍按照合同标准确定物业服务费，有违公平合理原则。为此，检察机关多次约谈物业公司和相关科技公司的法定代表人及诉讼代理人，认真听取并分析双方意见，解释法律规定，各方一致认为此案的最佳处理方式是和解结案。在检察机关引导下，双方自愿达成和解协议，丁公司同意甲公司、乙公司按照 0.85 元 / 平方米 / 月的标准交纳物业服务费，对之前六年的物业服务费一并结算，即时履行完毕，并将和解协议送交执行法院，执行法院终结本案执行。2019 年 8 月，福建省人民检察院作出终结审查决定。

【指导意义】

1. 坚持和发展新时代"枫桥经验"，构建和谐营商环境。各级人民检察院办理民事监督案件，应当积极践行"枫桥经验"，在不影响审判违法监督、不损害国家利益、社会公共利益及他人合法权益的前提下，可以引导当事人自愿达成和解协议。由于民事监督案件涉及的法律关系已经为生效裁判确认，人民检察院应当把握和解的适用条件，避免损害裁判的既判力。如果生效裁判并无不当，人民检察院应当释法说理，说服申请人息诉罢访；如果人民法院的生效裁判违反法律相关规定，同级人民检察院在尊重当事人意愿的前提下可以引导当事人和解，节约司法资源、化解矛盾纠纷，真正实现"双赢、共赢、多赢"。

2. 检察机关引导当事人达成和解协议的，应当加强与法院执行程序的衔接。人民检察院办理民事监督案件，引导达成和解的，要注意与人民法院执行程序的衔接。当事人达成和解协议后，检察机关应当告知当事人向执行法院递交和解协议，必要时检察机关也可以主动告知执行法院相关和解情况，由执行法院按照执行和解的法律规定办理，以实现案结事了。

【相关规定】

《中华人民共和国民事诉讼法》第七条、第二百条、第二百零八条

《人民检察院民事诉讼监督规则（试行）》第五十五条、第六十六条、第七十五条第一款第（二）项

部分新闻链接

1. 人民日报 2020 年 7 月 29 日报道《最高检发布第二十一批指导性案例——精准监督，保障民企合法权益》

2. 新华社 2020 年 7 月 28 日报道《最高检发布指导性案例服务民企发展》

3. 经济日报 2020 年 7 月 28 日报道《最高检发布办理涉民营经济指导性案例　落实平等保护、精准监督》

4. 工人日报 2020 年 7 月 28 日报道《企业被错列"老赖"致经营陷困境，检察院监督纠正纳入指导性案例》

5. 南方都市报 2020 年 7 月 29 日报道《最高检要求各级检察机关畅通司法救济渠道，为民企健康发展提供司法保障——让恒产者有恒心、恒心者办恒业》

6. 法治日报 2020 年 7 月 28 日报道《最高检举行"加强民事检察监督　精准服务民企发展"新闻发布会——依法查办一批涉民企虚假诉讼案件》

入职查询　让孩子上学更放心

——最高人民检察院发布《关于建立教职员工准入查询性侵违法犯罪信息制度的意见》

发布时间： 2020 年 9 月 18 日 10:00

发布内容：《关于建立教职员工准入查询性侵违法犯罪信息制度的意见》并通报有关工作情况，发布教职员工准入查询违法犯罪信息典型案例

发布地点： 最高人民检察院

主 持 人： 王松苗　最高人民检察院办公厅（新闻办）主任、新闻发言人

出席嘉宾： 史卫忠　最高人民检察院第九检察厅厅长
　　　　　　李　峰　最高人民检察院第九检察厅副厅长
　　　　　　黄　伟　教育部教师工作司副司长
　　　　　　王永明　公安部刑事侦查局二级巡视员

主题发布

王松苗

各位记者朋友,大家上午好!欢迎参加最高人民检察院新闻发布会。今天发布会的主题是"入职查询,让孩子上学更放心"。出席今天发布会的嘉宾是:最高人民检察院第九检察厅厅长史卫忠、副厅长李峰、教育部教师工作司副司长黄伟、公安部刑事侦查局二级巡视员王永明。

今天的发布会主要有三项议程:一是发布《关于建立教职员工准入查询性侵违法犯罪信息制度的意见》并通报有关情况;二是发布教职员工准入查询违法犯罪信息典型案例;三是回答记者提问。

未成年人健康成长关系国家未来和民族复兴。习近平总书记强调,"全社会都要了解少年儿童、尊重少年儿童、关心少年儿童、服务少年儿童,为少年儿童提供良好社会环境"。检察机关深入贯彻落实习近平总书记指示要求,持续不断推动未成年人司法保护工作。张军检察长在连续两年的人大报告中强调要持续推进"一号检察建议"落实,推动建立性侵违法犯罪人员从业禁止、校园性侵强制报告等制度。自2018年10月"一号检察建议"发布近两年来,最高检先后会同教育部赴8个省区市督导,与河北、河南、陕西等地省领导夜查寄宿制学校安全管理,与教育部、国家卫健委等8部委共同下发《关于建立侵害未成年人案件强制报告制度的意见》。2017年8月,上海率先探索建立涉性侵违法罪犯人员入职限制从业机制;2019年4月,上海市检察院会同15家单位出台了措施,取得了较好成效,随后浙江、重庆、广东等地检察机关会同公安、教育等部门推出相关制度机制,这项工作探索随之进一步走向深入。各地各部门坚持"没完没了"抓"一号检察建议"落实,合力为未成年人健康成长撑起法治"保护伞",全力守护未成年人成长的"净土"。

建立入职查询制度,一直是媒体和人民群众关注的焦点,人民日报、新华社、中国青年报等中央主流媒体先后多次进行报道。央视新闻等媒体在新浪微博上开设的相关话题引发网友持续围观、热议、点赞,累计阅读量近5亿。目前正在修订的未成年人保护法草案中,也对密切接触未成年人行业的入职查询制度进行了规定。今天,我们联合教育部、公安部召开发布会,发布《关于建立教职员工准入查询性侵违法犯罪信息制度的意见》,就是及时回应社会关注和群众关切,表达合力惩治、预防性侵未成年人违法犯罪的信心和决心。

现在,进行第一项议程,请史卫忠厅长发布《关于建立教职员工准入查询性侵违法犯罪信息制度的意见》并通报有关情况。

史卫忠

各位记者朋友,大家好!为有效推进未成年人保护社会治理体系现代化建设,加强对性侵未成年人犯罪的源头预防,近期,最高检与教育部、公安部联合下发了《关于建立教职员工准入查询性侵违法犯罪信息制度的意见》(以下简称《入职查询意见》)。现将有关情况通报如下:

一、建立入职查询制度的必要性

一是当前性侵未成年人犯罪持续上升,社会强烈关注,必须进一步加大预防力度,构建对未成年人更加有力的社会保护网络。性侵害是未成年人遭受犯罪侵害的主要犯罪类型,且呈现持续上升态势。2017—2019年,检察机关起诉强奸、强制猥亵、猥亵儿童等性侵未成年人犯罪分别为10603人、13445人、19338人,分别占当年起诉侵害未成年人犯罪总人数的22.3%、26.5%、30.7%，后两年同比分别上升26.8%、43.8%。公安司法机关对性侵未成年人犯罪一直保持严打高压态势，但是实践证明，单纯打击并不能有效遏制犯罪，必须加强源头预防。随着一些性侵未成年人恶性犯罪案件的曝光，社会各界关于加大未成年人保护力度、预防未成年人遭受性侵害的呼声日益强烈。2019年，最高检下发的五年检察改革规划中，建立性侵未成年人违法犯罪信息库和入职查询制度、构建对未成年人更加有力的社会保护网络，成为社会高度关注的改革项目之一，在微博上被数亿次点击阅读。

二是性侵未成年人犯罪具有熟人作案比例高、重新犯罪率高的特点，必须前移关口，加强源头预防。近年来，全国发生了多起有性侵犯罪前科人员继续性侵学生案件。媒体报道的贵州省贵阳市某学校教师刘某某猥亵案，刘某某曾因强奸学生被判刑，作为一名有性侵犯罪前科人员长期在学校工作未被发现，导致再次犯罪使学生受害。江西省婺源县江某某猥亵儿童案中，江某某曾因猥亵学生被免去某学校总务主任职务、职称降级，退休后又被学校返聘，并再次犯罪。这些案件造成了恶劣的社会影响，也表现出性侵未成年人犯罪的成瘾性、重犯率高等特点，对于此类犯罪，单靠日常教育和事后惩处难以实现预防目的，只有限制其接触未成年人，才能从源头上最大限度地防止再犯。因此，将预防关口前移至入职审查阶段，并采取严厉的从业禁止手段，是非常必要的。

三是各地的探索实践证明入职查询是行之有效的预防措施。2017年8月，上海市闵行区检察院针对办案中发现的问题，联合有关部门在全国率先建立涉性侵违法犯罪人员限制从业机制，汇总本区性侵违法犯罪人员信息，建立"黑名单"信息库。辖区内与未成年人有密切接触的行业招聘时，在信息库中进行查询比对，对有前科的人员不予录用。江苏省淮安市淮阴区、浙江省宁波市鄞州区、广东省广州市等地也先后建立了相关制度。上海、重庆、河南等省级检察院也都推动建立了本地省级层面的性侵未成年人违法犯罪信息库和入职查询制度。其中上海市与未成年人密切接触行业已经查询近27万人，查出

26 名具有相关违法犯罪前科人员，并予以辞退或者不予录用。

中央有关部门对地方的有益探索高度关注，加强了总结指导。最高检《2018—2022 年检察改革工作规划》《关于加强新时代未成年人检察工作的意见》先后对推动建立入职查询制度提出了要求。最高检、教育部在"一号检察建议"的督导落实工作中，把推动建立入职查询制度作为重要内容之一，并与公安部进行了沟通协商，共同开展调研论证工作。为此，公安部专门开发建设全国性侵违法犯罪人员信息库，教育部建立全国统一的信息查询平台，为全国范围内开展入职查询提供条件。最高检与教育部、公安部经过多次研究，最终形成《入职查询意见》。

二、《入职查询意见》的主要内容

《入职查询意见》规定的入职查询制度，是指中小学校、幼儿园新招录教职员工前，教师资格认定机构在授予申请人教师资格前，应当进行性侵违法犯罪信息查询，对具有性侵违法犯罪记录的人员，不予录用或者不予认定教师资格，从而把"大灰狼"挡在校园之外，有效预防性侵未成年人犯罪发生。意见主要内容有：

一是查询的范围。基于行为性质和防范重点，《入职查询意见》暂把查询的违法犯罪信息限定为狭义的性侵行为：一类是因强奸、强制猥亵、猥亵儿童犯罪被作出有罪判决的人员，以及因上述犯罪被人民检察院作出相对不起诉决定的人员。另一类是因猥亵行为被行政处罚的人员。

二是适用入职查询的人员范围。为了将查询的范围覆盖到所有与在校未成年人密切接触的人员，《入职查询意见》规定对三类人员进行查询：（1）中小学校（含中等职业教育和特殊教育学校）、幼儿园新招录教师、行政人员、勤杂人员、安保人员等在校园内工作的教职员工，在入职前应当进行性侵违法犯罪信息查询。（2）教师资格认定机构在认定教师资格前应当对申请人员进行性侵违法犯罪信息查询。（3）教育行政部门应当做好在职教职员工相关违法犯罪信息的筛查。此外，由于高校的学生大多已成年，校外培训机构管理体制比较复杂，因此规定,对高校和面向未成年人的校外培训机构的教职员工、工作人员的性侵违法犯罪信息查询,参照本意见执行。

三是查询的方法。近年来,各地开展的入职查询探索,一般采取由教育部门汇总人员信息,向当地公安机关或者检察机关进行书面查询的方法。为了减轻基层工作负担,《入职查询意见》采取了更加高效的查询方法,即采取教育部和公安部部门间信息平台对接的方式,通过数据的交换和比对进行查询,信息实现即时交换,大大提高了查询效率。

四是查询结果的应用及追责。对经查询发现有性侵违法犯罪记录的人员,学校不得录用,教师资格认定机构不得认定教师资格。在职教职员工经查询发现有性侵违法犯罪记录的,应当立即停止其工作,按照规定及时解除聘用合同。如果学校、教师资格认定机构未按照规定进行查询,或者经查询有相关违法犯罪记录仍予以录用或者认定教师资格的,由上级教育行政部门责令改正,并追究相关人员责任。

三、下一步工作重点

最高检将加强与教育部、公安部的密切配合,共同抓好入职查询制度的落实。一是配合教育部、公安部落实好入职查询制度。协助公安部完善全国性侵违法犯罪信息库,确保信息库内相关违法犯罪信息的全面、准确和及时更新。二是加强经验总结,不断完善相关制度。教职员工入职查询制度在经过一定实践完善后,我们将推动逐步适用于所有与未成年人密切接触的行业,同时扩大查询违法犯罪信息的范围,全面构建预防侵害未成年人犯罪的"防火墙",更好地保护未成年人健康成长。三是对于此前已建立的其他密切接触未成年人行业入职查询机制,仍然可以按照原有方式继续实施,检察机关将加强与公安、教育等部门的联系,做好衔接,不断完善。

未成年人健康成长关系到国家和民族的未来。全国检察机关将紧紧围绕检察职能,不断强化法律监督,与其他部门密切协作配合,进一步加大惩治和预防侵害未成年人犯罪的力度,为广大未成年人提供更加全面的司法保护,用心守护每一个孩子的健康成长!

王松苗

谢谢史厅长。下面进行第二项议程,发布教职员工准入查询违法犯罪信息典型案例。典型案例已经作为发布会材料印发给大家。为了便于各位记者朋友更好地了解掌握这些案例,现在请李峰副厅长简要介绍典型案例有关情况。

李 峰

此次发布的五个典型案例,是近年来各地开展入职查询区域性探索的缩影,充分体现了建立全国性的入职查询制度的必要性和意义。需要指出的是,各地探索建立的入职查询制度不统一,所以大家会发现,五个案例查询的违法犯罪类型不限于性侵类,有两个案例涉及毒品犯罪和组织、容留卖淫类违法犯罪,这也是各地开展探索的一个特点,我们也正是在各地这些探索基础之上,建立了全国性的入职查询制度。下面,我简要介绍案例的相关情况。

案例一 王某曾因犯猥亵儿童罪被判处有期徒刑,刑罚执行完毕以后,王某隐瞒前科,求职进入英语培训机构,继续从事教学工作,密切接触包括未成年人在内的青少年群体。江苏省常州市检察院与教育局、公安局在教师资格清查专项行动中,发现王某前科情况,教育主管部门当日责令培训机构对其予以辞退,并取消了王某的教师资格。

今年3月,江苏省常州市检察院联合市教育局、公安局,建立本地教职员工入职查询机制,面向学校、校外培训机构开展教职员工违法犯罪记录查询。共开展查询5万余人次,清查出应当丧失教师资格人员13人,其中2人还曾被判处十年以上有期徒刑。常州市建立的入职查询机制,打破了学校、校外培训机构与司法部门之间的信息壁垒，实现了违法犯罪信息互通，使学校、校外培训机构涉案人员"有人可找、有责可究"，最大限度降低未成年人受侵害风险。

案例二 浙江省宁波市某区中学教师王某曾因猥亵未成年女学生被行政处罚。后王某自行离职，并至余姚市某中学应聘，与学校初步签订录用意向。余姚市检察院根据该中学申请，对拟录用的23名人员的违法犯罪记录进行查询，发现王某上述劣迹，王某被不予录用。同时，余姚市检察机关认为王某的行为可能涉嫌刑事犯罪，故将线索移交宁波市某区检察院进一步开展立案监督工作。

2019年12月，宁波市检察院联合公安、教育等12家单位出台本市入职查询办法。余姚市检察院根据查询办法，先后对该市7851名在职教师性侵违法犯罪记录进行查询，查询出王某上述违法记录。各地在开展入职查询探索过程中，普遍存在只能查询发生在本地的违法犯罪记录的问题，浙江省宁波市检察机关充分利用检警合作平台，将查询范围扩大至全国，有效防止违法犯罪人员异地就业成为监管的盲区。

案例三 吴某曾因非法持有毒品罪被判处有期徒刑。刑罚执行完毕以后，吴某再赴曾经工作过的幼儿园应聘幼儿园教师，被录用。重庆市荣昌区检察院受区教委委托，在对全区现有和新录用教职员工进行违法犯罪信息筛查过程中，发现吴某上述前科。荣昌区检察院认为毒品犯罪再犯率高，人身危险性大，对未成年人尤其是幼儿园儿童存在极大安全隐患，建议予以解聘处理。教委反馈犯罪信息给幼儿园后，幼儿园于当日解聘吴某。

2019年7月，重庆市检察院和市教委签订本市入职查询办法，市检察院依托检察机关办案系统，开发建设全国首个省级教职员工入职查询平台，并授权各区县检察院为区县教委提供查询服务。先后提供查询5.3万人次，对3名涉暴涉毒人员不予录用，对21名有故意伤害等前科人员予以辞退或者作出行政处分。重庆市检察机关探索开展的入职查询，不限于性侵犯罪前科，对未成年人有潜在危险的毒品、暴力等犯罪前科均作禁止招录处理，通过"禁入一批、解聘一批、教育一批、警示一批"，有效构筑未成年人保护的"防火墙"。

案例四刘某生曾因强奸亲外甥女被判处有期徒刑。刑罚执行完毕以后，刘某生应聘至河南省焦作市某幼儿园以厨师身份留园工作。焦作市检察院联合市教育局在全市入职查询专项行动中，发现刘某生上述前科，幼儿园对刘某生予以辞退处理。

2019年10月，河南省检察院会同教育、公安等部门建立本省入职查询制度，先后筛查教职员工信息16000多人次，发现有前科或正被刑事追究人员24人，并作出开除、解聘、收缴教师资格证或者法人变更等处理。河南省教育厅党组对查询出教职员工涉罪问题高度重视，专题召开党组会议研究部署，除了责成严肃处理涉罪教职员工之外，还对相关教育部门负责人诫勉谈话，责令对涉事学校或培训机构进行督查整改或停业整顿，并对学校负责人或经营者开展训诫教育。同时，在全省范围内组织开展依法治校专项巡查，进行"以案促改"师德师风教育。河南省检察机关立足检察职能，坚持督导而不替代，会同教育部门从严落实入职查询制度。教育部门切实发挥主体作用，坚持"有科必查，有案必究"。河南省的入职查询探索，是检教联合双赢共赢的典型。

案例五刘某照曾因容留他人卖淫被收容教养；因犯组织卖淫罪被判处有期徒刑。刑罚执行完毕以后，刘某照通过劳务派遣公司进入上海市普陀区某教育学院，担任工勤人员。普陀区检察院落实上海市入职查询制度，排查出刘某照上述违法犯罪记录，刘某照被辞退。

2019年4月，上海市检察机关联合公安、教育等15个部门出台本市入职查询制度。先后排查近27万人，共发现26名曾有猥亵、介绍卖淫等违法犯罪记录人员，相关学校和教育培训机构对上述人员全部清退或不予录用。上海市的入职查询制度，对密切接触未成年人的"全"行业、"全"对象和"全"行为，作出全方位的规定。把晚托班、暑托班、冬夏令营等临时组织，理事会、董事会成员、监事等具有密切接触未成年人工作便利的人员，以及组织卖淫、强迫卖淫等广义上的性侵违法犯罪行为都纳入查询范围。通过全方位的制度设计，最大限度扫除入职查询盲区盲点，编织起未成年人保护最严密防护网。

王松苗

谢谢李峰副厅长。下面进行第三项议程,请各位记者朋友提问。

现场答问

新华社记者

近年来，有不少地方建立了省、市、县等不同层级的入职查询制度，现在建立了全国性的入职查询制度，比以前的做法有什么重大的进步？

李 峰

近年来，浙江、上海、重庆、广东、贵州等地检察机关会同有关部门，探索建立性侵违法犯罪信息库及入职查询制度，取得了明显效果。各地的探索也为建立全国层面的制度积累了有益经验。这次新闻发布会我们也发布了有关入职查询方面的5个典型案例，介绍了他们的具体做法。但随着各地工作的逐步深入，也出现了一些问题。如查询范围、方式不规范、不统一；各地检察机关单独或者依托公安机关建立的违法犯罪信息库多数只包含本地办理的案件，信息数量少，查询不到涉案人在外地的违法犯罪行为。这在当前人员大量流动异地就业的情况下，很难有效发挥预防作用等。

建立全国层面的制度后，能够在全国统一规范地适用该制度。尤其是，依托公安部建设的全国性侵违法犯罪人员信息系统，能够实现全国性侵违法犯罪信息共享，有效解决漏查等问题。因性侵违法犯罪受到处罚后，换个地方又混进教职员工队伍的情况基本上不会再出现，这将为我们的孩子提供更加严密的保护，同时也会给那些性侵违法犯罪分子产生极大的震慑。更为重要的是,《入职查询意见》的出台,可以让这项制度在全国范围内落地,织密保护未成年人的法网。

凤凰卫视记者

近年来公安机关在打击性侵未成年人违法犯罪、保护未成年人权益方面做了哪些工作?

王永明

未成年人是祖国的未来、民族的希望。依法保护未成年人健康安全成长,涉及亿万家庭和谐幸福,事关社会稳定和国家未来发展。公安机关高度重视未成年人权益保护工作,近年来持续加大对性侵未成年人犯罪的惩治和打击力度,不断完善办理性侵未成年人案件的工作机制,有力维护了未成年人人身权益。

一是严厉打击、周密防范性侵未成年人犯罪。公安部要求各地公安机关对性侵未成年人犯罪有案必查、有罪必惩,依法从重从快从严打击。特别是对非法侵入中小学和幼儿园等学前教育机构侵害儿童人身安全的案件,坚持"零容忍"态度,组织精干力量快侦快破,及时抓捕性侵害未成年人的犯罪嫌疑人。今年以来,各地公安机关先后破获强奸、强制猥亵、猥亵儿童等侵害未成年人案件1.2万余起，抓获一批犯罪嫌疑人，有力震慑了犯罪分子。同时，部署各地公安机关会同教育等部门持续组织开展"护校安园"行动，不断加强校园及周边治安秩序整治，深入指导学校加强内部安全防范工作，选派业务能力强、工作经验丰富的优秀民警兼任中小学和幼儿园法治副校长或法治辅导员，通过模拟法庭、普法讲座、案例剖析等形式加强对教职员工和学生的法治教育。

二是不断完善法律法规建设。为依法严厉惩治性侵害未成年人犯罪，加大对未成年人合法权益的保护，公安部会同最高人民法院、最高人民检察院、教育部、司法部、共青团中央、全国妇联等有关单位和部门先后出台了《关于进一步建立和完善办理未成人刑事案件配套工作体系的若干意见》《关于依法惩治性侵害未成年人犯罪的意见》《关于做好预防少年儿童遭受性侵工作的意见》《关于建立侵害未成年人案件强制报告制度的意见（试行）》等一系列规范性文件，对办理性侵未成年人案件的基本理念、程序保障、特殊保护、法律适用都做了全面规定，明确提出对性侵害未成年人犯罪案件要从严惩治，并细化被害人隐私保护和身心保护的工作规范，最大限度保护未成年人合法权益和身心健康。

三是不断提升公安机关侦办性侵未成年人案件的能力和水平。针对侵害未成年人案件的特点，公安部要求全国公安机关在有关执法培训中加入相关内容，强化对一线公安民警"儿童视角"的培养，按照"儿童利益最大化"的原则，保持高度警觉和敏感，有效提高对儿童证言的提取和审查能力。加强专业队伍建设，挑选并培养一批政治素质好、业务过硬，具有一定教育学、心理学知识，对未成年人富有爱心、耐心和责任心的业务骨干负责侦办各类侵犯未成年人案件，确保全面维护未成年人合法权益。

四是试点推广"一站式"取证工作机制。为贯彻侦查与保护并重的理念，针对未成年人特点加强取证工作，近年来，公安部在全国试点、推广性侵未成年人案件"一站式取证"的做法，即公安机关接报相关案件后，公安刑侦部门、技术鉴定部门、检察机关同步到场，同时协同妇联、卫生健康、司法、医疗机构等单位参与，由专业人员一次完成诉讼阶段的全部取证工作，并同步开展儿童心理创伤评估与治疗、身体康复、家庭功能辅导、法律援助、司法救助等工作，协助儿童（及家庭）恢复身心健康，既保证了受害人陈述的完整性，便于公安、检察机关固定有关证据，又避免了受害人在反复接受询问和取证的过程中遭受心理上的二次伤害。目前，全国公安机关会同有关部门已建立"一站式取证"试点办案区近500个，特别是云南省昆明市盘龙区公安分局、上海市奉贤区公安分局、宁波市鄞州区公安分局等地的"一站式取证"工作成效良好，受到社会各界的充分肯定和高度评价。

下一步，公安机关将继续完善"全国性侵违法犯罪人员信息系统"，部署各地公安机关切实落实教职员工入职查询有关工作要求，进一步加强情报研判，全力防范此类犯罪发生。同时，全国公安机关将始终坚持以人民为中心，继续保持对此类犯罪的高压严打态势，密切关注犯罪发展趋势，主动研判分析，切实维护未成年人合法权益和社会治安稳定。

借此机会，公安机关提醒广大未成年人和家长，未成年人体力智力发育不成熟，认知能力、辨别能力和反抗能力都比较弱，为有效避免受到不法伤害，要做到以下几点：

一是要加强监护和关爱，增强未成年人保护意识。学校和家长要加强对未成年人的监护和关爱，教会未成年人学习掌握应对突发情况和在危险环境下自救和求救的方法。在酒吧、迪厅、营业性歌舞厅等环境复杂的场所，以及外出旅游或夜晚出门时尽量有成年人陪同或结伴出行，不给犯罪分子留下可乘之机。

二是警惕不法网络侵害。近年来，部分不法分子以互联网为媒介，打着"个性交友""童星招募"等幌子，诱骗、胁迫未成年人进行"裸聊"或发送"裸照""裸体视频"等方式进行"隔空"猥亵的违法犯罪行为有蔓延之势。"隔空"猥亵是性侵未成年人犯罪的新形态，区别于传统的身体接触方式，具有隐蔽性更强、危害性更广的特点。广大家长要多引导孩子提高自我防护意识。

三是及时报案。未成年人一旦遭受性侵害要及时向公安机关报案，配合公安机关取证，利用法律武器保护自己的权益。

人民日报记者

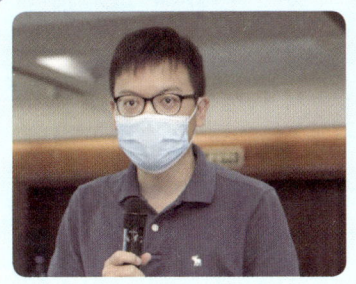

我们注意到，未成年人保护法修订草案中对入职查询制度也有规定，并且范围更广。为什么不等未成年人保护法修改实施后，再出台入职制度？同时，《入职查询意见》只适用于中小学校和幼儿园、查询范围也只限于性侵违法犯罪，请问将来会不会进一步拓展适用范围？

史卫忠

目前正在修订的未成年人保护法草案，对密切接触未成年人行业的入职查询制度进行了规定，下一步还需要根据立法程序进一步审议、通过。之所以现在就出台教职员工入职查询制度，主要是基于以下原因：

一是已有充分的法律依据。对于《入职查询意见》，教师法第十四条规定，受到剥夺政治权利或者故意犯罪被判处有期徒刑以上刑事处罚的，不能取得教师资格；已经取得教师资格的，丧失教师资格。第十条规定，教师应当遵守宪法和法律，具有良好的思想品德。国务院《教师资格条例》第十九条规定，品行不良、侮辱学生，影响恶劣的，要撤销教师资格。显然，具有性侵违法犯罪前科是典型的品行不良行为。另外，《劳动合同法》《保安服务管理条例》等也对从事相关工作的条件作出了相应规定。因此，对有性侵违法犯罪行为人员，不得录用为教职员工或者不授予教师资格完全符合上述规定。《入职查询意见》就是为了保障上述法律法规落到实处。

二是预防校园性侵未成年人犯罪的迫切需要。刚才我在新闻通报里已经谈到当前性侵未成年人犯罪的严峻形势。大家知道，学校是未成年人最为集中的场所。近年来，一些地方教职员工性侵学生犯罪时有发生，造成恶劣社会影响和严重危害后果。全社会要求严惩、防范的呼声很高，许多人大代表、政协委员也提出这方面的议案和建议，呼吁尽快建立有效预防的工作机制。因此，我们认为入职查询制度不能等，必须尽快建立，尽最大努力保护我们的孩子免受伤害。

三是入职查询制度已经在不少地方进行了探索实践，制度设计已较为成熟，实践效果也很好。未成年人保护法修订草案的相关内容实际上就是对各地实践经验的进一步总结和吸收。

至于你提到的《入职查询意见》没有覆盖所有的密切接触未成年人行业、查询信息有限的问题，确实如此。目前，各地在探索中的机制、做法并不相同，如关于信息库，有的建在检察院，使用检察业务系统数据，有的则是利用公安机关现有的违法犯罪人员信息资源库；关于查询范围，有的限于狭义的性侵犯罪，即强奸、强制猥亵、猥亵儿童犯罪，有的还包括组织、引诱、容留、介绍卖淫等相关犯罪，还有的范围更广，包括家庭暴力和监护侵害违法犯罪，甚至扩展至所有犯罪；关于行业范围，有的仅限于学校、幼儿园，有的则包括所有密切接触未成年人的行业等。

我们的主要考虑是：入职查询会导致从业禁止的法律后果，所以要兼顾好有效保护未成年人不受侵害和维护涉案人合法权益、满足其正常回归社会需要之间的关系。刚才我讲到，对教职员工适用入职查询和从业禁止，有具体明确的法律依据，也是社会关注的重点问题。而其他密切接触未成年人行业涉及的范围广、人员多，主管部门也比较复杂，不同领域在何种情况下实施从业禁止需要有更加明确的法律依据，需要更加稳妥地加以推进。下一步，我们将本着突出重点、分步探索、稳步推进的原则，随着未成年人保护法等法律修改实施，不断扩展从业禁止的情形，逐步扩展到所有的密切接触未成年人行业。当然，《入职查询意见》也作出了规定，各地结合实际，可以先行先试，特别是之前已经开展的入职查询的探索会继续实施，我们也会指导各地不断积累经验，为下一步的扩展奠定基础。我们刚才发布的典型案例中，也有这方面的情况，供大家参考。

中国教育报记者

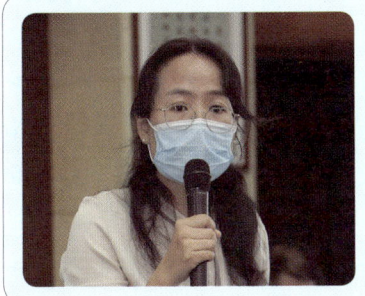

教育部贯彻落实三部门《入职查询意见》，下一步有什么工作举措？

黄 伟

习近平总书记多次指出，评价教师队伍素质的第一标准应该是师德师风。教师队伍师德师风总体是好的。同时，也存在一些问题。对教师队伍中存在的问题，特别是对教师中的"害群之马"，要坚决依法依纪予以严惩，清除出教师队伍。教育部高度重视加强教师队伍师德师风，针对群众反映强烈的突出问题，采取了一系列措施。特别是2018年底印发新时代高校、中小学、幼儿园三个教师职业行为十项准则，及三个违规处理办法，构建全方位、立体化的师德师风铁律，架设教师职业行为带电的高压线，明确教师"不得与学生发生任何不正当关系，严禁任何形式的猥亵、性骚扰行为",并持续开展违规典型案例公开曝光,先后曝光了四批典型案例,希望以案为鉴,高压震慑。

教育部与最高人民检察院、公安部出台《入职查询意见》,建立教职员工准入查询性侵违法犯罪信息制度,是加强教师队伍建设、加强未成年人保护的一项切实举措。为了抓好落实,教育部拟采取以下三项措施:

一是建机制。机制是落实工作的驱动器。教育部与最高人民检察院、公安部联合建立信息共享工作机制,教育部将履行好统筹、指导各级教育行政部门及教师资格认定机构实施教职员工准入查询的制度的职责。

二是设平台。为做好查询工作,教育部将加快建立统一的信息查询平台建设,与公安部部门间信息共享与服务平台对接,实现性侵违法犯罪人员信息核查,面向地方教育行政部门提供教职员工准入查询服务。

三是抓部署。教育部将此项工作进行专门的部署,工作部署强调两方面重点:一方面明确查询部门。要求地方教育行政部门主管本行政区内的教职员工准入查询。根据属地化管理原则,县级及以上教育行政部门依法根据拟聘人员和在职教职员工的授权,对其性侵违法犯罪信息进行查询。对教师资格申请人员的查询,由受理申请的教师资格认定机构组织开展。另一方面重点是严格责任追究。地方教育行政部门未对教职员工性侵违法犯罪信息进行查询,或者经查询有相关违法犯罪信息,地方教育行政部门或学校仍予以录用的,由上级教育行政部门责令改正,并追究相关教育行政部门和学校相关人员责任。教师资格认定机构未对申请教师资格人员性侵违法犯罪信息进行查询,或者未依法依规对经查询有相关违法犯罪信息的人员予以处理的,由上级教育行政部门予以纠正,并报主管部门依法依规追究相关人员责任。教育部将会同检察机关、公安机关确保制度落地,切实严格教职员工准入门槛,为未成年人成长营造良好的校园环境。

入职查询　让孩子上学更放心

南方都市报记者

刚才情况通报中提到，当前性侵未成年人犯罪案件多发。除了推动建立入职查询制度外，检察机关在惩治和预防性侵未成年人犯罪方面还做了哪些工作？

李　峰

检察机关对性侵未成年人犯罪始终坚持"零容忍"，会同有关部门，依法严厉打击，并积极推动加强源头治理和预防。刚才情况通报提到，近年来起诉此类犯罪案件的数量有较大幅度上升，也同时反映出我们加大了打击力度。主要有以下做法：

一是从严追诉、从重惩处性侵未成年人犯罪。2017—2019年共起诉强奸、强制猥亵、猥亵儿童犯罪案件4.34万人。

二是合力破解性侵未成年人犯罪"发案难"问题。今年5月，最高检牵头国家监察委、教育部、公安部等八个部门印发《关于建立侵害未成年人案件强制报告制度的意见（试行）》，建立密切接触未成年人行业的各类组织及其从业人员的强制报告制度，有效破解"发案难"。目前，各地认真落实意见要求，成效日益显现。

三是坚持专业、规范办案，强化对性侵案件被害人的保护救助。在办理性侵未成年人犯罪案件中，我们引入心理咨询师、专业司法社工，对被害人予以救助。针对因反复询问未成年被害人造成"二次伤害"问题，检察机关会同公安机关推行"一站式"询问、救助机制，要求询问未成年被害人做好预案、争取诉讼过程中只询问一次。目前，全国共建立"一站式"询问办案区478个。最高检要求，2020年底之前各地市（州）至少建立一处兼具取证、救助功能的未成年被害人"一站式"办案场所。下一步，最高检将加强与公安部等部门的密切配合，共同抓好相关工作。

四是以"一号检察建议"监督落实为引领，强化未成年人保护综合治理，有效预防性侵未成年人犯罪。浙江杭州市西湖区、广西桂林市七星区等地检察机关联合公安部门出台文件，加强对未成年人入住宾馆等问题的行业监管，最大限度消除未成年人遭受性侵隐患。江苏省盐城市检察院针对旅馆违规接纳未成年人致性侵案件频发现象，开展旅馆违法接待未成年人问题专项行政检察监督，促成处罚涉案旅馆16家。湖南省张家界市检察院联合相关职能部门对校园周边网吧、旅店、宾馆等经营场所开展专项治理3次，取缔违规接纳未成年人的KTV营业性场所1个。

五是积极开展未成年人法治宣传教育。9月4日，最高人民检察院检察长张军第三次走进北京二中讲授法治课。目前，包括各省级院检察长、3100余名市、县级院检察长在内，有3万余名检察官担任中小学法治副校长。去年6月份，最高检会同教育部开展了法治进校园全国巡讲活动圆满收官，下半年我们又组织了全国法治进校园巡讲团再出发走进"三区三州"活动，给贫困边远地区的孩子们送去了精品法治课。我院与中央广播电视总台联合制作的大型未成年人法治节目《守护明天》第三季在去年播出后，收视率再创新高，已经成为未成年人法治教育品牌节目。今年第四季也已录制完毕，不久将正式播出，请大家关注。这些措施有力提升了未成年人法治宣传教育的水平和效果，提高了未成年人法治意识和自护意识，重庆、安徽、江苏等地都有师生家长接受法治宣传后举报犯罪的情况。

王松苗

因为时间关系，提问就到这里。

通过刚才四位嘉宾的介绍，我们感觉到作为一项探索中的制度，

"入职查询"一是在范围上要把握一个"全"字。我们现在是力争覆盖到全行业、全对象、全行为，没有"隐秘的角落"，在某种意义上，刚才教育部门也讲了，可能还有一个全责任，最后，对有一些落实不到位的还要倒追责任。二是在态度上体现一个"严"字。形势严峻，公安部刚才讲了，从严从重、有罪必惩，特别讲到了"隔空"猥亵也不能逃避法网。三是在机制上突出一个"合"字。就是要形成合力，公安部、教育部、检察机关下一步要一起完善信息查询平台的对接，解决案件"发现难"问题，继续推动"一站式"服务。四是在目标上要体现一个"新"字。就是把潜在的"大灰狼"拒之门外，需要司法有善心、教育有爱心，这样才能让孩子们更安心、让家长更省心、让社会更放心。

今天的发布会就到这里，谢谢大家！

发布会文件

关于印发《关于建立教职员工准入查询性侵违法犯罪信息制度的意见》的通知

各省、自治区、直辖市人民检察院、教育厅（教委）、公安厅（局），新疆生产建设兵团人民检察院、教育局、公安局：

为健全预防性侵未成年人违法犯罪机制，进一步加强对未成年人的全面保护，现将《最高人民检察院、教育部、公安部关于建立教职员工准入查询性侵违法犯罪信息制度的意见》印发给你们，请认真贯彻执行。

最高人民检察院　教育部　公安部
2020 年 8 月 20 日

关于建立教职员工准入查询性侵违法犯罪信息制度的意见

第一章　总　则

第一条　为贯彻未成年人特殊、优先保护原则，加强对学校教职员工的管理，预防利用职业便利实施的性侵未成年人违法犯罪，根据《中华人民共和国刑法》《中华人民共和国刑事诉讼法》《中华人民共和国未成年人保护法》《中华人民共和国治安管理处罚法》《中华人民共和国教师法》《中华人民共和国劳动合同法》等法律，制定本意见。

第二条　最高人民检察院、教育部与公安部联合建立信息共享工作机制。教育部统筹、指导各级教育行政部门及教师资格认定机构实施教职员工准入查询制度。公安部协助教育部开展信息查询工作。最高人民检察院对相关工作情况开展法律监督。

第三条　本意见所称的学校，是指中小学校（含中等职业学校和特殊教育学校）、幼儿园。

第二章　内容与方式

第四条　本意见所称的性侵违法犯罪信息，是指符合下列条件的违法犯罪信息，公安部根据本条规定建立性侵违法犯罪人员信息库：

（一）因触犯刑法第二百三十六条、第二百三十七条规定的强奸，强制猥亵，猥亵儿童犯罪行为被人民法院依法作出有罪判决的人员信息；

（二）因触犯刑法第二百三十六条、第二百三十七条规定的强奸，强制猥亵，猥亵儿童犯罪行为被人民检察院根据刑事诉讼法第一百七十七条第二款之规定作出不起诉决定的人员信息；

（三）因触犯治安管理处罚法第四十四条规定的猥亵行为被行政处罚的人员信息。

符合刑事诉讼法第二百八十六条规定的未成年人犯罪记录封存条件的信息除外。

第五条　学校新招录教师、行政人员、勤杂人员、安保人员等在校园内工作的教职员工，在入职前应当进行性侵违法犯罪信息查询。

在认定教师资格前，教师资格认定机构应当对申请人员进行性侵违法犯罪信息查询。

第六条　教育行政部门应当做好在职教职员工性侵违法犯罪信息的筛查。

第三章 查询与异议

第七条 教育部建立统一的信息查询平台，与公安部部门间信息共享与服务平台对接，实现性侵违法犯罪人员信息核查，面向地方教育行政部门提供教职员工准入查询服务。

地方教育行政部门主管本行政区内的教职员工准入查询。

根据属地化管理原则，县级及以上教育行政部门根据拟聘人员和在职教职员工的授权，对其性侵违法犯罪信息进行查询。

对教师资格申请人员的查询，由受理申请的教师资格认定机构组织开展。

第八条 公安部根据教育部提供的最终查询用户身份信息和查询业务类别，向教育部信息查询平台反馈被查询人是否有性侵违法犯罪信息。

第九条 查询结果只反映查询时性侵违法犯罪人员信息库里录入和存在的信息。

第十条 查询结果告知的内容包括：

（一）有无性侵违法犯罪信息；

（二）有性侵违法犯罪信息的，应当根据本意见第四条规定标注信息类型；

（三）其他需要告知的内容。

第十一条 被查询人对查询结果有异议的，可以向其授权的教育行政部门提出复查申请，由教育行政部门通过信息查询平台提交申请，由教育部统一提请公安部复查。

第四章 执行与责任

第十二条 学校拟聘用人员应当在入职前进行查询。对经查询发现有性侵违法犯罪信息的，教育行政部门或学校不得录用。在职教职员工经查询发现有性侵违法犯罪信息的，应当立即停止其工作,按照规定及时解除聘用合同。

教师资格申请人员取得教师资格前应当进行教师资格准入查询。对经查询发现有性侵违法犯罪信息的,应当不予认定。已经认定的按照法律法规和国家有关规定处理。

第十三条 地方教育行政部门未对教职员工性侵违法犯罪信息进行查询,或者经查询有相关违法犯罪信息,地方教育行政部门或学校仍予以录用的,由上级教育行政部门责令改正,并追究相关教育行政部门和学校相关人员责任。

教师资格认定机构未对申请教师资格人员性侵违法犯罪信息进行查询,或者未依法依规对经查询有相关违法犯罪信息的人员予以处理的,由上级教育行政部门予以纠正,并报主管部门依法依规追究相关人员责任。

第十四条 有关单位和个人应当严格按照本意见规定的程序和内容开展查询,并对查询获悉的有关性侵违法犯罪信息保密,不得散布或者用于其他用途。违反规定的,依法追究相应责任。

第五章 其他规定

第十五条 最高人民检察院、教育部、公安部应当建立沟通联系机制,及时总结工作情况,研究解决存在的问题,指导地方相关部门及学校开展具体工作,促进学校安全建设和保护未成年人健康成长。

第十六条 教师因对学生实施性骚扰等行为,被用人单位解除聘用关系或者开除,但其行为不属于本意见第四条规定情形的,具体处理办法由教育部另行规定。

第十七条 对高校教职员工以及面向未成年人的校外培训机构工作人员的性侵违法犯罪信息查询,参照本意见执行。

第十八条 各地正在开展的其他密切接触未成年人行业入职查询工作,可以按照原有方式继续实施。

典型案例

教职员工准入查询违法犯罪信息典型案例

一、三部门联合专项清查 揭穿"名师"真面目

（一）基本案情

王某，男，1988年9月出生。2010年大学毕业后通过考试考核获得教师资格。后王某并未就业，而是考取研究生继续读书。王某在就读研究生二年级期间，于2012年5月12日，在江苏省扬州市某商城一书店内，趁无人注意，对被害人李某（女，7岁）以隔衣摸大腿、臀部等私密部位的方式进行猥亵。后被害人家长报案，王某被公安机关抓获归案。2012年10月29日，扬州市广陵区法院以猥亵儿童罪判处王某有期徒刑八个月。刑满释放后，王某通过求职，进入常州市一所以面向青少年开展英语培训为主要业务的学校从事英语教学工作，并在该学校网站"环球名师"栏目作教学推介。

2020年4月，常州市检察院、教育局、公安局在联合开展教师资格专项清查活动中，发现王某的上述前科，教育主管部门当日责令培训机构对其予以辞退，并在三日内取消了王某的教师资格。

（二）查询处理

为有效预防利用职业便利实施侵害未成年人行为，加强学校、培训机构教职员工入职和教师资格认定管理，2020年3月，常州市检察院与市教育局、市公安局联合出台《常州市教师资格认定及教职员工聘任动态联动机制管理办法》，要

求当地教育部门、学校、培训机构在教师资格认定、教职员工招聘录用等环节进行违法犯罪记录核查。2020年4月，检察机关与教育部门、公安机关联合对全市5万余名教师开展教师资格全面清查专项行动，查出了上述案例中的王某等13人属于法律规定的应当撤销教师资格人员，其中2人曾被判处十年以上有期徒刑。13人中，包括王某在内的5人仍在持证继续从事教育职业。后常州市教育部门对该5人均作出辞退处理，并在三日内对9名在本市获得教师资格证人员全部取消了教师资格。因另有4人系外省市获得教师资格证，根据有关规定，常州市检察机关通知当地教育主管部门，并会同处理撤销其教师资格证。

（三）典型意义

江苏省常州市检察机关依托"教师资格认定、教职员工入职和退出动态联动机制"，联合教育、公安部门开展教师资格专项清查行动。同时，针对大量培训机构处于监管空白情况，进一步将该行动拓展到校外培训机构。通过联合行动，打破教育与司法部门之间的信息壁垒，实现违法犯罪信息的互通，通过对全市教职员工、培训机构从业人员逐一比对、复核，并建立教育从业人员基础数据库，使学校、校外培训机构涉案人员"有人可找、有责可究"，最大限度降低未成年人受侵害风险。

二、充分利用检警合作平台　有效拓展信息查询广度

（一）基本案情

王某，男，1990年10月出生，浙江省宁波市某区中学教师。2019年11月7日，王某在其办公室内，以手摸臀部等私密部位的方式对两名未成年女学生进行猥亵。2019年11月20日,王某因上述猥亵行为被行政拘留八日。后王某自行离职。2020年1月,王某隐瞒上述违法记录至余姚市某中学应聘面试,并与该学校初步签订应聘录用意向。

2020年5月12日,余姚市检察院接受某中学申请,对23名拟录用人员违法犯罪记录进行查询,发现王某上述劣迹,王某被不予录用。余姚市检察院同时认为王某的行为可能涉嫌刑事犯罪,公安机关仅作行政拘留处罚不当,故将线索移交宁波市某区检察院进一步开展立案监督工作。目前,该案正在办理中。

(二)查询处理

2019年12月,宁波市检察院联合市公安、教育等12家单位出台《宁波市密切接触未成年人行业入职人员性侵害违法犯罪记录查询办法》,规定全市与未成年人密切接触行业的企事业单位、社会组织等用人单位在录用人员前,应当向检察机关提出有无性侵害违法犯罪记录查询申请。经查询,有性侵害违法犯罪记录的,应当不予录用。2020年4月,余姚市检察院会同市教育局联合签发《关于开展预防性侵害未成年人违法犯罪工作的实施办法(试行)》,细化落实全市部署要求,并先后对该市7851名在职教师性侵害违法犯罪记录进行筛查,查询出王某有上述违法犯罪记录,并依照实施办法作出处理。

(三)典型意义

浙江省宁波市检察机关出台涉未成年人行业入职查询制度,通过与公安机关的密切合作,充分利用检警合作平台,将查询信息的范围进一步扩大,一方面将案件类型在刑事犯罪的基础上增加了违法案件;另一方面在地域上从宁波市扩大至全国,有效解决了各地普遍存在的查询范围局限于本地,查询信息范围过窄的问题，防止流动人员异地违法犯罪记录成为监管盲区。同时，宁波市检察机关对于经查询发现的可能存在以行政处罚代替刑事处罚的情况，通过加强立案监督，进一步筑牢未成年人司法保护堤坝。

三、让涉毒者远离幼儿园　呵护祖国花朵成长

（一）基本案情

吴某，女，1994年3月出生，重庆市荣昌区人，专科毕业后取得教师资格。2013年11月，重庆市荣昌区某幼儿园对外公开招聘教师，吴某持有效教师资格证应聘成为该园教师。2015年6月，吴某离职。2016年3月29日，吴某因犯非法持有毒品罪被重庆市荣昌区法院判处有期徒刑六个月。2017年3月，刑满释放后的吴某发现曾经工作过的幼儿园在招聘教师，遂再次前往应聘。幼儿园进行资格审查时，吴某称教师资格证不慎遗失，幼儿园核查了吴某之前在园留存的工作档案，其中有教师资格证复印件，于是再次录用吴某，并要求其尽快补办教师资格证。

荣昌区检察院受区教委委托，于2019年9月2日对全区现有和新招录教师进行涉罪信息查询，经查询发现吴某有上述前科。荣昌区检察院于2019年9月6日将查询结果反馈至区教委，并就查询结果与教委充分沟通，由于毒品犯罪严重破坏社会安全稳定，且涉毒罪犯再犯率高，人身危险性大，对未成年人尤其是幼儿存在极大安全隐患，吴某不适宜继续担任幼儿园教师，建议予以解聘。荣昌区教委于2019年9月10日将查询结果反馈至吴某所在幼儿园，该园于当日解聘吴某。

(二) 查询处理

2019年7月，重庆市检察院和市教委会签《重庆市教职员工入职查询工作暂行办法》（以下简称《办法》），《办法》从建立教职员工涉罪信息查询数据库、建立查询与告知制度、查询结果的应用、责任追究等多个层面预防教职员工违法犯罪行为。规定全市学校新招录在校园内工作的教职员工，在入职前应当进行涉罪信息查询。为确保《办法》的落实，重庆市检察院以检察机关业务办案系统为依托，开发建设全国首个省级教职员工入职查询平台，并授权各区县检察院为区县教委提供查询服务。《办法》实施以来，查询平台共进行教职员工入职前查询3.6万人，对3名涉暴涉毒人员作出禁止招录处理；倒查已入职教职员工1.7万人，查出有故意伤害、盗窃、危险驾驶等涉罪信息21人，辞退5人，其余人员分别予以行政处分和法治教育。

(三) 典型意义

幼儿园是学龄前儿童除家庭之外最重要的学习生活场所，是儿童权利保障的重要执行主体，幼儿教师承担着培育祖国幼苗的重要职责，既是启蒙者，也是幼儿人生观、价值观形成的引路人，对幼儿园必须依法采取最严格最稳妥的管理方式。幼儿园教师的招录，更要慎之又慎，除了具备相应的职业资格准入条件，品行师德尤为关键。本案中，吴某曾涉毒犯罪，可能给幼儿带来潜在危险，只有及时消除安全隐患，才能充分保障幼儿在安全的环境下健康成长。重庆市探索开展的教职员工入职查询的范围，不限于有性侵犯罪前科人员，对未成年人有潜在危险的毒品、暴力等犯罪前科人员均禁止招录，通过"禁入一批、解聘一批、教育一批、警示一批"，有效构筑未成年人保护的"防火墙"。

四、坚持督导不替代　助力教育部门依法履职

（一）基本案情

刘某生，男，1964 年 4 月出生，河南省焦作市人。2001 年 12 月 1 日凌晨 2 时许，刘某生酒后回到其母家中，见其 16 岁的外甥女张某一人正在卧室睡觉，顿生歹意，将张某叫醒并拉到其卧室，借口张某学习不好又不听父母的话，对其进行殴打后将张某衣服扒掉，先后两次实施强奸。后张某趁刘某生睡着，跑出家门报案，公安机关将刘某生抓获。2002 年 4 月 30 日，焦作市山阳区法院以强奸罪判处刘某生有期徒刑四年。刑满释放后，刘某生通过应聘进入焦作市某幼儿园以厨师身份留园工作。

2019 年 10 月，焦作市检察院联合市教育局在全市启动教职员工入职查询专项行动，经查发现刘某生有以上犯罪前科，幼儿园对刘某生予以辞退处理。

（二）查询处理

2019 年 10 月，河南省检察院会同省教育厅、公安厅等部门会签印发《河南省教职员工入职查询工作暂行办法》《关于建立涉性侵害违法犯罪人员从业限制制度的意见》，建立了本省的教职员工入职查询制度。制度出台后，为了加大跟踪问效力度，河南省检察院会同省教育厅、公安厅等部门按步骤、有计划地开展"全省教职员工涉罪信息排查专项行动"，重点对涉未成年人案件高发、留守儿童聚集的农村、山区的中小学校和非公立学校进行入职查询和信息筛查工作。河南省检察机关先后配合教育行政部门筛查在校教职员工信息 16000 多人次，已排查发现前科或正被刑事追究人员 24 人，并作出开除、解聘、收缴教师资格证书或法人代表变更等处

理。河南省教育厅对查询出的刘某生等涉罪教职员工情况高度重视,除了责成涉案地市教育部门依据法律法规和省内会签文件对查询发现的涉罪教职员工作出严肃处理外,还对相关教育部门负责人进行诫勉谈话,责令对涉事学校或培训机构进行督查整改或停业整顿,并对学校负责人或经营者开展训诫教育。同时,在全省范围内组织开展"依法治校"专项巡查,进行"以案促改"师德师风教育。

(三)典型意义

河南省检察机关立足检察职能,发挥"一号检察建议"牵引作用,坚持督导而不替代,会同教育部门从严落实入职查询和从业禁止制度,最大范围地将各类教育机构纳入法治轨道,在制度出台后加大跟踪问效力度,为强化校园安全管理提供及时、精准的检察服务。教育管理部门借力"一号检察建议"推进落实,切实发挥主体作用,坚持"有科必查、有责必究",坚决拒"大灰狼"于校门之外,净化校园教职员工队伍。同时针对校园安全管理盲区,多策并举督导学校堵塞管理漏洞、消除安全隐患。河南省入职查询制度的落实,是检教联合双赢共赢的典型。

五、全方位覆盖 织密最严保护网

(一)基本案情

刘某照,男,1956年1月出生,曾因容留他人卖淫,于1998年被上海市劳动教养委员会处收容教养一年零六个月。2004年4月至2005年11月间,刘某照负责经营上海市某娱乐公司桑拿部后,先后招募王某、沈某等多名女子在该部二楼的按摩包房内进行卖淫活动。2006年7月5日,上海市宝山区法院以组织卖淫罪，依法判处刘某照有期徒刑五年。

刘某照刑满释放后，通过劳务派遣公司进入上海市某教育学院，担任工勤人员。2019年暑假期间，上海市普陀区检察院落实上海市入职查询制度，排查发现刘某照的上述违法犯罪记录，刘某照被辞退。

（二）查询处理

2019年4月，上海市检察机关联合市公安局、市教委等15家单位会签《关于建立涉性侵害违法犯罪人员从业限制制度的意见》，要求全市从事与未成年人密切接触行业的企事业单位、社会组织等用人单位在招录员工过程中，应当对拟录用人员进行入职查询，发现拟录用人员存在性侵害违法犯罪前科的，不予录用。同时，对在职员工也应当进行上述核查和处理，经过对近27万人的拉网式排查后，上海全市共发现26名教育、培训从业人员曾有猥亵、介绍卖淫等涉性侵害违法犯罪记录，检察机关及时督促启动从业限制程序，现相关学校和教育培训机构已对上述人员全部清退或不予录用。

（三）典型意义

上海市入职查询制度对密切接触未成年人的"全"行业、"全"对象和"全"行为做出全方位的入职查询规定：限制行业包括所有对未成年人负有监护、教育、训练、救助、看护、医疗等特殊职责的企事业单位和社会组织，最大范围消除晚托班、暑托班、冬夏令营等监管盲区；限制对象既包括教师、培训师、教练、保育员、医生等直接对未成年人负有职责的工作人员，也包括行政工作人员以及保安、门卫、驾驶员、保洁员和各级各类民办学校的创办者、理事会或者董事会成员、监事等虽不直接负有特殊职责，但具有密切接触未成年人工作便利的其他工作人员；限制行为既包括强奸、猥亵等性侵违法犯罪行为，也包括相关的组织卖淫、强迫卖淫，引诱幼女卖淫等违法犯罪行为。通过全方位的制度设计，最大限度扫除入职查询盲区盲点，编织起未成年人保护最严密的防护网。

部分新闻链接

1. 人民日报 2020 年 9 月 18 日报道《三部门：新招录教职员工需查询性侵违法犯罪信息》

2. 中央广播电视总台央视 2020 年 9 月 18 日报道《入职查询防性侵，让孩子放心上学！》

3. 中央广播电视总台央广 2020 年 9 月 18 日报道《三部门出意见建立教职员工准入查询性侵违法犯罪信息制度》

4. 农民日报 2020 年 9 月 18 日报道《三部门：对具有性侵违法犯罪记录人员不予认定教师资格》

5. 法治日报 2020 年 9 月 19 日报道《最高检、教育部、公安部建立教职员工准入查询性侵违法犯罪信息制度——有性侵"前科"不得授予教师资格》

6. 中国教育报 2020 年 9 月 19 日报道《教职员工入职前，需查询是否有性侵违法犯罪记录——三部门联手防范"大灰狼"入职校园》

检察听证　让公平正义可触可感可信
——最高人民检察院发布《人民检察院审查案件听证工作规定》

发布时间：2020年10月20日 10:00

发布内容：通报制定印发《人民检察院审查案件听证工作规定》有关工作情况，发布检察听证工作典型案例

发布地点：最高人民检察院

主 持 人：肖　玮　最高人民检察院办公厅副主任、新闻发言人

出席嘉宾：万　春　最高人民检察院检察委员会副部级专职委员
　　　　　高景峰　最高人民检察院法律政策研究室主任
　　　　　盛大友　安徽省人民检察院副检察长
　　　　　孙宏剑　吉林省白城市人民检察院副检察长
　　　　　李金辉　吉林金辉律师事务所律师、主任

主题发布

肖 玮

各位记者朋友,大家上午好!欢迎参加最高人民检察院新闻发布会。今天发布会的主题是"检察听证 让公平正义可触可感可信"。出席今天发布会的嘉宾是:最高人民检察院检察委员会副部级专职委员万春,最高人民检察院法律政策研究室主任高景峰,安徽省人民检察院副检察长盛大友,吉林省白城市人民检察院副检察长孙宏剑,吉林金辉律师事务所律师、主任李金辉。

盛检所在的安徽省已实现检察听证工作三级院"四大检察"全覆盖,孙检和李律师分别是典型案例四一起行政争议监督案的承办检察官和申请人代理律师,欢迎记者朋友一会儿就地方检察听证工作情况和具体案例情况与三位远道而来的同志交流。

今天的发布会主要有三项议程:一是发布《人民检察院审查案件听证工作规定》并通报有关情况;二是发布人民检察院听证工作典型案例;三是回答记者提问。

新时代社会主要矛盾发生变化,人民群众对民主、法治、公平、正义有了新的更高的要求。检察听证工作是在新时代的背景下,检察机关积极践行以人民为中心的发展思想,更好地满足人民群众知情权、参与权和监督权,努力提供更优质的法治产品、检察产品的重要举措,也是检察机关不断探索增强司法公信力的有益实践。目前,检察听证案件已覆盖"四大检察""十大业务",北京、安徽等地已实现了检察听证工作三级院全覆盖,一些地方还制定完善相关制度机制。

今天，我们发布《人民检察院审查案件听证工作规定》，就是想将这项工作的成熟经验尽快在全国推开，让检察听证成为化解社会矛盾、促进社会治理、落实司法为民、提升检察公信的有力抓手，实现办案政治效果、社会效果、法律效果有机统一。

现在，进行第一项议程，请万春专委发布《人民检察院审查案件听证工作规定》并通报有关情况。

万 春

各位记者朋友，大家好！为进一步规范检察听证工作，深化履行法律监督职责，切实促进司法公开，今天，最高人民检察院发布《人民检察院审查案件听证工作规定》（以下简称《检察听证规定》）及5个典型案例。现将有关情况通报如下。

一、开展检察听证的目的

一是为了更好地践行以人民为中心的发展思想。检察听证是检察机关在案件审查过程中，通过组织召开听证会的形式，广泛听取从人大代表、政协委员和社会人士中邀请的听证员以及案件当事人、辩护人、相关办案人员等其他听证会参加人意见的活动。开展检察听证，是检察机关践行党的群众路线的有效途径，可以充分保障人民群众的知情权、参与权和监督权，体现了以公开促公正、用听证赢公信的理念，是检察机关落实"让人民群众在每一个司法案件中感受到公平正义"要求的积极探索。

二是为了更好地履行法律监督职责。以听证方式听取意见，是检察机关依法审查办理案件的一种具体方式。以往检察机关在审查办理案件时，主要以书面审查为主。而听证这种方式，更有利于检察机关全面听取各方意见，既包括各方当事人及其辩护人、代理人的意见，也包括相关办案人员的意见，尤其是听证员独立发表的客观、中立的第三方意见，能够帮助检察机关更加客观准确地认定事实、适用法律，依法公正地对案件作出处理决定。

三是为了更好地实现"三个效果"有机统一。检察机关通过听证方式审查案件，经过多年实践探索和总结，取得了较好的政治效果、社会效果和法律效果。一方面，听证有利于主动接受社会监督和舆论监督，以"看得见""听得到"的法治形式，真正赢得人民群众对检察工作的理解和支持。另一方面，听证能够充分保障当事人的知情权和参与权，消弭当事人、利害关系人及社会公众对司法办案的疑虑，解开当事人心结，真正实现案结事了。

二、检察听证工作的基本情况

检察听证工作长期以来得到了人民群众和人民法院、公安机关等相关部门的积极支持和配合。特别是今年以来，在最高检统一部署下，各地检察机关听证工作取得明显进展。

一是案件覆盖面广。今年1月至9月，最高人民检察院对13件案件组织了听证会，地方三级检察院对16354件案件组织了听证会。其中，基层检察院14359件，占87.8%；省级检察院、市级检察院1995件，占12.2%。这些案件覆盖"四大检察""十大业务"，充分发挥了检察听证化解社会矛盾、促进社会治理、落实司法为民、提升检察公信力的重要作用。在组织的听证会中，公开听证13970件，占85.4%，主要集中在拟不起诉案件、刑事申诉案件、民事诉讼监督案件、行政诉讼监督案件和公益诉讼案件。不公开听证2384件，占14.6%，主要集中在审查逮捕案件、羁押必要性审查案件。云南、山东、贵州、上海、江苏等地开展检察听证的案件数居全国前列。北京、天津、上海、安徽、福建、重庆、贵州、宁夏等地已经实现了检察听证工作三级检察院全覆盖。其中，安徽在今年6月就已经实现了三级检察院"四大检察"全覆盖。

二是社会认同度高。一方面，检察听证工作得到了社会公众的广泛支持。1月至9月，地方三级检察院共邀请听证员36850人次参加听证会，其中包括人大代表8917人次，占24.2%；政协委员6376人次，占17.3%。多数听证员同意检察机关初步处理意见的12858件，占听证案件总数的78.6%。吉林、甘肃、上海、天津等地的听证案件中，多数听证员同意检察机关初步处理意见的比例都在97%以上。另一方面，案件当事人通过听证充分表达自己的诉求和主张，最大程度地实现了案结事了人和。特别是吉林省检察机关今年开展听证的案件，100%实现了息诉息访。

三是办案能力提升快。检察官通过邀请听证员、当事人、办案人员等参加听证会，兼听则明、以理服人、用情感人，增强了群众工作能力、风险防控能力和矛盾化解能力。安徽、重庆、吉林、青海、贵州、山西、江苏、四川、陕西、辽宁和河南等11个省级检察院的检察长亲自主持听证会，取得了较好的示范效应。河南、重庆等地组织检察官学习观摩典型案件听证会，新疆对听证会参加人开展回访，引导检察人员善用听证、用好听证。

四是信息技术应用广。疫情期间，北京、天津、上海、江苏、浙江、贵州等地检察机关利用现代信息技术，积极开展在线"云听证"，开发完善听证小程序，推进听证工作。为方便人民群众对检察听证工作的参与、支持和监督，最高检专门建立了中国检察听证网，网址是：jctz.12309.gov.cn，并于今年6月9日完成首播。目前，江苏、浙江、山东、内蒙古、四川等5个省、自治区已进行了34个案件的检察听证网络直播，观看直播18000多人次。

三、《检察听证规定》的主要内容

《检察听证规定》共4章23条，分总则、听证会参加人、听证会程序和附则四个部分。主要有以下内容：

一是关于听证的范围。《检察听证规定》对此采用了概括加列举的方式予以界定。一方面，列举了羁押必要性审查案件、拟不起诉案件、刑事申诉案件、民事诉讼监督案件、行政诉讼监督案件、公益诉讼案件等常见的听证案件类型；另一方面，要求进行听证的应当是在事实认定、法律适用、案件处理等方面存在较大争议，或者有重大社会影响,需要当面听取当事人和其他相关人员意见的案件,并且在程序上设置了"经检察长批准"的要求。特别是,对于审查逮捕案件,考虑到侦查阶段的保密要求,限定在需要核实评估犯罪嫌疑人是否具有社会危险性、是否具有社会帮教条件的情形。

二是关于听证会的类型。《检察听证规定》区分了公开听证和不公开听证。拟不起诉案件、刑事申诉案件、民事诉讼监督案件、行政诉讼监督案件、公益诉讼案件的听证会一般公开举行;处于侦查阶段的审查逮捕案件、羁押必要性审查案件以及当事人是未成年人案件的听证会一般不公开举行。两者的区别在于,公开听证的案件,公民可以申请旁听。

三是关于听证会参加人。听证会参加人包括听证员和案件当事人及其法定代理人、诉讼代理人、辩护人、第三人、相关办案人员、证人和鉴定人以及其他相关人员。其中,听证员是与案件没有利害关系并同时具备一定条件的社会人士。另外,还可以邀请人民监督员参加听证会,接受人民监督员监督。

四是关于听证会程序。决定召开听证会后,检察机关应当做好制定听证方案、确定听证会参加人、告知有关事项、发布听证会公告等准备工作。听证会一般按照下列步骤进行:承办案件的检察官介绍案件情况和需要听证的问题;当事人及其他参加人就需要听证的问题分别说明情况;听证员向当事人或者其他参加人提问;听证员就听证事项进行讨论;听证员或者听证员代表发表意见;当事人发表最后陈述意见;主持人对听证会进行总结。

五是关于案件处理决定的作出。人民检察院充分听取各方意见后,根据已经查明的事实、证据和有关法律规定,依法独立作出决定。能够当场作出决定的,由听证会主持人当场宣布决定并说明理由;不能当场作出决定的,在听证会后依法作出决定,向当事人宣告、送达,并将作出的决定和理由告知听证员。

六是关于听证费用。人民检察院听证活动经费按照人民检察院财务管理办法有关规定执行,不得向当事人收取费用。

四、下一步工作重点

今后，我们将进一步贯彻以人民为中心的发展思想，切实抓好《检察听证规定》的落实，推动检察听证工作规范化、科学化发展。

一是落实规定，回应人民群众需求，争取社会各界支持。做好《检察听证规定》的解读辅导，发布优秀的检察听证案例，充分释法说理，以公开促公正，以公正促公信，让人民群众更好地参与、支持检察听证工作。同时，进一步加强与其他司法办案机关的沟通配合，共同做好听证审查工作。

二是提升能力，实实在在地践行以人民为中心，从根本上提升办案"三个效果"。通过专题讲座、指导性案例、典型案例、现场观摩等形式，对检察官进行培训指导，更新司法办案理念，提升检察官办案能力。努力让每一次检察听证会都成为一次生动的法治实践课，让检察官的释法说理彰显检察温度。

三是完善设施，加强检察听证室和听证网建设，便利公众参与。各级检察机关将按照《人民检察院检察听证室设置规范》《检察机关听证室建设技术指引》《中国检察听证网建设方案》等规定，为检察听证提供符合要求的场地、设施和系统，进一步规范听证活动的开展，通过现代信息化手段让人民群众能够更多、更便利地参与检察听证工作。

四是坚持"应听尽听"，各级检察院检察长带头示范，做到全国检察机关听证审查工作全覆盖，真正让听证成为提升检察机关办案质效、促进司法公开公正的重要抓手。

肖 玮

谢谢万专委。下面进行第二项议程，发布人民检察院听证工作典型案例。5个典型案例已经作为发布会材料印发给大家。为了便于大家更好地了解掌握这些案例，现在请高景峰主任简要介绍典型案例有关情况。

高景峰

此次发布的 5 个典型案例，是近两年来各地检察机关开展听证工作的优秀范例，充分体现了检察听证工作的价值和意义。需要指出的是，检察听证工作涉及"四大检察""十大业务"，各地都在积极推进。我们在各地实践基础上，结合《人民检察院审查案件听证工作规定》，选取了涉及刑事检察、民事检察、行政检察、公益诉讼检察四个领域的 5 个典型案例。下面，我简要介绍案例的相关情况。

一、江苏陈某故意伤害案

2019 年 9 月，陈某与其同事李某因为工作原因，在江苏省南通市通州区某公司厂房内发生争吵，后双方使用多层板相互扔砸。其间，李某被陈某砸中面部，造成面部两处骨折损伤，经鉴定构成轻伤二级。为化解该起纠纷，南通市通州区检察院在 2020 年 7 月召开公开听证会。

通州区检察院在听证会召开前，确定人大代表、政协委员等担任听证员，双方当事人、侦查人员作为参加人。听证会由院领导主持，承办检察官介绍案件事实，侦查人员与双方当事人发表意见，听证员进行提问与评议，听证流程公正透明、规范有序。检察官充分释法说理，推动双方当事人达成刑事和解。听证员评议后认为该案符合不起诉适用条件。通州区检察院采纳听证员意见，于 2020 年 7 月对陈某作出相对不起诉处理决定，该起纠纷得以化解，实现了案结事了人和。

二、浙江孙某刑事申诉案

2012 年 4 月，王某约见网友孙某，被王某丈夫俞某发现，俞某纠集多人前往二人见面地点。王某示意孙某离开，孙某从二楼坠地，导致颅脑重伤。孙某要求公安机关立案查处未果，在 2014 年 8 月向浙江省慈溪市检察院申请立案监督，未获支持。孙某不服，开始长达 6 年的上访。2020年6月，最高检第十检察厅厅长主持召开公开听证会。

听证会上，相关参加人就案件事实和法律依据发表了意见，检察机关说明了孙某受伤与俞某行为之间不存在刑法上的因果关系。听证员经过提问与评议后，一致同意检察机关不予立案监督的处理意见，孙某当场提交了息诉息访承诺书。此外，鉴于孙某丧失劳动能力，听证会还设置专门议题讨论司法救助事项，听证员一致同意检察机关提出的司法救助方案。2020年6月18日，慈溪市检察院作出国家司法救助决定，化解了当事人多年积怨。

三、安徽李某与姚某、牛某委托合同纠纷案

2013年1月，牛某向张某借款15万元，承诺如未按期还款，牛某和妻子姚某房屋由张某的朋友李某代理出售。后二人未按期还款，李某于同年5月将房屋以30万元出售。2018年1月，牛某夫妇将李某诉至法院，请求判令其返还房屋本金30万元并支付利息。法院认为房屋计税价格为43.7万元，判令李某赔偿13.7万元。李某申请再审被驳回后，于2019年12月向安徽省合肥市庐阳区检察院申请监督。因该案存在较大争议，庐阳区检察院于2020年5月召开公开听证会。

检察机关在听证会召开前，向相关人员调查核实有关情况。并邀请法律专家担任听证员，研究专业疑难问题。经过当事人陈述、原案件承办人发表意见、听证员提问评议等环节，听证员一致认为该案法院的民事判决结果合法，不涉及"套路贷"等刑事犯罪。合肥市庐阳区检察院采纳了听证员的评议意见，于2020年5月作出不支持监督申请决定。双方当事人均对监督结果表示认可，实现案结事了。

四、吉林李某等3人与某房屋征收经办中心等单位行政争议监督案

2014年5月，李某等3人经营的机械厂厂房被吉林省白城市相关行政单位强制拆迁，并扣押了机械设备。李某等人在2018年10月向法院提起行政诉讼，要求相关单位赔偿其机械设备及停产停业损失。一审法院认为该案超过法定起诉期限裁定不予立案后，李某等人提出上诉、申请再审，均被法院裁定驳回。李某等人认为该案属不动产案

件，应适用最长 20 年的起诉期限，法院裁定不予立案不当，于 2019 年 9 月向白城市检察院申请监督。由于该案分歧较大，白城市检察院于同年 11 月召开公开听证会。

听证会上，检察机关了解了申请人的真实想法，相关部门出示了补充材料，证明各项损失已经给付。听证员发表意见，释法说理。申请人认识到法院裁判的正确性，表示息诉服判。相关单位同意申请人自行取回机械设备。白城市检察院审查后认为，该案不能适用关于不动产的起诉期限的规定，李某等人申请监督的理由不成立，依法作出不支持监督申请决定书，行政争议得到实质性化解。

五、广州市南沙区检察院督促某区综合行政执法局等单位履职案

2019 年 10 月，广东省广州市南沙区检察院在履职中，发现辖区内部分盲道被损坏、违法占用，导致视力残疾人士出行不便，社会公益受损，将案件线索层报广东省检察院审批立案。立案后，南沙区检察院经调查核实，发现某区综合行政执法局等 12 家行政单位可能未履行对于辖区内盲道建设、养护的监管责任。该案涉及公益诉讼新领域，南沙区检察院在 2020 年 5 月召开公开听证会。

南沙区检察院邀请建筑学专家、行政法学教授等 4 名听证员参会，并邀请残联代表和新闻媒体旁听。经过案情介绍、各方发表意见、听证员提问评议等程序，促使有关单位心平气和接受监督。南沙区检察院向 12 家行政单位发出公益诉讼诉前检察建议书后，行政单位都已整改并回复，第三方评估显示整治效果良好，盲道障碍基本排除，推动了社会治理法治化、现代化。

肖 玮

谢谢高主任，下面进行第三项议程，请各位记者朋友提问。

现场答问

人民日报记者

我们以往看到的听证主要是行政听证，那么检察听证的主要特点是什么？与行政听证的主要区别在哪里？

万 春

人民检察院审查案件的"听证"借用了行政法规定的"听证"称谓，两者在功能定位、启动方式等方面存在区别。行政听证是当事人行使陈述权、申辩权的一种方式，一般是行政机关应当事人请求被动进行的。比如行政处罚听证程序，行政机关依当事人申请组织听证。而检察听证是检察机关审查案件的一种方式，是依照人民检察院组织法、相关诉讼法和人民检察院刑事诉讼规则、民事诉讼监督规则等法律和司法解释规定，落实司法公开要求，在审查案件过程中听取听证员和其他听证参加人意见的活动。检察机关组织听证可以是主动的，也可以依当事人申请进行。

我们认为，检察听证最鲜明的特点就是对听证员这一角色的设置。听证员由与案件没有利害关系的社会人士担任，在充分了解案件相关情况之后，对案件的事实认定、法律适用和处理独立发表意见。这样的制度设计能够有效提升检察办案的公开性和公信力，能够使检察机关对案件的处理更加客观，也有利于使案件当事人更好地理解和接受依法处理的结果。这与检察机关独立行使检察权、按照法律程序办案并无冲突。当然，检察听证和行政听证也有共同点，都体现了充分听取各方意见，审慎作出处理决定的理念。

法治日报记者

刚才介绍，检察听证分为公开听证和不公开听证。公开听证和不公开听证的案件范围是怎样的？划分的依据是什么？

高景峰

在以往的司法实践中，没有严格区分公开听证和不公开听证。这次是在总结实践经验的基础上，对公开听证和不公开听证作了界定。

公开听证的案件一般是诉讼程序终结的案件，包括拟不起诉案件、刑事申诉案件、民事诉讼监督案件、行政诉讼监督案件等。这类案件不存在泄露办案秘密的问题，比较适合向社会公众公开。例如，对于刑事申诉案件，检察机关在审查时应当全面了解案件情况和各方意见，慎重作出抗诉还是不抗诉的决定，避免偏听偏信。如果决定抗诉，在听证的基础上作出的决定其公信力更高。如果决定不抗诉，通过听证这种方式，也能更好地对申诉人进行说服、引导，做到案结事了。另外，公益诉讼案件虽然不属于诉讼程序终结案件，但因为与公共利益密切相关，为了让公众更好地了解案件办理情况，一般也公开听证。

不公开听证的案件一般是尚处于侦查阶段的案件，包括审查逮捕案件、羁押必要性审查案件等。不公开听证主要是为了防止对案件侦办带来影响。尤其是对于审查逮捕案件，为了防止泄露侦查工作秘密，一般不进行听证，但是，如果需要核实评估犯罪嫌疑人是否具有社会危险性、是否具有社会帮教条件时，则需要充分听取意见，尤其是要听取犯罪嫌疑人居住地的居民委员会、村民委员会代表的意见，或者未成年犯罪嫌疑人所在学校代表的意见，这时候就有必要组织听证，但应当在一定范围内进行。除此之外，如果案件当事人是未成年人的，从切实保护未成年人权益出发，听证会一般也不公开举行。

新京报记者

担任听证员有哪些条件？社会公众是否可以担任听证员？

高景峰

听证员是人民检察院根据案件情况，邀请的与案件没有利害关系并具备一定资质条件的社会人士。《检察听证规定》第七条第一款对听证员的年龄、品行、身体条件等方面的要求作了规定，包括：应当是年满二十三周岁的中国公民；拥护中华人民共和国宪法和法律；遵纪守法、品行良好、公道正派；具有正常履行职责的身体条件。此外，第七条第二款规定了不得担任听证员的情形，比如受过刑事处罚的，被开除公职的，被吊销律师、公证员执业证书的，被纳入失信被执行人名单的，以及其他有严重违法违纪行为，可能影响司法公正的。

社会公众只要符合上述条件，都有资格担任听证员。从目前实践来看，各地在办理案件时，有的邀请人大代表、政协委员、人民调解员等具备一定社会经验的人士担任听证员；有的根据案件需要，邀请特约检察员、专家咨询委员，或者某个领域的专家、学者担任听证员，提供专业意见；也有的根据案件情况，邀请当事人所在单位或者居住地的居民委员会、村民委员会的代表担任听证员。当然，我们也欢迎社会公众，从朴素的是非观、正义感出发，给我们的案件办理提供各方面的意见。

凤凰卫视记者

听证员与办案检察官的关系是怎样的？听证员意见的效力如何？

万　春

在听证会上，听证员有其独立的地位，既不同于维护自身权益的案件当事人及其法定代理人、诉讼代理人、辩护人，也不同于了解案件情况的证人。听证员受检察机关的邀请参加听证会，与案件没有利害关系，可以保证其意见的中立和客观。为了确保听证员参与听证的有效性，检察机关在确定听证员以后，应当向其介绍案件情况、需要听证的问题和相关法律规定；在听证会进行过程中，听证员可以向当事人或者其他参加人提问，可以在主持人宣布休会后就听证事项进行讨论。经过这一系列程序之后，听证员在充分了解案件情况和各方意见的基础上，发表听证意见。

关于听证员意见的效力，《检察听证规定》第十六条规定，听证员的意见是人民检察院依法处理案件的重要参考。检察官拟不采纳听证员多数意见的，应当向检察长报告并获同意后作出决定。这条规定充分体现了我国刑事诉讼法的相关基本原则。刑事诉讼法第六条规定，人民法院、人民检察院和公安机关进行刑事诉讼，必须依靠群众，必须以事实为根据，以法律为准绳。也就是说，检察机关处理案件的依据只能是事实证据和法律规定，同时，办案还必须紧紧依靠人民群众。在举行听证的案件中，应当将听证员的意见作为检察官依法办理案件的重要参考。如果办案检察官经过对案件的认真审查，并充分考虑了听证员的意见后，拟不采纳听证员多数意见的，必须向检察长报告，在检察长同意后才能作出决定。这样既尊重了听证员的意见，又可以保证依法独立公正地行使检察权。

光明日报记者

刚才情况通报中提到，安徽省较早实现了检察听证三级院全覆盖，能否具体介绍一下相关工作经验？

检察听证　让公平正义可触可感可信

盛大友

谢谢您的提问，非常感谢您对安徽检察工作的关心关注。正如您刚才提到的，安徽已经做到了"各级检察院、各业务条线听证"的全覆盖。我这里还有一组数据供您参考：今年1月至9月，安徽省三级检察院共对825件案件开展了听证，其中检察长主持听证50件，占比为6.1%；副检察长主持听证224，占比为27.2%，其他院领导主持听证52件，占比为6.3%。

安徽省检察院党组高度重视公开听证工作，摸索出"一把手"带头听证、规范化运行听证、听证效果有效提升的工作模式。

一是注重省市检察院和各级检察长的示范引领。坚持党组亲自抓，检察长负主责，从省检察院做起，以上率下。在825件听证案件中，省检察院听证13件，市级检察院152件，县区级检察院660件。安徽省检察院薛江武检察长主持召开了我省检察机关首例涉民企信访案公开听证会，就涉案犯罪主体认定及违法性和危害性听取多方意见，最终经省检察院检委会讨论决定，对这起案件作了不起诉处理。今年6月举行的首个全国检察机关"新时代检察宣传周"期间，我们组织了集中公开听证，全省检察机关组织公开听证127件次，其中省检察院4件次。

二是注重公开听证的规范化。我们制定了《安徽省检察机关案件公开审查工作规定（试行）》和《安徽省检察机关民事诉讼监督案件公开听证程序规程（试行）》，促进了权责清晰、规程明确、有章可循。我们还加强了检察听证的基础设施建设，目前全省94%的检察院已建成听证室，还有21个检察院正在新建改建听证室。为推进公开听证的长效化，安徽省检察院还加强了案例指导、定期通报督导、检察官素能提升等工作。

三是注重听证效果的优质化。我们从服务"六稳""六保"大局出发，主动听取涉案民营企业意见，依法、审慎、稳妥办理涉民企案件。合肥市高新区检察院在疫情期间办理一起涉民企案时，发现对企业负责人继续采取羁押措施很有可能导致企业无法复工复产，就从保就业、保稳定大局出发，组织侦查机关、行业主管部门、辩护人以及被害单位参加的公开听证，对该民企负责人及时变更强制措施，有效防止了"办了一个案子、垮掉一个企业、下岗一批职工"现象的发生。全省825件公开听证案中，涉及民营经济的占到了五分之一。我们还通过公开听证加强释法说理，化解了社会矛盾，促进了"案结事了人和"。

我就介绍这些，谢谢！

检察日报记者

刚才情况通报中提到吉林省今年开展听证的案件，100%实现了息诉息访。通报的典型案例中有一个是吉林省李某等三人与某房屋征收经办中心等单位行政争议监督案。作为承办检察官和申请人的代理律师，你们认为公开听证在案件办理中起到了什么作用，产生了哪些效果？

孙宏剑

作为承办检察官，我现在回答一下这个问题。本案争议的焦点是，申请监督人经营的民营企业被强拆后，异地存放的机械设备长期未取回，造成企业长期停产，同时机械设备存放

在一民营纺织厂院内，多年来花费大量人力物力看护，增加了企业负担，而申请监督人长期上访，也给相关行政机关带来了不少的困扰。申请人起诉到法院后因超过法定起诉期限被裁定不予立案，虽然经过法院一审、二审、再审，但申请人的诉求始终没有进入法院实体审理，属于比较典型的"程序空转"案件，对这类案件，检察机关如果按照常规的审查方式，简单就法院裁定不立案正确与否进行审查，就无法有效化解矛盾，容易引发社会稳定风险。为此，我们决定进行公开听证。

围绕本案的公开听证我们做了充分的准备。一是进行了大量的基础性的调查核实工作，调取了一审、二审法院卷宗和相关执法单位强制拆迁时的书面资料，向申请人及其代理律师了解其诉求和本案争议的焦点问题，寻找化解争议的突破口。二是针对性邀请听证员。因本案理论性和实务性均较强，结合本案实际，经研究决定最终邀请了法学教授等具有法律专业背景的人员组成本案的听证员团队。三是确定公开听证会程序。通知双方当事人围绕争议焦点，做好举证、质证等相关准备。

听证会上，在申请人及其代理律师发表意见时我们做到不厌烦、不打断，让申请人有机会将多年来憋在心里的话得到倾吐。在整个听证过程中检察机关始终保持客观公正立场，没有发表任何带有倾向性的意见，引导当事人充分阐述观点、听证员翔实分析争议焦点，发表意见，保障了听证员独立于检察官之外的中立地位。

本案通过公开听证，让当事人说话，让专家评判，发现了在法院诉讼阶段没有出现、当事人在检察机关调查核实过程中也没有提供的新证据，促使双方当事人达成了和解协议，解决了涉案民营企业的实际困难。同时，不仅实现了程序上的案结、实体上的事了，更重要的是实现了效果上的政通人和，促进了行政争议的实质性化解，体现出检察监督促进社会治理的效能，实现了多方共赢。

李金辉

我接着来和媒体朋友谈一下自己的感受。从事律师职业多年,我代理过一些行政诉讼案件,其中有一些因超过起诉期限,争议问题无法得到解决。说实在话,对这起案件,我也有这样的思想准备。但是没想到,检察机关通过公开听证,把这个案件的实际问题解决了,取得这么好的结果,出乎我的意料。

在整个听证的过程中,检察机关以我的当事人的诉求为主轴,围绕本案行政争议焦点进行举证、质证,集中专家听证员一起为我的当事人解困惑、明事理、释法理,深入研究讨论解决问题的方法,实实在在地促进矛盾的化解,让我和我的当事人都深切感受到了司法的温度。

我的当事人对我说,听证会上,他第一次有机会把这么多年的委屈、不满说给各方面的领导听,话说完了,气儿也消了大半儿了。他还说,他的案子上访告状这么多年,找了一个单位又一个单位,转了一圈儿又一圈儿,一直在他想解决的问题外绕圈儿,没想到检察院通过公开听证,把他的事儿从"根儿"上解决了,好像从心口上搬走了一块大石头。所以说,开展案件审查听证工作确实是检察机关深化司法为民、化解矛盾纠纷的一件大好事、大实事。

肖 玮

因为时间关系,提问就到这里。

检察听证工作是检察机关坚持走群众路线,听民意、解民忧,充分保障人民群众权益的一项积极探索。检察听证工作在推进过程中,得到了新闻媒体包括在座媒体朋友的关注和支持,这项工作也日益被社会公众所熟知。正如万专委所介绍,下一步检察机关将切实抓好《人民检察院审查案件听证工作规定》的落实,坚持"应听尽听",通过各级检察院检察长带头示范等措施,将检察听证作为常态化工作在全国检察机关全面覆盖。也希望广大媒体朋友能多多宣传支持检察听证工作,增加对这项工作的曝光度,让人民群众更加真切地感受到司法的正义和温度。

今天的发布会到此结束。谢谢大家!

发布会文件

人民检察院审查案件听证工作规定

第一章 总 则

第一条 为深化履行法律监督职责,进一步加强和规范人民检察院以听证方式审查案件工作,切实促进司法公开,保障司法公正,提升司法公信,落实普法责任,促进矛盾化解,根据《中华人民共和国人民检察院组织法》等法律规定,结合检察工作实际,制定本规定。

第二条 本规定中的听证,是指人民检察院对于符合条件的案件,组织召开听证会,就事实认定、法律适用和案件处理等问题听取听证员和其他参加人意见的案件审查活动。

第三条 人民检察院以听证方式审查案件,应当秉持客观公正立场,以事实为根据,以法律为准绳,做到依法独立行使检察权与保障人民群众的知情权、参与权和监督权相结合。

第四条 人民检察院办理羁押必要性审查案件、拟不起诉案件、刑事申诉案件、民事诉讼监督案件、行政诉讼监督案件、公益诉讼案件等,在事实认定、法律适用、案件处理等方面存在较大争议,或者有重大社会影响,需要当面听取当事人和其他相关人员意见的,经检察长批准,可以召开听证会。

人民检察院办理审查逮捕案件,需要核实评估犯罪嫌疑人是否具有社会危险性、是否具有社会帮教条件的,可以召开听证会。

第五条 拟不起诉案件、刑事申诉案件、民事诉讼监督案件、行政诉讼监督案件、公益诉讼案件的听证会一般公开举行。

审查逮捕案件、羁押必要性审查案件以及当事人是未成年人案件的听证会一般不公开举行。

第二章 听证会参加人

第六条 人民检察院应当根据案件具体情况，确定听证会参加人。听证会参加人除听证员外，可以包括案件当事人及其法定代理人、诉讼代理人、辩护人、第三人、相关办案人员、证人和鉴定人以及其他相关人员。

第七条 人民检察院可以邀请与案件没有利害关系并同时具备下列条件的社会人士作为听证员：

（一）年满二十三周岁的中国公民；

（二）拥护中华人民共和国宪法和法律；

（三）遵纪守法、品行良好、公道正派；

（四）具有正常履行职责的身体条件。

有下列情形之一的，不得担任听证员：

（一）受过刑事处罚的；

（二）被开除公职的；

（三）被吊销律师、公证员执业证书的；

（四）其他有严重违法违纪行为，可能影响司法公正的。

参加听证会的听证员一般为三至七人。

第八条 人民检察院可以邀请人民监督员参加听证会，依照有关规定接受人民监督员监督。

第三章 听证会程序

第九条 人民检察院可以根据案件办理需要，决定召开听证会。当事人及其辩护人、代理人向审查案件的人民检察院申请召开听证会的，人民检察院应当及时作出决定，告知申请人。不同意召开听证会的，应当向申请人说明理由。

第十条 人民检察院决定召开听证会的，应当做好以下准备工作：

（一）制定听证方案，确定听证会参加人；

（二）在听证三日前告知听证会参加人案由、听证时间和地点；

（三）告知当事人主持听证会的检察官及听证员的姓名、身份；

（四）公开听证的，发布听证会公告。

第十一条 听证员确定后，人民检察院应当向听证员介绍案件情况、需要听证的问题和相关法律规定。

第十二条 听证会一般在人民检察院检察听证室举行。有特殊情形的，经检察长批准也可以在其他场所举行。

听证会席位设置按照有关规定执行。

第十三条 听证会一般由承办案件的检察官或者办案组的主办检察官主持。

检察长或者业务机构负责人承办案件的，应当担任主持人。

第十四条 听证会开始前，人民检察院应当确认听证员、当事人和其他参加人是否到场，宣布听证会的程序和纪律。

第十五条 听证会一般按照下列步骤进行：

（一）承办案件的检察官介绍案件情况和需要听证的问题；

（二）当事人及其他参加人就需要听证的问题分别说明情况；

（三）听证员向当事人或者其他参加人提问；

（四）主持人宣布休会，听证员就听证事项进行讨论；

（五）主持人宣布复会，根据案件情况，可以由听证员或者听证员代表发表意见；

（六）当事人发表最后陈述意见；

（七）主持人对听证会进行总结。

第十六条 听证员的意见是人民检察院依法处理案件的重要参考。拟不采纳听证员多数意见的，应当向检察长报告并获同意后作出决定。

第十七条 人民检察院充分听取各方意见后，根据已经查明的事实、证据和有关法律规定，能够当场作出决定的，应当由听证会主持人当场宣布决定并说明理由；不能当场作出决定的，应当在听证会后依法作出决定，向当事人宣告、送达，并将作出的决定和理由告知听证员。

第十八条 听证过程应当由书记员制作笔录，并全程录音录像。

听证笔录由听证会主持人、承办检察官、听证会参加人和记录人签名或者盖章。笔录应当归入案件卷宗。

第十九条 公开听证的案件，公民可以申请旁听，人民检察院可以邀请媒体旁听。经检察长批准，人民检察院可以通过中国检察听证网和其他公共媒体，对听证会进行图文、音频、视频直播或者录播。

公开听证直播、录播涉及的相关技术和工作规范，依照有关规定执行。

第二十条 听证的期间计入办案期限。

第四章 附 则

第二十一条 人民检察院听证活动经费按照人民检察院财务管理办法有关规定执行，不得向当事人收取费用。

第二十二条 参加不公开听证的人员应当严格遵守有关保密规定。

故意或者过失泄露国家秘密、商业秘密或者办案秘密的，依纪依法追究责任人员的纪律责任和法律责任。

第二十三条 本规定自公布之日起施行。

最高人民检察院以前发布的相关规范性文件与本规定不一致的，以本规定为准。

典型案例

检察听证典型案例

案例一 江苏陈某故意伤害案

——以听证促和解,实现案结事了人和

(一)基本案情

2019年9月17日晚,犯罪嫌疑人陈某来到江苏省南通市通州区东社镇某民营家具厂车间,与其同事被害人李某因工作原因发生争吵。陈某使用一块多层板朝李某腰部捅了一下,李某使用多层板回捅。随后双方使用多层板相互扔砸。其间,李某被陈某砸中面部,左侧上颌骨及左侧颧骨骨折。经鉴定,为轻伤二级。2019年10月28日,陈某被南通市通州区公安局传唤到案,如实供述了上述事实。

(二)听证程序

2020年6月23日,公安机关以陈某涉嫌故意伤害罪将该案移送南通市通州区检察院审查起诉。承办检察官在审查该案中发现,当事人双方系工友关系,平时关系良好。鉴于该案由民间纠纷引发,为彻底消除双方对立情绪,化解矛盾,推进司法公开,提升司法公信,南通市通州区检察院决定于2020年7月17日召开公开听证会。

一是认真做好听证准备。听证会召开之前,南通市通州区检察院制定详细听证方案,邀请人大代表、政协委员等3人担任听证员参与公开听证会,并提前向听证员介绍该案案情、需要听证问题以及有关法律规定。同时,确定犯罪嫌疑人陈某、被害人李某以及公安机关侦查人员作为听证会参加人，为听证会召开做好充分准备。

二是公开听证规范进行。为彰显司法透明、推进司法公正，南通市通州区检察院依照《人民检察院检察听证室设置规范》设置听证会席位，通过"中国检察听证网"对本次听证会进行互联网直播，当事人所在单位同事等社会公众观看直播。听证会由院领导主持，承办检察官介绍案件事实和需要听证的问题，侦查人员与双方当事人相继发表了意见，听证员进行了充分提问与认真评议。

三是促进刑事和解。承办检察官向犯罪嫌疑人陈某释法说理，同时建议被害人李某按照相关赔偿标准提出合理的赔偿金额。陈某主动筹措赔偿款项，在检察机关见证下与李某签署和解协议。

听证员评议后发表意见，认为该案符合不起诉适用条件，可以对陈某作出相对不起诉处理决定。经审查，南通市通州区检察院采纳了听证员意见，认为该案双方当事人达成刑事和解，犯罪嫌疑人陈某犯罪情节轻微，可以作不起诉处理。2020年7月20日，检察院对陈某作出相对不起诉处理决定，并及时将处理决定和相关理由告知听证员，该纠纷得以化解。

（三）典型意义

检察官在听证会召开前，制定听证方案，确定人大代表、政协委员、人民监督员、案件当事人、公安机关侦查人员等听证参加人，以保障听证程序顺利进行。经过检察官介绍案情、当事人说明情况、听证员提问评议、当事人最后陈述等听证程序，检察官从化解民间矛盾纠纷、修复受损社会关系角度出发，释法说理，把握刑事和解契机，化解了民间纠纷，消弭了信访风险，实现了案结事了人和。

案例二　浙江孙某刑事申诉案

——以听证化解积怨，推动息诉息访

（一）基本案情

2012年4月22日，王某在浙江省慈溪市某牛排馆约见网友申诉人孙某。其间，被王某丈夫俞某发现，当即发生争执，俞某纠集多人在牛排馆门口聚集。王某到门口向俞某解释无果，就打电话让孙某离开。孙某从二楼窗户向一楼攀爬过程中不慎坠地，导致颅脑重伤，被评定为二级伤残。

孙某要求公安机关追究俞某故意伤害的刑事责任。2014年8月6日，慈溪市公安局以没有犯罪事实为由作出不予立案决定，后经复议，维持不立案决定。孙某遂于同年8月26日向慈溪市检察院申请立案监督。慈溪市检察院经审查于9月28日作出答复函，不支持立案监督申请。孙某不服，通过检察机关信访途径主张权利长达6年。其间，在检察机关建议下，孙某于2016年6月向慈溪市法院提起民事诉讼，法院判决俞某负次要责任，承担孙某摔伤各项损失的20%和精神损害抚慰金，共计12万余元。但孙某心中症结仍然未解开，先后几十次信访。

（二）听证程序

该案属于多年信访积案，慈溪市检察院按照有关要求将该案逐级上报最高人民检察院。2020年6月4日最高人民检察院有关厅局主要负责同志在慈溪市检察院组织公开听证会，并担任听证会主持人。

一是细致调查走访，认真准备听证会。最高检有关厅局主要负责同志带案下访，亲自参与矛盾化解，指导慈溪市检察院承办检察官卜村镇走访，当面了解申诉人诉求，全面听取各方意见,为听证会的顺利召开打下良好基础。

二是以四级联播方式,形成公开听证示范。听证会通过浙江省检察院连线最高检,在全国四级检察机关进行网络直播。会场及听证设备严格按照有关规定布置。听证过程中的案件情况和听证问题说明、听证参加人提问、听证员评议等环节规范进行,起到了很好的示范作用。

三是听取各方意见,澄清争议问题。听证会邀请人大代表、政协委员及村镇基层群众等5人担任听证员,确定申诉人、公安机关办案人员参加。相关参加人就案件事实和法律依据充分发表了意见,检察机关说明了申诉人孙某受伤与俞某行为之间不存在刑法上的因果关系。

四是听证员充分发表意见,促成申诉人解开心结。听证会上,5名听证员认真提问,经过评议程序后发表意见,一致同意检察机关不予立案监督的处理意见。申诉人孙某彻底解开心结,表示愿意息诉息访,回归正常生活,并当场提交息诉息访承诺书。

五是进行司法救助评议,解除申请人后顾之忧。因申诉人孙某丧失劳动能力,生活困难,听证会设置专门议题讨论申诉人司法救助事项。承办检察官就司法救助的合法性、可行性进行了说明,拟通过宁波市两级检察机关进行救助,听证员一致同意检察机关的司法救助方案。2020年6月18日,慈溪市检察院作出国家司法救助决定,并将所作决定和相关理由及时告知听证员。

(三)典型意义

办理申诉信访案件,打开当事人心结、化解积怨至关重要。承办检察官在听证会召开前,当面了解当事人诉求,全面听取各方意见,做好各项准备。邀请人大代表、政协委员、当事人所在村委会代表、公安机关承办人等人员参加听证会。

听证会上，申诉人、公关机关案件承办人、检察机关案件承办人充分发表意见，全面展示案件事实和理由，消除各方疑虑，最终赢得了申诉人的理解支持，圆满化解了信访积案。同时，通过司法救助等方式解除申诉人后顾之忧，切实维护了申请人的合法权益，推动案结事了人和。

案例三 安徽李某与姚某、牛某委托合同纠纷案
——以听证解决疑难问题，维护司法公正公信

（一）基本案情

2013年1月，牛某借案外人张某15万元。为保障张某债权实现，牛某和妻子姚某承诺，如未按期还款，他们的房屋由张某的朋友李某全权代理出售，并将授权委托书公证。后来，牛某未能及时向张某还款且失去联系。李某就在2013年5月将牛某和姚某的房屋以30万元价格出售给他人，并将售房款用于归还牛某和姚某购房所欠的按揭贷款以及偿还二人所欠张某借款。2013年5月，姚某委托的资产评估事务所评估涉案房屋价格为47.89万元。2018年1月，牛某和姚某以李某存在重大过失为由，诉至安徽省合肥市庐阳区法院，请求李某返还房屋本金30万元并支付相应利息，赔偿低价出售造成的损失。法院认为，涉案房屋2013年的计税价格（房管局对涉案房屋的评估价格）为43.7万元，李某的出售价明显偏离正常交易价格、构成重大过失，判决其赔偿牛某、姚某13.7万元。李某不服一审判决，向原审法院申请再审被驳回后，于2019年12月4日向合肥市庐阳区检察院申请监督。

（二）听证程序

该案案情较为疑难复杂，双方当事人在案件定性、民事责任认定、赔偿方式和数额等方面争议较大,多次沟通无法达成和解。2020年5月14日,合肥市庐阳区检察院召开了公开听证会,取得了较好效果。

一是听证前充分准备,查明分歧事实。听证会召开前,检察机关综合评估了听证化解纠纷的必要性、可行性、纠纷解决的专业性等问题。一方面,该案申请人反映法院民事责任认定方面问题,被申请人反映申请人涉嫌"套路贷"犯罪问题,事实认定和法律适用争议较大,听证具有必要性。另一方面,尽管存在较大争议,但是申请人与被申请人都较为理性,均希望通过正当途径解决问题,听证具有可行性。检察机关还向公证员、房屋评估所工作人员等人员进行调查核实,查清涉案房屋评估价值、被申请人是否存在过错等案件事实。

二是充分借助"外脑",确保听证质量。听证会邀请院校专家、公安机关法制民警、律师等法律专业人士担任听证员,由承办检察官主持。经过当事人陈述、原案件承办人发表意见、听证员提问等程序后,主持人对案件事实和争议焦点进行归纳。听证员评议后一致认为该案是民事纠纷,不涉及"套路贷"等刑事犯罪,双方当事人都存在一定过错。法院在判决时采用较低的计税价格,没有采用评估价格,事实上已经对双方责任进行了分配,判决结果合法合理。

三是依法作出处理决定,有效化解矛盾。合肥市庐阳区检察院经认真审查,采纳了听证员评议意见。2020年5月20日,该院作出不支持监督申请决定,并及时将处理决定告知双方当事人和听证员。通过听证,双方当事人对各自责任有了更加准确的认识,都接受了监督结果。

(三)典型意义

当事人就法院已经发生法律效力的民事裁判向检察机关

提起民事诉讼监督申请的案件，经常涉及事实认定、法律适用、民刑责任交叉等疑难问题。检察机关应当全面考量案件的争议焦点、评估听证的必要性和可行性，邀请相关领域专家参加听证会，解决专业疑难问题。通过听证，检察官充分释法说理，换位思考，重视"法理情"，从当事人的感受出发想问题、抓办案，让当事人理解有关裁判，认清责任划分依据，维护司法公正公信。

案例四　吉林李某等3人与某房屋征收经办中心等单位行政争议监督案——以听证查清事实，实质性化解行政争议

（一）基本案情

2014年5月29日，李某等3人经营的某机械厂厂房因属于违法建筑，被吉林省白城市房屋征收经办中心和城市管理执法局强制拆迁。白城市政府未作出强制执行决定，执行时也未告知当事人依法享有的权利义务，厂房内机械设备也未予返还。此后，李某等3人一直通过信访途径主张权利。2018年10月16日，李某等3人向白城市洮北区法院提起行政诉讼，请求法院判决白城市房屋征收经办中心和城市管理执法局赔偿其机械设备及停产停业损失共计303万元。法院认为，李某等3人在2014年5月被强制拆迁后，应当知道权利受到侵害，至提起行政诉讼已达4年之久，已经超过行政诉讼法规定的6个月的法定起诉期限，遂裁定不予立案。

李某等3人不服法院一审判决，提出上诉。2019年1月30日，吉林省白城市中级法院作出二审裁定，维持一审裁定。李某等3人不服法院二审裁定，申请再审。2019年5月30日，吉林省高级法院认为，按照《最高人民法院关于执行

〈中华人民共和国行政诉讼法〉若干问题的解释》，在行政机关未告知申请人诉权或起诉期限的情况下，李某等3人在知道行政行为作出之日起2年内没有行使诉权，已超过起诉期限，裁定驳回再审申请。

李某等3人认为该案属不动产案件，应适用最长20年的起诉期限，法院裁定不予立案不当，于2019年9月20日向吉林省白城市检察院申请监督。

（二）听证程序

鉴于该案申请人的诉求始终没有进入法院实体审理，且申请人对相关法律适用问题存在重大分歧，白城市检察院于2019年11月27日组织召开了公开听证会，确定双方当事人、代理律师、法院工作人员等作为参加人，并邀请法律专家担任听证员。听证会经过检察官介绍案情、当事人说明情况、听证员提问、评议、发表意见等环节，取得了较好效果。

一是申请人诉求得到充分表达，消除不满抵触情绪。听证会上，检察机关让申请人及其代理律师发表意见，通过说明情况、提问答问，使得申请人多年诉求得以倾诉，情感得以宣泄。检察机关也了解了申请人的真实想法，找到了实质性化解行政争议的突破口。

二是及时发现关键性材料，解决案件争议问题。听证会上，白城市房屋征收经办中心出示了2014年11月该中心与李某等3人签订的《补充协议书》，证明该中心已经给付包括机械设备在内的各项损失共39.3万余元。这份之前一直没有出示的关键性材料在听证会上有了展示机会，成为准确查明案情、解决争议问题的突破口。

三是听证员充分发表意见，促成申请人息诉罢访。听证会上，听证员通过提问、评议、发表意见，进行释法说理。申请人充分认识到《补充协议书》的法律效力与法院裁判的正确性，表示息诉服判。同时，为了保障民营企业合法权益，检察机关在申请人与市房屋征收经办中心之间进行协调，促使双方达成和解，该中心同意申请人自行取回机械设备。

经审查，白城市检察院认为，依据《最高人民法院关于执行〈中华人民共和国行政诉讼法〉若干问题的解释》，该案不是"因行政行为导致不动产物权变动而提起的诉讼"，不能适用关于不动产的起诉期限的规定，李某等3人申请监督的理由不成立，在2019年12月7日依法作出不支持监督申请决定书，并及时将决定和理由告知听证员。

（三）典型意义

司法实践中，超过法定起诉期限等原因引起的无法立案现象较为常见，由于当事人诉求无法进入法院实体审理程序，息诉服判难度很大。特别是行政申诉案件，作为一方当事人的普通群众往往认为与行政机关无法平等对话，难以打开心结。检察听证为双方当事人搭建了一个面对面平等对话和相互沟通的平台。听证会上，双方当事人、代理律师、听证员等听证会参加人充分发表意见，检察官释法说理，发现了关键性材料，促进了行政争议的实质性化解。

案例五 广东省广州市南沙区检察院督促某区综合行政执法局等单位履职案——以听证助力法治政府建设，保障残疾人权益

（一）基本案情

2019年10月，广东省广州市南沙区检察院在履行公益诉讼监督职责中，发现辖区内部分盲道被损坏、违法占用，导致视力残疾人士出行不便，社会公益严重损害，遂将该案件线索层报广东省检察院审批立案。立案后，广州市南沙区检察院在进一步调查中发现，某区综合行政执法局、住房和城乡建设局、城市管理局、相关街镇政府等12家行政单位可能未履行对辖区内盲道建设、养护的监督管理责任。

（二）听证程序

为解决盲道所牵涉的多个行政单位职能交叉、责任交叉等问题，广州市南沙区检察院决定于2020年5月20日召开公开听证会，将听取意见、诉前磋商、检务公开、督促履职加以融合，消除身份隔阂，聚焦难点问题，在有效保障残疾人合法权益的同时，助力法治政府建设。

一是搭建听证平台，发挥听证员作用。根据该案特点，广州市南沙区检察院确定涉案12家相关行政单位参加公开听证会，邀请包括建筑学专家、行政法学教授、人大代表和政协委员的4名听证员参会，并邀请市区两级残疾人联合会代表旁听。听证会上，经过提问程序，建筑学专家对于建筑规划问题发表了意见，行政法学教授对于相关行政单位是否履职说明了情况，人大代表、政协委员就案件如何处理发表了意见。

二是规范听证程序，合力推进社会治理。听证会通过检察官介绍案情、行政单位就盲道整治问题说明情况、听证员发表意见等程序，充分保障了行政单位的表达权，使其心平气和接受监督。听证会上，专家学者、行政执法人员、人大代表、政协委员围绕协同建立信息通报机制、构建盲道保护长效机制、排查辖区其他无障碍设施运维状况等问题发表了意见。检察机关与听证会参加人探讨了符合地区实际的盲道整改措施，为作出具有针对性、可操作性的检察建议奠定了基础，对后续盲道修复整改提供了有效指引。

三是邀请相关利益方和媒体旁听，实现"三个效果"有机统一。听证会邀请了残疾人联合会的工作人员和新闻媒体旁听。残疾人联合会表示全力支持检察机关对盲道开展公益诉讼工作，希望更多无障碍设施问题能得到重视和解决。当地主流媒体进行了采访报道，肯定了检察机关的工作。

经审查，广州市南沙区检察院认为，某区综合行政执法局等12家行政单位未正确履行各自承担的监管职责，遂向上述行政单位发出公益诉讼诉前检察建议书，并及时将所作决定和相关理由告知听证员。截至2020年7月20日，12家行政单位均已整改并回复，第三方评估显示整治效果良好，盲道障碍基本排除。

（三）典型意义

推进全面依法治国，法治政府建设是重点任务，依法行政是其核心。检察机关在办理行政公益诉讼案件中，为了督促行政机关依法履行职责，解决多个单位的职能与责任交叉问题，组织召开相关领域专家、人大代表和政协委员、有关单位及公共利益被侵害的相关主体代表等多方参与的公开听证会，充分调查核实情况，广泛听取意见，深入释法说理，将检察建议做成刚性、做到刚性，助推行政机关解决特殊群体权益保护问题，把以人民为中心落到实处。

部分新闻链接

1. 新华社 2020 年 10 月 20 日报道《如何成为听证员 最高检告诉你》

2. 中央广播电视总台央视 2020 年 10 月 20 日报道《最高检发布〈人民检察院审查案件听证工作规定〉规范检察听证》

3. 光明日报 2020 年 10 月 20 日报道《最高检：对社会影响重大、处理争议较大的案件进行检察听证》

4. 法治日报 2020 年 10 月 21 日报道《最高检发布检察院审查案件听证工作规定 拟不起诉案件听证会一般公开举行》

5. 新京报 2020 年 10 月 20 日报道《最高检：欢迎社会公众参加听证 你的意见将作为办案重要参考》

6. 中新社 2020 年 10 月 20 日报道《中国最高检：听证意见将作办案重要参考》

依法从严打击证券违法犯罪　维护金融市场秩序
——最高人民检察院与证监会介绍惩治证券期货违法犯罪工作情况

发布时间：2020年11月6日 10:00

发布内容：发布12起证券违法犯罪典型案例，通报检察机关、证监会惩治证券期货违法犯罪工作情况

发布地点：最高人民检察院

主　持　人：肖　玮　最高人民检察院办公厅副主任、新闻发言人

出席嘉宾：郑新俭　最高人民检察院检察委员会委员、第四检察厅厅长

　　　　　滕必焱　中国证券监督管理委员会行政处罚委员会办公室主任

　　　　　高　莉　中国证券监督管理委员会新闻发言人

主题发布

肖 玮

各位记者朋友,大家下午好!欢迎参加最高人民检察院联合中国证券监督管理委员会举行的新闻发布会,今天发布会的主题是"依法从严打击证券违法犯罪 维护金融市场秩序"。出席今天发布会的嘉宾是:最高人民检察院检察委员会委员、第四检察厅厅长郑新俭,中国证券监督管理委员会行政处罚委员会办公室主任滕必焱,证监会新闻发言人高莉。

今天的发布会主要有三项议程:一是发布12起证券违法犯罪典型案例;二是介绍发布证券违法犯罪典型案例的背景、案例主要特点以及检察机关、证监会惩治证券期货违法犯罪工作情况;三是回答记者提问。

上周胜利闭幕的党的十九届五中全会提出,"十四五"时期经济社会发展必须坚持新发展理念,实现更高质量、更有效率、更加公平、更可持续、更为安全的发展。要"推动贸易和投资自由化便利化""全面促进消费""拓展投资空间""激发各类市场主体活力,完善宏观经济治理,建立现代财税金融体制"。这些目标的实现,呼唤着一个健康的资本市场,一个稳定、透明、公平的投资环境。

然而,司法实践中,证券发行和交易过程中欺诈发行、违规披露、内幕交易、操纵市场等违法犯罪行为时有发生,严重破坏资本市场秩序,损害广大投资者合法权益。对待金融违法犯罪,司法机关和行政监管部门必须毫不手软。在今年疫情防控特殊形势下,"稳金融"

在"六稳""六保"中起着重要支撑促进作用。

今年7月,最高检在印发《关于充分发挥检察职能服务保障"六稳""六保"的意见》中明确提出,要依法惩治金融犯罪,加大对证券期货领域金融犯罪的惩治力度,依法"全链条"从严追诉欺诈发行股票、债券、违规披露、不披露重要信息和提供虚假证明文件等扰乱资本市场秩序、侵害投资者利益的犯罪行为,切实维护金融安全。

今天,最高检会同证监会联合举行发布证券违法犯罪典型案例新闻发布会,旨在充分发挥各自职能作用,进一步推进资本市场法治化建设,扎紧制度的笼子,切实规范金融秩序,让投资者在资金往来的"高速路"上,拥有更明晰的"交通"规则、更安全的运行环境。

现在,进行第一项议程,发布12起证券违法犯罪典型案例。这些案例已作为发布会材料发给大家,这里就不再一一宣读了,大家可以及时充分报道。

下面进行第二项议程,请郑新俭厅长介绍联合发布证券违法犯罪典型案例的背景、案例主要特点和检察机关惩治证券期货违法犯罪工作情况。

郑新俭

一、案例发布背景

首先,我介绍一下最高检和证监会联合发布案例的背景和考虑。

党的十八大以来,习近平总书记高度重视资本市场改革发展,先后作出了一系列重要指示批示。刚刚召开的党的十九届五中全会审议提出了"十四五"时期经济社会发展主要目标,国务院金融委专门就落实会议精神相关工作提出具体要求。11月2日,习近平总书记主持召开的中央深改委第16次会议又强调指出,健全上市公司退市机制、依法从严打击证券违法活动,是全面深化资本市场改革的重要制度安排,并就相关工作作出重大部署。

近年来,以注册制改革为龙头的资本市场关键制度创新不断取得突破,有效激发了市场活力,显著优化了实体经济发展的金融环境,改革成效显著。但不容忽视的是,一些财务造假、内幕交易、操纵市场等违法犯罪活动严重破坏资本市场秩序,损害广大投资者利益,危害资本市场改革发展进程,必须予以严厉打击。

为加强执法司法协作、加大证券期货违法犯罪惩治力度,去年8月,最高检张军检察长和证监会易会满主席就相关法律议题进行座谈,达成了广泛共识,制定了《加强资本市场法治建设工作会议纪要》。

"一个案例胜过一打文件",联合发布典型案例,充分发挥案例的指导、教育作用,是最高检和证监会贯彻习近平总书记重要指示批示精神、落实会议纪要的具体举措之一。双方经过认真筛选、充分沟通,各自挑选出了6个刑事犯罪案例和6个行政违法案例作为典型案例予以发布。

这12个案例集中展现了证券监管部门、检察机关和各有关部门凝聚合力、共同打击证券期货犯罪的信心和决心。同时,这批典型案例还注重释法说理,对于增强资本市场各类主体和投资者的法治意识、预防违法犯罪具有警示教育作用。

二、此次发布的刑事犯罪典型案例基本情况

下面,我先向大家介绍此次发布的6个刑事犯罪典型案例的基本情况。今天发布的6个证券犯罪典型案例中,有欺诈发行股票、违规披露、不披露重要信息案,有欺诈发行债券、出具证明文件重大失实、非国家工作人员受贿案,有操纵证券市场案,有内幕交易、泄露内幕信息案,有利用未公开信息交易案,还有编造并传播证券交易虚假信息案。这批典型案例有以下特点:

一是覆盖当前证券期货犯罪的主要类型。6个刑事犯罪案例涉及5个证券犯罪罪名,涵盖了证券发行和证券交易领域的常见多发犯罪,揭示了相关犯罪的主要形态、类型,反映了当前证券期货犯罪的特点、趋势。其中,针对当前社会关注的资本市场财务造假问题,我们编写了欺诈发行股票和欺诈发行债券两个典型案例。

二是展现检察机关参与资本市场法治建设的职能作用。6个典型案例充分体现了检察机关在刑事诉讼指控证明犯罪方面的积极作用,在上述案件办理过程中,检察机关通过退回补充侦查、依法追诉漏罪、变更指控罪名等方式,做到精准指控、不枉不纵。同时,典型案例也反映了检察机关在促进社会治理方面的主动作为,针对个别中介机构在涉案公司财务造假中的严重违规违法问题,检察机关结合相关案例,向中国注册会计师协会制发了加强注册会计师行业自律监管方面的检察建议。

三是彰显依法从严惩治证券期货犯罪的态度。习近平总书记等中央领导同志对资本市场法治建设高度重视,对显著提高证券期货违法犯罪成本提出明确要求。6个典型案例中,司法机关对部分犯罪情节恶劣、社会危害严重或者拒不认罪的被告人依法从严惩处,体现零容忍、不放纵的证券期货犯罪司法政策。

三、惩治证券期货犯罪工作情况

借此机会我再向各位媒体朋友介绍一下近年来,检察机关在惩治证券期货犯罪方面的情况。近年来,检察机关认真贯彻落实中央关于打好防范化解重大风险攻坚战和加强资本市场法治建设等部署要求,与证券监管部门、公安机关等各负其责、相互配合、互相监督制约,不断健全办理证券期货犯罪案件的制度机制,加强专业化能力建设,切实提高办案质效。

一是依法惩治证券期货犯罪。2017年至今年9月,全国检察机关共批准逮捕各类证券期货犯罪302人,起诉342人。其中,今年1月至9月批准逮捕102人,起诉98人,分别同比上升15%和27%。

二是大力推进办案基地建设。为提高检察机关办理证券期货犯罪案件专业化水平,最高检于2018年12月在北京、天津、辽宁、上海、重庆、青岛、深圳七个检察院设立检察机关证券期货犯罪办案基地,打造专业化办案团队。

三是加强司法解释,发布指导性案例和典型案例。2019年,会同最高法院联合发布关于利用未公开信息交易、操纵证券期货市场两个司法解释。今年3月,最高检发布了涉及利用未公开信息交易罪和违规披露、不披露重要信息罪的两个指导性案例,接下来我们还会陆续发布典型案例和指导性案例,对相关办案工作进行指导。

四是加强与证监会、公安机关等相关部门的沟通协作。在办案基地建设、专业人才培养、案件信息共享、专家辅助办案、干部交流挂职等方面开展全面协作,共同构建执法司法专业化工作合力。

下一步,检察机关将认真学习党的十九届五中全会精神,深刻认识"稳金融"在"六稳""六保"中的重要支撑和促进作用,进一步密切与证券期货监管等有关部门的协作配合,更好地发挥检察职能作用,持续加大对财务造假、内幕交易、操纵市场等危害证券期货市场秩序犯罪的惩治力度,为资本市场改革发展提供有力司法保障。

肖 玮

谢谢郑厅长,下面请滕必焱主任介绍证券违法典型案例的基本情况和证券期货行政处罚工作情况。

滕必焱

今天发布的6个证券违法典型案例分别是:雅某股份有限公司信息披露违法案、华某股份有限公司信息披露违法案、廖某强操纵证券市场案、通某投资公司操纵证券市场案、周某和内幕交易案、吉某信托公司内幕交易案。这批典型案例有以下特点:

一是反映了当前资本市场违法行为的主要类型及变动趋势。该六起典型案例覆盖了上市公司财务造假、信息披露违法、操纵市场、内幕交易等主要违法类型，包含了上市公司、中介机构、私募基金管理人、自然人等各类违法主体，同时呈现出近年来违法行为的一些新特点新趋势：如雅某股份通过虚构境外项目实施财务造假，是近年来影响恶劣的虚假陈述案件；廖某强操纵证券市场案，是非特殊身份主体借助互联网公开荐股牟利的"抢帽子"操纵第一案；通某投资公司操纵证券市场案，是私募基金管理人利用资管产品进行操纵的新型案件；吉某信托公司内幕交易案，以单位为主体实施内幕交易。

二是体现了证监会对违法违规行为"零容忍"的鲜明执法态度。近年来，证监会多措并举加强和改进证券执法工作，依法从重从快从严惩处各类重大违法案件，释放出"零容忍"的鲜明信号。在周某和内幕交易案中，我会充分发挥行刑衔接机制优势，在公安机关终止侦查的情况下依法作出行政处罚，坚决落实对违法违规行为"零容忍"。在华某公司信息披露违法案中，我会对于操控上市公司造假的控股股东、实际控制人、董监高等"关键少数"，精准打击、加大追责力度。在雅某公司跨境财务造假案件中，我会充分借助国际执法协作机制调查取证，有效遏制了上市公司通过境外业务造假"瞒天过海"，逃避监管的企图，同时"一案双查"，依法追究中介机构责任，倒逼其勤勉尽责，进一步压实资本市场"看门人"责任。

三是彰显了"四个敬畏、一个合力"的监管理念，构建起立体追责体系。对资本市场违法行为的惩处是一个立体有机体系，证监会行政处罚决定的作出不是终点，而是起点。如雅某公司财务造假案，除面临行政处罚和刑事追责外，还将面临巨额民事赔偿。华某股份有限公司被我会数次行政处罚，因财务指标触及交易所上市规则的相关规定已退市。通过凝聚行政执法、刑事司法、民事诉讼、自律惩戒、媒体监督等各方面合力，充分实现执法工作社会效果和法律效果的最大化。

近年来，证监会按照党中央国务院关于进一步提升上市公司质量的总体部署，多措并举加强行政执法工作，重点查办财务造假、信息披露违法、操纵市场、内幕交易等类型案件,不断提升执法效率,对各类违法主体依法精准追责。党的十九大以来,证监会全系统共作出行政处罚决定 810 件,市场禁入决定 82 件,罚没款金额 193.04 亿元,通过强有力执法传递出"零容忍"鲜明信号,为注册制改革及资本市场健康发展提供了坚实的法治保障。

下一步,证监会将继续全面落实"零容忍"要求,与司法机关密切协作,依法从重从快从严打击证券违法犯罪活动,全力维护资本市场健康稳定和良好生态。

肖 玮

谢谢滕主任,下面进行第三项议程,请各位记者朋友提问。

现场答问

人民网记者

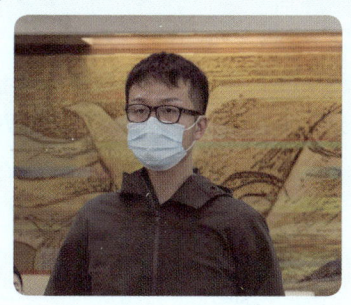

这次联合发布的典型案例涉及的罪名很多，案情也较为复杂，请问当前证券期货犯罪有什么新特点？面对专业性很强的证券期货犯罪，检察机关是如何应对的？

郑新俭

从近年来检察机关办理的证券期货犯罪案件类型来看，内幕交易、利用未公开信息交易等证券交易环节的犯罪相对较多，占65.7%。但今年以来，受理的欺诈发行、违规披露等涉上市公司犯罪案件明显增多。随着资本市场的不断发展，当前证券期货犯罪案件有以下四个特点：一是"新"，证券期货犯罪涉及产品从股票、期货发展到私募债券、期权，作案领域由主板、创业板、中小板向新三板市场蔓延，还出现了跨境、跨市场犯罪案件，利用新概念、新技术实施犯罪案件也在持续增多，无论是犯罪类型、涉及领域还是犯罪方法手段都呈现出新的态势。二是"专业"，从事证券期货犯罪的大部分人员，是证券期货从业人员或者这方面的"行家里手"，以及会计师事务所等专门中介机构，这些人员都掌握专业知识，相互之间分工精细，且作案设备精良，专业化、组织化程度很高。三是"隐蔽"，内幕交易、利用未公开信息交易等案件中信息传递方、接收方通常会形成攻守同盟，常常出现"零口供",这次发布的王某等人内幕交易、泄露内幕信息案就是此例。操纵证券市场案件中,有的操控亲友账户以及其他非法获取的账户进行交易,有的依托资产管理计划以及特定金融机构的特殊业务隐藏真实身份,查证交易账户实际控制人难度大。四是"逐利",无论是上市公司法人、高管、股东还是证券期货从业人员,都为了牟取私利罔顾法律、毫无底线,严重损害其他投资者的利益。6个典型案例中,操纵市场、利用未公开信息交易、内幕交易涉案金额特别巨大,非法获利都在千万元以上。

检察机关在办案过程中,不断遇到新情况、新问题,对司法办案专业能力提出挑战。为了提高办案专业化水平,检察机关主要从四个方面入手:一是注重培养一线专业办案团队。我们依托办案基地建设,有重点地培养一批既懂证券又懂法律的复合型专业人才。二是充分发挥捕诉一体办案机制优势。检察官从侦查阶段介入侦查、审查逮捕开始,就围绕指控证明犯罪目标,扎实开展引导取证、法律论证等工作,用好退回补充侦查,实行全程跟踪的"靶向"监督。三是主动寻求专业支持。在办理新型复杂证券期货案件时,我们建立了辅助办案机制,向专业部门、专家学者寻求智力支持,取得了较好效果。四是通过司法解释、指导性案例加强办案指导。

中国证券报记者

近年来,证监会行政处罚力度不断加大、震慑效果显著增强,近期,党中央、国务院明确要求对各类违法违规行为"零容忍",证监会党委也多次强调要构建对资本市场各违法违规行为的"立体追责"体系,请问在这个过程中,证监会行政处罚工作如何更好发挥作用?

滕必焱

党中央、国务院始终对强化资本市场执法工作高度重视，习近平总书记前不久主持召开的中央全面深化改革委员会第十六次会议审议通过了《健全上市公司退市机制实施方案》和《关于依法从严打击证券违法活动的若干意见》，对依法从严打击证券违法活动作出系统谋划和部署，刚刚闭幕的党的十九届五中全会也明确要求对违法违规行为零容忍。这为我们在新发展阶段高质量做好资本市场的行政处罚工作提供了根本遵循、指明了前进方向。

近年来，证监会行政处罚条线坚决落实党中央、国务院决策部署，在国务院金融委的统一指挥协调和证监会党委领导下，依法加大处罚力度，刚才我已经向各位媒体朋友通报了一些数据，确实取得了一些效果。但工作中我们面临的困难和挑战同样不少。高检院领导刚刚介绍了证券期货犯罪的新特点、新挑战，我都完全赞同，这些挑战在行政处罚领域也同样存在。

面临新形势新要求，行政处罚作为追责惩戒全链条上的一个环节，不是也绝不应该成为违法者责任追究的"终点"，必须按照党中央、国务院决策部署，加大与公检法各机关的联动，综合运用行政监管措施、行政处罚、民事赔偿、刑事追责、诚信惩戒和退市监管、自律管理等手段构建起"立体追责"体系，唯有这样才能切实把"零容忍"要求落到实处。具体到行政处罚工作本身，我们主要在以下几个方面着力：

一是建立健全行政执法工作基础制度。以新《证券法》的贯彻实施为契机，持续开展类型化案件认定标准、裁量基准等相关配套制度建设，推动完善行政执法工作的体制机制，积极参与刑法修改、期货法出台等立法工作进程，不断夯实行政执法工作的法治基础，进一步提升执法效率和专业化水平。

二是严厉打击和惩处违法违规行为，显著提升违法成本。加强对欺诈发行、信息披露违法、内幕交易、操纵市场等典型违法行为的惩罚力度，进一步压实中介机构责任，督促其切实发挥好市场"看门人"作用。通过严格执法为全面实行股票发行注册制、提高上市公司质量提供坚实的后端执法保障。

三是强化舆论引导工作，向市场传递"零容忍"的鲜明信号。加强对典型案件的宣传，及时通报财务造假等类型的典型案件处理情况，以案说法，借助典型案例宣传强化对市场主体的警示教育，引导全市场构建诚信守法的良好生态。

凤凰卫视记者

上市公司欺诈发行、财务造假等违法违规行为是资本市场的"毒瘤"，检察机关在打击财务造假相关犯罪方面有哪些举措？

郑新俭

对于惩治资本市场财务造假，中央高度重视，国务院金融委多次作出部署，证监会正在牵头落实相关要求。检察机关对此也高度重视，这次发布的案例中也有这方面的案例。

信息披露真实、准确、完整，是实行注册制的基本要求，检察机关将按照"零容忍"的要求，根据新修订《中华人民共和国证券法》的规定，针对注册制改革的特点，积极会同证券监管部门、公安机关进一步加大对资本市场财务造假案件的刑事追究力度，共同净化资本市场的生态环境。

第一，加大对财务造假行为的全链条惩治力度。对资本市场中的财务造假行为,应当依法"全链条"从严追诉,既追究惩治具体实施造假的公司、企业,又追究惩治组织、指使造假的控股股东、实际控制人,同时还要追究惩治帮助造假的中介组织,全面落实好对资本市场违法犯罪"零容忍"的要求。

第二,显著提高资本市场财务造假行为的违法成本。一些财务造假案件,造成上市公司退市,给投资者造成重大损失,破坏资本市场法治和诚信基础,应当从严追究刑事责任。检察机关将认真贯彻落实习近平总书记等中央领导同志关于显著提高证券违法成本的重要指示精神,用足用好惩治财务造假行为的相关刑法规定和刑事司法政策,依法从严追究刑事责任。同时,还要通过适用财产刑,加大对财务造假犯罪人员的经济处罚力度,进一步体现罪责刑相适应的基本原则。

第三,积极发挥检察建议的作用,促进资本市场规范发展。检察机关要通过办案,及时总结分析财务造假案件中的深层次原因,有针对性地向主管机关制发检察建议,发挥好"办理一案、影响一片"的作用,参与国家治理能力和治理体系现代化建设,参与资本市场法治建设。

第四,落实以案释法责任,加强法治宣传教育。每一个案例都是一堂生动的法治教育课。与证监会共同发布典型案例,除了指导办案外,我们还希望能够借此让所有市场主体和投资者都能够增强对法律的"敬畏之心",诚信守法,共同维护好资本市场秩序。

北京青年报记者

前不久,张军检察长在全国人大常委会上作了《关于人民检察院适用认罪认罚从宽制度情况的报告》,在证券期货犯罪中,如何看待依法从严和认罪认罚从宽之间的关系,如何实行认罪认罚从宽制度?

郑新俭

宽严相济是司法机关一贯坚持执行的刑事政策。在办理证券期货犯罪案件中，宽和严是辩证统一的关系，要区分具体案件性质、情节和对社会的危害程度，综合权衡从严、从宽因素，做到区别对待、罚当其罪。2019年以来办理的证券期货犯罪案件中，有112名犯罪嫌疑人、被告人适用认罪认罚从宽制度，占67%。

第一，对于发行人与中介机构合谋串通，在证券发行或者持续披露过程中编造内容重大失实的财务报告，造成上市公司退市的，以及非法获利特别巨大，对资本市场秩序造成严重破坏，社会影响特别恶劣的内幕交易、操纵市场、利用未公开信息交易等犯罪，要依法从严追诉。

第二，要充分考虑犯罪嫌疑人、被告人认罪认罚、退赃退赔等因素，区别对待。对于心存侥幸、拒不供认犯罪事实的犯罪嫌疑人、被告人，在其他证据足以证明犯罪成立、排除合理怀疑的，应当依法从严追究刑事责任。对于共同犯罪中如实供述犯罪事实、主动退赃退赔，符合认罪认罚从宽条件的，应当区别对待、依法从宽。

第三，对于以贪利为目的的证券期货犯罪，要更加注重运用经济手段进行惩治，这也符合用经济手段惩治经济犯罪的规律，有利于实现刑罚一般预防和特殊预防的作用。检察机关在提出量刑建议时，要注重剥夺自由刑与财产处罚刑、追缴违法所得并用，尤其不能让证券期货犯罪被告人在经济上得到好处。

中国日报记者

行政执法机关与司法机关将如何进一步加强合作?

滕必焱

证监会党委和易会满主席高度重视加强监管部门与公检法等司法机关的协调合作,要求我们在做好行政处罚工作的同时,积极支持刑事司法和民事赔偿等工作的开展。

一是要提高涉刑案件移送效率,对行政执法过程中发现涉嫌犯罪线索,做到应移尽移、快移。

二是要发挥自身优势,积极支持推动相关刑事、民事和行政执法的司法解释、追诉标准的出台、修改工作,加强资本市场治理的制度供给。

三是积极推动完善证券民事诉讼和赔偿制度,支持投资者保护机构依法作为代表人参加诉讼,推广证券期货纠纷示范判决机制,加大民事追责效率。不断提高广大投资者对执法工作的获得感和投资安全感。

通过以上举措,推动构建归位尽责、各司其职、合力共治的执法生态。

> **郑新俭**

检察机关与证监部门在惩治证券期货违法犯罪中分别承担着重要职责，近年来双方充分发挥职能作用、加强协作，形成了工作合力。高检院与证监会共同制定的《加强资本市场法治建设工作会议纪要》，进一步明确了畅通行刑衔接的各项机制。目前，高检院正在会同证监会开展一系列推进执法司法协作的工作：

一是夯实资本市场法治基础。高检院结合检察机关证券期货犯罪办案实际，向全国人大法工委提出立法建议，积极推动《中华人民共和国刑法》证券期货犯罪相关条文的修改，进一步严密法网，提高证券期货犯罪成本。

二是加强与证监会及其派出机构在信息共享、会商研讨、辅助办案、预防宣传等多个方面开展常态化协作。

三是启动证券期货犯罪立案追诉标准的修订工作，根据新修订的《中华人民共和国证券法》以及市场形势、执法形势等变化，结合正在修订的《中华人民共和国刑法修正案（十一）》，对不适应执法司法实际情况的部分立案追诉标准进行调整，既从严惩治证券期货违法犯罪，又合理确定行政执法和刑事司法的界限。

四是与证监会在检察专业化建设方面加强全面合作，通过联合培训、互派干部挂职交流、支持办案基地建设等方式，培养专业办案人才，锻造专业化办案模式，不断增强检察机关办理证券期货犯罪的专业能力和水平。

> **肖 玮**

因为时间关系，提问就到这里。

从今天发布的12个典型案例中，大家可以看出检察机关、证券监管部门对待证券违法犯罪"零容忍"的坚决态度，资本市场财务造假等违法犯罪行为必将受到法律的制裁。请各位记者朋友加强解读报道，发挥好典型案例"办理一案、影响一片"的警示教育作用。

检察机关将与有关部门、社会各界一起凝聚合力，共同夯实资本市场法治基础，防范化解金融风险，促进投资市场健康发展。我们也期待，随着合作推向深入，执法司法机关合力出击会收到更多务实成效，进一步促进提升证券市场各类主体的法治意识，增强广大投资者的信心，为资本市场改革发展提供更有力法治保障。

今天的发布会到此结束。谢谢大家！

典型案例

证券违法犯罪典型案例

（一）证券犯罪典型案例

案例一：欣某股份有限公司、温某乙、刘某胜

欺诈发行股票、违规披露重要信息案

一、基本案情

欣某股份有限公司（以下简称欣某公司）原系深圳证券交易所创业板上市公司。该公司实际控制人温某乙与财务总监刘某胜为达到使欣某公司上市的目的，组织单位工作人员通过外部借款、使用自有资金或伪造银行单据等方式，虚构2011年至2013年6月间的收回应收款项情况，采用在报告期末（年末、半年末）冲减应收款项，下一会计期期初冲回的方式，虚构了相关财务数据，在向证监会报送的首次公开发行股票并在创业板上市申请文件和招股说明书中记载了上述重大虚假内容，骗取了证监会的股票发行核准，公开发行股票募集资金2.57亿元。欣某公司上市后，于2013年7月至2014年12月间，沿用前述手段继续伪造财务数据，粉饰公司财务状况，并分别于2014年4月15日、2014年8月15日、2015年4月25日向公众披露了虚假和隐瞒重要事实的2013年年度报告、2014年半年度报告、2014年年度报告。

二、诉讼过程

辽宁省丹东市公安局以欣某公司、温某乙、刘某胜涉嫌欺诈发行股票罪向丹东市人民检察院移送起诉。检察机关审查发现，欣某公司上市公开发行股票之后，在向社会公开披露的三份财务报告中仍包含虚假财务信息，涉嫌违规披露重要信息犯罪，遂将该案退回公安机关，要求公安机关对温某乙、刘某胜在公司上市后的违规披露重要信息犯罪进行补充侦查。公安机关补充侦查后，以欣某公司、温某乙、刘某胜涉嫌欺诈发行股票罪，违规披露、不披露重要信息罪再次移送起诉。

检察机关审查认为，欣某公司为达到上市发行股票的目的，采取伪造财务数据等手段，在招股说明书中编造重大财务虚假内容并发行股票；作为信息披露义务主体，多次向股东和社会公众提供虚假和隐瞒重要事实的财务报告，严重损害股东利益。温某乙、刘某胜为直接负责的主管人员。2017年4月20日，辽宁省丹东市人民检察院以欣某公司、温某乙、刘某胜涉嫌欺诈发行股票罪，违规披露、不披露重要信息罪提起公诉。

2019年4月23日，丹东市中级人民法院作出一审判决，以欺诈发行股票罪，判处被告单位欣某公司罚金人民币832万元；以欺诈发行股票罪，违规披露、不披露重要信息罪对被告人温某乙、刘某胜数罪并罚，对温某乙决定执行有期徒刑三年，并处罚金人民币10万元；对刘某胜决定执行有期徒刑二年，并处罚金人民币8万元。被告单位和被告人均未上诉，判决已生效。

中国证监会对欣某公司的欺诈发行和违规披露重要信息行为进行调查后，于2016年7月5日作出行政处罚。深圳证券交易所决定对欣某公司股票终止上市并摘牌。欣某公司退市后，主承销商设立先行赔付专项基金，涉案投资人的损失得到相应赔偿。

三、典型意义

1. 依法从严惩治资本市场财务造假行为。上市公司在发行、持续信息披露中的财务造假行为，严重蛀蚀资本市场的诚信基础，破坏市场信心，损害投资者利益，必须严厉惩治。资本市场财务造假行为主要通过信息披露的方式表现出来，损害投资者利益。对于不同阶段涉财务造假信息的违规披露行为，刑法规定了不同的罪名和相应刑罚。司法办案当中要注意区分不同时期信息披露行为触犯的刑法规范，根据刑法规定的构成要件分别适用不同罪名，数罪并罚；对于审查发现新的犯罪事实和线索，通过退回公安机关补充侦查或者自行侦查，查清事实，依法追诉。

2. 综合发挥行政执法和刑事司法职能作用。财务造假和信息披露违法行为，可能同时违反行政监管法律规范和刑法规范，触发行政处罚程序和刑事追诉程序。证券监督管理部门和司法机关应当发挥各自职能作用，根据执法司法工作的需要，及时追究相关市场主体的法律责任。证券监督管理部门作出行政处罚后，认为相关人员构成犯罪的，应当及时移送公安机关立案侦查，加强行政执法与刑事司法之间的有效衔接，防止以罚代刑，已经作出的行政处罚决定不影响司法机关追究刑事责任。对于欺诈发行、违规披露信息的上市公司，符合退市条件的，还应当由证券交易所依法强制退市。

3. 注重维护投资者的合法权益。2020年3月实施的新修订证券法进一步完善了投资者保护制度，先行赔付、证券代表人诉讼等规定为更好地保护投资人合法权益提供了法律依据。本案办理过程中，主承销商设立先行赔付专项基金，投资人的损失得到相应赔偿，维护了投资者的合法权益，取得了较好的社会效果。

案例二： 中某通机械制造有限公司、卢某旺等人
欺诈发行债券、出具证明文件重大失实、非国家工作人员受贿案

一、基本案情

卢某旺、卢某煊、卢某光分别系中某通机械制造有限公司（以下简称中某通公司）的董事长、法定代表人和原财务总监；杨某杰、陈某明、王某宇和徐某分别系利某会计师事务所某分所副所长、项目经理、主任会计师授权签字人和部门经理；边某系某证券股份有限公司（以下简称某证券公司）固定收益融资总部业务部董事。

2013年下半年，中某通公司流动资金不足，卢某旺为发行私募债券融资，经与卢某煊、卢某光合谋，虚增公司营业收入5.13亿余元、虚增利润总额1.31亿余元、虚增资本公积金6555万余元、虚构某银行授信额度500万元、隐瞒外债2025万余元。利某会计师事务所承接中某通公司审计项目后，未按审计准则要求对中某通公司账外收入和股东捐赠情况进行审计，在审计报告中虚增了上述营业收入、净利润和资本公积金。其中，杨某杰在出具重大失实报告中实施了组织、管理等行为；陈某明实施了现场审计和初稿起草行为；王某宇作为利某会计师事务所授权的签字注册会计师，在未按审计准则对中某通审计报告进行审核的情况下，草率签发审计报告；徐某作为注册会计师，在未实际参与中某通项目现场审计的情况下，应杨某杰要求在审计报告上署名。承销券商某证券公司以此为基础出具了《中某通公司非公开发行2014年中小企业私募债券募集说明书》。经向上海证券交易所备案，中某通公司于2014年5月至7月间非公开发行两年期私募债券共计1亿元，被相关投资人认购。其中，两位投

资人在边某的介绍下分别认购该私募债券,边某收受中某通公司给予的贿赂款150万元。2016年该私募债券到期后,中某通公司无力偿付债券本金和部分利息,造成投资人重大经济损失。

二、诉讼过程

上海市公安局以边某涉嫌非国家工作人员受贿罪,杨某杰、陈某明、王某宇、徐某涉嫌出具证明文件重大失实罪,中某通公司、卢某旺、卢某煊、卢某光涉嫌欺诈发行债券罪向上海市人民检察院第一分院和上海市徐汇区人民检察院移送起诉。

2017年8月3日,上海市徐汇区人民检察院以边某涉嫌非国家工作人员受贿罪提起公诉。2017年8月21日、11月21日,上海市人民检察院第一分院分别以杨某杰、陈某明、王某宇、徐某涉嫌出具证明文件重大失实罪,中某通公司、卢某旺、卢某煊、卢某光涉嫌欺诈发行债券罪提起公诉。

2017年8月21日,上海市徐汇区人民法院作出一审判决,以非国家工作人员受贿罪,判处被告人边某有期徒刑二年六个月,没收违法所得。2017年11月21日、2018年1月31日,上海市第一中级人民法院分别作出一审判决,以出具证明文件重大失实罪,判处被告人杨某杰有期徒刑二年、缓刑三年,被告人陈某明有期徒刑一年六个月、缓刑二年,被告人王某宇拘役六个月、缓刑六个月,被告人徐某有期徒刑六个月、缓刑一年,并分别判处罚金5万元至10万元不等;以欺诈发行债券罪,判处被告单位中某通公司罚金人民币300万元,被告人卢某旺有期徒刑三年六个月,被告人卢某光有期徒刑二年六个月,被告人卢某煊有期徒刑二年、缓刑二年。一审宣判后,陈某明、王某宇、徐某提出上诉,上海市高级人民法院裁定维持原判,判决已生效。

2020年4月,上海市人民检察院结合本案以及其他同类案件的办理,向中国注册会计师协会发出了加强会计师行业监管的检察建议书。中国注册会计师协会收到检察建议书后,积极采取措施增强中介机构职责重要性教育,完善注册会计师专业标准体系,加强法律知识培训和职业道德教育,研究完善会计师事务所质量管理相关准则,更好地发挥行业自律监管作用。

三、典型意义

1. 坚持保护资本市场创新发展和惩治证券违法犯罪并重,促进证券市场健康发展。为规范中小企业私募债券业务,拓宽中小微型企业融资渠道,服务实体经济发展,深圳证券交易所和上海证券交易所于2011年开展了中小企业私募债券业务试点;在总结中小企业私募债试点经验的基础上,证监会于2015年发布《公司债券发行与交易管理办法》,全面建立了非公开发行债券制度。中小企业私募债券市场是多层次资本市场的重要组成部分,是解决中小企业融资问题的有益创新,但一些中小企业的欺诈发行行为,严重损害了私募债券市场信心,侵害了投资者合法权益。对于私募债券、新三板、科创板等资本市场中的创新活动,检察机关应当坚持保护创新和惩治犯罪并重,坚定地维护资本市场正常运行秩序,依法惩治财务造假、信息披露违法等严重破坏资本市场秩序的犯罪,为资本市场健康发展提供司法保障。

2. 严厉惩治中介机构参与财务造假,促进落实"看门人"责任。资本市场中的证券公司、会计师事务所、律师事务所等中介机构是信息披露、投资人保护相关制度得以有效实施的"看门人",中介机构不依法依规履职将严重影响资本市场的健康运行。在惩治市场主体财务造假行为的同时,应当主动开展"一案双查",同步审查相关中介机构是否存在提供虚假证明文件、出具证明文件重大失实以及非国家工作人员受贿等违法犯罪行为,并依法追究相关主体的法律责任,引导市场主体合法经营和中介机构依法依规履职。

3.注重结合办案提出检察建议,促进资本市场制度机制不断健全。对于办案当中发现的相关中介机构及其执业人员违反职业操守、职业规范,以及相关监督管理缺失问题,检察机关应当深入分析原因,向有关主管机关提出改进工作、完善监管的检察建议,促进社会治理。

案例三: 唐某博等人操纵证券市场案

一、基本案情

2012年5月至2013年1月间,唐某博伙同唐某子、唐某琦使用本人及其控制的数十个他人证券账户,不以成交为目的,采取频繁申报后撤单或者大额申报后撤单的方式,诱导其他证券投资者进行与虚假申报方向相同的交易,从而影响三只股票的交易价格和交易量,随后进行与申报相反的交易获利,违法所得金额共计2581万余元。其中:

2012年5月7日至5月23日,唐某博伙同唐某子、唐某琦,采用上述手法操纵"华资实业"股票,违法所得金额425.77万余元。其间,5月9日、10日、14日撤回申报买入量分别占当日该股票总申报买入量的57.02%、55.62%、61.10%,撤回申报买入金额分别为9000万余元、3.5亿余元、2.5亿余元。

2012年4月24日至5月7日,唐某博伙同唐某子、唐某琦采用上述手法操纵"京投银泰"股票,违法所得金额1369.14万余元。其间,5月3日、4日撤回申报买入量分别占当日该股票总申报买入量的56.29%、52.47%,撤回申报买入金额分别为4亿余元、4.5亿余元。

2012年6月5日至2013年1月8日,唐某博伙同唐某琦采用上述手法操纵"银基发展"股票,违法所得金额786.29万余元。其间,2012年8月24日撤回申报卖出量占当日该股票总申报卖出量的52.33%,撤回申报卖出金额1.1亿余元。

二、诉讼过程

2018年6月,唐某博、唐某子、唐某琦分别向公安机关投案,到案后对基本犯罪事实如实供述,主动缴纳全部违法所得并预缴罚金。唐某博还检举揭发他人犯罪,经查证属实。

上海市公安局以唐某博、唐某琦、唐某子涉嫌操纵证券市场罪向上海市人民检察院第一分院移送起诉。

2019年3月20日,上海市人民检察院第一分院以涉嫌操纵证券市场罪对唐某博、唐某琦、唐某子提起公诉。

2020年3月30日,上海市第一中级人民法院作出一审判决,综合全案事实、情节,对唐某博、唐某子减轻处罚,对唐某琦从轻处罚,以操纵证券市场罪判处被告人唐某博有期徒刑三年六个月,并处罚金人民币2450万元;被告人唐某子有期徒刑一年八个月,并处罚金人民币150万元;被告人唐某琦有期徒刑一年,缓刑一年,并处罚金人民币10万元。操纵证券市场违法所得2581万余元予以追缴。被告人未上诉,判决已生效。

三、典型意义

1. 严厉惩治各类操纵型证券犯罪,维护证券市场秩序。操纵证券市场行为违法干预证券市场供求关系,破坏自由、公平的证券价格形成机制,损害其他投资者合法权益,严重危害证券市场健康发展。随着证券市场的发展,操纵市场行为的专业性和隐蔽性明显增强，操纵手段花样翻新。新修订证券法和《最高人民法院、最高人民检察院关于办理操纵证券、期货市场刑事案件适用法律若干问题的解释》进一步明确了"幌骗交易操纵""蛊惑交易操纵""抢帽子交易操纵""重大事件操纵""利用信息优势操纵""跨期、现货市场操纵"等常见操纵手段，并降低了定罪标准，全面加大了惩治力度。司法机关要准确认识操纵型证券犯罪方法手段的变化，根据法律和司法解释的规定，对各类操纵证券交易价格和交易量、危害证券市场秩序的行为予以严肃追究。

2. 准确把握虚假申报操纵犯罪和正常报撤单的界限。虚假申报操纵是当前短线操纵的常见手段，操纵者不以成交为目的，频繁申报后撤单或者大额申报后撤单，误导其他投资者作出投资决策，影响证券交易价格或者证券交易量，并进行与申报相反的交易或者谋取相关利益。司法办案当中要准确区分虚假申报操纵行为和合法的报撤单交易行为，着重审查判断行为人的申报目的、是否进行与申报相反的交易或者谋取相关利益，并结合实际控制账户相关交易数据，细致分析行为人申报、撤单和反向申报行为之间的关联性、撤单所占比例、反向交易数量、获利情况等，综合判断行为性质。

3. 有针对性地提出量刑建议，不让贪利型犯罪获得经济上的利益。操纵证券市场的犯罪目的是为了获取非法利益。惩治操纵证券市场犯罪，要注意发挥各类刑罚方法的功能作用，检察机关在提出量刑建议时，要注重剥夺自由刑与财产处罚刑、追缴违法所得并用，不让犯罪者在经济上得到好处，增强刑事追究的惩罚力度和震慑效果。

案例四: 王某、王某玉等人内幕交易、泄露内幕信息案

一、基本案情

2014年间,某基金公司总经理王某,向上市公司青某公司推荐华某公司的超声波制浆技术,并具体参与了青某公司收购该超声波制浆技术及非公开发行股票的全过程。其中,2014年8月6日至7日,王某参与了项目的考察洽谈活动,并于同月28日与青某公司、华某公司签订了《三方合作框架协议书》,约定了某基金公司、青某公司、华某公司的合作内容。2014年10月14日,青某公司公告停牌筹划重大事项。2015年1月29日,青某公司发布签订收购超声波制浆专利技术框架协议的公告。2015年2月12日,青某公司复牌并公告非公开发行股票预案。中国证监会依法认定,上述公告内容系内幕信息,内幕信息敏感期为2014年8月7日至2015年2月12日。在内幕信息敏感期内,被告人王某分别与其朋友尚某、妹妹王某玉、妹夫陈某、战友王某仪联络、接触。上述人员及王某仪的妻子王某红在青某公司内幕信息敏感期内大量买入该公司股票共计1019万余股,成交金额2936万余元,并分别于青某公司因重大事项停牌前、发布收购超声波制浆技术及非公开发行股票信息公告复牌后将所持有的青某公司股票全部卖出,非法获利共计1229万余元。

二、诉讼过程

福建省泉州市公安局以王某涉嫌泄露内幕信息罪,王某玉、尚某、陈某、王某仪、王某红等5人涉嫌内幕交易罪向泉州市人民检察院移送起诉。

在检察机关审查过程中,王某、王某玉、尚某、陈某不供认犯罪事实,王某仪、王某红如实供述了犯罪事实。泉州

市人民检察院对全案证据进行了细致审查分析，认为现有证据能够证明王某玉、尚某、陈某、王某仪在涉案股票内幕信息敏感期内均与内幕信息知情人王某联络、接触，并从事与该内幕信息有关的股票交易，交易行为具有明显异常性，且无法作出合理解释，足以认定王某构成泄露内幕信息罪、王某玉等5人构成内幕交易罪。2016年10月10日、10月11日、12月28日，泉州市人民检察院分别以王某仪、王某红涉嫌内幕交易罪，尚某、陈某涉嫌内幕交易罪，王某涉嫌泄露内幕信息罪、王某玉涉嫌内幕交易罪提起公诉。

2017年11月13日，泉州市中级人民法院分别作出一审判决，以泄露内幕信息罪判处被告人王某有期徒刑六年六个月，并处罚金人民币1235万元；以内幕交易罪分别判处被告人尚某有期徒刑六年、陈某有期徒刑五年、王某仪有期徒刑三年、王某红有期徒刑三年、王某玉有期徒刑六个月，并处罚金不等，违法所得予以追缴。其中，对犯罪情节较轻、能如实供述犯罪事实、积极退赃、具有悔罪表现的王某仪、王某红依法从轻处罚并宣告缓刑。一审宣判后，王某、王某玉和尚某、陈某提出上诉。2018年12月28日，福建省高级人民法院裁定维持原判，判决已生效。

三、典型意义

1. 依法惩治内幕交易违法犯罪，促使内幕信息知情人严格依法履职。证券期货从业人员及上市公司高管、员工应当恪守职业道德，严格依照证券期货法律法规的规定，对可能影响市场行情的敏感信息履行保密义务，不得主动、被动向第三人透露相关内幕信息，不得直接或变相利用掌握的相关内幕信息谋取利益，自觉维护证券从业市场生态。

2. 准确把握内幕交易犯罪的证据特点和证据运用规则，全面准确认定案件事实。犯罪嫌疑人、被告人不供认犯罪事实,依靠间接证据同样可以证明犯罪事实。在指控证明过程中,要根据内幕交易行为的特征,围绕内幕信息知情人员与内幕交易行为人之间的密切关系、联络行为,相关交易行为与内幕信息敏感期的时间吻合程度、交易背离程度、利益关联程度等证明要求,有针对性地引导侦查取证,全面收集交易数据、行程轨迹、通讯记录、资金往来、社会关系等相关证据,按照证据特点和证据运用规则,对各类证据进行综合分析判断,构建证明体系。犯罪嫌疑人、被告人不供述犯罪事实,其他在案证据能够形成证明链条,排除其他可能性,证明结论唯一的,可以认定犯罪事实,依法追究刑事责任。

3. 贯彻落实宽严相济刑事政策,当宽则宽、该严则严。在办理共同犯罪案件时,对于主动认罪悔罪、退赃退赔的犯罪嫌疑人、被告人,应当依法从宽处理;对于拒不供认犯罪事实的犯罪嫌疑人、被告人,应当依法从严惩处。检察机关在办案当中要注重做好对犯罪嫌疑人、被告人的释法说理工作,通过讲法律、讲政策、讲危害、讲后果,促使其认识犯罪行为的社会危害性,主动认罪认罚、退缴违法所得,尽可能挽回犯罪造成的损失。

案例五: 胡某夫利用未公开信息交易案

一、基本案情

胡某夫于 2007 年开始在某基金管理公司中央交易室工作,先后担任交易员、副总监,负责分发、执行基金经理的指令,下单操作交易股票,具有知悉本公司股票交易信息的职务权限。2010 年 4 月至 2015 年 5 月,胡某夫按照基金经理指令下单交易股票后,使用其父胡某勋、岳父耿某刚证券账户或者指使胡某勋使用其本人证券账户,同期交易买入与本公司相同的股票,买入成交金额共计11.1亿余元、卖出金额共计人民币12.1亿余元,非法获利共计人民币4186.07万元。

二、诉讼过程

北京市公安局以胡某夫涉嫌利用未公开信息交易罪向北京市人民检察院第二分院移送起诉。

被告人胡某夫辩称,对利用未公开信息交易股票缺乏违法性认识,部分买入与基金经理指令相同的股票的行为属于"交易巧合"。

检察机关审查认为,胡某夫身为基金管理公司从业人员,利用因职务便利获取的内幕信息以外的其他未公开的信息后,明知其所在的基金管理公司禁止员工交易股票,仍由本人操作涉案账户或明示其父胡某勋操作,构成利用未公开信息交易罪,且犯罪行为持续时间长,交易数额和违法所得数额特别巨大,属于情节特别严重。2017年10月9日,北京市人民检察院第二分院以胡某夫涉嫌利用未公开信息交易罪提起公诉。

经释法说理,胡某夫家属在法院审理过程中代为退缴违法所得800万元,胡某夫在庭审时当庭表示认罪,有一定悔罪表现。2017年12月29日,北京市第二中级人民法院作出一审判决,以利用未公开信息交易罪判处被告人胡某夫有期徒刑七年,并处罚金人民币9000万元,违法所得予以追缴。被告人未上诉,判决已生效。

三、典型意义

1. 充分认识"老鼠仓"行为对证券市场的危害,依法严肃查处犯罪。基金公司从业人员利用未公开信息交易行为,违背了基金从业人员对基金公司的忠实义务,破坏了证券市场公平交易秩序,损害基金管理人的声誉和投资者对有关基金及基金管理人的信赖和信心,也同时危害了有关基金的长期运作和基金份额持有人利益。基金公司从业人员知悉未公开信息后,不论是在基金公司下单前交易,还是在基金公司下单同期交易,都属于利用未公开信息交易,司法机关应当根据犯罪情节及认罪悔罪、退赃退赔表现等因素综合评价其刑事责任。基金公司从业人员应当从案件中深刻汲取教训,杜绝侥幸心理,强化守法意识,严格依法履职,共同维护证券市场秩序。

2.重视客观性证据的证明作用,以证据证明反驳不合理辩解。随着证券市场监管力度加大,证券市场犯罪活动日趋隐蔽,犯罪手段狡猾多变,案发后规避责任、企图以拒不供认犯罪事实逃避惩罚的现象日趋增多。检察机关办理证券期货犯罪案件,应当加强与证券监管机构和公安机关的协作配合,加强对客观证据的收集固定和审查运用,依靠严谨的证据体系和科学的证明方法,准确认定案件事实,以有力的指控打消犯罪嫌疑人、被告人的侥幸心理,使其受到应有惩罚。

案例六: 滕某雄、林某山编造并传播证券交易虚假信息案

一、基本案情

2015年5月8日,深圳交易所中小板上市公司海某股份有限公司(以下简称海某公司)董事长滕某雄未经过股东大会授权,明知未经股东大会同意无法履行协议条款,仍代表海某公司签订了以自有资金2.25亿元认购某银行定增股的认购协议，同时授意时任董事会秘书林某山发布公告。次日，林某山在明知该协议不可能履行的情况下，仍按照滕某雄的指示发布该虚假消息。随后，在原定股东大会召开之日（5月26日）前三日，又发布"中止投资某银行"的公告。

2015年5月11日至2015年5月22日，即认购公告发布后的首个交易日至放弃认购公告发布前的最后一个交易日，海某公司股价（收盘价）由18.91元上涨至30.52元，盘中最高价32.05元。按收盘价计算，上涨幅度61.40%，同期深综指上涨幅度20.68%，正偏离40.71%。从成交量看，上述认购公告发布前10个交易日海某公司二级市场累计成交4020万余股，日均成交402万余股；认购公告发布后的首个交易日至放弃认购公告发布前的最后一个个交易日的10个交易日中，海某公司二级市场累计成交8220万余股，日均成交量822万余股；放弃公告发布后10个交易日海某公司二级市场累计成交6221万余股，日均成交622万余股。虚假信息的传播，导致海某公司股票价格异常波动，交易量异常放大，严重扰乱了证券市场秩序。

二、诉讼过程

上海市公安局以滕某雄、林某山涉嫌操纵证券市场罪向上海市人民检察院第二分院移送起诉。

检察机关审查认为，在案证据不能证明滕某雄、林某山在发布信息的同时在二级市场进行关联交易，从中谋取相关利益，认定滕某雄、林某山操纵证券市场的证据不足，遂退回公安机关补充侦查。公安机关补充侦查后，检察机关仍然认为在案证据不能证明二被告人构成操纵证券市场罪，但是足以认定二被告人不以实际履行为目的控制海某公司发布虚假公告，且该发布虚假公告行为造成了股票价格和成交量剧烈波动的严重后果，构成编造并传播证券交易虚假信息罪。

2018年3月14日,上海市人民检察院第二分院以滕某雄、林某山涉嫌编造并传播证券交易虚假信息罪提起公诉。

2018年6月29日,上海市第二中级人民法院作出一审判决,以编造并传播证券交易虚假信息罪判处被告人滕某雄有期徒刑三年,缓刑四年,并处罚金人民币10万元;判处被告人林某山有期徒刑一年六个月,缓刑二年,并处罚金人民币10万元。被告人未上诉,判决已生效。

三、典型意义

1.依法惩治编造、传播虚假信息行为,净化证券市场交易环境。信息披露制度是维护证券市场秩序、保护投资人利益的制度保障。信息披露义务人以及其他具有市场影响力的人员发布的信息,是证券市场投资者作出投资决策的重要依据,一旦出现虚假信息,往往造成证券交易价格剧烈波动,产生恶劣影响。为此,证券法禁止任何单位和个人编造、传播虚假信息或者误导性信息,并对各类利用虚假信息行为设置了不同的法律责任。检察机关要准确把握证券法等相关法律的具体规定和立法精神,对涉虚假信息类证券期货犯罪依法从严追诉,维护证券市场信息传播正常秩序。

2.严格区分编造传播虚假信息和利用虚假信息操纵证券市场行为的法律边界,准确指控犯罪。刑法规定的多个证券期货犯罪罪名与证券交易信息有关,但具体构成要件有所不同。编造并传播证券交易虚假信息和利用虚假信息操纵证券市场(又称"蛊惑交易操纵")客观上均实施了编造、传播虚假信息的行为,且足以造成证券价格的异常波动,但构成操纵证券市场犯罪还要求行为人利用证券交易价格波动进行相关交易或谋取相关利益,且刑罚更重。利用虚假信息操纵证券市场是犯罪,编造并传播证券交易虚假信息同样应受刑罚处罚。对于不能证明行为人有操纵证券市场故意及从中谋取相关利益，但其编造并传播证券交易虚假信息行为扰乱证券市场秩序，造成严重后果的，可以以编造并传播证券交易虚假信息罪追究刑事责任，做到不枉不纵。

（二）证券违法典型案例

案例一： 雅某股份有限公司信息披露违法案

一、基本案情

2015年至2016年9月，雅某股份有限公司（以下简称雅某公司，系上市公司）通过虚构境外工程建设项目、虚构建材出口贸易、以及虚构国内建材贸易业务等方式虚增业绩，实施财务造假。为实现虚构业绩的目的，雅某公司采取了伪造工程进度单、人工成本计算单、材料成本等相关资料，制造材料和货物进出口假象，签订无真实需求的购销合同并伪造有关凭证，安排公司转账形成资金循环等手段，违法行为隐蔽。涉案期间，雅某公司共虚增营业收入约5.8亿元，虚增利润约2.6亿元，相关定期报告存在虚假记载。

二、处理结果

本案听证期间，当事人雅某公司主张，现有证据不足以证明公司相关业务虚假；有关责任人员提出未参与、不知情、不分管或已勤勉尽责仍不能发现违法等理由，请求不予处罚或减轻处罚。

证监会复核认为：相关监管机关协查提供材料、有关资金往来、有关人员笔录等已形成证据链，足以证明违法事实成立。2005年修订的《中华人民共和国证券法》（以下简称2005年《证券法》）明确规定，上市公司董事、监事和高级管理人员应当保证上市公司所披露的信息真实、准确、完整。

对公司忠实、勤勉是上市公司董事、监事、高级管理人员应当主动作为的积极义务，一旦有关定期报告存在虚假记载，有关人员应当证明其已勤勉尽责，不能仅凭未参与、不知情、不分管等理由免除责任。

2017年12月，证监会作出行政处罚决定和市场禁入决定，认定雅某公司的上述行为违反2005年《证券法》第六十三条、第六十八条的规定，构成2005年《证券法》第一百九十三条第一款所述行为。证监会决定，对雅某公司责令改正，给予警告，并处以60万元罚款；对时任董事长、总经理陆某给予警告，并处以30万元罚款；对其他责任人员给予警告，并分别处以3万元至30万元的罚款。同时，对陆某采取终身证券市场禁入措施；对其他部分责任人员分别采取3年至5年证券市场禁入措施。

证监会将陆某、李某松涉嫌犯罪线索移送公安机关。2019年4月，江苏省盐城市人民检察院以陆某、李某松涉嫌违规披露重要信息罪向法院提起公诉。2019年8月，江苏盐城市中级人民法院作出判决，判决陆某犯违规披露重要信息罪，判处有期徒刑九个月，缓刑一年，并处罚金15万元；李某松犯违规披露重要信息罪，判处有期徒刑六个月，缓刑一年，并处罚金10万元。

三、典型意义

1.国际执法协作机制在查处资本市场跨境违法案件中发挥着积极作用。在国际执法协作机制下，由境外具有执法权的机构所提供的证据，本质是行政执法权的一种实现形式，其真实性和合法性可以直接确认，可以作为证监会作出处罚的依据。本案是一起典型的跨境财务造假案件，手段复杂隐蔽，查处难度较大。证监会通过美国、巴基斯坦、香港等证券监管机构获取了有关证据，为案件查处提供了重要支持。

本案的查处表明,上市公司不管在何地上市,不管业务如何开展,都应当严格遵守相关市场的法律和规则,真实准确完整地履行信息披露义务。同时,证监会也将一如既往强化上市公司信息披露监管,夯实资本市场诚信基础。

2. 行政、刑事、民事立体追责,提高资本市场违法成本。本案行政处罚作出后,证监会将涉嫌犯罪主体移送公安机关,涉案人员陆某和李某松被依法追究刑事责任。同时,雅某公司也承担了对受损投资者的巨额民事赔偿。2019年修订的《证券法》(以下简称新《证券法》)通过进一步加重处罚力度,优化民事赔偿诉讼机制,大幅提高了资本市场违法违规成本,有利于督促上市公司依法规范运作,认真履行信息披露义务,不断夯实资本市场基石。

3. 依法追究中介机构责任,督促资本市场"看门人"归位尽责。随着我国资本市场发行注册制改革的不断深化,加强对中介机构的监管,督促其归位尽责,对于形成资本市场良好的自我约束机制至关重要。证监会对本案信息披露违法行为进行查处的同时,积极履行"一案双查"职责,对负有持续督导责任的财务顾问机构和履行年报审计职责的会计师事务所未勤勉尽责行为依法进行了处罚。警示有关中介机构应当按照法律法规的要求,全面、审慎开展相关工作,若出具的文件存在虚假记载,则需承担相应的法律责任。

案例二: 华某股份有限公司信息披露违法案

一、基本案情

华某股份有限公司(以下简称华某公司,系上市公司)由王某家族控股,王某担任董事长,系实际控制人之一,多名亲属担任董事。为向家族集团公司提供资金支持,王某指示他人成立若干壳公司，通过虚假业务向该家族集团公司提供资金。2013年末华某公司非经营性占用资金余额约8.2亿元，2014年末占用余额约11.5亿元，2015年6月末占用余额约13.3亿元。为掩盖关联方占用资金，王某安排员工将无效票据入账充当还款。华某公司还以子公司名义开具商业承兑汇票，为家族企业融资提供担保，同时以华某公司名义为王某个人借款提供担保，担保金额共计3.35亿元。华某公司的相关定期报告未披露上述情况，同时相关定期报告的财务数据存在虚假记载。

二、处理结果

本案听证过程中，当事人华某公司主张，其不存在信息披露违法行为；责任人员王某主张，即使构成违法，其主观上没有违法故意，客观上情节轻微，配合调查积极整改，申请不处罚或减轻处罚；其他责任人员主张其主观上没有违法故意或不知悉、未参与信息披露违法行为，是被王某家族刻意隐瞒等。

证监会复核认为：上市公司依法披露的信息必须真实、准确、完整，不得有虚假记载、误导性陈述或者重大遗漏，华某公司构成信息披露违法事实清楚、证据充分。王某作为实际控制人、董事长和董事，华某公司所有涉案违法行为均由王某主导、参与或指使他人实施，其主观故意明显，涉案金额巨大，违法情节严重。全体董事、监事、高级管理人员应主动了解并持续关注上市公司的生产、经营和财务状况，具备与职责相匹配的专业知识和水平，主动调查并获取决策所需资料，独立发表专业判断，不知情、未参与及参考借鉴审计结果等不能构成免责理由。

2018年1月，证监会对华某公司及相关责任人员作出行政处罚决定和市场禁入决定，认定华某公司的上述行为违反了2005年《证券法》第六十三条、第六十五条、第六十六条及第六十七条的规定,构成2005年《证券法》第一百九十三条第一款所述的信息披露违法行为。证监会决定,对华某公司责令改正,给予警告并处以60万元罚款;对王某处以90万元的罚款,其中作为直接负责的主管人员罚款30万元,作为实际控制人罚款60万元;对其他责任人员分别处以3万元至30万元不等的罚款。同时,对王某采取终身证券市场禁入措施,对其他部分责任人员分别采取5年至10年的证券市场禁入措施。同年,证监会对本案中介机构及其从业人员的违法行为作出处罚。

华某公司财务总监不服上述处罚和决定并提起诉讼,一审法院和二审法院均判决驳回起诉。同时,证监会将华某公司相关人员涉嫌犯罪线索依法移送公安机关。

三、典型意义

1. 严厉打击信息披露违法违规行为,着力改善资本市场生态环境。本案系上市公司实际控制人为掩盖资金占用的事实,指使上市公司违规信息披露的典型案件,严重损害了资本市场公开公平公正原则,侵害了投资者利益。信息披露真实、准确、完整是资本市场的基石,也是资本市场稳健发展的前提和基础,证监会对华某公司及其实际控制人、董事长予以顶格处罚并采取市场禁入措施,体现了严厉打击信息披露违法行为,督促上市公司、实际控制人及中介机构等各类信息披露义务主体归位尽责的态度和决心。证监会将多措并举,进一步提升上市公司质量,夯实市场稳定运行基础,为建设规范、透明、开放、有活力、有韧性的资本市场保驾护航。

2. 依法追究控股股东、实际控制人"指使"信息披露违法行为的责任,实现对"关键少数"的精准打击。近年来,社会融资环境产生变化,有的上市公司长期内部控制机制不健全,控股股东、实际控制人占用上市公司资金行为时有发生,本案即是实际控制人及其关联方掏空上市公司的典型案例。王某主导、参与或指使他人实施信息披露违法的行为,已经超出上市董事长职务行为的范畴,构成实际控制人实施的超出公司集合意志范畴的指使行为。证监会依法对王某两种身份下的两个行为分别予以认定和处罚,实现了对"关键少数"的精准打击,能够有效警示控股股东、实际控制人敬畏法律、敬畏规则,引导其肩负起规范发展的主体责任,完善上市公司内部控制,提升规范运作水平和信息披露质量。依据执法实践,新《证券法》在"指使"行为的基础上,明确控股股东、实际控制人"组织"信息披露违法或"隐瞒"导致信息披露违法发生的,也应承担相应违法责任,并将处罚幅度提高为50万元至1000万元。证监会将持续推进贯彻实施新《证券法》,切实加大违法成本,提升执法威慑,净化市场生态。

3. 督促上市公司董事、监事、高级管理人员正确认识、自觉承担上市公司作为公众公司的社会责任及法定义务,忠实勤勉履职。近年来,上市公司资金占用、违规担保现象频发,根源在于其内部治理不健全、内部控制不完善。部分董事、监事、高级管理人员独立性不足,未恪尽职守,对控股股东、实际控制人的控制权缺乏有效监督,忽视乃至纵容违法行为的发生,试图以不知情、不专业、被隐瞒等理由作为免责盾牌。证监会将继续严厉打击此类做惯"甩手掌柜"的董事、监事、高级管理人员,警示上市公司"关键少数"提升守法意识、规则意识和契约精神,勤勉履职,积极作为,保护中小股东知情权,提升上市公司整体质量。

案例三： 廖某强操纵证券市场案

一、基本案情

廖某强系上海广播电视台第一财经频道某知名节目和某周播节目嘉宾主持人，上述两档节目在上海地区的收视率均高于同时段其他频道财经类节目在上海地区的平均收视率。2015年3月至11月，廖某强利用其知名证券节目主持人的影响力，在其微博、博客上公开评价、推荐股票，在推荐前控制使用包括其本人账户在内的13个证券账户先行买入相关股票，并在荐股后的当日或次日集中卖出，牟取短期价差。涉案期间，廖某强实施上述操纵行为46次，涉及39只股票，违法所得共计43104773.84元。

二、处理结果

本案听证过程中，当事人廖某强主张，其没有控制涉案账户进行证券交易；其推荐股票是基于对相关股票的技术分析研究，荐股行为具有合理性和准确性；相关账户的盈利归属于其亲属、公司员工及朋友，其本人并未获利，无力承担罚款，请求从轻处罚。

证监会复核认为：基于资金关系、MAC地址重合、身份关系及相关人员询问笔录等多个方面，足以认定当事人在2015年3月至11月间实际控制涉案账户组；当事人操纵市场行为由先行建仓、公开荐股、反向卖出等系列行为构成，证监会处罚的是其操纵证券市场行为，而非单独处罚其荐股行为；当事人控制涉案账户组实施操纵市场行为所产生的违法所得应予没收，其与他人之间关于盈利的分配并不影响本案的处罚；当事人不具有法定的从轻情节。

2018年4月，证监会作出行政处罚决定，认定廖某强的上述行为违反 2005 年《证券法》第七十七条第一款第四项的规定，构成 2005 年《证券法》第二百零三条所述操纵证券市场情形。证监会决定，没收廖某强违法所得 43104773.84 元，并处 86209547.68 元罚款。

三、典型意义

1.整治股市"黑嘴"乱象，严厉打击严重扰乱证券市场秩序、损害投资者利益的违法行为。随着信息传播技术的演进和证券期货市场的发展，通过电台、电视台等大众传播媒体及互联网、手机 APP 等新型传播平台向广大投资者提供证券、期货投资分析、预测、建议而获取直接或间接经济利益的市场"名嘴"们也日益活跃。但部分"名嘴"并不满足于通过吸引眼球、提升知名度等方式获取经济利益，而是试图利用自身影响力，通过先行建仓，再公开荐股，进而反向卖出的方式从股票、期货交易中直接攫取收益，"名嘴"变"黑嘴"。此种利用散户投资者对其行业声誉和专业能力的信赖操纵市场的行为，严重扰乱了证券期货市场交易秩序，极大侵害了中小投资者合法权益。对于此类案件，行政执法机关一直依法予以严厉打击，切实保护投资者合法权益，维护资本市场秩序，使市场参与各方守规矩、存敬畏、知底线。

2.科学认定当事人市场影响力，严惩"抢帽子"操纵市场行为。本案是证监会处罚的非特殊身份主体从事"抢帽子"操纵市场第一案。"抢帽子"操纵行为的实质是当事人具有市场影响力，且其利用自己的影响力推荐、评价、预测股票，后进行反向交易获利。虽然当事人不是证券公司、证券咨询机构等专业机构及其工作人员，但证监会综合考量当事人节目收视率、出版书籍销售量、博客点击率、讲座听众人数及收入等因素，认定当事人在证券投资者等特定人群中具有较大的知名度和影响力，能够对众多投资者的投资决策产生影响。根据 2005 年《证券法》第七十七条的规定，操纵市场的主体为一般主体，故其行为构成"抢帽子"操纵市场。

案例四：通某投资公司操纵证券市场案

一、基本案情

通某投资公司具有私募基金管理人资格。2016 年 6 月 3 日至 6 月 24 日期间，通某投资公司实际控制使用其发行的 4 个私募基金产品账户，以及受托管理的 2 个资产管理计划账户和 11 个理财专户账户共计 17 个账户（以下简称账户组），集中资金优势，采用盘中拉升、对倒交易、日内或隔日反向交易、尾盘拉升等方式交易永某公司股票，影响股票价格，合计获利 6814322.69 元。时任通某投资公司执行总裁、董事、投资经理刘某具体负责账户组的投资决策。

二、处理结果

本案听证过程中，当事人通某投资公司、刘某主张，通某投资公司不实际控制和管理上述 2 个资产管理计划账户，亦非投资指令的最终审核主体；当事人没有操纵的主观故意，也未实施操纵行为；账户组最终收益不归属通某投资公司，通某投资公司对账户组交易并没有违法所得等。

证监会复核认为：现有证据足以认定，通某投资公司涉案期间受托管理 2 个资产管理计划，具有账户交易决策权，是交易的实际决策者，实际控制 2 个资产管理计划账户，应对账户的交易行为承担法律责任；通某投资公司集中资金优势，采用盘中拉抬、对倒交易、日内或隔日反向交易、尾盘拉升、大额封涨停等方式交易永某公司股票，影响其交易价格，扰乱证券市场正常的价格机制，构成操纵市场行为；

2005年《证券法》第二百零三条规定的"没收违法所得"的范围，应当包括违法行为所产生的全部收益，收益的最终归属不影响操纵行为违法所得的认定。

2018年7月，证监会作出行政处罚决定，认定通某投资公司的上述行为违反了2005年《证券法》第七十七条第一款第一、三、四项的规定，构成2005年《证券法》第二百零三条所述的证券市场操纵行为。证监会决定，没收通某投资公司违法所得6814322.69元，并处以13628645.38元的罚款；对刘某给予警告，并处以30万元的罚款。

三、典型意义

1. 持续加强对私募基金行业的监管执法力度，严厉打击各类私募基金违法违规行为，督促私募机构及从业人员依法合规经营。随着私募基金行业的快速发展，各类私募基金在股票二级市场中参与度越来越高。私募基金具有杠杆率高、产品结构复杂、透明度偏低等特点，有效防范行业风险对市场健康发展至关重要。证监会将持续加强私募基金行业治理，严格督促私募机构及从业人员增强法律意识、坚持依法合规经营，对欺诈、利益输送、内幕交易、操纵市场等各类违法违规行为予以严厉打击，着力规范私募基金行业市场秩序，切实保护投资者合法权益。

2. 在对利用资管产品实施操纵市场的执法实践中，账户交易决策权是认定资管产品账户控制关系的重要考量因素。账户控制关系认定是对当事人在涉案期间实际掌握账户交易决策权的事实的确认。资管计划产品中产品管理人是法律意义上的受托管理人，对产品账户具有管理、控制权。但对于通道业务，产品管理人通常不实际负责投资决策，往往根据投资顾问、委托人等其他主体的投资建议或交易指令进行交易。本案中，通某投资公司作为相关通道业务资管产品的投资顾问，负责发送交易指令，管理人某基金公司仅作合规审核，交易决策权实质由通某投资公司行使。因此，通某投资公司系账户的实际控制人，应当对涉案交易行为承担法律责任。

3.在交易型操纵案中，应当围绕操纵行为的本质，结合当事人的交易行为、交易模式、交易对证券价量的影响等判定是否构成操纵市场。即应关注当事人是否集中资金、持股优势，通过连续买卖、在实际控制的账户之间交易等手法拉抬、打压或维持股价。在连续买卖操纵案中，当事人的操纵意图主要通过其交易中的不当或异常行为来认定。本案中，通某投资公司作为专业投资机构，以连续大单、集中堆单的方式致使股价显著波动，在明知无法成交时以大单强化涨停趋势，在股票基本面或市场走势无明显变化时多次反向交易，同一时期对其控制的不同账户下达相反的交易指令或建议，高买低卖等，均有违交易理性，交易行为的异常性明显。同时，结合涉案交易行为的违法性以及对股票价量的影响等事实，证监会综合认定通某投资公司构成操纵市场并依法作出处罚，有效打击了操纵市场违法行为，切实维护了资本市场健康稳定发展。

案例五： 周某和内幕交易案

一、基本案情

江某股份有限公司（以下简称江某公司，系上市公司）自2010年起寻求卖壳，唯某有限公司（以下简称唯某公司）自2013年计划借壳上市。2014年3月，唯某公司股东合伙人吕某委托保荐代表人任某升协助找壳，任某升委托张某业协助。2014年4月10日,经张某业促成,江某公司委托的保荐代表人叶某与张某业等人会面。2014年4月15日,任某升受吕某所托,结合张某业所告知的"JQSY"壳资源相关情况草拟《重组简要方案概述》,起草过程中涉及的问题均由张某业沟通转达。2014年4月29日,任某升将《重组简要方案概述》发送给吕某。2014年5月14日,重组双方达成初步一致意见。2014年6月12日,江某公司发布重大资产重组停牌公告。重组事项信息公开前为内幕信息,张某业作为中间介绍人参与筹划,不晚于2014年4月29日知悉内幕信息。周某和曾为张某业老师,二人长期交往密切,且有资金往来。内幕信息敏感期内,周某和与张某业频繁通讯联系,并从张某业处得知江某公司有重组预期。周某和控制其本人、学生、朋友的证券账户,突击转入资金集中买入"江某公司",获利12640120.03元。

二、处理结果

本案听证过程中,当事人周某和主张,张某业未向其泄露内幕信息,其买入"江某公司"不具备内幕交易的特征;公安机关以证据不足为由对周某和涉嫌内幕交易罪案件终止侦查,行政机关不应再作行政处罚;证监会将公安机关调取的证据作为行政处罚的证据不具有合法性。

证监会复核认为:涉案期间内,周某和与内幕信息知情人张某业频繁联系,并获知江某公司有重组预期,且据此买入"江某公司",证据确凿,其交易理由不足以排除其交易的异常性;证监会认定周某和构成内幕交易行为于法有据,其是否被追究刑事责任不影响证监会依法对其作出行政处罚;公安机关调取的资料和制作的讯问笔录系证监会依法取得,所载内容与案件事实密切相关,可以作为本案证据。

2016年8月,证监会作出行政处罚决定,认定周某和的上述行为违反了 2005 年《证券法》第七十三条和第七十六条第一款的规定,构成《证券法》第二百零二条所述内幕交易行为。证监会决定,没收周某和违法所得 12640120.03 元,并处以 12640120.03 元罚款。

周某和不服上述处罚决定并提起诉讼,一审法院和二审法院均判决驳回起诉。2019 年 6 月周某和向北京市人民检察院申请抗诉,同年 9 月北京市人民检察院作出《不支持监督申请决定书》,认为证监会处罚决定及人民法院相关判决认定事实清楚、适用法律正确、办案程序合法,决定不支持周某和的监督申请。

三、典型意义

1. 充分发挥行刑衔接机制优势,依法审查刑事回转案件证据,传递"零容忍"信号。本案系行刑回转案件,证监会在行政调查过程中发现周某和、张某业涉嫌内幕交易犯罪,通过行刑衔接程序将案件移送公安机关,后司法机关依法对本案开展刑事侦查,最终对周某和以"证据不足"决定终止侦查程序,并移交证监会处理。由于行政执法与刑事司法在证明标准、法律适用等方面存在区别,公安机关终止侦查的决定,是对犯罪嫌疑人是否符合刑事追诉标准作出的独立判断,不影响行政执法机关依法履行行政处罚程序。证监会接收公安机关移送的案件后,对公安机关调取的资料和制作的讯问笔录进行了充分审查,并根据在案证据情况及 2005 年《证券法》有关规定,依法对周某和作出处罚。本案调查、移送、回转、处罚的全过程,充分体现了行刑衔接机制在法律追责方面的优势,向市场传递了严厉打击资本市场违法违规行为的信号,警示市场参与者戒绝侥幸心理,依法依规参与市场活动。

2. 综合分析在案客观证据,依法查处内幕交易行为,维护资本市场的公开、公平、公正。内幕交易具有"隐蔽性"的突出特点,对内幕交易行为人是否获知内幕信息这一主观状态,往往缺乏直接证据,需要结合行为人的外在行为进行认定。本案中,周某和拒不承认获知内幕信息,证监会通过对其交易行为异常特征及其与张某业联络接触情况等客观证据进行综合分析,依法认定其构成内幕交易,对违法者形成有力震慑,司法机关亦予以认可。内幕交易是资本市场的"顽疾",严重破坏市场公平交易原则,侵害投资者合法权益。在新《证券法》显著提高包括内幕交易在内的证券违法违规成本的背景下,证监会将持续加大对内幕交易等违法行为的打击力度,切实维护资本市场秩序,有效提振中小投资者信心。

案例六: 吉某信托公司内幕交易案

一、基本案情

人造板生产是森某股份有限公司(以下简称森某公司,系上市公司)的重要业务,原材料来自控股股东森某集团下属单位的采伐剩余物。因国家林业局规定2015年4月起禁伐天然林,森某集团和森某公司拟将林业相关业务从森某公司置出。2015年5月、6月,森某集团的董事长柏某新安排人员研究森某公司的人造板业务整合路径,拟装入森某集团下属的人造板集团。2015年12月7日,森某公司公告董事会审议通过重大资产重组预案,拟以人造板业务资产、负债、子公司股权向人造板集团增资,并获得人造板集团约40.08%股权。森某公司以人造板业务等向森某集团的人造板集团出资、参股事项信息公开前为内幕信息。内幕信息不晚于2015

年 6 月底形成,公开于 2015 年 12 月 7 日。柏某新全面负责人造板业务整合事宜,是内幕信息知情人。吉某信托公司董事长高某波与柏某新较为熟悉,两人在涉案账户交易森某公司股票前后电话联系频繁。高某波通过电话下达交易指令,吉某信托公司控制使用涉案账户在内幕信息敏感期内大量买入森某公司股票并在复牌后全部卖出,交易行为明显异常,盈利 43733230.05 元。

二、处理意见

本案听证过程中,当事人吉某信托公司主张,根据国家政策、森某公司官方网站信息、股吧讨论以及森某公司股价走势等,涉案内幕信息已经公开;相关交易行为是高某波个人行为,不应认定为单位违法;吉某信托公司仅收取固定信托报酬,不享有涉案账户的收益,没有违法所得,不应被没收任何收入和处以罚款等。高某波主张,买入森某公司股票是基于市场上的公开信息以及专业判断,买入时其已提交辞职申请,没有为吉某信托公司内幕交易的主观动机等。

证监会复核认为:林业局公布的国家政策性信息,森某公司官方网站公布的日常经营性、战略规划性信息,以及股吧等平台的讨论信息,并不是关于涉案资产重组的具体信息,也不是在证监会指定媒体发布并置备于官方网站、证券交易所的依法披露的信息,不能据此判断内幕信息已经公开;高某波在违法行为期间实际履行吉某信托公司董事长职责,其交易决策系职务行为;吉某信托公司是否仅收取固定报酬以及是否享有账户收益,不改变吉某信托公司异常交易森某公司股票的事实。

2017 年 12 月,证监会作出行政处罚决定,认定吉某信托公司的上述行为违反了 2005 年《证券法》第七十三条和第七十六条第一款的规定,构成 2005 年《证券法》第二百零二条所述内幕交易行为。证监会决定，没收吉某信托公司违法所得 43733230.05 元，并处以 43733230.05 元罚款；对高某波给予警告，并处以 20 万元罚款。

2018 年 2 月，吉某信托公司、高某波向证监会申请行政复议，请求撤销相关行政处罚决定；同年 3 月，证监会复议决定维持原行政处罚决定。

三、典型意义

1. 准确把握内幕信息公开要件，严厉打击内幕交易违法行为。2005 年《证券法》和新《证券法》均明确"非公开性"是内幕信息应当具备的要素，亦明确重大信息应通过法定途径发布。本案当事人辩称的国家政策性信息、公司新闻、股吧平台讨论信息，只是据以猜测、分析、推断的模糊信息，并非本案认定的内幕信息，亦非由上市公司在证监会指定的媒体发布，不能据此认为内幕信息已经公开。重大信息依法公开，是保证广大社会公众知悉相关信息，保障投资者公平知情权的重要基础。证监会依法认定内幕信息公开时点，从严惩治内幕交易违法行为，能够切实维护证券市场"三公"原则。

2. 全面分析认定内幕交易违法主体，精准追究行为人违法责任。在内幕交易案件违法主体的认定中，不能仅凭违法行为的决策者、实施人违反单位制度、超越权限等因素即认定个人违法、单位免责，而是应当综合考虑相关投资决策能否代表单位意志，相关工作人员实施的行为是否属于职务行为，违法行为的实施是否利用了单位的平台、团队、资金等资源，违法行为所获利益是否归属于单位等多方面因素，准确认定违法主体为单位或是个人。

3. 依法认定违法所得，合理确定罚没款数额，实现过罚相当、不枉不纵。资本市场交易模式和收益分配方式复杂多

> 样，委托理财等模式的交易类违法案件中，当事人可能仅收取固定报酬，或只享有账户一定比例收益。当事人通常以未获取全部收益为由，主张以本人获利认定违法所得。上述主张缺乏法律依据，当事人通过实施违法行为直接或者间接产生、获得的任何财产或者财产性收益，均应当认定为违法所得，最终分配方式不影响其违法性。本案中，证监会依法认定吉某信托公司内幕交易全部获利为违法所得，通过强有力的监管执法警示包括机构在内的市场参与者，提高法律意识，尊崇法律规范，律己慎行，恪守底线。

部分新闻链接

1. 人民日报 2020 年 11 月 7 日报道《12 个典型案例！依法从严打击证券违法犯罪》

2. 新华社 2020 年 11 月 6 日报道《最高检：显著提高资本市场财务造假行为的违法成本》

3. 中央广播电视总台央视 2020 年 11 月 6 日报道《最高人民检察院、证监会联合出手！曝光证券违法犯罪典型》

4. 经济日报 2020 年 11 月 6 日报道《依法从严打击证券违法犯罪！刚刚，最高检与证监会联合举行发布会》

5. 中国证券报 2020 年 11 月 7 日报道《证监会与最高检联合发布 12 起证券违法犯罪典型案例——以案说法 向市场传递"零容忍"信号》

6. 证券日报 2020 年 11 月 7 日报道《12 宗典型案例传递"零容忍"信号 "立体追责"将显著提升违法违规成本》

依法惩治恶意欠薪　让劳动者劳有所得

——最高人民检察院通报检察机关 2020 年依法惩治拒不支付劳动报酬犯罪工作情况

发布时间： 2020 年 12 月 23 日 10:00

发布内容： 通报检察机关 2020 年依法惩治拒不支付劳动报酬犯罪工作情况，发布检察机关依法惩治拒不支付劳动报酬犯罪典型案例

发布地点： 最高人民检察院

主 持 人： 肖　玮　最高人民检察院办公厅副主任、新闻发言人

出席嘉宾： 苗生明　最高人民检察院检察委员会委员、第一检察厅厅长

　　　　　　冯小光　最高人民检察院检察委员会委员、第六检察厅厅长

　　　　　　罗庆东　最高人民检察院第一检察厅副厅长

　　　　　　许建新　湖北省黄石市黄石港区人民检察院副检察长

主题发布

肖 玮

各位记者朋友,大家上午好!欢迎参加最高人民检察院新闻发布会。今天发布会的主题是"依法惩治恶意欠薪 让劳动者劳有所得"。出席今天发布会的嘉宾是:最高人民检察院检察委员会委员、第一检察厅厅长苗生明,副厅长罗庆东,检察委员会委员、第六检察厅厅长冯小光,湖北省黄石市黄石港区人民检察院副检察长许建新。

今天的发布会主要有三项议程:一是通报检察机关 2020 年依法惩治拒不支付劳动报酬犯罪工作情况;二是发布检察机关依法惩治拒不支付劳动报酬犯罪典型案例;三是回答记者提问。

岁末年初是农民工工资支付的高峰期,保障农民工工资支付是重要民生工作,事关广大农民工切身利益,事关公平正义和社会和谐稳定,是提升农民工群体获得感、幸福感、安全感的重要举措。习近平总书记多次就农民工工资问题作出重要指示,强调要集中治理工程建设领域和劳动密集型行业的农民工工资拖欠问题,研究出台根治欠薪的举措。党的十九届五中全会强调,要切实保障劳动者待遇和权益。5 月 1 日起正式实施的《保障农民工工资支付条例》,要求对拖欠农民工工资涉嫌构成拒不支付劳动报酬罪的,及时移送司法机关追究刑事责任。11 月 23 日,国务院根治拖欠农民工工资工作领导小组召开专门会议,对开展根治欠薪冬季专项行动进行了部署和安排。明年 1 月 1 日起正式实施的民法典,也为保护劳动者合法权益、支持依法维权提供法律依据。

　　劳动创造价值，有劳就该有得。依法惩治恶意欠薪，让劳动者劳有所得，检察机关从不缺席。一年来，检察机关一直将农民工的"忧酬烦薪"挂在心上，每年年底召开新闻发布会通报惩治恶意欠薪工作情况、指导各级检察机关依法履职保障农民工合法权益，已经成为最高检的一项常规工作。今年以来，面对决战决胜脱贫攻坚、抗击新冠疫情的双重考验，各级检察机关坚持以习近平新时代中国特色社会主义思想为指导，认真落实党中央、国务院有关决策部署，在惩治拒不支付劳动报酬犯罪，保障农民工合法权益的同时，积极做好"六稳""六保"工作，服务企业复工复产，不断深化巩固脱贫攻坚成效。

　　现在，请苗生明厅长通报检察机关 2020 年依法惩治拒不支付劳动报酬犯罪工作情况。

苗生明

　　各位记者朋友，大家上午好！临近岁末年终，又到农民工工资支付高峰期，也是劳动维权的高发期。带着一年的"辛苦钱"高高兴兴回家过年是农民工兄弟朴实的愿望，劳而无酬将对其生活造成巨大影响。可有时却面临"讨薪难、难讨薪"的窘境，万般无奈下，有的上访维权，有的还"以跪相求""以命相争"，引发群体性事件甚至酿成悲剧。为了依法惩治恶意欠薪行为，2011 年《刑法修正案（八）》将"恶意欠薪"纳入刑法，通过刑法的威慑力和惩罚性，让涉案企业引起重视，及时足额支付农民工工资，为农民工追讨劳动报酬撑起法律的"保护伞"。

　　为有效维护农民工等广大劳动者合法权益，全面打赢脱贫攻坚战，2020 年全国各级检察机关认真学习习近平新时代中国特色社会主义思想特别是习近平法治思想，贯彻十九届五中全会精神，积极落实党中央、国务院有关"根治欠薪"的决策部署，将依法惩治"恶意欠薪"违法犯罪行为和加大支持起诉及精准监督作为检察机关服务保障脱贫攻坚工作大局的重要举措。

近三年来，全国检察机关共受理审查逮捕拒不支付劳动报酬犯罪6336件6633人，批准逮捕3710件3805人；受理审查起诉9268件10497人，提起公诉6077件6644人；不起诉2630件3105人。2019年至今，检察机关办理拒不支付劳动报酬犯罪案件共为农民工追讨欠薪3.4亿余元，办理支持农民工起诉民事案件25635件。维护劳动者合法权益的同时，围绕疫情防控，检察机关压实"六稳""六保"责任，落实宽严相济刑事政策，助力企业复工复产，引导企业合法经营。

一、2020年检察机关依法惩治欠薪工作的特点

2020年是极不平凡的一年，新冠肺炎疫情给我国社会经济发展、人民的生产生活带来巨大冲击，各行各业均受到不同程度波及。在这样的背景下，检察机关依法惩治欠薪工作也呈现出新的特点：

一是与企业受疫情影响上半年停工停产有关，案件总数降幅较大。在新冠肺炎疫情冲击下，上半年部分中小企业停工停产，制约犯罪发生的因素发生改变，与往年拒不支付劳动报酬犯罪呈上升趋势不同的是，今年检察机关受理案件总数下降幅度较大。2020年1月至11月，全国检察机关共受理审查逮捕拒不支付劳动报酬犯罪1295件1375人，同比分别下降46.3%和45.4%；受理审查起诉2504件2887人，同比分别下降26.9%、27.5%。

二是积极支持起诉，多渠道助力农民工依法讨薪。疫情期间，生产经营活动受到冲击，就业岗位大幅缩减，对因欠薪遭受困难的农民工，检察机关积极搭建平台，探索国家和社会互补的多元社会救助渠道，避免因劳而无酬对农民工生活造成影响。如山西省大同市云冈区检察院办理孙某某等54名农民工支持起诉案时，了解到农民工已连续5个月索要劳动报酬无果，检察机关经多方调解，仅用6天时间就促成建设方、承包方、施工方与农民工达成协议，54名农民工顺利拿

到了被拖欠的101.2万元工资。

三是加大服务"六稳""六保",助力企业复工复产力度。面对疫情对经济社会发展带来的冲击,检察机关办理拒不支付劳动报酬案件时,把服务"六稳""六保"作为依法履职最重要的使命,落实疫情防控常态化下加快恢复生产生活秩序的要求,通过适用认罪认罚从宽制度,贯彻少捕慎诉理念,在保护劳动者合法权益的同时,侧重帮助困难企业渡过难关,服务和保障非公经济健康发展。2020年1—11月,全国检察机关办理拒不支付劳动报酬案件不批准逮捕630人,不捕率为45.8%,不起诉1178人,不起诉率为40.8%,均远高于其他犯罪案件的不捕率、不诉率。

四是充分发挥认罪认罚从宽制度作用。随着认罪认罚从宽制度的深入推进,认罪认罚对于拒不支付劳动报酬案件的作用更为凸显,通过鼓励、引导犯罪嫌疑人、被告人认罪悔罪、积极筹措资金支付劳动报酬,既有助于劳动者及时追欠挽损,也为从宽处理涉案民营企业提供了制度支撑,为企业发展提供了途径。今年以来,检察机关办理拒不支付劳动报酬犯罪案件适用认罪认罚从宽制度2146件2377人,占该类案件总数的85.74%,相比去年上升了45.43个百分点。

二、立足检察职能,努力实现维权与护企并重

一是依法履职,提高办案质效。检察机关通过提前介入侦查、引导取证、重大案件联合挂牌督办等方式依法履职。对于情节恶劣,后果严重,经刑事立案追缴仍不履行支付义务的犯罪嫌疑人,坚决依法惩处。借助"两法衔接"信息共享平台,摸排梳理欠薪犯罪案件线索。加大对拒不支付劳动报酬案高发的重点地区、重点行业、重点领域的立案监督力度。今年1—11月,全国检察机关共监督公安机关立案130件,同比上升8.33%,有效防止了有案不立等情形。甘肃省检察机关部署开展了侵害农民工权益犯罪专项立案监督活动,联合省人社厅对60起恶意欠薪案件挂牌督办,支持起诉案件184件,逐案清零销号,共帮助913名农民工追回欠薪1440余万元。

二是抓实抓细支持起诉和精准监督工作。最高检将维护农民工合

法权益列入 2020 年检察工作重点，特别是各级检察机关民事检察部门对农民工等特殊群体请求给付劳动报酬等案件，加大支持起诉及精准监督工作力度，各地检察机关积极出台相关指导性文件并抓好落实。浙江省检察院发布《关于积极开展民事检察支持起诉工作的通知》，山西省检察院发布《山西省检察机关开展驻法院支持起诉岗试点工作实施方案》。2020 年 1—11 月，全国检察机关共办理支持农民工起诉民事案件 13700 余件，同比上升 47.4%，占支持起诉总数的 62.7%。各级检察机关充分发挥民事诉讼监督职能，以精准监督为指引，通过抗诉、再审检察建议、参与调解等方式，不断强化对农民工讨薪讨债民事诉讼生效裁判的监督，努力让农民工打得赢官司、拿得到钱。

三是坚持宽严相济，主动服务"六稳""六保"工作大局。检察机关通过适用认罪认罚从宽、羁押必要性审查等措施落实少捕慎诉，最大程度减少对企业正常生产经营的影响，同时围绕疫情防控，助力企业复工复产，帮助企业渡过难关。努力实现维权与护企的双赢多赢共赢。河南省商城县检察院办理的陈某拒不支付劳动报酬案，对陈某依法作出不起诉决定后，检察机关协调地方政府相关职能部门为企业复工复产创造条件，现该企业已转产生产口罩等防疫物资，积极服务于疫情防控。

四是参与社会治理，促进社会和谐。检察机关以制发检察建议、受理举报申诉、开展法治宣传等方式，督促用工单位规范劳动报酬支付制度，促进企业合规经营，打防并举，以办案促治理。江苏省连云港经开区检察院通过制发检察建议，推动开发区管委会牵头相关部门开展"根治欠薪冬季攻坚"专项行动，保障辖区 2747 名农民工被长期拖欠的 1.17 亿元工资通过企业账户资金优先使用、房屋担保等方式全部支付，促进了农民工欠薪案件多元化解决。安徽省检察机关主动服务和融入乡村振兴建设进程，自今年 3 月起开展"美丽乡村检察行"专项活动，助力和谐乡村建设。截至今年 6 月份，共受理涉农投诉、申诉和举报共计 149 件；解决拖欠工资问题 545 次，共计人民币 3200 余万元。检察机关还利用电视、报刊、检察机关门户网站和"两微一端"等新媒体以及"法律进企业"等开展宣传活动，提高企业法律意识，促进企业合规经营。

三、下一步将持续服务保障巩固深化脱贫攻坚成效

全国各级检察机关将坚持以习近平法治思想为指导，落实中央经济工作会议精神，自觉将根治欠薪工作融入"两个大局"全面谋划，以高度的政治自觉、法治自觉、检察自觉履行好检察职能，聚焦问题、依法惩治、精准监督、综合施策，做好"六稳"工作，落实"六保"任务，守好基本民生底线，为实现经济社会高质量发展提供有力的司法保障。

具体作法有：一是积极推动"两法衔接"信息平台建设，加大重点领域监督力度，拓宽监督线索来源，加大支持农民工起诉和监督立案力度。二是联合人力资源社会保障等部门畅通欠薪举报投诉渠道，推动建立企业欠薪报告制度，对欠薪失信行为记入企业征信系统。三是加大支持起诉和精准监督力度，力促通过民事诉讼、行政监管手段最大限度解决欠薪问题。四是充分发挥检察建议作用，结合办案密切关注拒不支付农民工工资问题，针对普遍性、倾向性、苗头性问题，积极向有关企业提出治理对策建议，不断铲除欠薪问题滋生的土壤。五是通过定期发布典型案例，开展法治宣传。着力办理一批在根治农民工欠薪问题方面有纠偏、创新、进步、引领价值的典型案件，督促经营者合法经营，切实维护农民工合法权益。增强人民群众的获得感、幸福感、安全感，不让农民工"忧酬""烦薪"。

肖 玮

谢谢苗厅长。下面进行第二项议程，发布检察机关依法惩治拒不支付劳动报酬犯罪典型案例。典型案例已经作为发布会材料印发给大家。为了便于大家更好地了解掌握这些案例，现在请罗庆东副厅长简要介绍典型案例有关情况。

罗庆东

各位记者大家上午好,下面我就最高检今天发布的这批检察机关依法惩治拒不支付劳动报酬犯罪典型案例作个简要说明。

2020年,全国检察机关认真贯彻落实党中央、国务院关于"根治欠薪"的重大决策部署,充分履行检察职能,一方面立足司法办案,强化法律监督,毫不手软地依法惩治"恶意欠薪"违法犯罪行为,保障农民工合法权益,努力为农民工追讨劳动报酬撑起法律的"保护伞"。另一方面围绕案件办理,积极参与社会综合治理,护航民营企业生产经营,服务和保障非公经济健康发展。我们从各地检察机关报送的案例中筛选出政治效果、法律效果、社会效果较好的6个典型案例,这些案例比较直观地反映了2020年围绕新冠肺炎疫情这个特殊时期,各级检察机关既依法惩治犯罪,又彰显司法人文关怀,在做好农民工"护薪人"的同时,努力成为部分民营企业寻找出路的"救企人",实现了依法保护劳动者合法权益与护航民营企业发展相统一,为促进脱贫攻坚工作作出了积极努力。

为保障个人权益和保护民营企业发展需要,我们对所选案例涉及的当事人姓名及企业名称作了技术处理。

一是湖北程某旺拒不支付劳动报酬案。2019年底,程某旺拒不支付213名农民工劳动报酬共计688万余元。案件立案侦查后,检察机关迅速作出批准逮捕程某旺的决定,及时稳定了农民工的情绪。在审查起诉阶段,检察机关积极开展追讨欠薪工作,督促程某旺支付所拖欠的工资,开庭审理前,最终帮助213名农民工全部追回欠薪688万余元。检察机关适用认罪认罚从宽制度,提出判处有期徒刑一年并适用缓刑,并处罚金人民币1万元的量刑建议。法院采纳了检察机关的量刑建议。

二是广东黄某洪拒不支付劳动报酬案。截至 2019 年 8 月，黄某洪拖欠 70 多名工人工资共计 651 万余元，经政府部门责令支付仍拒不支付。同年 9 月 25 日，检察机关依法对黄某洪批准逮捕。审查起诉期间，检察机关根据疫情期间当地民营企业复工复产的实际需要，开展羁押必要性审查，变更强制措施为取保候审，并督促黄某洪在案件起诉前将拖欠工人工资全部还清。最终，黄某洪被法院判处有期徒刑二年，缓刑二年，并处罚金人民币 3 万元。

三是江苏顾某保拒不支付劳动报酬案。截至 2020 年 1 月，顾某保拒不支付 24 名工人工资共计 42 万余元。检察机关受案后，一方面督促顾某保履行支付义务，联系村委会促成以其企业厂房征收收益优先支付拖欠工资，及时将工人工资足额发放到位。另一方面同步启动羁押必要性审查，变更强制措施，适用认罪认罚从宽制度。法院经审理采纳了检察机关提出的判处有期徒刑一年，缓刑一年的量刑建议。该案坚持惩治与保护并重，既有效维护劳动者权益，又充分保障了企业正常生产经营。

四是河南陈某拒不支付劳动报酬案。2018 年 11 月至 2019 年 3 月，河南商城县陈某拒不支付 100 余名工人劳动报酬人民币 100 余万元，截至立案时，仍拖欠 30 万元。案发后，陈某支付全部劳动报酬并承担了相应的赔偿责任。检察机关在审查案件时发现陈某的企业系当地带贫企业项目，近年来一直带动当地的贫困户脱贫致富，积极促使陈某认罪认罚，落实"少捕慎诉"理念，依法对陈某作出不起诉决定。同时延伸检察职能，协调地方政府相关部门为该企业复工复产创造条件，陈某被宣告不起诉后，其企业转产生产口罩等防疫物资，积极服务疫情防控工作。

五是上海李某军拒不支付劳动报酬案。2019 年 5 月，李某军因经营不善拒不支付 18 名工人工资 10 万余元。上海市松江区检察院根据"两法衔接"机制，提前介入积极引导公安机关取证。案件移送审查起诉时，正值春节前夕，检察机关追讨欠薪与解决工人就业兼顾，督促李某军全部结清所欠工资，被害人表示谅解，遂依法对李某军作出不起诉决定。同时联系人力资源社会保障部门提供最新招聘信息，帮助工人解决再就业难题。

六是重庆黄某拒不支付劳动报酬案。2018年8月，黄某承包某工程时拒不支付18名农民工工资25万余元。重庆市渝北区检察院依托"两法衔接"信息共享平台发现案件线索，建议人力资源社会保障部门及时移送犯罪线索，并监督公安机关立案侦查。同时协调相关部门，确定由转包人先行垫付农民工工资，黄某分期支付剩余款项的解决方案。2020年10月，检察机关依法对黄某提起公诉，法院对其作出有期徒刑一年，并处罚金人民币2000元的判决。

肖 玮

下面进行第三项议程，请各位记者朋友提问。

现场答问

人民日报记者

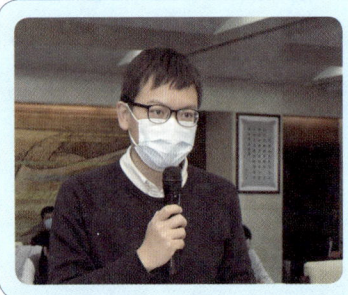

今年受疫情影响,企业生产经营遇到困难,有的劳动者也因工资拖欠生活陷入困难。请问检察机关在办理拒不支付劳动报酬案件时,如何实现兼顾维护农民工权益和护航民营企业发展的效果?

苗生明

谢谢您的提问,这个问题非常好,而且确实符合今年我们办理涉及到欠薪犯罪案件面临的两个突出问题。一方面是企业受疫情影响生产经营确实遇到很大困难,另一方面,劳动者因为劳动得不到报酬也会陷入困难。办案过程中如何处理兼顾好两者关系,既要求惩治不法,也要维护企业正常权益,保障企业正常经营。对这个问题从以下三方面作一个介绍,也想借这个机会,给我们劳动者、企业者作一个释法说理、法治宣传,让劳动者知道怎么维权,让企业者知道按法律的要求应该怎么做。遇到困难没有关系,但是要知道怎么做才不违法、不犯罪。

一是严格把握企业生产经营困难与恶意欠薪的界限。对于新冠肺炎疫情期间,企业生产经营面临诸多困难的客观情况,检察机关在办案中,严格区分企业因资金周转困难等客观原因造成的工资暂时拖欠与恶意欠薪犯罪的性质,综合考虑欠薪者的主观故意、危害后果、违法情节,确保案件认定准确,处理妥善。

根据刑法第二百七十六条之一的规定，拒不支付劳动报酬罪在客观行为方面表现为"以转移财产、逃匿等方法逃避支付劳动者的劳动报酬或者有能力支付而不支付劳动者的劳动报酬，数额较大，经政府有关部门责令支付仍不支付的"。根据相关司法解释，"以转移财产、逃匿等方法逃避支付劳动者的劳动报酬"包括：（1）隐匿财产、恶意清偿、虚构债务、虚假破产、虚假倒闭或者以其他方法转移、处分财产的；（2）逃跑、藏匿的；（3）隐匿、销毁或者篡改账目、职工名册、工资支付记录、考勤记录等与劳动报酬相关的材料的；（4）以其他方法逃避支付劳动报酬的。"经政府有关部门责令支付仍不支付"，是指经人力资源社会保障部门或者政府其他有关部门依法以限期整改指令书、行政处理决定书等文书责令支付劳动者的劳动报酬后，在指定的期限内仍不支付的，但有证据证明行为人有正当理由未知悉责令支付或者未及时支付劳动报酬的除外。

因此，如果企业因生产经营困难出现拖欠劳动者报酬时，要注意积极与劳动者沟通协商，不能以上述方式逃避支付劳动者报酬；对于政府有关部门责令支付，仍难以支付的，应当充分向政府部门说明客观情况，不能不予理睬，逃跑、关机或者直接表示拒绝支付。对于已经被立案的涉罪企业主，要主动向司法机关认罪认罚，并多方筹措资金支付欠薪，对于尚未造成严重后果的，如果在提起公诉前支付了劳动者的报酬，检察机关将根据案件情况作出不起诉决定、变更强制措施逮捕为取保候审或者提出从轻、减轻的量刑建议。

二是多渠道救助，促进劳动者获得被拖欠的劳动报酬。各地检察机关坚持依法惩治欠薪犯罪与追讨欠薪并重，在办案中加强多方沟通协调，邀请人社部门、街道社区、涉案单位及农民工代表等，通过督促履行、扣押查封财产、协调工程发包方等案外人先行垫付等方式协调追欠追赃，多途径维护农民工权益。如重庆市渝北区检察院办理的黄某拒不支付劳动报酬案，即是在检察机关的联系协调下，通过确定转包人先行垫付与制定还款计划相结合的方式，最大限度帮助劳动者获得劳动报酬。

今年5月施行的《保障农民工工资支付条例》对农民工按时足额

获得工资提供了更有力的保障，实践中，劳动者如果出现工资被拖欠问题，可以采取以下方式维权：首先，可以向人力资源社会保障行政部门反映情况和投诉，由人力资源社会保障行政部门向用人单位发布责令整改通知，责令限期支付劳动报酬；也可以直接向劳动合同履行地或公司所在地劳动争议仲裁委员会申请劳动仲裁，要求用人单位依法支付拖欠工资；对仲裁结果有异议的，可以在收到仲裁决定后 15 日内向人民法院提起诉讼；也可以向检察机关提交申请，请求人民检察院支持起诉；对于用人单位不履行仲裁裁决的，可以申请人民法院强制执行；对于逃避支付，经有关部门责令支付仍不支付，涉嫌犯罪的，可以向公安机关报案，请求刑事立案；公安机关不予立案的，可以请求检察机关进行监督。

三是积极做好办案延伸工作，服务保障企业复工复产。检察机关以办案参与治理，灵活采用检察建议、法治讲座等形式，主动服务统筹推进疫情防控和经济社会发展工作，切实做好检察环节服务保障"六稳""六保"工作。如发布的河南省商城县检察院办理的陈某拒不支付劳动报酬案中，检察机关在作出不起诉决定后，实施了对被不起诉人进行法治教育、为企业合规经营提出法律意见、送法治宣讲课进企业，协调职能部门开展防疫培训等行为，助力企业复工复产。后该企业转产生产口罩等防疫物资，为疫情防控回馈力量。

中央广播电视总台央视社会与法频道记者

冯厅长您好！我们注意到检察机关可以通过支持起诉来维护农民工合法权益，有些地方的支持起诉工作还取得了较好效果。那什么是支持起诉？检察机关如何通过支持起诉来帮助农民工呢？还有就是在保障农民工权益方面，民事检察主要发挥哪些作用？今后会如何加强此类工作？

冯小光

谢谢您的问题！

支持起诉职能，是我国民事诉讼法第15条赋予检察机关的法定职能，即对于损害国家、集体或者个人民事权益的行为，检察机关可以支持受损害的单位或者个人向法院起诉。比如，农民工如果被拖欠了工资，想通过起诉请求支付劳动报酬，可以向检察机关提交申请支持起诉书、身份证明材料以及案件证据材料等，经审查符合受理条件的，检察机关将支持农民工起诉。

就民事检察部门来说，我们主要通过刚才提到的支持起诉职能以及监督涉农民工案件的生效判决、审判活动、执行活动等职能，来保障农民工的合法权益。

一是以深入推进支持农民工起诉为切入点，为维护农民工合法权益提供高质量的司法保障。今年，在新冠肺炎疫情常态化防控背景下，加强对农民工合法权益的保护尤为重要，检察机关肩负的社会责任更为突显。最高检要求全国各级检察机关，把支持起诉作为根治欠薪、保障民生的切入点抓细抓实，2020年1月至11月全国民事检察部门共办理支持起诉近22000件，其中支持农民工起诉13700余件，同比上升47.4%，占支持起诉总数的62.7%。明年，我们正在筹备发布包括支持农民工起诉在内的支持起诉指导性案例，为全国民事检察部门办理支持农民工起诉案件提供办案指引，也让更多的农民工朋友了解、用好这一检察职能，更好地维护自身合法权益。

二是以精准办理涉农民工纠纷案件为着力点，认真贯彻实施民法典，为农民工群体提供更为优质的检察产品。民法典作为"社会的百科全书"，为农民工权益保护提供了更为充分的实体法依据。比如在民法典的侵权责任编，第1191条明确了用人单位、劳务派遣单位和劳务用工单位的责任认定，第1192条明确了个人之间因提供劳务造成他人损害或自己损害的责任认定等，这些内容都为农民工朋友依法维权提供了法律依据。民事检察部门将以民法典的贯彻实施为契机，以精准监督为引领，在办理涉农民工纠纷案件中，准确适用相关法律规定，充分发挥对涉农民工案件生效裁判、审判活动、执行活动的检察监督职能。同时，优先选择在保护农民工权益方面有纠偏、创新、进步、引领价值的典型案件，力争通过精准抗诉促进解决涉农民工权益保护领域司法理念、政策、导向方面的突出问题。此外，我们还将进一步加强民法典宣传，让更多的农民工朋友了解民法典、会用民法典，让民法典走到群众身边、走进群众心里，真正成为农民工朋友保护自身合法权益的"护身符"。

中央广播电视总台央视农业农村频道记者

今年是脱贫攻坚决战决胜年，收官之年又遭遇疫情影响。在保障农民工合法权益、服务保障脱贫攻坚方面，检察机关做了哪些工作？取得了怎样的成效？

罗庆东

谢谢您的提问。正如您刚才所说今年是中央部署的脱贫攻坚的决战决胜年，也是收官之年。检察机关立足本职工作服务保障党和国家的工作大局，努力为脱贫攻坚贡献检察力量。拒不支付劳动报酬的行为与党中央国务院关于根治欠薪的部署要求是背道而驰的，还会影响到脱贫攻坚成果的巩固，所以说依法惩治拒不支付劳动报酬犯罪、维护农民工合法权益，关乎民生民利，涉及社会稳定。在疫情影响下，脱贫攻坚任务更加艰巨，检察机关在保障农民工拿到劳动报酬的同时，也注意多措并举，做好"六稳""六保"工作。

一是将办案作为检察机关服务保障脱贫攻坚的基本途径，持续加大办理拒不支付劳动报酬犯罪案件力度，努力提升办案质量和效果。全国检察机关充分履行审查逮捕、审查起诉、出庭公诉和诉讼监督职能，对重大恶意欠薪案件通过联合挂牌督办、提前介入侦查、专业化办理等方式，依法及时查办了一批恶意欠薪犯罪，有效发挥了刑罚的惩治和震慑功能。开展脱贫攻坚三年以来，检察机关共计依法批捕拒不支付劳动报酬犯罪嫌疑人3805人，起诉6644人，不起诉3105人。去年以来为农民工追讨工资3.4亿余元。

二是将法律监督作为检察机关服务保障脱贫攻坚的主责主业，不断强化对拒不支付劳动报酬犯罪案件的监督，切实维护和保障劳动者合法权益。各地检察机关成立根治拖欠农民工工资问题专项工作领导小组，开展侵害农民工权益犯罪专项监督活动，强化"两法衔接"和立案监督，有效保障了劳动者的合法权益。刚才发布的典型案例中，李某军拒不支付劳动报酬案和黄某拒不支付劳动报酬案，都是通过"两法衔接"机制得以查处的，充分发挥了检察机关法律监督职能。

三是通过适用认罪认罚从宽制度促进双方达成和解，及时弥合被犯罪破坏的社会关系。特别是今年新冠肺炎疫情期间，农民工获得劳动收入的机会不多，拒不支付劳动报酬案件容易引发集体上访维权等情况，适用认罪认罚从宽制度有助于化解社会矛盾。随着认罪认罚从宽制度的成熟稳定适用，适用这项制度办理拒不支付劳动报酬犯罪案件占到该类案件总数的85.74%，相比去年上升了45.43个百分点，对真诚悔罪，主动减轻、弥补犯罪后果的犯罪嫌疑人、被告人依法从宽处罚，有助于保障企业经营、保障就业，有效服务保障"六稳""六保"大局。

四是将加强沟通协作作为检察机关服务保障脱贫攻坚的重要发力点，同步开展依法惩治欠薪犯罪与追讨欠薪活动，促进形成工作合力。检察机关充分发挥检察一体化工作优势,对内强化刑事、民事、行政检察的衔接,打好解决拖欠农民工工资问题的"组合拳"。对外加强与公安、人社等部门的沟通,积极落实行政执法与刑事司法联动机制,部分地区检察院与当地公安、人社以及法院等部门会签关于依法惩治欠薪的规范性文件,建立专门工作机制。如甘肃省检察机关联合省人社厅对60起恶意欠薪案件予以挂牌督办,支持起诉案件184件,按照"边部署、边挂牌、边收割"的工作思路,逐案清零销号。全年共帮助913名农民工追回欠薪1440万余元,得到民营企业和广大农民工以及社会各界的广泛肯定。

农民日报记者

岁末年尾,农民工能否顺利领取薪水回家过年,大家都非常关注。在帮助农民工追讨欠薪,监督执法部门依法履职、督促用人单位依法担责方面,检察机关是如何发挥监督作用的?

罗庆东

我国刑法规定拒不支付劳动报酬犯罪的成立要求具备"经政府相关部门责令支付仍不支付"这个前提条件,这就决定了拒不支付劳动报酬案的犯罪线索,常常来源于人力资源社会保障部门或者政府其他有关部门的移送。

实践中,检察机关紧紧围绕线索摸排、建议移送、立案侦查等关键节点,主动加强与人社部门、公安机关的定期沟通协调。依托"两法衔接"信息共享平台,排摸梳理欠薪犯罪案件线索,对于可能构成刑事犯罪的,建议相关部门及时将线索移交给公安机关。在办案过程中强化立案监督,及时发现和处置恶意欠薪犯罪案件,积极参与帮助农民工追讨欠薪。2020年1—11月,全国检察机关共监督行政机关移送拒不支付劳动报酬犯罪案件线索348件395人,监督公安机关立案130件142人,有力惩治和震慑了恶意欠薪犯罪,保障了农民工的合法权益。如刚刚通报中提到的江苏省连云港经开区检察院通过制发检察建议,推动开发区管委会牵头住建局、人社局等九个部门召开专题联席会议,制定《根治欠薪冬季攻坚行动工作推进方案》,开展专项行动,保障辖区内2700余名农民工被长期拖欠的1.17亿元工资通过企业账户资金优先使用、房屋担保等方式全部支付。

此外,检察机关注重通过检察建议督促企业合规经营,健全劳动者工资支付制度。在办案的同时关注行业、企业在支付劳动报酬方面的制度规范,发现问题及时以检察建议督促用工单位提升管理水平,完善劳动保障。部分地区检察院还建立了走访帮扶企业长效机制,比如江西省各级检察机关已普遍成立非公企业维权办公室,在帮助促进企业做好犯罪预防工作的同时,积极为农民工提供劳动保障法律咨询服务,增强企业合规经营意识以及职工的依法维权意识。

检察日报记者

湖北作为新冠肺炎疫情"重灾区",在"封省"期间,许多企业停工停产,而农民工也隔离在家无劳动收入。我们看到,刚刚发布的黄石港区检察院办理的程某旺拒不支付劳动报酬案就发生在新冠肺炎疫情期间,请问检察机关在办理拒不支付劳动报酬案时,是如何服务保障疫情防控、维护农民工合法权益的?

许建新

本案系被告人程某旺承接某施工工程项目后,未按约定支付施工人员工资,拖欠了213名农民工工资共计688万余元的案件。这个案件有三个特点,一是发案时间特殊。既是在春节期间,又正值疫情防控时期。被告人被批捕的时间正是除夕的前一天。二是案情较为重大。涉及的农民工人数较多、涉及的金额较大,涉及213名农民工被拖欠了688万余元工资。三是对农民工生活影响大。受疫情影响,企业停工停产,农民工隔离在家也无其他收入,极易引起农民工基本生活得不到保障进而引发社会稳定问题。

在该案的办理中,检察机关主要做了以下三方面工作:一是依法批准逮捕,切实维护劳动者合法权益。案件提请批准逮捕时正值春节前夕,被欠薪农民工人数众多,农民工要求追回欠薪的诉求强烈。我们对拒不支付劳动报酬案件优先审查、从快办理,仅用一天时间作出了批捕被告人的决定,及时稳定了被拖欠工资的农民工情绪,避免激化社会矛盾。二是落实宽严相济刑事政策,积极适用认罪认罚从宽制度。审查起诉阶段,检察机关迅速联系被告人的律师、亲属,耐心开展释法说理工作,说明主动缴付欠薪对量刑的影响,动员他们做好被告人的说服工作。同时,利用提讯被告人的时机,告知其拒不支付劳动报酬犯罪,在提起公诉前支付劳动报酬,并依法承担相应赔偿责任的,可以减轻或免除处罚的法律规定。经检察官耐心劝说,被告人自愿认罪认罚,主动与其家属配合偿还了所拖欠的大部分工资。三是持续开展追赃挽损,保障农民工合法权益得到全面保护。检察机关加强与被告人家属、律师的沟通,促成被告人履行支付欠薪的义务。在检察机关的协调下,大部分欠薪已偿还,无法偿还的部分被告人以其两套房屋作为抵押保障还款,最终帮助213名农民工顺利全部追回欠薪

依法惩治恶意欠薪　让劳动者劳有所得

688万余元，确保农民工及时挽回了损失。

黄石港区系黄石市中心城区，辖区内欠薪案件较多，拖欠农民工工资引起的疫后社会稳定风险隐患大。2020年，湖北省检察院将"发挥检察职能助力根治拖欠农民工工资问题"作为全省检察机关服务保障大局"司法为民八件实事"之一。我们按照省院要求，成立了根治拖欠农民工工资问题专项工作领导小组，健全"两法衔接"工作机制，积极开展农民工欠薪依法追讨工作。我们主动加强与人力资源社会保障部门的沟通协调，对涉及刑事、民事、行政多个领域的欠薪案件，探索开展双向法律咨询和维护公益联合执法机制，建立维护农民工合法权益的绿色通道，形成保护劳动者合法劳动报酬的长效治理机制。

南方都市报记者

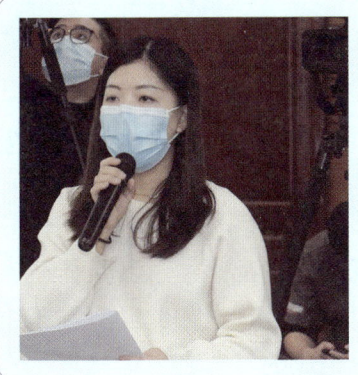

对于拒不支付劳动报酬犯罪，一方面强调依法惩治，另一方面在实践中又强调贯彻少捕慎诉司法理念，二者是否存在矛盾？检察机关在办案中是如何处理二者之间关系的？

苗生明

谢谢您的提问，这个确实是需要说清楚的一对矛盾关系。大家也知道，近年来最高人民检察院为了服务保障民营经济发展、服务经济社会发展，在刑事政策方面明确提出了少捕慎诉的司法理念，特别是对于涉及民营企业经营者与经营活动有关的犯罪，明确提出能不捕的不捕、能不诉的不诉,这个理念的提出其根本在于平等保护企业的正常发展。如果企业人员涉嫌犯罪依法该追究的要追究,但是要考虑在强制措施的问题上如何适用,要考虑对犯罪的企业人员根据罪行轻重是否应当起诉到法院交付审查。还有一个重要考虑,就是企业承担了相应的法律责任,同时企业的经营人员能够在法律允许的范围之内开展正常的生产经营,对于我们的劳动者的就业保障也是一个非常重要的方面,所以这还是一个社会责任问题。

具体到今天所说的依法惩治企业欠薪违法犯罪问题,实际是不矛盾的,因为总体上说,拒不支付劳动报酬罪在刑法规定的400多个罪名当中属于轻罪,但是由于事关劳动者的合法权益怎么去维护,同时还要兼顾企业的生产经营,才能够更好取得办案"三个效果"的有机统一,这确实需要处理好两者之间的关系。其中一个重要方面就是应当依法灵活运用宽严相济的刑事政策来考虑这类案件的处理。

这里有两个方面,一方面对于恶意欠薪情节恶劣行为,经过刑事立案追缴仍然不履行支付义务的犯罪嫌疑人、被告人,虽然属于轻罪但是情节恶劣,未有效追缴劳动者的报酬,这种情况下应当体现从严惩治的政策精神。所以,要强调依法惩治,以发挥刑法的惩治和警示作用。另一方面,对于恶意欠薪的犯罪嫌疑人、被告人,在被刑事立案之后如果有认罪悔罪、认罪认罚,能够积极筹措资金,及时支付劳动者的报酬,从其主观罪过上和现实客观危害上都是通过其具体行为降到了最低。在这种情况下,就可以给他从宽处理,如此既有利于维护劳动者的合法权益,同时也有利于保障企业的经营者继续从事正常生产经营活动,所以这种情况下如果符合不批捕条件的,能不捕的尽量不捕,已经逮捕的可以变更强制措施为取保候审,在决定是否起诉时可以作出不起诉决定。所以,这两者之间是不矛盾的,可以通过用宽严相济的刑事政策把二者有机结合起来。

> 肖 玮

因为时间关系,提问就到这里。

双节临近,欠薪清零正在进入"倒计时"。让辛苦了一年的农民工兄弟拿着劳动报酬开心回家过年是各级检察机关执法为民的责任。下一步,检察机关将继续立足检察职能,为服务经济社会高质量发展提供检察智慧、贡献检察力量。

再过几天,2020年就要结束了,衷心感谢各位记者和我们共同走过这极不平凡的一年,感谢各位记者对检察宣传工作给予了大力支持和帮助,在这里预祝各位2021年新年快乐、工作顺利、万事如意,并请大家继续关心、支持检察新闻宣传工作。

今天的发布会到此结束。谢谢大家!

典型案例

检察机关依法惩治拒不支付劳动报酬犯罪典型案例

1. 程某旺拒不支付劳动报酬案

【基本案情】

2015年10月，程某旺与湖北某建筑工程有限责任公司签订工程施工合同。按合同约定，程某旺组织人员对工程进行施工建设，某建筑公司支付工程款。截至2019年11月，建筑公司按合同约定支付程某旺11885万元工程款，但程某旺未按约定支付施工人员工资，拖欠213名农民工工资共计人民币688万余元。同年12月24日，黄石市人力资源社会保障局向程某旺下达期限改正指令书，责令程某旺足额支付拖欠的工资。程某旺在期限届满后仍拒不支付，并将手机关机致使无法联系。2020年1月14日，黄石市公安局黄石港分局以程某旺涉嫌拒不支付劳动报酬罪立案侦查。1月16日，程某旺被抓获。1月23日，黄石市黄石港区人民检察院依法对程某旺批准逮捕。审查起诉期间，检察机关对程某旺释法说理，程某旺及其家属支付了欠薪476万余元，并以两套房屋作为抵押保证还款140万余元，另余70万余元未支付且无抵押保证。黄石港区人民检察院依法对程某旺适用认罪认罚从宽制度，于4月20日对其提起公诉。案件起诉至法院后，黄石港区人民检察院继续开展追缴欠款工作，联系律师反复做程某旺及其家属的思想工作。案件开庭前，程某旺筹款将剩余的70万元欠薪支付完毕。检察机关根据程某旺认罪认罚和退赃退赔情况，提出判处有期徒刑一年，适用缓刑，并处罚金人民币 1 万元的量刑建议。一审法院采纳检察机关量刑建议。程某旺认罪服判。

【典型意义】

1. 依法批准逮捕,切实维护劳动者合法权益。本案提请批准逮捕时,正值春节前夕,被欠薪的数额大、人数多,农民工要求追回欠薪的诉求强烈。检察机关对拒不支付劳动报酬案件优先审查、从快办理,仅用一天时间就依法作出了批准逮捕程某旺的决定,及时回应了被欠薪农民工的关切,切实维护了农民工合法权益。

2. 落实宽严相济刑事政策,积极适用认罪认罚从宽制度。审查起诉阶段,检察机关迅速联系程某旺的律师、亲属,耐心进行释法说理,充分说明主动缴付欠薪对程某旺量刑的影响,动员他们做好对程某旺的说服工作。同时,在提讯程某旺时,告知其行为已构成犯罪,如在提起公诉前支付劳动者的劳动报酬,并依法承担相应赔偿责任,可以减轻或免除处罚。经多次耐心释法,程某旺自愿认罪认罚,主动与其家属配合,偿还了所拖欠的大部分工资。

3. 持续追缴欠薪,保障农民工合法权益得到全面保护。程某旺认罪认罚后,检察机关继续与其家属、律师进行沟通。案件起诉后,又向程某旺阐明,全部支付拖欠工资可以获得从宽量刑,促成程某旺继续筹款支付剩余欠薪,最终在案件开庭审理前,帮助 213 名农民工追回全部欠薪人民币 688 万余元。

2. 黄某洪拒不支付劳动报酬案

【基本案情】

2015 年至 2019 年,黄某洪承包了广东省大埔县湖寮镇某建筑工程，在发包方已支付其工程款9065万余元的情况下，仍拖欠70余名工人工资共计人民币651万余元。2019年8月9日，大埔县人力资源和社会保障局向黄某洪送达了限期改正指令书。黄某洪在规定期限内仍未支付工人工资，大埔县人力资源和社会保障局将该案移送大埔县公安局立案。经大埔县公安局提请批准逮捕，同年9月25日，大埔县人民检察院依法作出批准逮捕决定。在审查起诉期间，检察机关先后两次退回补充侦查，引导公安机关进一步查清拖欠工资的人数及薪资数额，并督促黄某洪在起诉前将拖欠工资全部还清。在黄某洪付清拖欠工资后，检察机关根据疫情以来民营经济复工复产的实际需要，积极开展羁押必要性审查，变更了强制措施。案件提起公诉后，大埔县人民法院于2020年8月3日以黄某洪犯拒不支付劳动报酬罪，判处有期徒刑二年，缓刑二年，并处罚金人民币3万元。黄某洪提出上诉，梅州市中级人民法院于10月13日裁定驳回上诉，维持原判。

【典型意义】

1.引导侦查取证，查明事实固定证据。检察机关提前介入侦查本案，经分析研判，在新冠肺炎疫情期间，案件存在证人取证难、薪酬和材料款区分难、拖欠人数及欠薪总金额确定难等问题。检察机关两次退回公安机关补充侦查，详细列出补查提纲，引导公安机关有针对性地进一步取证，完善证据，为依法认定犯罪事实打下了扎实的基础。

2.及时变更强制措施，服务"六稳""六保"。该案办理时，正值新冠肺炎疫情期间，为助力民营企业复工复产，检察机关在督促黄某洪及时足额支付欠薪后，及时启动羁押必要性审查，将强制措施由逮捕变更为取保候审，避免出现"办一个案件，倒一个企业，失业一片"的结果，既维护了工人的合法权益，防范化解社会风险，又保证了民营企业的正常经营,最大限度保障就业,实现了"三个效果"的有机统一。

3. 顾某保拒不支付劳动报酬案

【基本案情】

顾某保系江苏省常熟市某商业设备厂法定代表人。2019年2月至2020年1月,顾某保聘请张某某等多名工人从事电焊、喷塑等工作,其间采用预发部分工资、拖延时间支付工人工资等方式逃避工资支付义务,拖欠张某某等24名工人工资共计人民币42万余元。后顾某保以逃离常熟、切断联系等方式逃避支付劳动报酬,经政府相关部门责令支付仍不支付。2020年1月18日,常熟市公安局对顾某保拒不支付劳动报酬案立案侦查,并于4月26日移送审查起诉。办案过程中检察机关积极督促顾某保履行支付义务,5月25日,在顾某保认罪认罚并支付全部劳动报酬后,及时开展羁押必要性审查,对其变更强制措施。经依法起诉,法院采纳了检察机关的全部指控和量刑建议,判处顾某保有期徒刑一年,缓刑一年,并处罚金人民币8000元。

【典型意义】

1. 注重追赃挽损,运用多种途径切实保护劳动者权益。该案24名被害人,多数来自贵州、安徽等省的偏远地区,经济收入较低,疫情期间薪资报酬对被害人及其家庭生活至关重要。检察机关在办案过程中,注重促使双方达成和解。起初,顾某保及其家属表示无支付能力,检察机关通过调取、核查顾某保的家庭房产、车辆及存款情况,对其支付能力进行研判。走访过程中,了解到顾某保经营的厂房可能被征收,并会获得一定数额的征收款,检察机关及时与村委会沟通协调,努力促成将征收收益优先支付拖欠工资,保障工人权益。在检察机关的积极协调下,村委会代为接收50余万元征收款,并在乡镇司法所、检察机关共同见证下,将拖欠的工人工资足额发放到位。

2. 将风险防控贯彻办案始终,多部门联动化解矛盾。检察机关刑检部门加强与控申部门的沟通,并与乡镇司法所、市信访局等部门联动,共同组建信访矛盾化解小组。第一时间告知被害人办案进展,认真听取意见了解诉求,做好工人的情绪安抚工作,引导劳动者理性维权。同时,检察机关积极向属地政府有关部门通报案件进展,了解掌握拆迁征收动态,督促征收部门加快审核办理力度,及时发放征收款项。

3. 坚持打击与保护并重,多维度保障企业正常生产经营秩序。针对顾某保到案后对自己行为构成刑事犯罪认识不到位,不主动积极配合的情况,检察机关加强释法说理工作,向其阐明认罪认罚从宽制度的意义,督促其转变想法,诚意履行支付义务,真心认罪认罚。顾某保表示愿意将征收款支付工人工资,并在值班律师见证下,自愿签署了认罪认罚具结书。检察机关同步启动羁押必要性审查,变更强制措施为取保候审,保障了企业正常生产经营。

4. 陈某拒不支付劳动报酬案

【基本案情】

陈某系河南省商城县某工贸有限公司法定代表人,2018年11月至2019年3月,未支付该公司周某某等100余名工人的劳动报酬共计人民币100余万元。2019年3月20日,商城县人力资源和社会保障局依法对陈某下达了限期整改指令书,陈某在整改期限内仍未支付劳动报酬。后陈某分批支付了部分劳动报酬，截至立案时仍拖欠30余万元。经查，在拖欠劳动报酬期间，陈某的工贸有限公司账户上仍有大额资金交易往来，陈某系有支付能力而拒不支付劳动报酬。

案发后，陈某自动投案，自愿认罪认罚，将拖欠的劳动报酬全部付清，取得了被害人的谅解。2019年7月9日，商城县公安局将案件提请商城县人民检察院批准逮捕。同年7月26日，商城县人民检察院以犯罪情节轻微依法对陈某作出不批准逮捕决定。案件移送审查起诉后，检察机关经审查认为，陈某有能力支付而不支付劳动者的劳动报酬，数额较大，经政府有关部门责令支付仍不支付，其行为已经构成拒不支付劳动报酬罪，但鉴于其认罪悔罪情况，可以依法从宽处理。2020年3月16日，商城县人民检察院依法对陈某作出不起诉决定，并通过远程视频方式对其公开宣告。

【典型意义】

1. 释法说理，落实认罪认罚从宽制度。在办案过程中，检察机关耐心宣讲刑事司法政策，积极促使陈某认罪认罚。案发后，陈某全部支付了劳动报酬、承担了相应的赔偿责任，有自首情节，并自愿认罪认罚，结合当前疫情防控形势和服务保障民营经济的要求，检察机关认为可不对其判处刑罚。陈某被宣告不起诉后，依规向相关部门申报，现该企业转产生产口罩等防疫物资，积极服务疫情防控工作。

2. 少捕慎诉，护航脱贫攻坚工作。检察机关在审查案件时发现，陈某的企业为该县带贫企业项目，近年来一直带动当地的贫困户脱贫致富，为当地脱贫攻坚事业的发展提供了积极支持。检察机关依法对带贫企业的负责人作出不批捕、不起诉决定，护航民营企业健康发展，为当地扶贫产业项目提供了司法保障。

3. 延伸检察职能，助力企业复工复产。检察机关依法作出不起诉决定后,多措并举帮助企业尽快复工复产。一是做好陈某的思想工作,既使其充分认识到错误,又帮助其放下思想包袱,重塑办好企业的信心。二是加大宣传力度,依托抖音等 APP 为企业员工送去法制宣讲课,向企业提出合法合规经营的法律意见,并帮助企业稳定人心。三是联合当地工商联、防疫中心等职能部门,对企业开展防疫培训,并为企业送去口罩、消毒液等防疫物资,全力支持企业做好复工复产工作。

5. 李某军拒不支付劳动报酬案

【基本案情】

李某军系上海某服装有限公司法定代表人。2019 年 5 月 18 日,因经营不善等原因,李某军在未结清工人工资且未告知工人的情况下,清空公司设备,逃离上海,拖欠 18 名员工工资共计人民币 10 万余元。上海市松江区劳动保障局要求李某军配合调查处理欠薪事宜未果,于 6 月 11 日发出责令整改通知书。李某军仍未在规定的时间内支付。同年 6 月 24 日,松江区人民检察院根据"两法衔接"机制收到松江区劳动保障局案件信息通报后,会同劳动保障部门、公安机关研判,针对犯罪金额认定存在的证据问题提出取证意见。6 月 26 日,松江区劳动保障局将该案移送公安机关立案侦查,松江区人民检察院提前介入,与公安机关会商抓捕和追回欠薪的方案。12 月 25 日,案件移送松江区人民检察院审查起诉。在审查起诉期间,松江区人民检察院对李某军释法说理,李某军将拖欠的工人工资结清,取得工人们的谅解。松江区人民检察院经审查认为,李某军以逃匿等方法逃避支付劳动报酬,数额较大,经劳动保障部门责令仍不支付,已构成拒不支付劳动报酬罪。李某军在提起公诉前全部支付了拖欠的劳动报酬，取得被害人谅解，松江区人民检察院依法对李某军适用认罪认罚从宽制度，于2020年3月31日依法对其作出不起诉决定。

【典型意义】

1."两法衔接"及时有效，提前介入引导取证。当地检察机关积极主动与劳动保障部门、公安机关建立信息通报、线索移送、会商研判等工作机制，及时介入欠薪案件，将检察监督工作前移，加大治理恶意欠薪力度。在结算劳动报酬、犯罪数额认定存在争议，是否构罪存疑的情况下，检察机关同步介入调查，及时引导取证，确保案件证据充分、犯罪数额认定准确。

2.追讨薪酬与解决就业兼顾，充分保障劳动者合法权益。本案被害人均系农村务工人员，且案件移送审查起诉时正值春节前夕，农民工的血汗钱没有着落，处理不当极易引发社会矛盾，影响社会稳定。案发后检察机关及时介入，积极与公安机关会商运用认罪认罚从宽制度，引导犯罪嫌疑人支付欠薪。李某军到案后，检察机关通过释法说理，敦促其筹措资金，最终李某军全部结清所欠工资，得到员工谅解，及时防范化解了一起重要节点的群体访风险。在办案过程中，检察机关联合劳动监察、公安机关耐心接待农民工代表，安抚被害人情绪，同时联系人力资源社会保障部门提供招聘信息，帮助农民工解决再就业难题，用检察服务传递司法温度。

3.惩治犯罪与护航企业并重，宽严相济依法妥善处理涉企案件。本案审查起诉前期，李某军对犯罪数额有异议，检察机关耐心说明认定的依据，加强法律政策宣讲，促使其如实供述犯罪事实、自愿认罪认罚，并结清了工人工资。检察机关综合考量，李某军犯罪情节轻微，提起公诉前付清拖欠的工资并取得谅解,未造成严重后果,且案件办理过程中正值新冠疫情期间,民营经济面临重大压力,涉案公司经营困难,检察机关经逐一联系被害人听取意见后,依法对李某军适用认罪认罚从宽制度作出不起诉决定,保障其尽快带领企业复工复产。

6. 黄某拒不支付劳动报酬案

【基本案情】

2018年3月,黄某承包了重庆某建筑工程有限公司位于重庆市渝北区的某房地产项目。当年8月底项目完工,在转包人向黄某足额支付工程款的情况下,黄某仅支付了农民工每月生活费,拖欠杨某等18名农民工的劳动报酬共计人民币25万余元,并将手机关机后逃跑、藏匿。2019年1月24日,重庆市渝北区人民检察院依托"两法衔接"信息共享平台发现线索后,督促人力资源社会保障部门及时移送线索,并监督公安机关立案侦查。2019年7月黄某到案并被取保候审。经检察机关等相关部门协调,由转包人先行垫付部分农民工工资。2020年7月13日,重庆市公安局渝北区局将案件移送审查起诉。审查起诉期间,检察机关督促黄某支付了部分拖欠工资,并与农民工达成分期支付剩余款项的还款计划。鉴于大部分欠薪系转包人垫付,渝北区人民检察院于10月21日对本案依法提起公诉。11月13日,渝北区人民法院以拒不支付劳动报酬罪,对黄某判处有期徒刑一年,并处罚金人民币2000元。

【典型意义】

1. 依托"两法衔接",发现案件线索监督立案。检察机关依托与行政执法部门建立的"两法衔接"工作机制,通过查询信息共享平台，发现平台录入的黄某拒不支付劳动报酬行为可能涉嫌犯罪，遂督促人力资源社会保障部门及时向公安机关移送犯罪线索。人力资源社会保障部门回复处理情况后，检察机关加强后续跟踪，监督公安机关及时立案侦查，促进了行政执法与刑事司法的有效衔接。

2. 多渠道追讨欠薪，帮助农民工及时获得劳动报酬。检察机关建议人力资源社会保障部门移送犯罪线索后，多方协调人力资源社会保障部门、建筑公司、转包人及农民工代表，共同商议支付农民工工资的解决方案。因黄某一直未到案，最终确定由转包人先行垫付部分农民工工资，以维系农民工正常生活。检察机关受理案件后，充分听取农民工意见，积极对黄某释法说理，督促黄某在审查起诉阶段支付了部分拖欠的工资，并促进黄某与农民工达成分期支付剩余款项的还款计划。

3. 坚持依法惩治犯罪，促进实现办案"三个效果"。审查逮捕阶段，鉴于黄某自愿认罪认罚，愿意积极筹措资金赔付农民工工资，检察机关依法对其不批准逮捕。审查起诉阶段，因黄某仅支付了工人小部分工资，仍然拖欠部分工资未支付，且该案被追回的欠薪大部分系转包人垫付，检察机关综合全案犯罪事实和情节，依法对黄某提起公诉，提出判处有期徒刑一年，并处罚金人民币2000元的量刑建议。法院全部采纳了起诉指控的犯罪事实、罪名及量刑建议。

部分新闻链接

1. 人民日报 2020 年 12 月 23 日报道《最高检：2019 年至今已为农民工追讨欠薪 3.4 亿余元》

2. 新华社 2020 年 12 月 23 日报道《2019 年以来替农民工追讨 3.4 亿余元　全国检察机关依法惩治欠薪利剑出鞘》

3. 法治日报 2020 年 12 月 24 日报道《最高检通报检察机关依法惩治拒不支付劳动报酬犯罪情况　办欠薪犯罪案兼顾劳动者权益和企业经营》

4. 经济日报 2020 年 12 月 24 日报道《检察机关惩治恶意欠薪　近 3 年提起公诉 6077 件》

5. 工人日报 2020 年 12 月 24 日报道《检察机关去年以来为农民工追讨欠薪 3.4 亿余元》

6. 农民日报 2020 年 12 月 24 日报道《最高检：依法惩治恶意欠薪　不让农民工"忧酬烦薪"》